Geschichte der Bundeswehr
in 100 Objekten

Sven Lange · Heiner Möllers (Hg.)

# GESCHICHTE DER BUNDESWEHR IN 100 OBJEKTEN

BeBra Verlag

# INHALT

FALLER
FALLER




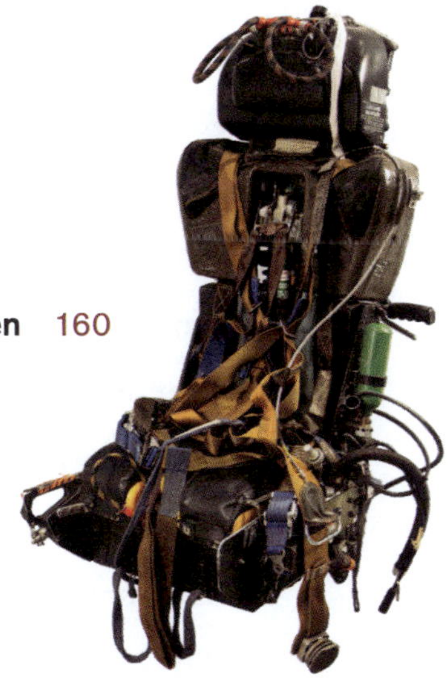

UN

FELDPOST

MOVEMENT
CONTROL
DEU

# EINFÜHRUNG

Die Bundeswehr mag bei ihrer Aufstellung Mitte der 1950er-Jahre ein mancherorts »ungeliebtes Kind« der jungen westdeutschen Demokratie gewesen sein, ein leibliches Kind der Bundesrepublik Deutschland war sie allemal. Als sich vier Jahre nach Ende des Zweiten Weltkriegs und der bedingungslosen Kapitulation der Wehrmacht aus den Besatzungszonen der drei westlichen Besatzungsmächte die Bundesrepublik Deutschland konstituierte, blieb der neue Staat vorerst ohne eigene Armee. Erst sechs Jahre später wurden die westdeutschen Streitkräfte gegründet: Der 12. November 1955 gilt als ihre Geburtsstunde. Die Bundeswehr ist also in ein bereits bestehendes Staatswesen hinein aufgebaut worden. Die junge Demokratie in Westdeutschland sah sich damit in der bemerkenswerten und historisch betrachtet außergewöhnlichen Position, eine Armee ganz nach ihren politischen Vorstellungen schaffen und dabei die jüngsten historischen Erfahrungen sowie die aktuelle sicherheitspolitische Lage in Europa berücksichtigen zu können. Vor allem sollten Fehler der Vergangenheit vermieden und die Bundeswehr weder dem Vorbild der Wehrmacht noch dem der Reichswehr folgen. Vielmehr sollte die äußere und innere Ordnung der Bundeswehr dem neuen demokratischen Staatsverständnis entsprechen und ohne Rücksicht auf konkrete historische Vorbilder gestaltet werden, auch wenn die Planer ihre Aufgabe durchaus mit den preußischen Heeresreformen von 1807 bis 1819 verglichen.

Die Aufstellung der neuen Streitkräfte und insbesondere ihre Einbettung in die staatlichen Strukturen der Bundesrepublik Deutschland wurden zu einem umkämpften Politikum und vollzogen sich vor den Augen einer gleichermaßen aufmerksamen wie kritischen Öffentlichkeit. Das »ungeliebte Kind« ist mittlerweile längst erwachsen und bald wird die Bundeswehr länger bestehen als die Armeen des Kaiserreichs, die Reichswehr und die Wehrmacht zusammen. Schon durch ihre langjährige Existenz prägt die Bundeswehr immer nachdrücklicher die deutsche Militärgeschichte. Nur folgerichtig hat sie vor wenigen Jahren die eigene Geschichte zum Kern ihrer Tradition bestimmt.

Überblicksdarstellungen über die Bundeswehr und ihre Geschichte gibt es mittlerweile viele – auch vom Zentrum für Militärgeschichte und Sozialwissenschaften der Bundeswehr und seiner Vorgängerinstitution, dem Militärgeschichtlichen Forschungsamt. Zumeist erzählen sie deren Entwicklung vorrangig aus einer quellengestützten ereignis-, organisations- oder politikgeschichtlichen Perspektive. Eine solche Herangehensweise erlaubt die nützliche Einteilung in Epochen und Strukturen, was einen analytischen Zugriff erleichtert.

Tatsächlich spiegelt sich in der Geschichte der Bundeswehr aber auch das wechselhafte Verhältnis von zunächst west-, ab 1990 dann gesamtdeutscher Politik und Gesellschaft zu ihren Streitkräften. Alle großen staatlichen und gesellschaftlichen Veränderungsprozesse haben in der Bundeswehr mehr oder weniger tiefe Spuren hinterlassen. Die Militärgeschichte der Bundeswehr ist deshalb ein inhärenter Teil der politischen Geschichte der Bundesrepublik Deutschland, selbst wenn sie in der historischen Forschung selten beachtet wird. Aus den Streitkräften des westdeutschen Teilstaats wurde erst die »Armee der Einheit« und später aus der Ausbildungs- und Wehrpflichtarmee eine Armee aus Freiwilligen und Berufssoldaten. Frauen haben diese Bastion der Männlichkeit längst erobert und aus einer reinen Verteidigungsstreitmacht ist eine Armee im weltweiten Einsatz geworden. Anlässlich des Überfalls Russlands auf die Ukraine besann sie sich erneut ihres Kernauftrags, der Landes- und Bündnisverteidigung. Mittlerweile haben mehrere Generationen in der Bundeswehr gedient und sie nachhaltig verändert. Mehr als zehn Millionen Männer und einige Zehntausend Frauen haben ihren Dienst in den Streitkräften geleistet. Viele mögen durch ihre Zeit »beim Bund« auch geprägt worden sein.

Will man die wechselvolle Geschichte der Bundeswehr zusammenfassend erzählen, so kann dies auch mit Blick auf Ausrüstung, Umfang und Personal oder unter der Perspektive ihrer Aufgaben und Einsatzgrundsätze erfolgen. Wichtige Konstanten sind dabei der Primat der Politik und die Konzeption der Inneren Führung mit ihrem Leitbild des Staatsbürgers in Uniform. Beides bestimmt bis heute maßgeblich Geist und Selbstverständnis der Bundeswehr. Historische Darstellungen und Studien erlauben es, diese Entwicklungen nachzuvollziehen, sie bleiben jedoch oft abstrakt. Das kann ein Vorteil sein, wenn es darum geht, fachlich-professionelle Distanz zum Untersuchungsgegenstand zu wahren. Geist, Alltag und soziale Eigentümlichkeiten der Großorganisation Bundeswehr, in der über Jahrzehnte viele Millionen auch unfreiwillig dienen mussten, werden mit solchen klassischen Methoden der Geschichtsschreibung allerdings nur bedingt erfasst. Die Menschen in der Bundeswehr stehen selten im Fokus analytischer Darstellung und bilden daher oft dunkle Flecken in unserem Geschichtsbild.

Museen und Sammlungen setzen dagegen auf objektbezogenes Lernen. Mit Hilfe von Exponaten gelingt es ihnen oft besser, komplexes Geschehen und längst vergangenen Alltag sinnlich erfahrbar zu machen, als dies schriftliche Quellen vermögen. Besonders eindrucksvoll ist es, wenn in scheinbar unspektakulären Alltagsgegenständen historische Zusammenhänge anschaulich werden und die »Poesie der Dinge« den unmittelbaren persönlichen Zugang ermöglicht. Im Idealfall tritt dann aus dem Kleinen und Besonderen das Große und Allgemeine plastisch hervor – und dies weckt Erinnerungen, ruft Erzählungen hervor und lässt die Menschen über das Objekt aus der Bundeswehr berichten.

Einen ähnlichen Ansatz verfolgt auch dieses Buch. Es nähert sich sehr unterschiedlichen Themen, Aspekten und Zusammenhängen aus der Geschichte der Bundeswehr über Gegenstände an, materialisiert sie gleichsam und bringt sie so dinglich auf den Punkt. Der vorliegende Band soll aber kein Ausstellungskatalog oder Bilderbuch sein. Die spezifische Geschichte der abgebildeten Objekte ist für uns weniger bedeutsam als das, wofür die Gegenstände stehen und was sie verkörpern. Die Objekte werden deshalb von knappen Texten begleitet, die sie in einen größeren Entstehungs- und Bedeutungskontext einbetten und die Geschichte hinter dem Objekt erzählen.

Die Autoren selbst kommen zum überwiegenden Teil aus dem Zentrum für Militärgeschichte und Sozialwissenschaften der Bundeswehr, jedoch haben auch externe Kolleginnen und Kollegen zahlreich unterstützt. Namentlich nennen möchten wir an dieser Stelle Prof. Dr. Reiner Pommerin, der während der Erstellung der Reinschrift am 4. Juli 2024 verstorben ist. Wir erachten es als besonderes Glück, dass er uns seine Texte zuvor noch zur Verfügung stellen konnte.

Die abgebildeten Objekte sind so vielfältig wie die Streitkräfte selbst und stammen aus allen Zeitabschnitten der Bundeswehrgeschichte, aber nicht in jedem Fall aus der Bundeswehr selbst. Sie alle stehen jeweils symbolhaft für einen spezifischen Aspekt, für eine Entwicklung oder für ein besonderes Ereignis. Manche verkörpern als Leitobjekte Grundsätzliches und Langlebiges, andere werfen Schlaglichter auf Randaspekte und Episoden. Ihnen allen gemeinsam ist, dass sie im Wortsinn die Geschichte der Bundeswehr anschaulich und sinnlich erfahrbar machen sollen – in einem Maße, wie dies mit einem herkömmlichen geschichtswissenschaftlichen Ansatz kaum zu leisten ist. Hierfür wurden Gegenstände aus möglichst vielen Bereichen zusammengetragen. Dabei haben wir weitgehend vermieden, Objekte auszuwählen, die eigens dafür geschaffen wurden, stellvertretend oder symbolisch für etwas zu stehen, etwa die in der Bundeswehr allgegenwärtigen Wappen und Abzeichen. Letztlich bleibt die Auswahl dennoch willkürlich und wichtige Bereiche und Aspekte sind schon aus Platzgründen unberücksichtigt geblieben. Auch unser Versuch, die Geschichte der Bundeswehr mit Hilfe von Dingen zu erzählen, kann deswegen nie die Bundeswehr in ihrer Gesamtheit erfassen. Er versteht sich nicht als ein Ersatz, sondern als eine Ergänzung herkömmlicher historischer Darstellungen.

Wie alle großen sozialen Organisationen zeichnet auch das Militär aus, spezifische Eigenarten zu entwickeln, um sich von der Umwelt abzusetzen, vor allem in Sprache und Habitus. Die Bundeswehr bildet dabei keine Ausnahme. Objekte sind geeignet, diese Eigentümlichkeiten der militärischen Welt und die teilweise tiefgreifenden habituellen Veränderungen innerhalb der Bundeswehr anschaulich zu machen. Wir haben deshalb auch Gegenstände ausgesucht, die etwas über den sozialen Raum Bundeswehr und seinen Wandel aussagen. Viele dieser Gegenstände werden zumindest den aktiven und ehemaligen Soldatinnen und Soldaten bekannt sein. Manche sind ikonisch geworden und werden sogar außerhalb der Bundeswehr wiedererkannt.

Die Suche nach solchen Objekten hat jedenfalls den Löwenanteil der Zeit in Anspruch genommen, die für die Verwirklichung dieses Buches aufgewendet werden musste. Wir hoffen, eine Auswahl getroffen zu haben, die Bekanntes mit Unbekanntem verbindet, Erinnern, Staunen oder Schmunzeln hervorruft und für alle Lesergruppen Neues bietet.

Manche Objektidee ließ sich nicht verwirklichen und musste letztlich fallen gelassen werden, oft kam der Zufall hinzu und zumeist bedurfte es der Unterstützung Dritter, um des Objekts der Begierde habhaft zu werden. Zu großem Dank verpflichtet sind wir insbesondere dem Haus der Geschichte in Bonn, namentlich Dr. Manfred Wichmann und Prof. Dr. Hanno Sowade, sowie dem Militärhistorischen Museum der Bundeswehr. Beide Häuser haben uns ihren Sammlungsbestand zur Verfügung gestellt und mit Bildmaterial unterstützt. Weiterhin danken wir dem Deutschen Marinemuseum in Wilhelmshaven und den Dienststellen der Bundeswehr für die Bereitstellung von Exponaten und Bildmaterial sowie für die sachliche Beratung bei der Erstellung der Texte. Ein besonderer Dank gilt Andrea Ulke und Ralf Heldenmaier vom Militärhistorischen Museum der Bundeswehr für die zahlreichen auf kurzfristige Anfrage aufgenommenen Fotos wie auch Carola Klinke für die Bildbearbeitung.

Schließlich danken wir Ihnen, den Leserinnen und Lesern, für Ihr Interesse. Wir hoffen, dass Sie mit der Lektüre ebenso viel Freude haben wie wir bei der Konzeption und Erstellung dieses Buches.

Wir widmen diesen Band Prof. Eckardt Opitz (1938–2025).

*Sven Lange*
*Heiner Möllers*

1

# »DIE FRAGE UNSERER POLITISCHEN ZUKUNFT SCHLECHTHIN«

## Wiederbewaffnung und Aufbau westdeutscher Streitkräfte

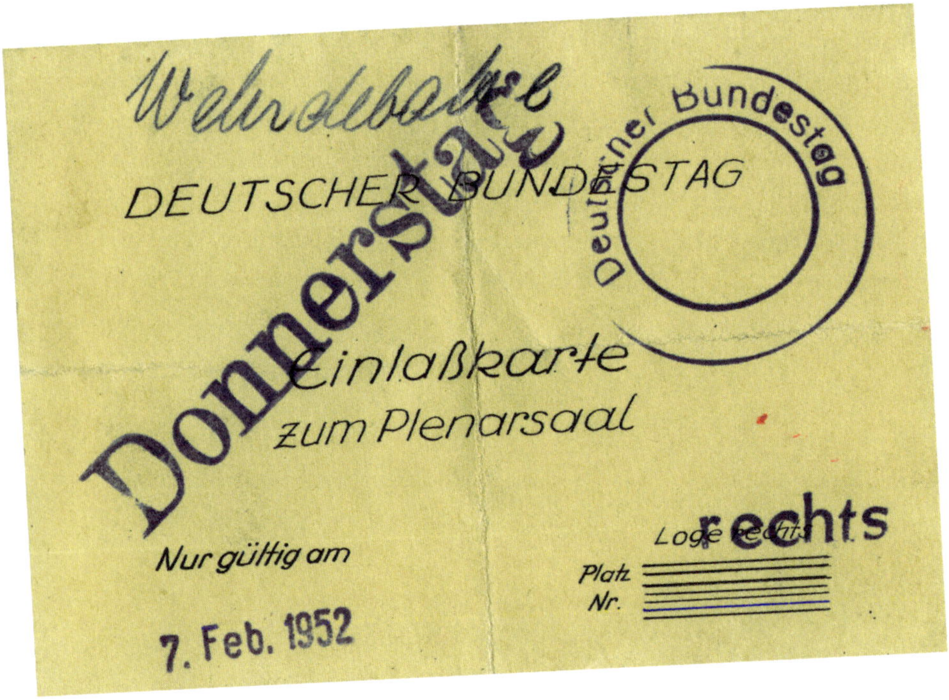
Wehrdebatte
DEUTSCHER BUNDESTAG
Deutscher Bundestag
Donnerstag
Einlaßkarte
zum Plenarsaal
Nur gültig am
7. Feb. 1952
Loge rechts
rechts
Platz Nr.

Einlasskarte für die Abgeordneten des Deutschen Bundestags zur Debatte um den (west-)deutschen Wehrbeitrag zur Europäischen Verteidigungsgemeinschaft

Mit dieser im Postkartenformat und auf hölzerner Kartonage gedruckten Einlasskarte zum Plenarsaal des Bonner Bundeshauses erhielt ihr Besitzer am Donnerstag, dem 7. Februar 1952 Zugang zur 190. Sitzung des Deutschen Bundestags. Handschriftlich notiert hatte er »Wehrdebatte«. Die SPD hatte sie auf die Tagesordnung gesetzt. Mit dieser Plenardebatte begann 1952 eine Reihe parlamentarischer Auseinandersetzungen, in deren Zentrum die Gesetzesentwürfe zur Annahme der »Westverträge« standen, zu denen unter anderem der Vertrag über die Beziehungen zwischen der Bundesrepublik Deutschland und den »Drei Mächten« sowie der Vertrag zur Gründung der Europäischen Verteidigungsgemeinschaft zählten. Dieses an Heftigkeit bis heute kaum zu überbietende Ringen gilt als Geburtsstunde des bundesdeutschen Parlamentarismus. Zugleich bildete es den vorläufigen Abschluss eines komplexen politischen Prozesses, der in der zweiten Hälfte der 1940er-Jahre einsetzte und sich um die Lösung der zentralen Fragen von Sicherheit, Gleichberechtigung und staatlicher Souveränität für die Bundesrepublik Deutschland bemühte. Nach einer über zwei Tage und streckenweise hoch emotional geführten Auseinandersetzung stimmten schließlich 204 Abgeordnete für und 156 gegen einen bundesdeutschen Wehrbeitrag.

Die Anfänge der Bundeswehr reichen weit vor ihre eigentliche Aufstellung im Jahr 1955 zurück. Je nach Sichtweise waren die neuen westdeutschen Streitkräfte ein Produkt US-amerikanischer Weltpolitik oder ein Instrument bundesdeutscher Interessenspolitik. Zweifellos war ihre Aufstellung eng mit der internationalen Politik nach dem Ende des Zweiten Weltkriegs verwoben.

Mit der deutschen Niederlage endete 1945 nicht nur der sechs Jahre währende Zweite Weltkrieg, sondern auch ein im deutschen Namen begangenes Menschheitsverbrechen. Deutschland als Staat existierte nicht mehr. Zunächst wurden die deutschen Gebiete ostwärts der Oder unter polnische und sowjetische Verwaltung gestellt und schließlich die übrigen Landesteile in vier Besatzungszonen aufgeteilt. Die vollziehende Gewalt oblag den jeweiligen Militärgouverneuren, die gemeinsam den Alliierten Kontrollrat bildeten. Deutschland war vom Subjekt staatlichen Handelns zu einem Objekt ausländischer Mächte geworden.

Die im Krieg zusammengewachsene Anti-Hitler-Koalition, die sich die Verwaltung Deutschlands und die Gestaltung dessen politischer Zukunft zum Ziel gesetzt hatte, zerbrach bereits 1947. Der folgende Kalte Krieg, der sich früh angedeutet hatte, war Teil des seit 1917 andauernden und tief wurzelnden Ost-West-Gegensatzes zwischen den an einer liberalen Weltwirtschaftsordnung orientierten parlamentarisch verfassten USA und dem kommunistischen Einparteienstaat Sowjetunion. Die USA verfolgten spätestens ab 1947 eine globale Strategie der Eindämmung der Sowjetunion, in die die spätere Bundesrepublik politisch, wirtschaftlich sowie militärisch einbezogen wurde.

# 1 »DIE FRAGE UNSERER POLITISCHEN ZUKUNFT SCHLECHTHIN«

Mit dem Auseinanderbrechen des Alliierten Kontrollrats 1948 wurde die gemeinsame Verwaltung des besetzten Deutschlands hinfällig. Das bedeutete für die kommenden Jahrzehnte faktisch die Teilung Deutschlands. Das Ringen der beiden Weltmächte beschränkte sich aber nicht nur auf das besetzte Deutschland, dessen ehemalige Hauptstadt Berlin bereits 1948/49 durch die Sowjetunion blockiert wurde. Schon zu Jahresbeginn 1948 hatten Kommunisten in Prag die dortige Regierung gestürzt. Ein Jahr später entstand in China ein ebenfalls kommunistisch geführter Einparteienstaat. Im selben Jahr zündete Moskau erstmals eine Atombombe. Im Juni 1950 schließlich brach im seit 1945 durch die Sowjetunion und die USA besetzten Korea ein Krieg aus, nachdem Verbände des kommunistischen Nordens über den 38. Breitengrad hinweg nach Süden angegriffen hatten. Auch dieser Krieg hatte sich seit Längerem angekündigt. Parallelen zum ebenfalls geteilten Deutschland lagen auf der Hand.

Im Zuge dieses politischen, wirtschaftlichen und militärischen Ringens der Supermächte verfestigte sich die Teilung Deutschlands. Mit der Gründung der Deutschen Demokratischen Republik, entstanden aus der sowjetischen Besatzungszone, und der Gründung der Bundesrepublik Deutschland, hervorgegangen aus den drei westlichen Besatzungszonen, war die Teilung Deutschlands 1949 zementiert. Das geteilte Deutschland stand über Jahrzehnte sinnbildlich für den Eisernen Vorhang, der Europa und die ganze Welt in zwei Blöcke teilte.

In dieser weltpolitischen Gemengelage wurzeln unterschiedliche, nur schwer fassbare Ausgangspunkte für den künftigen bundesdeutschen Wehrbeitrag. Sie lassen sich bis in das Jahr 1947 zurückverfolgen. Der entscheidende politische Wille ging dabei von den USA aus. Diese wollten verhindern, dass das wirtschaftliche und militärische Potenzial der westlichen Besatzungszonen und schließlich Deutschland als Ganzes in den östlichen Machtbereich gerieten. Ein erster Schritt in diese Richtung war die ab 1947 über die amerikanisch geführte Organisation Gehlen, den Vorgänger des 1956 eingerichteten Bundesnachrichtendienstes, gesteuerte Zusammenführung jener ehemaligen Soldaten, die sich ab 1948 für den Aufbau eines parlamentarisch verfassten und im Westen politisch verankerten Weststaates zur Verfügung stellten. Unter ihnen war der spätere erste Generalinspekteur der Bundeswehr, Generalleutnant a. D. Adolf Heusinger, der sich mit organisatorischen und operativen Fragen eines westdeutschen Verteidigungsbeitrags auseinandersetzte. Mit ihm zusammen arbeitete General der Infanterie a. D. Hermann Foertsch, der Fragen der institutionellen Einbindung künftiger Streitkräfte bearbeitete und dieses Arbeitsfeld früh an Generalmajor a. D. Erich Dethleffsen weitergab. Beide wurden später nicht in die Bundeswehr übernommen. Im Sommer 1948 trat schließlich der künftige erste deutsche Oberbefehlshaber Alliierte Landstreitkräfte Europa Mitte, Generalleutnant a. D. Dr. Hans Speidel, mit militärpolitischen Überlegungen zur Sicherheit Westeuropas bei parteiübergreifenden Zusammenkünften wie dem Laupheimer Kreis in Erscheinung. Im Dezember 1948 fertigte er ein erstes sicherheitspolitisches Memorandum für den späteren Bundeskanzler Konrad Adenauer. Alle vier Offiziere waren an die Organisation Gehlen angebunden. Neben diese frühen US-amerikanischen Bestrebungen traten regionale deutsche Kreise. Im heutigen Baden-Württemberg beispielsweise – mit amerikanischer Kenntnis und auf Verlangen der Tübinger Landesregierung – wurde über deutsche Veteranenverbände die Soldatenselbsthilfe organisiert. Diese stellte, von Stuttgart ausgehend, im Krieg zu mobilisierende Verbände auf, die im Falle einer sowjetischen Invasion die Landesregierung evakuieren und den Kern einer Exilarmee hätten bilden sollen.

Die Wiederbewaffnung wurde in der deutschen und internationalen Öffentlichkeit zum Teil heftig kritisiert. Das Plakat der Gruppe der Wehrdienstverweigerer Mülheim-Ruhr rief zur Teilnahme an einer öffentlichen Versammlung am 19. Januar 1955 auf.

Auf diesen Vorarbeiten bauten die politischen Überlegungen der 1949 geschaffenen Bundesrepublik auf (siehe Beitrag 3). Ihre parteiübergreifenden Ziele lassen sich mit Souveränität, Sicherheit, politische und wirtschaftliche Stabilität sowie dem Erreichen der Wiedervereinigung beschreiben. Realisiert werden sollten diese voneinander kaum zu trennenden Ziele über eine konsequente politische Westbindung und somit über eine wirtschaftliche und auch militärische Integration. Dies bedeutete zugleich eine Abkehr von einer eigenständigen nationalen Machtpolitik. Da die Erlangung staatlicher Souveränität für die Bundesrepublik an die Bereitschaft zur Erbringung des Wehrbeitrags gekoppelt war, die Bundesrepublik also einer der zentralen europäischen Partner für die US-amerikanische Eindämmungspolitik werden sollte, war die Wiederbewaffnung nach Auffassung Bundeskanzler Adenauers »die Frage unserer politischen Zukunft schlechthin«. Sie war der Weg, um sich vom Objekt zum Subjekt staatlichen Handelns zu entwickeln. Dieser politische Prozess verlief nicht frei von öffentlichem Widerspruch. Er war in Teilen durch die Sowjetunion gesteuert und zum Teil von der Angst vor der endgültigen Teilung Deutschlands oder vor einem weiteren Krieg getragen.

All diese unterschiedlichen Anfänge, die sich zunächst unterhalb einer nationalen oder internationalen Beschlussebene bewegten, wären ohne die Rahmenbedingungen des Kalten Kriegs nicht denkbar, ohne den Willen der USA nicht möglich und ohne die bundesdeutsche Bereitschaft zur Integration in das westliche politische System nicht umsetzbar gewesen. Sie schufen die Grundlage für die räumliche Unversehrtheit des Bundesgebiets, die Wiederherstellung der (Teil-)Souveränität, für innenpolitische und wirtschaftliche Stabilität und letztlich die Chance auf die Wiedervereinigung, die 1990 erreicht wurde.

*Thorsten Loch*

2

# HIMMEROD UND DIE »KANZLERLINIE«

## Verteidigungspolitische Konzeptionen im Nachkriegsdeutschland

Kruzifix aus dem Besprechungsraum der Zisterzienserabtei Himmerod, in dem 1950 ehemalige Wehrmachtoffiziere mit offiziellem Auftrag über künftige deutsche Streitkräfte berieten

Im Kloster Himmerod, einer Zisterzienserabtei in der Eifel, tagte Anfang Oktober 1950 eine 15-köpfige Gruppe ehemaliger Offiziere der Wehrmacht im Auftrag der Bundesregierung, um über Ziele und Strukturen künftiger westdeutscher Streitkräfte zu beraten. Die Klausur fand unter dem Symbol des gekreuzigten Jesus Christus statt, Sinnbild für die Wiederauferstehung und die Läuterung des Menschen. Lange Jahre galt die in Himmerod ausgearbeitete Denkschrift »Politische und militärische Überlegungen für einen Beitrag der Bundesrepublik Deutschland zur westeuropäischen Verteidigung« als das wichtigste Gründungsdokument der Bundeswehr, ja als deren »Magna Charta«. Die konzeptionellen Ursprünge des westdeutschen Verteidigungsbeitrags reichen jedoch weiter zurück. Sie gerieten nicht zuletzt wegen des Ringens im Kalten Krieg für lange Jahre in Vergessenheit.

Das erste Papier, das sich nach Ende des Zweiten Weltkriegs mit einem deutschen militärischen Verteidigungsbeitrag befasste, datiert tatsächlich bereits auf den 20. Juli 1945. Ihr Verfasser, der damalige Oberst i. G. a. D. und spätere Oberbefehlshaber der Alliierten Landstreitkräfte Europa Mitte, Johann Adolf Graf von Kielmansegg, skizzierte darin die Umrisse einer deutschen Legion unter britischem Oberbefehl, die im Falle eines Konflikts mit der Sowjetunion aufseiten der Westalliierten hätte kämpfen sollen. Doch der Alliierte Kontrollrat verbot jegliche Beschäftigung mit Fragen der Aufstellung deutscher Verbände und löste 1946 die Wehrmacht formal auf.

Dessen ungeachtet entwickelten sich in den folgenden Jahren unter ehemaligen Soldaten verschiedene Vorstellungen über den künftigen Aufbau westdeutscher Streitkräfte. Die einflussreichste verband sich mit der damals ausgerufenen US-amerikanischen Eindämmungspolitik gegenüber der Sowjetunion und wurde zunächst in der US-amerikanischen Besatzungszone diskutiert. Als Knotenpunkt oder Verteiler für das dahinterstehende militärische Netzwerk fungierte die US-amerikanische Organisation Gehlen, die 1947 ihre Arbeit aufnahm und aus der 1956 der Bundesnachrichtendienst hervorging. Seit 1949 versammelten sich in dieser »Dienststelle 35« ehemalige Offiziere, die sich der Idee einer deutschen Integration in den Westen verschrieben. Doch nicht nur Soldaten, auch Vertreter aus Wirtschaft und Politik folgten dieser Ordnungsvorstellung, die die Grundlage für Sicherheit, Wohlstand und vor allem staatliche Selbstbehauptung für ein wiederzuvereinigendes Deutschland legen sollte. Für die kaum voneinander zu trennenden Verflechtungen von wirtschaftlichen und verteidigungspolitischen Handlungsfeldern stand die »Wirtschaftspolitische Gesellschaft von 1947 e. V.«. Ihr Geschäftsführer war der ehemalige Abteilungsleiter Heer im Wehrmachtgeneralstab im Oberkommando der Wehrmacht, Generalmajor a. D. Erich Dethleffsen. In ihren Denkschriften propagierte sie die wirtschaftspolitischen Ordnungsvorstellungen eines liberalen Welthandels, die sie ab 1949 mit der Frage der Wiederbewaffnung verband und in die Öffentlichkeit trug. Seit 1948 arbeitete Generalleutnant a. D. Adolf Heusinger, der ehemalige Leiter der Operationsabteilung im für den östlichen Kriegsschauplatz verantwortlichen Oberkommando des Heeres, ebenfalls für die Organisation Gehlen. Er legte mehrere Denkschriften vor, die sich mit der strategischen und operativen Lage der westlichen Welt im Allgemeinen und Zentraleuropas im Speziellen befasste. Im Sommer 1948 trat Generalleutnant a. D. Hans Speidel hinzu, der in überparteilich organisierten Gesprächskreisen wie dem Laupheimer Kreis über die Frage der »Sicherheit Westeuropas« vortrug. Er verwies auf die von der expansiven Sowjetideologie ausgehenden Gefahren und auf die gleichzeitige Schutzlosigkeit Westdeutschlands sowie Zentraleuropas. Angelehnt an die US-amerikanische Eindämmungspolitik entwickelte Speidel daraus die These, dass die östliche Bedrohung das westliche Europa insgesamt betreffe und Deutschland der entscheidende wirtschaftliche wie militärische Mosaikstein zur Verteidigung Westeuropas sei. Speidel trug seine These von der Sicherheit Deutschlands als »Zentralproblem der Sicherheit Europas« im Dezember 1948 erstmals auch Konrad Adenauer vor.

Die kritischen Monate für die politische Entscheidung eines westdeutschen Verteidigungsbeitrags lagen zwischen der Vereidigung des ersten Bundeskabinetts im September 1949 und der Übereinkunft der westlichen Besatzungsmächte für die Wiederbewaffnung in New York im September 1950. Ausgangspunkt waren die 1949 in den USA aufgenommenen Arbeiten an der Sicherheitsstrategie NSC 68. Adenauer bestallte zunächst seinen Wohnungsbauminister Eberhard Wildermuth (FDP) mit der Funktion eines »Schattenverteidigungsministers« – die Berufung eines offiziellen Bundesverteidigungsministers war wie die öffentliche Befassung mit Wehrfragen nach wie vor verboten. Wildermuth wiederum betraute seinen »Schattengeneralstab« mit den Arbeiten an einem Wiederbewaffnungskonzept. Die ehemaligen Generale Herman Foertsch, Heusinger und Speidel legten im Januar 1950 im sogenannten Besprechungsplan auf lediglich acht Seiten das erste umfassende Konzeptpapier eines Wehraufbaus in der Bundesrepublik vor. Dieses Papier blieb in den folgenden acht Monaten und weit darüber hinaus die bestimmende Richtschnur.

Im Kern sah es auf der Grundlage weitgehender nationaler wie militärischer Gleichstellung vor, ein Höchstmaß an politischer Souveränität zu erzielen, um die Bundesrepublik durch ihren Wehrbeitrag zu einem Subjekt in der internationalen Politik werden zu lassen. Es galt die Prämisse, sich politisch nicht aufzudrängen, sondern sich »bitten zu lassen«, um die »uns abzuringende Bereitschaft zu einer Wiederaufrüstung mit der Erfüllung politischer Forderungen zu verbinden« (Dethleffsen). Das Papier diskutierte letztlich den militärpolitischen Rahmen im Sinne der gleichberechtigten Einbindung in den Westen (Speidel), die bis zur Wiedervereinigung gültige Leitidee einer teilstreitkräfteübergreifenden Grundstruktur der Bundeswehr auf Grundlage der operativen Idee (Heusinger) sowie die institutionelle Einbindung in Staat und Gesellschaft im Sinne einer bereits hier vorweggenommenen Inneren Führung (Foertsch).

Dieser Weg erhielt zwischen Frühjahr und Sommer 1950 Konkurrenz durch die Idee einer »Polizeilösung«, also den Aufbau von Streitkräften über den Umweg einer »Bundesgendarmerie«. Hierzu bestallte Adenauer auf Wunsch der Briten zusätzlich General der Panzertruppen a. D. Gerhard Graf von Schwerin im Frühjahr 1950 mit der Leitung der »Zentrale für Heimatdienst« im Bundeskanzleramt. Die Ordnungsvorstellungen beider Gruppen konkurrierten im Hochsommer offen miteinander. Vor allem Schwerins Grundgedanke, als Bundesrepublik zunächst in Vorleistung zu treten, entsprach nicht der Forderung der Gruppe um Speidel, die bundesdeutsche Bereitschaft zur Erbringung eines Wehrbeitrags unbedingt an die Forderung nach politischer Gleichberechtigung zu knüpfen. Am 14. August 1950 billigte Adenauer letztlich mit der Studie »Gedanken über die Frage der äußeren Sicherheit der Deutschen Bundesrepublik« eine erweiterte Fassung des Besprechungsplans von Foertsch, Heusinger und Speidel und schwenkte damit auf die von Heusinger am 20. Juli 1950 den US-Amerikanern vorgeschlagene Linie ein. Damit war die Konzeption Wildermuths und seiner drei Generale zur verteidigungspolitischen Richtlinie der Bundesrepublik geworden. Sie sah unter anderem vor, einen Arbeitsstab in Form einer besonders gut getarnten Bundesdienststelle, das kommende »Amt Blank«, im Bundeskanzleramt (siehe Beitrag 3) zu schaffen.

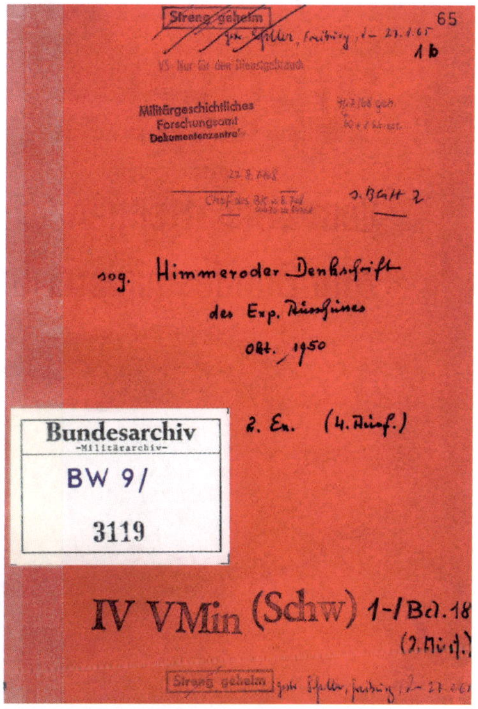


»Streng geheim«: Die Denkschrift der Himmeroder Expertentagung enthält, in nur vier Exemplaren gedruckt, die wesentlichen »Rechengrößen« für den Aufbau der späteren Bundeswehr.

Vor diesem Hintergrund ist die überragende Bedeutung der Himmeroder Denkschrift und ihr Charakter als »Magna Charta« der westdeutschen Wiederbewaffnung zu hinterfragen. Die Denkschrift basierte im Kern auf dem »Besprechungsplan« und ging über die Punkte der Augustdenkschrift nicht hinaus. Sie stellte die bisherigen Überlegungen gleichwohl auf ein breiteres Fundament, indem sie die im August 1950 gebilligte »Kanzlerlinie« fachlich vertiefte und damit für den institutionellen Übergang in eine nachgeordnete – nämlich ministerielle – Dokumentenhierarchie sorgte.

*Thorsten Loch*

3

# AUF VERSCHLUNGENEN WEGEN

## Vom »Schattengeneralstab« über das Amt Blank zum Bundesministerium für Verteidigung

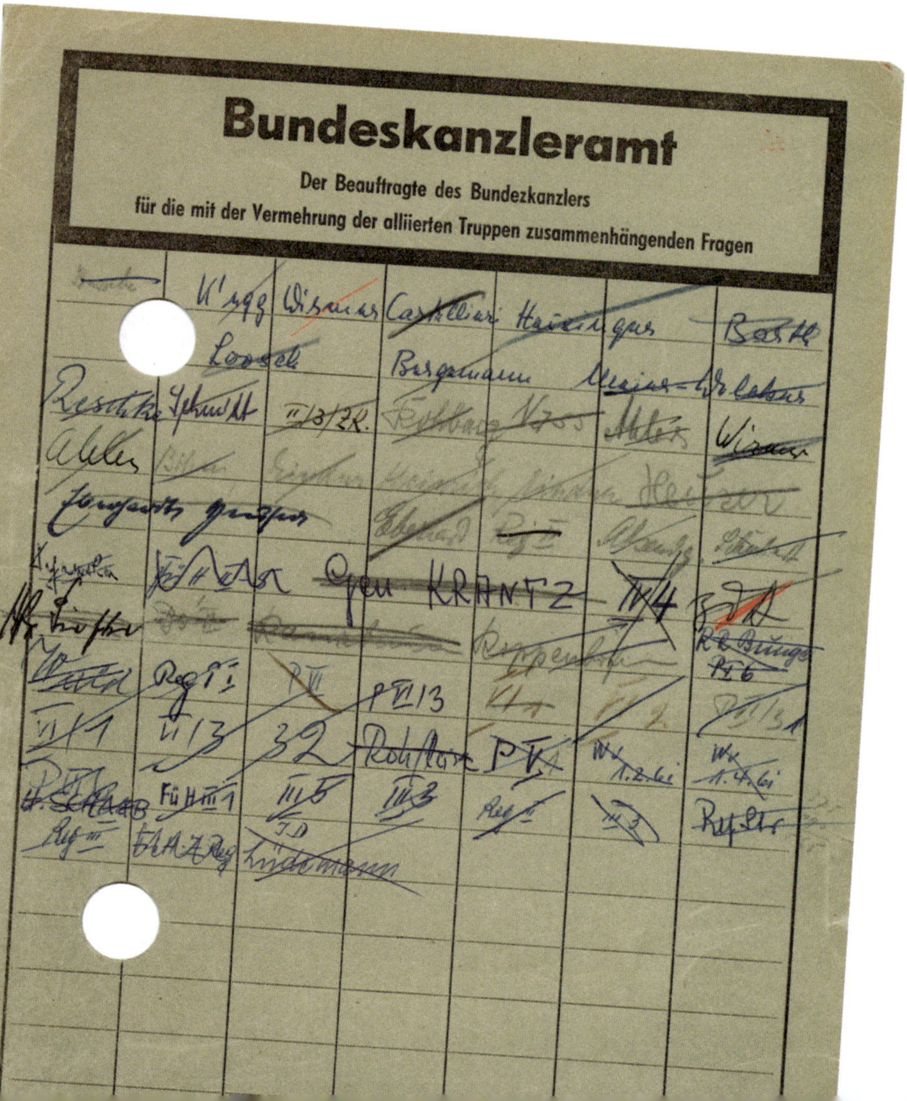
Bundeskanzleramt

Der Beauftragte des Bundezkanzlers
für die mit der Vermehrung der alliierten Truppen zusammenhängenden Fragen

Die Gittermappe ist ein Sinnbild deutscher Ministerialverwaltung. Mit ihrer Hilfe werden Entwürfe, Mitzeichnungsgänge und schließlich ganze Vorgänge im ministeriellen Verwaltungsapparat geordnet bearbeitet. Das abgebildete Exemplar stammt aus einer Behörde, die von Anfang an als Provisorium gedacht war und vielleicht gerade deshalb einen besonders sperrigen Namen trug: »Der Beauftragte des Bundeskanzlers für die mit der Vermehrung der alliierten Truppen zusammenhängenden Fragen«. Das nach seinem ersten Amtsinhaber, Theodor Blank, auch als »Amt Blank« bezeichnete Haus bildete die Keimzelle für das im Juni 1955 aufgestellte Bundesministerium für Verteidigung. Die charakteristischen und namensgebenden Gitternetzlinien auf dem Deckel der Mappen bieten bis heute Raum für den Adressaten der jeweiligen Papiere. Mit Blank, Kielmansegg (K'egg), Wirmer, Cartellieri und Heusinger wurde diese Mappe von prägenden Männern der ersten Stunde genutzt. Schließlich verschwanden die Namen und wurden durch Referatsbezeichnungen abgelöst – Symbol für den Übergang vom Provisorium zur Institution einer obersten deutschen Bundesbehörde.

Erste systematische Arbeiten für einen westdeutschen Verteidigungsbeitrag erfolgten in der US-amerikanischen Organisation Gehlen. In ihr sollten ab 1947 erste Gedanken für einen deutschen Wehrbeitrag entwickelt und koordiniert werden. Zudem sollte sie dafür sorgen, dass aus der Kriegsgefangenschaft heimkehrende Offiziere angesprochen und erfasst werden konnten. Neben der zentralen »Dienststelle 35« unter General der Artillerie a. D. Horst von Mellenthin oblag dies im »Außendienst« beispielsweise dem Oberst i. G. a. D. Eberhard Graf Nostitz in Hamburg. Ab 1948 konnten auf diese Weise zahlreiche ehemalige Offiziere für die Sache der Wiederbewaffnung gewonnen werden. Obwohl diese Arbeit im US-amerikanischen Auftrag und im Verborgenen geleistet wurde, folgte sie dennoch den überlieferten deutschen Stabs- und Ministerialprozessen. Dezentralisiert organisiert, geschah die Arbeit verstreut über die drei westlichen Besatzungszonen. Verbunden waren die führenden Männer in den verschiedenen Regionen über Kuriere, die Inhalte und Nachrichten übermittelten.

Als im Herbst 1949 mit dem ersten Bundeskabinett nicht mehr nur ausschließlich US-amerikanische, sondern auch bundesdeutsche Ansprechpartner bestanden und Verwaltungsstrukturen notwendig wurden, intensivierte sich die Arbeit. Der Auftrag von Bundeskanzler Konrad Adenauer zur Erarbeitung eines bundesdeutschen Verteidigungskonzeptes markierte

Umlaufmappe, auch Gittermappe genannt, aus dem Amt Blank, 1951. Die Namen der verschiedenen Referate und Unterabteilungen, die diese Mappe durchlaufen hat, wurden nach Erledigung eines Vorgangs ordnungsgemäß durchgestrichen.

den Auftakt für den »Schattengeneralstab« als Behörde (siehe Beitrag 1). Mit dem Voranschreiten der konzeptionellen Planungen wurden diese immer stärker institutionalisiert und professionalisiert. Der Vorschlag hierzu kam aus dem »Schattengeneralstab« selbst. Zunächst wandte sich General der Infanterie a. D. Kurt Brennecke an »Schattenverteidigungsminister« Eberhard Wildermuth und schlug ihm vor, eine Beratergruppe mit Generalleutnant a. D. Hans Speidel an der Spitze zu schaffen. Die Gruppe könne sich angesichts der fortschreitenden Arbeiten nur wirksam entfalten, wenn sie von der Bundesregierung beauftragt und von den alliierten Hohen Kommissaren genehmigt wäre. Zunächst sei dazu eine vorübergehende räumliche Zusammenführung in Bonn notwendig, bevor es zu einer endgültigen Arbeitsstruktur kommen könne. Diesen Vorschlag wiederholte Generalleutnant a. D. Adolf Heusinger 1950 gegenüber den USA am geschichtsträchtigen 20. Juli. Er forderte die Einrichtung eines »Gremiums« (Keimzelle eines Generalstabs) und dessen Unterstellung unter den Bundeskanzler sowie die Bildung einer getarnten Dienststelle der Bundesregierung (Keimzelle eines Ministeriums) mit einem festen Etat. Das Schwesterdokument zu diesem als »Heusingervorschlag« bekannt gewordenem Papier war die Augustdenkschrift der ehemaligen Generale Hermann Foertsch, Heusinger und Speidel für Bundeskanzler Adenauer. Die Vorschläge fanden die Zustimmung sowohl der USA als auch des Bundeskanzlers. Sie markierten den offiziellen Startschuss auf Grundlage des Besprechungsplans vom Januar 1950 und somit zugleich eine erste Wegmarke für die Schaffung des Amtes Blank im Bundeskanzleramt als der besonders gut getarnten Dienststelle zur behördlichen Institutionalisierung der künftigen Bundeswehr.

Mit der Aufstellung des Amtes Blank Anfang November 1950 – zunächst mussten die Herbsttagungen der Außenminister und der NATO abgewartet werden – begann die »offizielle« durch die Bundesregierung beauftragte und durch die westlichen Siegermächte gebilligte Arbeit an der Wiederbewaffnung. Seine praktische Arbeit nahm das Amt mit den Anfang 1951 einsetzenden Beratungen über Form und Art des westdeutschen Verteidigungsbeitrags auf. Doch ließen die Haushaltsmittel keinen sofortigen umfangreichen Personalaufwuchs zu. Ein Großteil der »ministeriellen« Arbeit musste auch weiterhin außerhalb des Amtes geleistet werden. Vor allem galt dies für die Zeit ab Oktober 1951, als die deutschen Vertreter in Paris über die Ausgestaltung einer Europäischen Verteidigungsgemeinschaft verhandelten. Detailfragen, die in Paris erörtert werden sollten, wurden nach Bonn gekabelt, konnten dort aber nicht eingehend bearbeitet werden. Die Anfragen gingen daher von Bonn weiter in einzelne, dezentral organisierte »Kreise« Ehemaliger. Marinefragen beispielsweise wurden über den einzigen Marinereferenten im Amt Blank, Fregattenkapitän a. D. Kurt Zenker, nach Hamburg in den sogenannten Meiselkreis, eine Gruppe ehemaliger Admirale, weitergeleitet und dort bearbeitet. So konnten Detailfragen erörtert, in Papierform gebracht und »auf dem Dienstweg« per Kurier nach Bonn ins Amt Blank zurückgegeben, dort in Vorlagen gegossen und weiter nach Paris zur Verhandlung gereicht werden. Vergleichbar arbeitete die kommende Bundesluftwaffe, die ihre »Spitze« durch Oberstleutnant a. D. Werner Panitzki vertreten ließ. Auch Heusinger und Speidel waren in den Anfangsjahren keine Angehörigen des Amtes Blank, sie arbeiteten ab November 1950 vielmehr als Berater unmittelbar für den Bundeskanzler. Die Bearbeitung der Allgemeinen Wehrfragen, also die Einbindung der Bundeswehr in Staat und Gesellschaft, wurde über Generalmajor a. D. Erich Dethleffsen in enger Anlehnung an das Bundeskanzleramt von außen geleistet. Auch hier fungierte der zuständige Referent im Amt Blank, Major i. G. a. D. Wolf Graf von Baudissin, zunächst als Platzhalter. Es dauerte letztlich bis zur Aufstellung des Bundesministeriums für Verteidigung 1955 und darüber hinaus, bis die verteidigungspolitische Arbeit final institutionalisiert werden sollte.

Dieser Aufbau verlief nicht spannungsfrei. Widerspruch entzündete sich immer wieder zwischen der Gruppe der Beamten und der der ehemaligen Soldaten, aber auch innerhalb der jeweiligen Lager, wenn es beispielsweise um das Besetzen zentraler Dienstposten ging. Eine eigenständige militärische Abteilung wurde erst im Sommer 1952 geschaffen. Nicht jeder Angehörige des »Schattengeneralstabs« wurde letztlich in das Amt Blank oder das Bundesministerium für Verteidigung übernommen.

Bis zu den Anfängen des Amtes Blank lagen die planerischen Arbeiten fest in den Händen ehemaliger Offiziere. Mit der schrittweisen Schaffung des provisorischen Ministeriums hielt die Gruppe der Ministerialbeamten und damit verwaltungsrechtliches Handeln Einzug in das weite Feld der Verteidigung. Bereits damals wurden die bis heute gültigen Grundstrukturen gelegt: das Bundesministerium der Verteidigung als eine nach rechtsstaatlichen Grundsätzen agierende oberste Bundesbehörde und als Dienstsitz des Inhabers der Befehls- und Kommandogewalt, der dem teilstreitkräfteübergreifenden Denken verpflichtet ist.

*Thorsten Loch*

4

# EINBINDUNG IN DEN GEWALTENTEILENDEN RECHTSSTAAT

## Streitkräfte in der Demokratie

Koppelschloss zum »Koppel, schwarz« der Bundeswehr. Es wurde in den frühen Jahren zum Dienstanzug, damals grundsätzlich mit Stiefeln, getragen. Heute wird es vor allem bei feierlichen Anlässen zum Dienstanzug getragen, der dann umgangssprachlich »Großer Dienstanzug« genannt wird.

Im Jahr 1962 führte die Bundeswehr das Koppelschloss für den Dienstanzug in seiner heute noch gültigen Form ein. Seine Kennzeichen sind der Bundesadler und die ihn umrahmenden Worte »Einigkeit, Recht, Freiheit«. Adler und Schrift nehmen Bezug auf staatliche Symbole der Bundesrepublik Deutschland: ihr Wappentier, den Adler, sowie die von August Heinrich Hoffmann von Fallersleben 1841 gedichtete Nationalhymne. Hoheitliche Abzeichen zieren die Schnallen von Gürteln oder Leibriemen der Soldaten seit mindestens 1847 und stehen seitdem sinnbildlich für die gegenseitige Bindung von Staat und Militär. Soldaten sind immer auch Diener der Verwirklichung staatlicher Selbstbehauptung und gelten als Teil der vollziehenden Gewalt. Insofern weist das Tragen hoheitlicher Symbole auf Koppelschloss, Kopfbedeckung oder Uniform ihren Träger als Repräsentanten des Staates aus. Das älteste nationale Symbol dürfte die seit 1808 an den Kopfbedeckungen geführte Kokarde gewesen sein, die als nationales Erkennungszeichen ihre Ursprünge in der Französischen Revolution hatte.

Die Bundeswehr ist die erste moderne deutsche Armee, die nicht nur in die demokratische Verfassung, sondern auch in die parlamentarische Verfassungsordnung einbezogen ist. Vor allem die Eingliederung der Streitkräfteführung in das Bundesministerium der Verteidigung ordnete die Armee unter die parlamentarisch verantwortliche Exekutive und damit unter ihre Leitung ein, weswegen der Verfassungsrechtler Ernst-Wolfgang Böckenförde bereits 1966 von der Bundeswehr als einem Parlamentsheer sprach.

Die politische Einbindung des künftigen Militärs in die staatlichen Strukturen der Bundesrepublik Deutschland war Gegenstand der ersten schriftlichen Ausarbeitungen, wie im »Besprechungsplan« vom Januar 1950. Für das Feld der allgemeinen Wehrpolitik definierte er die zu schaffenden Streitkräfte als überparteilich, aber nicht parlaments- oder parteifeindlich, in Fragen der Kommandogewalt jedoch stark und unabhängig. Die eindeutige Unterordnung unter die Politik wurde anerkannt. Ebenso wurden in ihm zentrale Fragen der inneren Struktur im Sinne der späteren Inneren Führung aufgegriffen und vorweggenommen (siehe Beitrag 6). Die staatspolitische Verortung wurde im Sinne einer »Verschmelzung von Armee und Demokratie« in Bundeskanzler Konrad Adenauers Ehrenerklärung von Dezember 1952 vollzogen. Das war der Moment, in dem sich die Bundesrepublik die Soldaten der ehemaligen Wehrmacht unterstellte und ein staatliches Treueverhältnis einforderte, das das Bekenntnis der Soldaten zur Bundesrepublik und ihrer rechtstaatlichen Verfassung zur Bedingung machte.

In den Jahren 1955 und 1956 wurde die Bundeswehr zunächst über die Wehrgesetzgebung in die Staatsverfassung integriert (siehe Beitrag 9). Das Grundgesetz regelte die Befehls- und Kommandogewalt, die im Frieden durch den Bundesminister der Verteidigung ausgeübt und bei Verkündigung des Verteidigungsfalles auf den Bundeskanzler übergeht. Ferner regelte es die parlamentarische Kontrolle der militärischen Exekutive und somit das Zusammenspiel beider Bereiche. Es ist zwar der Bund und somit die Exekutive, die Streitkräfte zur Verteidigung aufstellt, jedoch obliegt dem Parlament als Legislative aufgrund seines Zustimmungsvorbehalts zum Haushalt die Organisationsgewalt sowie das Budgetrecht über die Bundeswehr und somit die Mitwirkung an der Wehrpolitik sowie der Wehrorganisation der Bundesregierung. Neben dieser systemgerechten Einordnung der Bundeswehr in den Verfassungsstaat und seiner verfassungsmäßigen Kontrolle durch das Parlament existieren weitere Organe, über die die Legislative Kontrollbefugnisse ausübt. Zuerst zu nennen ist der Bundestagsausschuss für Verteidigung, der als einziger Ausschuss mit dem Recht ausgestattet ist, einen Untersuchungsausschuss einzusetzen (März 1956). Auch das Amt des Wehrbeauftragten übt eine Kontrollfunktion für den Bundestag aus, indem es über den Schutz der Grundrechte in den Streitkräften wacht (Juli 1956). Ein weiteres Instrument stellte der zwischen 1956 und 1968 tätige Personalgutachterausschuss dar (siehe Beitrag 5).

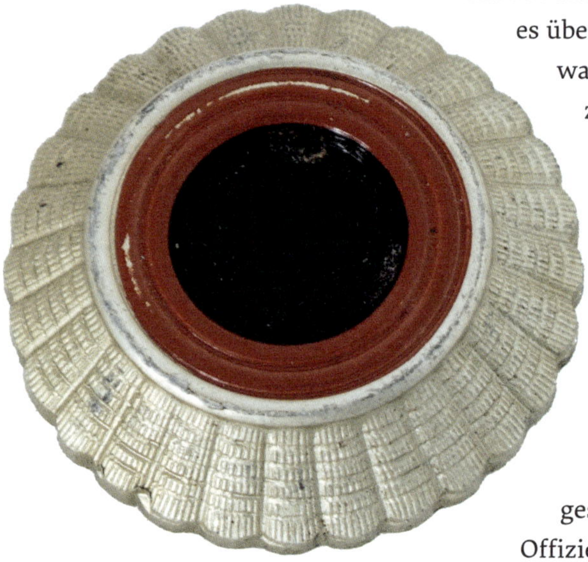

Metallgeprägte Kokarde mit den Bundesfarben Schwarz, Rot und Gold, wie sie an den Schiffchen oder Schirmmützen zum Dienstanzug getragen wird

Er entschied auf Grundlage eines Bundesgesetzes (Juli 1955) über die Einstellung ehemaliger Offiziere vom Dienstgrad Oberst aufwärts und gab die Richtlinien vor für die Einstellung vom Dienstgrad Oberstleutnant abwärts. Anders als der Bundesverteidigungsausschuss oder das Amt des Wehrbeauftragten war er jedoch kein Organ des Bundestages, sondern ein Hilfsmittel der Bundesregierung und somit der Exekutive.

Die Bundeswehr wurde aber nicht nur in die Verfassungslandschaft der Bundesrepublik eingebunden, sondern ihrem inneren Gefüge nach so aufgestellt, dass sie in einer Demokratie bestehen konnte. Den Wesenskern der Streitkräfte bildete das Leitbild des Staatsbürgers in Uniform. Es verkörperte ein Ideal, das die Entfaltung des freien Menschen in den Streitkräften eines freiheitlichen Staates ermöglichen sollte. Allen militärisch notwendigen Einschränkungen zum Trotz sollte der Soldat im täglichen Dienst das erleben, was er verteidigte: die Freiheit des Einzelnen, rückgebunden an den Schutz durch den Rechtsstaat. Der aus Einsicht frei handelnde Soldat sollte erkennen, dass nur das verteidigungswert ist, was lebenswert ist, wie es das erste Handbuch Innere Führung 1957 vorgab. Eine in die Lebenswirklichkeit der parlamentarisch verfassten Demokratie eingebundene Menschenführung hatte damit das Ziel, die Bundeswehr zu einem Instrument höchster Schlagkraft zu formen. Einigkeit, Recht und Freiheit verbanden sich von Anfang an mit dem wehrhaften Adler zu einer Sinneinheit, repräsentiert durch die Farben Schwarz-Rot-Gold.

Die Einbindung der Bundeswehr in die demokratische Gesellschaft war zugleich immer der Prüfstein, an dem ihre politische Zuverlässigkeit gemessen wurde. In den ersten Jahren war es vor allem die Haltung der Soldaten zum militärischen Widerstand und zur Frage des 20. Juli 1944, aber auch der Umgang der Ausbilder mit den ihnen anvertrauten Wehrpflichtigen, später waren es politische Äußerungen höchster Offiziere oder nach 1990 die Einstellung zur Wehrmacht und das Verhalten in den Auslandseinsätzen. In den vergangenen 70 Jahren gab es mehr als einmal Anlass zur Kritik.

Die Bundeswehr wurde über die Wehrgesetzgebung nicht nur in ein demokratisches System integriert, sondern der parlamentarischen Kontrolle unterworfen und somit Teil des hochmodernen Verfassungs- und gewaltenteilenden Rechtsstaates westlicher Prägung. Dies musste die Politik nicht gegen das Militär durchsetzen, sondern sie tat es mit ihm und den Beamten gemeinsam, weil in der konkret handelnden ehemaligen Generalität der Wehrmacht wie auch der Beamtenschaft die Überzeugung herrschte, dass die Erlangung staatlicher Souveränität – und damit die Voraussetzung eines staatlich legitimierten Militärs – nur über die Westbindung und die Integration in den demokratisch verfassten Staat möglich sein würde.

*Thorsten Loch*

# 5

# EINTRITT NUR MIT »PERSILSCHEIN«

## Der Personalgutachterausschuss

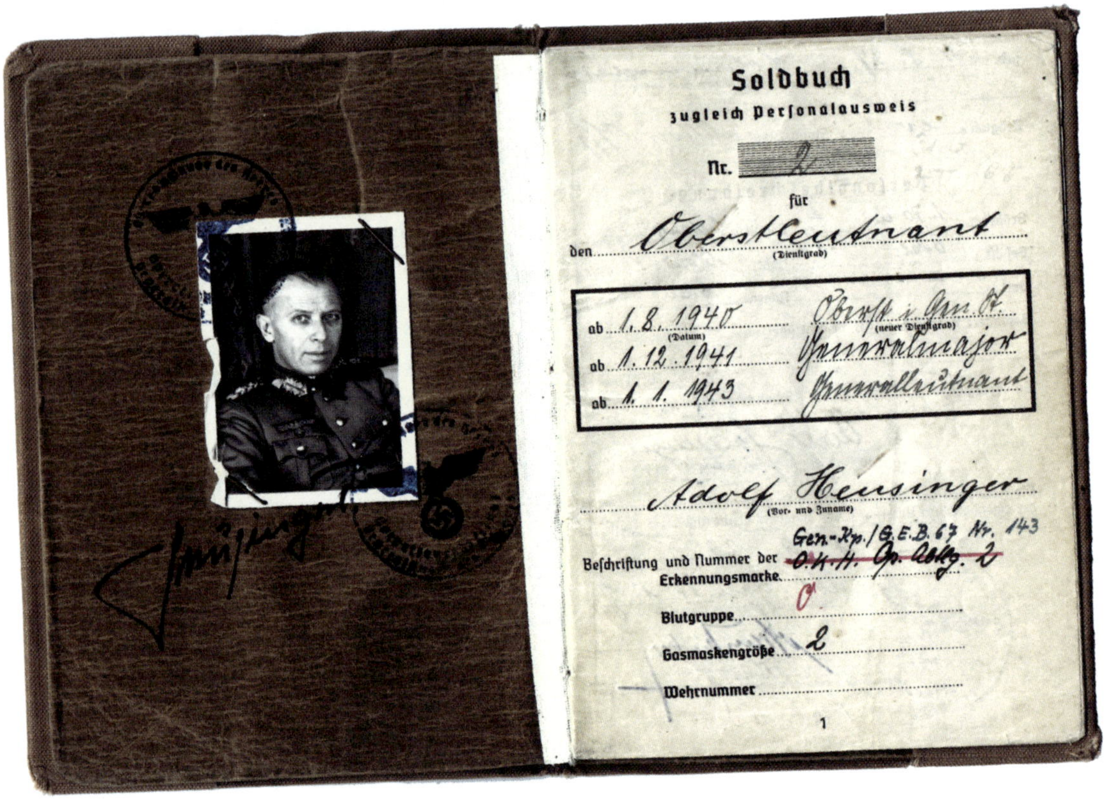


Wehrmacht-Soldbuch von Generalleutnant Adolf Heusinger (1897–1982). Er war von 1956 bis 1961 erster Generalinspekteur der Bundeswehr und anschließend als erster Deutscher bis zum 26. Februar 1964 Vorsitzender des Militärausschusses (Military Committee) der NATO in Washington, DC.

Im Vorfeld des Aufbaus der Bundeswehr ab 1950 wie auch in ihrer Gründungsphase ab 1955 wurde vielfach gefragt, welcher Soldatentyp die neuen Streitkräfte der Bundesrepublik Deutschland bestimmen sollte. Damit war zwangsläufig die Frage verbunden, welche ehemaligen Soldaten der Wehrmacht aufgenommen werden konnten. Die ab 1956 so benannte Bundeswehr meinte beim Aufbau der neuen Streitkräfte auf militärisch geschultes Fachpersonal, insbesondere in den höheren Rängen, nicht verzichten zu können. Bundeskanzler Konrad Adenauer beantwortete die Frage, ob Offiziere, die schon unter Hitler gedient hätten, auch Offiziere der Bundesrepublik sein könnten, mit dem Hinweis, die NATO werde ihm keine 18-jährigen Generale abnehmen.

Im Amt Blank waren ab 1950 deswegen einige ehemalige Militärs als Berater angestellt, die die Bundeswehrplanungen anlegten. Darunter war Generalleutnant a. D. Adolf Heusinger, der von 1937 bis in den Sommer 1944 als Mitarbeiter und dann als Chef der Operationsabteilung im Generalstab des Heeres die Landkriegsplanungen der Wehrmacht maßgeblich gesteuert hatte. Sein Soldbuch, das ab dem Dienstgrad Oberstleutnant geführt wurde und später ein aktuelles Passbild als Generalmajor erhielt, gibt Aufschluss über seinen Lebensweg. 1915 in die preußische Armee eingetreten, nahm er am Ersten Weltkrieg teil und setzte in der Reichswehr und der Wehrmacht seine Laufbahn fort. Er zählte zu den generalstabsgeschulten Experten, ohne die keine Armee auskommen konnte, und hatte bis 1944/45 bruchlos unter sich verändernden politischen Rahmenbedingungen seinen »unpolitischen« Dienst geleistet. Bei Kriegsende kam er in Kontakt zu neu entstehenden Netzwerken, deren Protagonisten sich später als Sicherheitsberater der neuen politischen Führung anboten.

Der Deutsche Bundestag etablierte per Gesetz 1955 den »Personalgutachterausschuss«, der bis Ende 1957 »die persönliche Eignung der Offiziere vom Oberst an aufwärts zu prüfen« hatte. Dabei ging es darum, nur unbelastete Bewerber zu den Streitkräften zuzulassen. In anderen gesellschaftlichen Bereichen hatte sich eine »Persilschein-Kultur« entwickelt: Mit entsprechenden schriftlichen Stellungnahmen wurde im Zuge der Entnazifizierung versucht, sich gegenseitig zu entlasten. Unter dem Begriff der persönlichen Eignung verstand der Personalgutachterausschuss sowohl die menschlich-charakterliche als auch die politische und geistige Eignung des Bewerbers. Über die fachlich-militärische Befähigung zu urteilen hielt sich der Ausschuss dagegen für nicht zuständig. Letztlich sollte das Urteil über die Gesamtpersönlichkeit ausschlaggebend sein.

Der Ausschuss entwickelte allgemeine Richtlinien, die »zur Überprüfung der persönlichen Eignung der Soldaten vom Oberstleutnant – einschließlich – abwärts« dienten. Über diese Soldaten befand der Ausschuss nicht selbst und nach persönlicher Vorstellung der Kandidaten, sondern die Freiwilligenannahmestellen und die Vorläufer der personalbearbeitenden Stellen entschieden anhand der Aktenlage entlang der Richtlinien des Gutachterausschusses.

Eine Besonderheit bei der Begutachtung gab es für den elitären Kreis der Generale und Admirale unter den Bewerbern: Sie hatten »ein kurzes vorbereitetes Referat über ein vom zuständigen Unterausschuss ausgewähltes Thema zu halten. Daran schlossen sich Fragen des Vorstandes und des Unterausschuss-Vorsitzenden an den Bewerber an. Erst danach wurde über die persönliche Eignung des Bewerbers entschieden.« Der als Bundestagsdrucksache 3/109 veröffentlichte Abschlussbericht hielt fest, dass es für den Ausschuss wichtig war, »den Bewerber selbst zum Sprechen zu bringen, um dadurch auch seine geistige Aufgeschlossenheit erkennen zu können«. Faktisch hatte es der Bewerber maßgeblich selbst in der Hand, sich vorteilhaft zu präsentieren, wenngleich der Abschlussbericht auch festhielt, dass mitunter der jeweilige Prüfgruppenvorsitzende mit Fragen das Gespräch führte.

Für diese durchaus zeitaufwändige Arbeit bestand der Ausschuss aus lediglich 38 Männern und Frauen – unter anderem ehemalige Soldaten, Persönlichkeiten aus dem Widerstand gegen den Nationalsozialismus, Verwaltungsbeamte, Politiker sowie Unternehmer und Angestellte –, die von der Bundesregierung vorgeschlagen und vom Bundestag gewählt sowie anschließend vom Bundespräsidenten persönlich ernannt worden waren. Der Ausschuss war nicht weisungsgebunden, also tatsächlich in seinen Entscheidungen vollkommen unabhängig. Er überprüfte insgesamt 553 Bewerbungen und lehnte 51 Kandidaten ab; 32 zogen ihre Bewerbungen noch während des Auswahlprozesses zurück.

Über die konkrete Arbeit des Ausschusses ist wenig bekannt, weil er seine Unterlagen nach Abschluss der Vorgänge vollständig vernichtete. Nichts sollte beispielsweise über Ablehnungsgründe einzelner Kandidaten nach außen dringen, obwohl sich das nicht immer verhindern ließ. Bis heute ist unklar, wie die Überprüfung der Kandidaten im Einzelnen verlief. Sicher ist, dass sie vor den jeweiligen Prüfgruppen persönlich erscheinen mussten und zu ihrer früheren militärischen Tätigkeit und vor allem zu ihrer politischen Einstellung befragt wurden. Wesentliches Auswahlkriterium war die individuelle »Demokratietauglichkeit«, die durch Fragen zur Einstellung des Kandidaten zu »Eid und Gehorsam« sowie zur persönlichen Haltung zum gescheiterten Attentat und zum Umsturzversuch vom 20. Juli 1944 erörtert wurde. Letztlich ging es dem Ausschuss um eine Kernfrage soldatischen Dienens: Wann verbietet das Gewissen die Ausführung von Befehlen und Weisungen?

Trotz aller gewährten Unabhängigkeit überprüfte der Personalgutachterausschuss die Kandidaten nicht gänzlich ohne äußere Einflüsse und interne Unstimmigkeiten. Das belegen wenige bekannte Vorgänge: So erachtete der Ausschuss gerade Heusinger als ungeeignet für militärische Spitzenverwendungen. Offensichtlich gab es in der Bundesregierung aber eine abweichende Wahrnehmung, und auch die USA wollten Heusinger als Experten in der Bundeswehr sehen; nicht zuletzt förderte der Bundeskanzler selbst seine Berufung zum ersten Generalinspekteur. Ein zweiter Fall betraf den früheren Oberst der Luftwaffe Johannes Steinhoff, den der Ausschuss aus charakterlichen Gründen für Verwendungen als Truppenführer nicht geeignet hielt. Tatsächlich machte Steinhoff nach seiner Tätigkeit als Chefplaner für die fliegenden Kampfverbände der Luftwaffe im Amt Blank, im Führungsstab der Luftwaffe und bei der NATO eine beeindruckende Karriere. Schließlich stieg er zum Inspekteur der Luftwaffe auf und damit zum obersten truppendienstlichen Vorgesetzten seiner Teilstreitkraft. Zuletzt war er Vorsitzender des NATO-Militärausschusses. Die Urteile des Ausschusses wurden im Einzelfall also nachträglich durchaus erheblich korrigiert.

Auch ehemalige Angehörige der Waffen-SS bis zum Rang eines Obersturmbannführers (vergleichbar einem Oberstleutnant der Wehrmacht) durften sich für die Aufnahme in die Bundeswehr bewerben. Unklar bleibt, ob und inwieweit ihre SS-Vergangenheit die Chancen auf Übernahme schmälerte. Tatsächlich haben rund 300, vor allem jüngere Angehörige der Waffen-SS den Weg in die Bundeswehr gefunden.

Die vom Personalgutachterausschuss vorgenommene Beurteilung der Kandidaten für die neuen Streitkräfte weckte auch für Außenstehende Zweifel, die diese Karikatur von Wolfgang Hicks 1956 aufspießt.

Faktisch drückte sich im ganzen Handeln des Personalgutachterausschusses der Wunsch nach einem Bruch mit der Vergangenheit und nach einem Neubeginn aus, der in der Bevölkerung der jungen Bundesrepublik Anfang der 1950er-Jahre weit verbreitet war: Viele Menschen hatten selbst bereits ein Entnazifizierungsverfahren durchlaufen und die Mehrheit der westdeutschen Bevölkerung hatte sich schnell an die neuen politischen Umstände angepasst und unterstützte die junge Demokratie der Bundesrepublik. Dennoch ist bemerkenswert, dass der Personalgutachterausschuss zwar das Offizierkorps der jungen Bundeswehr intensiv überprüfte, die künftigen Beamten im Bundesverteidigungsministerium eine solche Gewissensprüfung hingegen nicht durchlaufen mussten. Letztlich wurde keine Berufsgruppe in der jungen Bundesrepublik so intensiv und gründlich auf ihre demokratische Gesinnung und Zuverlässigkeit überprüft wie die der Soldaten.

*Heiner Möllers*

# ES IST »GRUNDLEGEND NEUES ZU SCHAFFEN«

## Die Konzeption der Inneren Führung

Unterrichtstafel der Bundeswehr aus den 1960-/70er-Jahren

Die Verwendung von Schreibtafeln für den Unterricht dürfte so alt sein wie die Schrift selbst. Bis in die 1960er-Jahre hinein wurde in Deutschland das Lesen, Schreiben und Rechnen noch an Schiefertafeln erlernt und ungeachtet des Einzugs neuer Medien, von Beamern oder interaktiven Whiteboards, lassen sich nach wie vor Kreidetafeln an den Universitäten und in den »U-Räumen« (Unterrichtsräumen) der Bundeswehr finden. Was auf den Tafeln steht, ist – buchstäblich – nicht »in Stein gemeißelt«, sondern veränderlich: Wechselnde Unterrichtsstoffe und -fächer gehören zum Lehrplan und diese Curricula verändern sich im Laufe der Zeit. Diese Veränderlichkeit anzuerkennen ist eines der Kernanliegen der Führungsphilosophie der Bundeswehr, der Konzeption der Inneren Führung.

Auf der abgebildeten Tafel steht geschrieben, was seit Aufstellung der Bundeswehr in zahllosen inhaltsgleichen oder -ähnlichen Fassungen in den Unterrichtsräumen im Rahmen der Truppeninformation, von Lehrgängen oder bei der Konzeptionsarbeit zur Inneren Führung zu lesen war: Ausgangspunkt des Textes ist die Achtung der Menschenwürde »des Soldaten« – und natürlich der Soldatinnen; er betont die Erziehung zum Mitdenken und zum Gehorsam aus Einsicht; und er fordert von den militärischen Vorgesetzten aller Ebenen eine Führung durch Vorbild. Didaktisch leicht vereinfacht erscheint die Innere Führung hier als Ausdruck der Menschenführung. Die aus dem Artikel 1 des Grundgesetzes resultierende Forderung nach Achtung der Menschenwürde ist in der Tat der zentrale Ausgangspunkt der Führungsphilosophie der Bundeswehr. Auf ihr beruhen die Normen von Recht und soldatischer Ordnung; sie zu vermitteln ist Aufgabe der politischen Bildung. Weitere Gestaltungsfelder der Inneren Führung sind die alltägliche Dienstgestaltung und Ausbildung, eine angemessene und ausgewogene Informationsarbeit, transparente Organisation und Personalführung, Fürsorge und Betreuung am Heimatstandort wie im Ausland, die Vereinbarkeit von Familie und Dienst, Seelsorge und Religionsausübung sowie eine hochwertige sanitätsdienstliche Versorgung im Rahmen der freien Heilfürsorge.

Die Konzeption der Inneren Führung ist eng mit Wolf Graf von Baudissin (1907–1993) verknüpft. Nach seinem Dienst in der Reichswehr, dem Kriegsdienst in der Wehrmacht als Generalstabsoffizier und seiner Kriegsgefangenschaft nahm er im Oktober 1950 an der Tagung im Eifelkloster Himmerod teil (siehe Beitrag 3). Als einer der jüngsten Teilnehmer stieß der Graf mit seinen Ideen dort nicht immer auf Gegenliebe: Seine Diktion ist erkennbar in der Forderung, dass »ohne Anlehnung an die Formen der alten Wehrmacht heute grundlegend Neues zu schaffen ist«. Dies betraf vor allem die innere Ausrichtung der Streitkräfte. Über das Postulat einer zeitgemäßen Menschenführung, die ja bereits in früheren deutschen Armeen ein Diskussionspunkt gewesen war, betonte die Himmeroder Denkschrift, dass alle künftigen Angehörigen westdeutscher Streitkräfte »aus innerer Überzeugung die demokratische Staats- und Lebensform zu bejahen« haben. Die Werte, welche die Bundeswehr für die Gesellschaft und die westliche Welt zu verteidigen habe, sollten auch innerhalb der Streitkräfte erlebbar sein. Genau darauf beruht das Normengerüst der Bundeswehr im Rahmen der Verfassung und Gesetzgebung der Bundesrepublik Deutschland; und dies war ihren Soldaten angemessen zu vermitteln.

Seit dem 7. Mai 1951 arbeitete Baudissin als fester Angestellter in der Dienststelle Blank. Ende 1955 avancierte er zum Leiter der für das Innere Gefüge zuständigen Unterabteilung im Verteidigungsministerium, die er ab dem 30. Januar 1956 als Oberst führte. In den sieben Jahren bis Mitte 1958, als er das Ministerium verließ, entstand das Grundgerüst für die Konzeption der Inneren Führung – unter Mithilfe der späteren Generale Johann Adolf von Kielmansegg und Ulrich de Maizière. Da das Führungspersonal der Bundeswehr in der Aufbauzeit noch auf eine Vordienstzeit in der Wehrmacht zurückblickte, kam der Vermittlung der Konzeption Innere Führung eine entscheidende Rolle zu: Denn nicht wenige Kritiker hielten solchermaßen benannte »demokratische Streitkräfte« – es ging richtigerweise um Streitkräfte in der Demokratie – für einen Widerspruch in sich, ein freiheitliches Menschenbild sei mit militärischer Effektivität nicht vereinbar. Sie rügten die Konzeption als zu abstrakt und theoretisch und verspotteten sie als »inneres Gewürge«.

Das im September 1957 erstmals publizierte und bis 1970 viermal neu aufgelegte Handbuch Innere Führung versprach eine »Hilfe zur Klärung der Begriffe«. Das kleine gelbe Buch versammelte Vorträge, die Baudissin und seine Mitarbeiter Mitte 1956 vor dem künftigen Führungspersonal der Bundeswehr in Sonthofen gehalten hatten. Als Kernelemente der Inneren Führung forderte das Handbuch erstens eine »geistige Rüstung«, also eine aus innerer Überzeugung übernommene antitotalitäre Grundhaltung. Zweitens verlangte es eine »zeitgemäße Menschenführung«. Dem »ewigen Landsknecht«, der seinen Dienst in ausschließlich militärhandwerklicher Hinsicht (miss)verstand, stellte das Handbuch den mitdenkenden Soldaten gegenüber, der seinen Dienst aus Einsicht in dessen Notwendigkeit leistete. Das Argument, dass eine militärische Hierarchie »undemokratisch« sei, räumte das Handbuch aus: Dann seien ja auch Wirtschaftsbetriebe, Schulen und alle weiteren Institutionen mit der Demokratie unvereinbar. Für das Bestehen einer militärischen Ordnung im demokratischen Staat maßgeblich sei dagegen die Bindung aller an die gleiche gesetzmäßige Grundlage, sofern diese wiederum auf demokratische Weise zustande gekommen war. Auch den scheinbaren Gegensatz von demokratischer Freiheit und militärischer Härte entkräfteten Baudissin und die Mitarbeiter seines Handbuchs: Vielmehr stelle die Freiheit – im Sinne einer menschenwürdigen und rechtskonformen, aber fordernden Ausbildung »ungleich härtere Anforderungen an den Menschen als jede Bevormundung«. In einem im März 1964 veröffentlichten Aufsatz formulierte Baudissin unmissverständlich: »Freiheitliche Härte und ihre Erziehungsmethoden sind beträchtlich härter, unbequemer und entsagungsvoller als ihre Gegenbilder.«

Das kleine gelbe Buch war kein schnell wegzuwischender Tafelanschrieb. Doch auch dieses Grundlagendokument blieb zeitgebunden, wie es das Schlusswort trefflich markierte: »Alles, was in diesem Handbuch ausgeführt ist, muss mehr Anregung als Lösung sein, mehr allgemeine Marschrichtung als feste Straße. Die Ursache dafür liegt im Wesen des Anfangs, des Umbruchs und auch der Freiheit« (Handbuch Innere Führung, S. 175). Es blieb die eigentliche Herausforderung an das zum Mitdenken aufgeforderte militärische Personal der Bundeswehr auch nach ihrer Aufbauzeit: Die Konzeption der Inneren Führung, die Anforderungen des täglichen Dienstbetriebs waren stetig weiterzuentwickeln.

Plakette der Freiherr-vom-Stein-Medaille, die die Universität Hamburg am 10. Februar 1965 an die Gründerväter der Inneren Führung, die Generale Wolf Graf von Baudissin, Ulrich de Maizière und Johann Adolf Graf von Kielmansegg, verlieh

Die Führungsphilosophie der Bundeswehr schlug Brücken zur bundesdeutschen Gesellschaft und blieb keine Einbahnstraße. Auf Vorschlag des hannoverschen Landesbischofs Hanns Lilje (1899–1977) wurde der vom Hamburger Kaufmann Alfred Toepfer (1894–1993) gestiftete Freiherr-vom Stein-Preis für das Jahr 1964 im Februar des Folgejahres an Baudissin, Kielmansegg und de Maizière verliehen.

Die Herausforderung der Konzeption der Inneren Führung besteht im eingeforderten Selbstdenken. In ein allzu enges Korsett an Ausführungsbestimmungen gepresst, würde sich dieses Grundprinzip selbst widerlegen. Dieser Kerngedanke, also die Verbindung von freiwilliger Unterordnung im soldatischen Dienst an der Allgemeinheit mit dem Ideal der inneren Freiheit, bleibt auch im 21. Jahrhundert unverändert sinnstiftend. Die pauschale Kritik, die Innere Führung sei inzwischen überholt, verkennt diese wichtige Klammer- und Integrationsfunktion der Innen Führung für die Bundeswehr als Armee (in) der Demokratie.

*Martin Rink*

7

# »DIE SOLDATEN ERHALTEN STAATSBÜRGERLICHEN UNTERRICHT«

## Politische Bildung in der Bundeswehr

Filmdosen mit Ausbildungsfilmrollen der Bundeswehr zum Einsatz in der politischen Bildung. Politische Bildung in der Bundeswehr bedeutete in den frühen Jahren, meist am Freitagmorgen, die »Pflichtthemen« abzuhaken. Die dazu von der Bundeswehr selbst oder in ihrem Auftrag durch Firmen erstellten Filme entlasteten vielfach die jungen Offiziere, die diesen Unterricht halten mussten.

Nie wieder!« Diese Verpflichtung bezog sich nach 1945 primär auf die nationalsozialistischen Gewaltverbrechen; nie wieder sollte es zu vergleichbaren Gräueltaten kommen oder ein faschistisches Regime in der Bundesrepublik Fuß fassen können. Doch wie sollte ein solches »Nie wieder!« in der Gesellschaft verankert werden? Bereits unmittelbar nach 1945 initiierten die Alliierten das Programm der sogenannten Reeducation. Was im Deutschen unter der Bezeichnung »Umerziehung« durchaus missverstanden werden konnte, meinte damals die Förderung demokratischer Normen und Werte. Dieses Ziel unterstützten auch deutsche Politiker wie der erste Bundespräsident Theodor Heuss. Als 1955 neue deutsche Streitkräfte aufgestellt wurden, bestand die einmütige Auffassung, dass auch die Bundeswehr auf Demokratie und Rechtsstaatlichkeit verpflichtet werden sollte. Das Engagement für etwas, nämlich für den Schutz der freiheitlichen demokratischen Grundordnung, sollte zum Kerngedanken der Bundswehr als Armee der Demokratie werden.

Die neuen Soldaten, die häufig noch die alten wehrmachtgedienten waren, sollten sich in der Folge an einem neuartigen soldatischen Leitbild orientieren: dem Staatsbürger in Uniform. Der neue Soldatentyp, den sich die Bundeswehr wünschte, sollte weder unpolitisch noch ideologisiert sein, und die Soldaten sollten auch im dienstlichen Alltag jene demokratischen Werte (er-)leben, zu deren Schutz und Verteidigung sie sich bereit erklärt hatten. Um dieses Ziel zu unterstützen, war politische Bildung von Beginn an ein wichtiger Bestandteil der Ausbildung in der Bundeswehr. Verpflichtend festgelegt wurde sie in § 33 des Soldatengesetzes. Dort heißt es: »Die Soldaten erhalten staatsbürgerlichen und völkerrechtlichen Unterricht.«

*Die* politische Bildung im eigentlich Sinn gab es in der Bundeswehr jedoch nicht. Den Ausbildungsbereich prägten vielmehr unterschiedlichste Inhalte und Bezeichnungen. So firmierte die politische Bildung zunächst auch unter Begriffen wie »staatsbürgerliche Bildung/Unterrichtung«, »geistige Rüstung« oder »psychologische Rüstung«. 1966 wurde erstmals eine Zentrale Dienstvorschrift (ZDv) 12/1, zunächst unter dem Begriff »Geistige Rüstung«, für diesen Ausbildungsbereich erlassen. Ab 1973 firmierte die ZDv 12/1 unter dem Titel »Politische Bildung« und betonte stärker die Ausbildung eines gesellschaftlich-politischen Bewusstseins; sie orientierte sich an einem Verständnis, das Bildung als Ergebnis einer aktiven Aneignung verstand. Dies geschah auch im Zusammenhang mit den gesellschaftlichen Veränderungen, die infolge der 1968er-Bewegung ausgelöst worden waren. Auf das vermehrte gesellschaftliche Kritikpotenzial reagierte die Bundeswehr mit mehr Meinungspluralität und Mitbestimmung in den eigenen Reihen.

Politische Bildung erfolgte in der Bundeswehr in sehr unterschiedlichen Formen und zu diversen Anlässen: im Rahmen von regulären Laufbahnlehrgängen als Unterrichtsfach, in Form des staatsbürgerlichen Unterrichts, der Truppeninformation oder auch in sogenannten Informationsecken, die über aktuelle politische Ereignisse informierten. Grundsätzlich wurde es indes als Aufgabe jedes Soldaten, insbesondere der Offiziere, angesehen, sich auch eigenständig und in der Freizeit weiterzubilden. Diesem Zweck diente auch eines der ersten Medien, die die politische Bildung unterstützen sollten: die »Information für die Truppe«, eine Heftreihe, die bereits ab 1956 vom Führungsstab der Streitkräfte, damals noch Führungsstab Bundeswehr, herausgegeben wurde. Mitte der 1960er-Jahre belief sich die Auflage bereits auf circa 100.000 Exemplare pro Ausgabe. Sie richtete sich zunächst primär an Offiziere, die mit der Durchführung der politischen Bildung betraut waren, sollte jedoch auch interessierten Unteroffizieren und Mannschaftssoldaten zur Verfügung stehen. Themen der ersten Ausgaben zielten unter anderem auf das Verständnis des politischen Systems der Bundesrepublik Deutschland (»Wie entsteht ein Bundesgesetz?«), aber auch auf geschichtliche Themen (»Vor 17 Jahren brach der Zweite Weltkrieg aus«) und aktuelle politische Ereignisse (»Der Suez-Konflikt«). Die Inhalte waren bewust so konzipiert, dass sie als Vortragsmanuskripte oder Materialsammlungen für Unterrichtseinheiten der politischen Bildung genutzt werden konnten.

Ab 1961 fand ein weiteres Format Eingang in den politischen Bildungskosmos der Streitkräfte: die »Bundeswehr-Filmschau«. Einmal im Monat wurden nun mehrere jeweils mehrminütige Beiträge zu aktuellen bundeswehrbezogenen Themen in einer Ausgabe zusammengetragen und filmisch vermittelt. In den ersten Ausgaben ging es etwa um die Versetzung des damaligen Generalinspekteurs Adolf Heusinger zum Militärausschuss der NATO und um den 17. Juni 1953. Sicherlich diente die Bereitsstellung von Filmen für die politische Bildung auch dem Zweck, in der jungen Zielgruppe ein höheres Interesse zu wecken. Bei Soldaten waren sie durchaus beliebt, boten sie doch Erholung von anderen, körperlich anstrengenden Ausbildungsinhalten.

Grundsätzlich wurde der politischen Bildung, gerade im Vergleich zur NVA, stundenmäßig ein relativ niedriger Anteil zugewiesen. (Tatsächlich handelte es sich in der NVA eher um eine Indoktrinierung im Sinne der marxistisch-leninistischen Lehren und nicht um staatsbürgerlichen Untericht für Soldaten in der Demokratie.) Alle Maßnahmen der politischen Bildung zusammengenommen machten über alle Dienstgradgruppen hinweg nur etwa 2,5 Prozent der gesamten Ausbildungszeit aus. Oft gehörte sie zudem zu den ersten Ausbildungsinhalten, die gestrichen wurden, wenn anderweitig Stunden vor allem für militärische Ausbildungseinheiten benötigt wurden; oder man legte sie auf den Freitag, kurz vor Dienstschluss.

Dass der geringe Stundenansatz und die geringe Bedeutung, die der politischen Bildung durch manche Vorgesetzte eingeräumt wurden, unerwünschte Folgen haben konnten, zeigten Ereignisse, die Ende der 1970er-Jahre die Bundeswehr erschütterten. Im Februar 1977 war es an der Hochschule der Bundeswehr in München zu antisemitischen Vorfällen gekommen. Junge Offiziere hatten dort nationalsozialistische Lieder gesungen und Begriffe wie »Judenverbrennung« beim Verfeuern von Papier verwendet. Als die Geschehnisse öffentlich

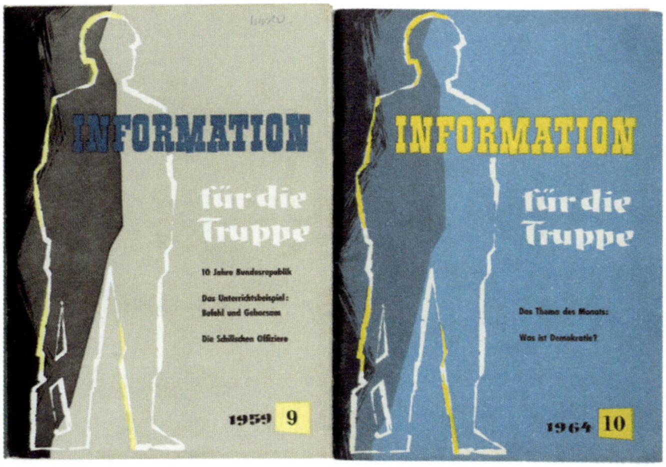


Die »Information für die Truppe« war von 1956 bis 2006 die von der Bundeswehr selbst erstellte Zeitschrift zur politischen Bildung. Anfänglich mit dezentem Cover, richtete sie sich an alle Soldaten, die als Staatsbürger in Uniform Anspruch auf Staatsbürgerlichen Unterricht hatten.

wurden, schloss sich eine Untersuchung an, an deren Ende nicht nur disziplinarrechtliche Konsequenzen für die Beteiligten standen, sondern auch eine Intensivierung der historisch-politischen Bildung in der ganzen Bundeswehr. Die Vorfälle in der Bundeswehr spiegelten dabei ein gesamtgesellschaftlich konstatiertes Defizit an historisch-politischer Bildung. Der damalige Generalinspekteur General Harald Wust ordnete für die Bundeswehr eine Verstärkung der historisch-politischen Bildung an. Die Themen »Nationalsozialismus«, »Antisemitismus« und »Rechtsradikalismus« sollten in der darauffolgenden Zeit im Fokus der Unterrichtsstunden stehen. Ähnliches wiederholte sich in den 1990er-Jahren, als es erneut zu öffentlich intensiv diskutierten Vorfällen kam.

Mit Blick auf die aktuelle Bedrohung unserer demokratischen Ordnung durch Gegner von innen und außen sind die Stärkung der Resilienz gegenüber antidemokratischen Umtrieben und ein solides Verständnis des politischen Systems der Bundesrepublik Deutschland gebotener denn je.

»Der Gegner versucht mit den Mitteln der Infiltration und Propaganda unsere Widerstandskraft zu untergraben. Dagegen kann man nicht mit Kanonen kämpfen. Auf die Dauer wird nur der Soldat bestehen, der überzeugt ist, dass er die bessere Sache verteidigt.« Dieses Zitat aus einem der ersten Hefte der »Information für die Truppe« entspricht nicht mehr dem aktuellen Sprachduktus, ist in seiner Aussage aber unverändert aktuell. Auch heute geht es darum, antidemokratische Argumentationsmuster aufzudecken oder Desinformationskampagnen, wie sie etwa im Rahmen hybrider Kriegführung erfolgen, durch Aufklärung zu durchkreuzen.

*Cornelia Juliane Grosse*

8

# SICHERHEIT VOR UND MIT DEUTSCHLAND

## Die Aufnahme der Bundesrepublik in die NATO

Tischschild aus Plexiglas für den deutschen militärischen Vertreter bei der NATO in Brüssel. Auf der Rückseite steht die Länderbezeichnung auf Englisch.

Das zweisprachige schwarze Kunststoff-Tischschild mit den Aufschriften »Germany« und auf der Rückseite in der zweiten offiziellen NATO-Sprache »Allemagne« kennzeichnet den Platz des deutschen Vertreters im NATO-Militärausschuss. Wie die Schilder der übrigen NATO-Partner markiert es jedoch nicht nur den Sitzplatz, sondern steht symbolisch für die Zugehörigkeit eines Landes zu einer politischen und militärischen Allianz. Die Bundesrepublik Deutschland ist seit dem 5. Mai 1955 gleichberechtigtes Mitglied im Verteidigungsbündnis.

»Die Amerikaner drinnen halten, die Russen draußen halten, und die Deutschen klein halten.« So soll der erste Generalsekretär der NATO, der britische General Hastings Lionel Lord Ismay, die drei Aufgaben der NATO beschrieben haben. Man könnte es auch vornehmer formulieren: die USA in die europäische Sicherheitsstruktur einbinden, Sicherheit nach außen gewährleisten, aber ebenso Sicherheit der Bündnispartner voreinander.

Schon als die zwölf Gründungsmitglieder im April 1949 in Washington den Nordatlantikvertrag unterzeichneten, war vielen Beobachtern klar, dass in diesem neuen Bündnis die Frage nach der Rolle Westdeutschlands verborgen war »wie das Eigelb im Ei«. Seit der Währungsreform 1948 war Westdeutschland zum »Wirtschaftswunderland« geworden – auch weil die äußere Sicherheit der Deutschen von den drei Westalliierten garantiert wurde. Auf die Dauer würde das nicht gehen: Die Alliierten forderten einen angemessenen westdeutschen Verteidigungsbeitrag, und Bundeskanzler Adenauer wollte eigene Streitkräfte als Ausweis der wiedergewonnenen Souveränität seines Landes.

Wie aber die verständlichen Ängste der europäischen Nachbarn überwinden? Frankreich, die Benelux-Staaten, Dänemark, Norwegen – sie alle hatten ihre Erfahrungen mit einem militärisch starken Deutschland machen müssen, einige sogar zweimal während des gerade zur Hälfte abgelaufenen 20. Jahrhunderts. Wie sollten »Sicherheit mit Deutschland« und zugleich »Sicherheit vor Deutschland« gelingen?

Einen ersten Vorschlag unterbreiteten die Franzosen 1950: Die Deutschen sollten Teil einer »Europäischen Verteidigungsgemeinschaft« werden; alle deutschen Truppen sollten unter dem Oberbefehl dieser »EVG« stehen – mit einem Franzosen als Oberbefehlshaber, womit die Kontrolle des deutschen Kontingents gewährleistet gewesen wäre. Vier Jahre lang beherrschte die Idee einer EVG die sicherheitspolitische Debatte. Die oppositionelle SPD lehnte das Konzept zunächst ab, weil die Bundesrepublik auf diesem Weg kein vollwertiges NATO-Mitglied würde. Warum sollten junge Deutsche für Verbündete kämpfen, die ihr Land nicht als gleichberechtigten Partner ansahen? Trotzdem stimmten die Sozialdemokraten am Ende dieser Lösung zu. Die EVG scheiterte jedoch ausgerechnet an der französischen Nationalversammlung, die im August 1954 eine weitere Behandlung der EVG-Verträge verweigerte. Adenauer sah darin die größte außenpolitische Niederlage seiner Kanzlerschaft.

Schon im Dezember 1953 hatte der amerikanische Außenminister John Foster Dulles vor dem NATO-Rat angekündigt, im Falle eines Scheiterns der EVG müssten die USA eine »schmerzhafte Neubewertung« ihrer Sicherheitspolitik vornehmen – eine kaum verhüllte Drohung, die USA könnten sich aus Europa zurückziehen. Entsprechend erhöhte sich der Druck auf die Europäer, vor allem auf Paris. Die einzige jetzt noch gangbare Lösung war die Aufnahme der Bundesrepublik in die NATO als vollwertiges Mitglied. Für Ende September 1954 lud der britische Außenminister Sir Anthony Eden zu einer Konferenz nach London ein, in deren Rahmen der Durchbruch gelang.

Die Deutschen akzeptierten die von den Alliierten (vor allem von Frankreich) geforderten Rüstungsbeschränkungen – nur eben nicht im Rahmen der NATO. Vielmehr trat die Bundesrepublik der »Westeuropäischen Union« bei, einem fast schon vergessenen »Brüsseler Pakt« aus den späten 1940er-Jahren, in dessen Vertragstext jetzt die entsprechenden Klauseln aufgenommen wurden. Das betraf vor allem den Verzicht der Westdeutschen auf eine atomare Bewaffnung und auf Raketen größerer Reichweite.

Anfang Oktober 1954 wurden die entsprechenden Verträge unterzeichnet – für Adenauers Politik zentral war der Deutschland-Vertrag, der zwar schon 1952 im Zusammenhang mit der EVG paraphiert worden war, jetzt aber vor seinem Inkrafttreten noch einmal überarbeitet werden musste. Er regelte die weitgehende Souveränität des westdeutschen Staates und auch dessen Alleinvertretungsanspruch für ganz Deutschland. Nur Fragen der inneren Sicherheit und alles, was mit Deutschland als Ganzem zu tun hatte – vor allem mit einer Wiedervereinigung –, behielten sich die drei Westalliierten weiterhin vor.

Die Billigung der Vertragswerke durch die Parlamente aller NATO-Mitgliedsstaaten dauerte noch einige Zeit, aber am 6. Mai 1955 wurde die Bundesrepublik offiziell das fünfzehnte Mitglied der Nordatlantischen Allianz. Adenauers außenpolitischer Berater Herbert Blankenhorn nahm seinen Sitz als erster Ständiger Vertreter (quasi Botschafter) im NATO-Rat ein. Im Frühjahr 1957 übernahm Generalleutnant (ab Juni 1957: General) Dr. Hans Speidel den Oberbefehl über die NATO-Landstreitkräfte in Mitteleuropa (LANDCENT); er war damit der erste deutsche Vier-Sterne-General im Bündnis. Adenauer hatte sein Ziel erreicht, die Bundesrepublik fest in die westliche Welt zu integrieren.

Für die Bundeswehr war die Zugehörigkeit zur integrierten Militärstruktur des Bündnisses von Anfang an einer der prägenden Faktoren. Seite an Seite mit Korps aus den USA, Großbritannien, Belgien, den Niederlanden, aus Kanada und Frankreich sollten die drei Korps des deutschen Heeres das Territorium der Bundesrepublik verteidigen. Die Bundesmarine, ursprünglich vor allem zur Sicherung der Ostseezugänge gegen einen Ausbruchsversuch des Warschauer Pakts konzipiert und ausgebildet, erwarb in den späten 1960er-Jahren ihre ersten drei Lenkwaffenzerstörer, mit denen sie sich auch an der Abwehr sowjetischer U-Boote im

Der 1937 aus Deutschland in die Niederlande emigrierte Karikaturist Fritz Behrendt sieht 1954 Bundeskanzler Adenauer schnurstracks auf die NATO zumarschierend, nachdem die Europäische Verteidigungsgemeinschaft gescheitert ist.

Atlantik und am Geleitschutz beteiligen konnte – sie leistete damit einen kleinen, aber wichtigen Beitrag zur Kohärenz des atlantischen Bündnisses auch in Krise und Krieg.

Die bisherigen Besatzungstruppen der Siegermächte wurden mit der Wiedergewinnung der westdeutschen staatlichen Souveränität zu Stationierungstruppen; ihre Rechtsgrundlage waren jetzt Abkommen ihrer Heimatstaaten mit der Bundesrepublik und nicht der gewonnene Krieg. Das bedeutete einen veränderten Umgang mit der deutschen Zivilbevölkerung und den deutschen Behörden – eine Umstellung, die recht reibungslos gelang.

Wie gut die Integration der Bundesrepublik in das Bündnis gelungen war, zeigte sich noch einmal besonders deutlich, als 1988 der bisherige Bundesverteidigungsminister Manfred Wörner neuer Generalsekretär des Bündnisses und damit auch Vorsitzender des Nordatlantikrates wurde. Mehr noch: Hatte die NATO bei der Berufung seines Vorgängers ausdrücklich beschlossen, die Amtszeit zu begrenzen, so machte die Allianz bei Wörner schon eine Ausnahme und berief ihn gleich für eine zweite Amtszeit (während der er allerdings einer schweren Krankheit erlag). Für die deutsche Außen- und Sicherheitspolitik ist die Zugehörigkeit zur NATO und zur Europäischen Union konstitutiv geworden. Ging es früher darum, dass die Verbündeten dem Frontstaat Bundesrepublik im Angriffsfall zur Hilfe kommen sollten, so muss es heute darum gehen, dass Deutschland glaubwürdig darlegen kann, im Angriffsfall seinen östlichen Nachbarn zur Hilfe zu kommen. War ihr wesentlicher Beitrag bis 1989 die Aufnahme umfangreicher Stationierungskräfte, so entsendet die Bundesrepublik heute im Bündnisrahmen Truppen in gefährdete Nachbarländer.

*Winfried Heinemann*

9

# OHNE SONDERSTELLUNG

## Das Wehr- und Soldatenrecht

Bundesadler als Wandschmuck im Sitzungssaal der 6. Kammer des Truppendienstgerichts Nord in Potsdam

Der abgebildete Bundesadler dekoriert die Rückseite eines Sitzungssaals im Truppendienstgericht Nord in Potsdam. Ein besonderer Vogel also. Was macht er da? Das Wappentier der Bundesrepublik Deutschland darf doch nur von amtlichen Stellen des Bundes verwendet werden. Genau solche Stellen sind die Truppendienstgerichte Nord und Süd. Diese Gerichte finden ihre verfassungsrechtliche Daseinsberechtigung in Artikel 96 Absatz 4 unseres Grundgesetzes (GG). Sie sind unabhängige Gerichte im Geschäftsbereich des Bundesministeriums der Verteidigung, die zur Entscheidung in Disziplinar- und Beschwerdeverfahren befugt sind. Ihr verfassungsrechtlicher Auftrag wird durch die Regelungen der Wehrdisziplinarordnung, der Wehrbeschwerdeordnung, des Soldatenbeteiligungsgesetzes sowie des Soldatinnen- und Soldatengleichstellungsgesetzes gesetzlich konkretisiert. Die dort agierenden Richterinnen und Richter stammen meist aus dem Personal der Rechtspflege und üben ihr Richteramt als Zivilangehörige des Bundesministeriums der Verteidigung aus, um die Unabhängigkeit der zu treffenden Entscheidungen sicherzustellen. Die Truppendienstgerichte (und in zweiter Instanz die beiden Wehrdienstsenate beim Bundesverwaltungsgericht in Leipzig) sind jedoch keine eigene Militärgerichtsbarkeit, wie es sie beispielsweise in den USA gibt. Im Zuge der Demokratisierung des Verhältnisses von Militär und Gesellschaft wurde beim Aufbau der Bundeswehr eine solche Militärgerichtsbarkeit bewusst vermieden. So urteilen die Truppendienstgerichte nicht über von Soldatinnen und Soldaten begangene Straftaten nach dem Strafgesetzbuch oder dem Wehrstrafgesetz; dies ist den Richterinnen und Richtern bei den zivilen Gerichten vorbehalten. Diese ordentlichen Gerichte fallen – abhängig vom Verfahrensgegenstand – in den Geschäftsbereich der Justizministerien der Bundesländer oder des Bundes selbst.

Der Bundesadler im Sitzungssaal stellt also klar, dass die Truppendienstgerichte eben keine eigene Militärgerichtsbarkeit ausüben, sondern spezielle Bundesgerichte für einen eng umgrenzten Rechtsbereich sind. Dabei geht es nicht nur um die Anordnung und Überprüfung von Ermittlungsmaßnahmen in Disziplinarverfahren gegen Soldatinnen und Soldaten, die besonders tief in deren Grundrechte eingreifen, sondern auch um die Ahndung von erheblichen Verstößen gegen die soldatischen Pflichten aus dem Soldatengesetz und dem Soldatinnen- und Soldatengleichbehandlungsgesetz; das Nähere regelt die Wehrdisziplinarordnung (§§ 69 ff.).

Der Bundesadler im Verhandlungssaal ist selbsterklärend, die abgebildeten Dienstgradabzeichen sind es nicht. Sie enthalten neben der Dienstgradbezeichnung (Major und Brigadegeneral) in einer purpurfarbenen Raute ein Tätigkeitsabzeichen in Form einer Waage. Keine Sorge, dabei handelt es sich nicht um das Sternzeichen der uniformtragenden Person.

Vielmehr findet sich die Erklärung, nicht aber die Legitimation dieser sonderbaren Dienstgradabzeichen ebenfalls im Grundgesetz, und zwar ganz in der Nähe unseres bereits bekannten Artikels, nämlich in Artikel 96 Absatz 2. Dort ist geregelt, dass der Bund im Verteidigungsfall Wehrstrafgerichte einrichten »kann«. Diese sind dann zuständig für die strafrechtlichen Ermittlungen gegen Angehörige der Streitkräfte, die ins Ausland entsandt oder auf Kriegsschiffen tätig sind.

Straftaten von Bundeswehrangehörigen im Inland sind von einer solchen Wehrstrafgerichtsbarkeit nicht betroffen, die ordentlichen Gerichte bleiben weiterhin zuständig. Die Einrichtung einer solchen Gerichtsbarkeit erfolgt über ein Bundesgesetz, wobei die Wehrstrafgerichte – anders als die Truppendienstgerichte – nicht dem Bundesministerium der Verteidigung, sondern dem Bundesjustizministerium zugeordnet sind. Die Wehrstrafgerichte sind mit hauptamtlichen Richtern zu besetzen, die die Befähigung zum Richteramt besitzen.

Hintergrund dieser Verfassungsregelung ist es, dass im Verteidigungsfall den dann herrschenden Erfordernissen durch diese Wehrstrafgerichte besondere Rechnung getragen werden soll (schnelle Erreichbarkeit bei Truppenbewegungen, besondere militärische Sachkunde der Handelnden und zügige Reaktionsmöglichkeiten zur Aufrechterhaltung der Disziplin innerhalb der Streitkräfte).

Das ist die verfassungsrechtliche Theorie. Wie steht es um die Praxis? Kurz gesagt, dieses Bundesgesetz existiert nicht. Dennoch fanden in den 1970er-Jahren umfassende Bestrebungen einer Umsetzung der Ermächtigungsgrundlage statt. Die Planungen waren so weit fortgeschritten, dass die abgebildeten Dienstgradabzeichen für die Wehrstrafrichter und Wehrstrafrichterinnen in spe entworfen wurden; und der Entwurf des Wehrjustizgesetzes sah sogar vor, dass die Wehrstrafgerichte an militärische Kommandobehörden angebunden werden und die Wehrstrafrichter und -richterinnen an Kampfhandlungen teilnehmen können sollten. Zu diesem Zweck sollten sie als Angehörige der Streitkräfte in diese eingegliedert werden und während besagter Kampfhandlungen der Befehlsgewalt der militärischen Vorgesetzten unterworfen werden. Andererseits regelte der Entwurf, dass durch diese Einbindung die richterliche Unabhängigkeit nur dann tangiert werden sollte, soweit zwingende militärische Gründe dies erforderten.

Dienstgradabzeichen für Richter und Richterinnen? Geht das? Nur Soldatinnen und Soldaten tragen Dienstgradabzeichen. Dürfen Richterinnen und Richter überhaupt Soldatinnen und Soldaten sein? Die Antwort gibt die Verfassung: nein.

Zum einen steht dem der Gewaltenteilungsgrundsatz aus Artikel 20 Absatz 2 Satz 2 des Grundgesetzes entgegen. Dieser gibt vor, dass die drei Staatsgewalten strikt voneinander zu trennen sind. Die Exekutive – und damit auch die Streitkräfte – darf keine rechtsprechenden, also judikative Aufgaben wahrnehmen. Dann darf aber ein Soldat oder eine Soldatin, unter anderem durch den Dienstgrad eingebettet in die militärischen Hierarchien, kein Recht über andere Angehörige der Streitkräfte sprechen, selbst wenn er oder sie die Befähigung zum

Entwürfe für Dienstgradabzeichen für die nur im Verteidigungsfall einzurichtenden Wehrgerichte der Bundeswehr aus den 1970er-Jahren. Diese Dienstgradschlaufen sind nie ausgegeben oder getragen worden.

Richteramt besitzt. Zum anderen würde die Zuerkennung des Kombattantenstatus für Wehrstrafrichter und Wehrstrafrichterinnen dazu führen, dass ihre richterliche Unabhängigkeit in Zweifel zu ziehen ist (Art. 97 Abs. 1 GG). Richterinnen und Richter sind unabhängig und nur dem Gesetz (und gerade nicht militärischen Vorgesetzten) unterworfen.

Alle Angehörigen des Geschäftsbereichs des Bundesministeriums der Verteidigung sind also nach wie vor – wie alle anderen Staatsbürgerinnen und Staatsbürger – in strafrechtlichen Belangen der ordentlichen Gerichtsbarkeit unterworfen. Die Gesetzesentwürfe sind mittlerweile als Schubladenentwürfe bekannt.

Die abgebildeten Dienstgradabzeichen sind also lediglich als Muster entworfen, aber nie getragen worden; sie haben heute allenfalls einen nostalgischen Charakter. Angeblich sollen einige wenige Exemplare noch immer bei Angehörigen der Rechtspflege der Bundeswehr verwahrt und von Zeit zu Zeit geheimnisumwoben gezeigt werden.

Manchmal kommt die Frage auf, ob es nicht sinnvoll wäre, den Rechtsberaterinnen und Rechtsberatern, die – verfassungskonform im Soldaten- und Kombattantenstatus – als solche an Auslandseinsätzen der Bundeswehr teilnehmen, eigene Dienstgradabzeichen zur Verfügung zu stellen, anhand derer sie von den übrigen Kontingentmitgliedern als Angehörige der Rechtspflege erkennbar sind. Die möglichen Muster liegen ja bereits in der Schublade.

*Jennifer Lara Schiestel*

10

# »ANWALT DER SOLDATEN«

## Das Amt des/der Wehrbeauftragten des Deutschen Bundestages

Im Büro der bis Mai 2025 amtierenden Wehrbeauftragten des Deutschen Bundestages Eva Högl markierten rote Pins auf einer Deutschlandkarte, welche Standorte sie besucht hatte.

Wer in das Büro der Wehrbeauftragten des Deutschen Bundestages Eva Högl kam, bemerkte auf einer Deutschlandkarte viele rote Pins. Sie zeigten die Standorte, an denen sie schon zu angemeldeten oder unangemeldeten Truppenbesuchen gewesen war. Die – oder der – Wehrbeauftragte hat nämlich die Befugnis, persönlich »alle Truppenteile, Stäbe, Dienststellen und Behörden der Bundeswehr und ihre Einrichtungen« zu besuchen. Genau so steht es in § 3 Abs. 4 des Gesetzes über den Wehrbeauftragten des Deutschen Bundestages.

Seinem verfassungsrechtlichen und gesetzlichen Auftrag als Kontrolleur der Bundeswehr gemäß reifte das Amt des Wehrbeauftragten zu einem »Frühwarnsystem«, »Seismografen« oder »Schutzschirm der Soldaten«. Sein Augenmerk galt und gilt weniger der Organisation und dem Auftrag der Bundeswehr als vielmehr den in ihr dienenden Soldatinnen und Soldaten. Die Institution Wehrbeauftragter ist im Grundgesetz der Bundesrepublik Deutschland verankert. Sie begleitete maßgeblich die innere Entwicklung von Streitkräften: von der Landes- und Bündnisverteidigung im Kalten Krieg über die Armee der Einheit und die Einsatzarmee bis zur erneuten Landes- und Bündnisverteidigung, die durch den Angriff Russlands auf die Ukraine wieder die wichtigste Aufgabe der Bundeswehr geworden ist. Niemand außerhalb der Bundeswehr verfügt wohl über umfassendere Einblicke in das innere Gefüge der Bundeswehr als der oder die Wehrbeauftragte.

Ein innenpolitisch tragfähiger Kompromiss zur Aufstellung westdeutscher Streitkräfte nach dem »totalen« Zweiten Weltkrieg ließ sich nur im Rahmen einer Wehrverfassung erreichen, die einer parlamentarischen Kontrolle unterlag. Das sollte die Soldaten vor einem erneuten Missbrauch durch Staat und Politik schützen. Die neu aufzustellende Armee musste zudem in das seit 1949 bestehende Grundgesetz nachträglich eingefügt werden. Innerhalb weniger Jahre sollte die den Westalliierten zugesagte Truppe eine Gesamtstärke von zwölf Heeresdivisionen haben, insgesamt eine halbe Million Soldaten – eine Aufgabe, die schwieriger zu lösen war, als es zunächst schien. Neben dem Verteidigungsausschuss als dem parlamentarischen Fachausschuss zur ständigen Kontrolle der Bundeswehr schufen die Abgeordneten des Bundestages ein bis dahin verfassungsgeschichtlich einzigartiges Kontrollinstrument für die Streitkräfte: das Amt des Wehrbeauftragten. Die Initiative dazu ging bereits 1951 von Ernst Paul (SPD) aus, der während des Zweiten Weltkriegs in Schweden im Exil gelebt hatte. Seit 1915 existierte dort das Amt eines Militärbeauftragten (»Militie-Ombudsman«), das Paul als vorbildhaft für die zu schaffende Bundeswehr ansah. Anfang 1954 entsandte der Deutsche Bundestag eine Studienkommission des Ausschusses für Fragen der Europäischen Sicherheit, dem Vorgänger des Verteidigungsausschusses, nach Stockholm, um sich über diesen Militärbeauftragten des schwedischen Reichstages zu informieren. Die Delegation (der unter anderem der damalige Oberstleutnant a. D. und spätere Generalinspekteur der Bundeswehr Ulrich de Maizière angehörte) sollte dort Einrichtungen studieren, die Orientierung für den Aufbau der Inneren Führung einer künftigen deutschen Truppe bieten konnten. Das Beispiel Schwedens diente fortan als Vorbild in der parlamentarischen Debatte für die Verhandlungen um einen westdeutschen Verteidigungsbeitrag.

Die Entstehung des Amtes des Wehrbeauftragten des Deutschen Bundestages war nicht nur das Ergebnis einer Konzession der CDU-geführten Regierung an die parlamentarische Opposition, um die verfassungsrechtlich erforderliche breite parlamentarische Zustimmung zu den Wehrgesetzen zu erhalten. Die Funktion des Amtes war vielmehr eng mit der Wehrform der Wehrpflichtarmee verbunden, denn die Schutzbedürftigkeit ihrer grundwehrpflichtigen jungen Männer gegenüber den Vorgesetzten wurde als zentrales Element dieser Institution gedeutet. Diese Notwendigkeit sahen viele Abgeordnete parteiübergreifend. Der Deutsche Bundestag wählt eine Person für fünf Jahre zur oder zum Wehrbeauftragten. Für die Dauer des Amtes ist sie vom Wehrdienst befreit und darf außerdem »kein anderes besoldetes Amt, kein Gewerbe und keinen Beruf ausüben«.

Im Militärhistorischen Museum der Bundeswehr in Dresden ist das abgebildete Cover der Illustrierten »Quick« vom Juni 1964 ausgestellt. »Es ist bedauerlich, es aussprechen zu müssen: Wenn wir nicht das Ruder herumwerfen, entwickelt sich die Bundeswehr zu einer Truppe, wie wir sie nicht gewollt haben. Der Trend zum Staat im Staat ist unverkennbar.« Das ist die Kernaussage eines Artikels des zweiten Wehrbeauftragten des Deutschen Bundestages, Vizeadmiral der Kriegsmarine a. D. Hellmuth Heye, in besagtem Juni-Heft. Die Veröffentlichung sorgte in der Bundesrepublik Deutschland für einen politischen und medialen Wirbel um die Bundeswehr. Das Kontrollorgan des Deutschen Bundestages attestierte den neuen, in ein multinationales Bündnissystem integrierten Streitkräften eine bedenkliche innere Entwicklung, und das knapp zehn Jahre nach der Geburtsstunde der Bundeswehr. Das sollte mit dem fortschrittlichen Konzept der Inneren Führung und dem 1956 geschaffenen Amt des Wehrbeauftragten unbedingt verhindert werden.

Der Kontrollauftrag des Wehrbeauftragten änderte sich im Laufe seiner Geschichte: Während der Früh- und Aufbauphase der Bundeswehr beschränkte sich die Kontrolle vornehmlich auf seinen Verfassungsauftrag: die Einhaltung der Grundrechte der Soldaten und die Verwirklichung der Grundsätze der Inneren Führung. Ab 1968 hatte sich die Bundeswehr dann merklich konsolidiert und der Wehrbeauftragte konzentrierte sich auf Fürsorgeangelegenheiten und organisatorische Unzulänglichkeiten. Während der Transformation der Streitkräfte ab 1990 musste die Innere Führung sowohl bei den in die Bundeswehr übernommenen NVA-Soldaten als auch bei der Bundeswehr im Auslandseinsatz verankert werden und vor allem bleiben. In dieser Phase, die für die Soldaten beträchtliche soziale Probleme mit sich brachte, fungierte der Wehrbeauftragte als »humanitäres« Kontrollinstrument. Seit der Aussetzung der Wehrpflicht im Jahr 2011 verlagerte sich die Schutzfunktion auf die Zeit- und Berufssoldaten. Das Amt war und ist immer für alle Soldaten und Soldatinnen zuständig.

Das Amt des/der Wehrbeauftragten ist eine soziale Einrichtung, deren zentraler Blick auf die Soldatinnen und Soldaten als »Staatsbürger in Uniform« gerichtet ist. Zwar scheint die Bedeutung des Amtes in jüngster Zeit nicht mehr so gewichtig zu sein wie in der Aufbauphase der Bundeswehr. Gleichwohl darf das gesunkene öffentliche Interesse, das sich zumeist nur noch auf die Veröffentlichung von gravierenden Verstößen gegen die Menschenwürde und auf Ausrüstungs- und Infrastrukturmängel im jeweils aktuellen Jahresbericht beschränkt, nicht über die weitere Notwendigkeit des Amtes für die Soldatinnen und Soldaten der Bundeswehr hinwegtäuschen. Selbst bei der Auflösung des Konzeptions- und Formierungszusammenhangs Wehrpflicht und Wehrbeauftragter blieb die Legitimation des Amtes gegeben: Eine Auswertung der Eingaben an den Wehrbeauftragten nach Dienstgradgruppen in den bisherigen Jahresberichten zeigt deutlich, dass das Amt für die Zeit- und Berufssoldaten genauso wichtig war wie für die Grundwehrdienstleistenden. Die Beweggründe für die Schaffung des Amtes in den 1950er-Jahren gelten heute gleichermaßen.

Mit einer Artikelserie zum inneren Zustand der Bundeswehr sorgte der Wehrbeauftragte Vizeadmiral a. D. Hellmuth Heye im Juni 1964 für Aufsehen. Er wählte diese Publikationsform, weil er seinen Jahresbericht lediglich dem Bundestag übergab, ohne dass darüber dann debattiert wurde. Dies sollte sich wenig später ändern.

Im Ergebnis bleibt festzuhalten: Der oder die Wehrbeauftragte des Deutschen Bundestages spiegelte vor allem in seinen Jahresberichten die innere Entwicklung der Bundeswehr mit all ihren Problemlagen wider. Er oder sie bewährte sich nicht nur als parlamentarisches Kontrollinstrument, sondern auch als soziales Frühwarninstrument. Gleichzeitig darf aber nicht außer Acht gelassen werden, dass die Hauptaufgabe in der Feststellung von personalen Mängeln sowie strukturellen Unzulänglichkeiten lag und weniger in der Darstellung von positiven Erscheinungen und Leistungen der Bundeswehr. Eine erneute Orientierung an Schweden, wo inzwischen der »Militie-Ombudsman« wieder abgeschafft wurde, ist für die Bundesrepublik Deutschland und die Bundeswehr derzeit offensichtlich keine Option. Und so sollte es auch bleiben.

*Rudolf J. Schlaffer*

11

# PARLAMENTARISCHE MITWIRKUNG UND KONTROLLE

## Der Verteidigungsausschuss

Diese Glocke mit der Registriernummer »016« hat der Deutsche Bundestag an den amtierenden Vorsitzenden des Verteidigungsausschusses für die Dauer seiner Amtszeit ausgegeben.

Mittwoch ist Ausschusstag im Bundestag. Obwohl der Verteidigungsausschuss aus Sicherheits- und Geheimhaltungsgründen zumeist nicht öffentlich tagt und eine geschlossene Veranstaltung mit einem festen Personenkreis ist, kann die Zahl der Teilnehmenden einschließlich der zugelassenen Vertreter des Ministeriums, des Bundesrates und der Fraktionen 70 bis 80 Personen und mehr betragen. Um die Sitzungen zu leiten und bei allzu lebhaften Auseinandersetzungen für Ruhe im Raum sorgen zu können, steht den Vorsitzenden eine Tischglocke zur Verfügung.

Der Verteidigungsausschuss des Bundestages konnte auf keiner parlamentarisch-geschichtlichen Tradition aufbauen: Ein auf Wehrfragen spezialisiertes Kontrollgremium gegenüber Reichswehr und Reichswehrminister fehlte schlicht; diese Erfahrung führte nach Aufstellung der Bundeswehr zur Gründung des »Ausschusses für Verteidigung« im Januar 1956. Allerdings hatte der Ausschuss zwei Vorgänger, die ohne Unterbrechung seit 1952 gearbeitet hatten: den »Ausschuss zur Mitberatung des Vertrags über die Europäische Verteidigungsgemeinschaft« und den 1953 umbenannten »Ausschuss für Fragen der europäischen Sicherheit«. Seinen heutigen Namen »Verteidigungsausschuss des Deutschen Bundestages« trägt der Ausschuss seit der 5. Wahlperiode

Der Verteidigungsausschuss steht dem Bundesministerium der Verteidigung als zuständigem Ressort für Wehrfragen gegenüber und verfügt über besondere Rechte. So ist er wie drei weitere Ausschüsse vom Grundgesetz vorgeschrieben. Darüber hinaus besitzt er allein das Recht, sich selbst als Untersuchungsausschuss einzusetzen; dies erfolgt, wenn ein Viertel seiner Mitglieder dies fordert. Das Recht wird zurückhaltend genutzt, in den Jahren 1953 bis 1994 konstituierte er sich lediglich in elf Fällen als Untersuchungsausschuss, was sich auch mit dem immensen Aufwand erklären lässt, der parallel dazu keine normale Ausschussarbeit zulässt. Um festzustellen, ob institutionelles und personales Fehlverhalten vorliegen, befragt der Ausschuss Zeugen, studiert Akten, prüft die Aufklärungs- und Informationspraxis der Bundesregierung und fasst schließlich seine Ergebnisse in einem Bericht zusammen. Beispiele für Untersuchungsausschüsse, die in der Öffentlichkeit große Aufmerksamkeit erregten, waren z. B. die Kießling-Affäre (Bericht 1984), der Flugzeugabsturz in Ramstein am 28. August 1988, Untersuchungen zum Fall des Guantanamo-Häftlings Murat Kurnaz (Bericht 2008) und der Luftangriff auf zwei von Taliban entführte Tanklastwagen am 3./4. September 2009. Vor allem aufgrund der symbolpolitischen und medialen Bedeutung wird das Untersuchungsrecht eines Bundestagsausschusses gelegentlich auch als »Waffe der Opposition« apostrophiert.

Eine weitere Besonderheit des Verteidigungsausschusses besteht darin, dass ihm aufseiten der Exekutive das größte Ministerium und der größte Personalkörper gegenüberstehen, denn er kontrolliert und begleitet auch die Streitkräfte. Besonders in ihrer Aufbauphase wurde der neuen bewaffneten Macht mit Misstrauen begegnet. War ein Wiederaufleben des undemokratischen Geistes der früheren Wehrmacht und des deutschen Militarismus zu befürchten? Um hier alle Zweifel auszuräumen, wurden die Streitkräfte in ein umfassendes System der parlamentarischen Kontrolle eingebunden. Der ehemalige Vorsitzende des Ausschusses Richard Jaeger (CSU) begründete dies so: Man muss jeder Institution des Staates mit Misstrauen begegnen, aber insbesondere der Institution des Militärs, weil sie im Gegensatz zum Beamten, der die Feder hält, das Schwert führt.

Im Verteidigungsausschuss saßen zwischen 29 und 38 überwiegend männliche Mitglieder. In der Aufbauphase der Bundeswehr war die Zahl der Mitglieder mit eigenen soldatischen Erfahrungen höher, im Laufe der Jahre nahm sie kontinuierlich ab. Für die meisten Mitglieder gilt, dass sie ihre Fachexpertise erst im Ausschuss erwerben. Entsprechend forderte die Vorsitzende des Verteidigungsausschusses von 2021 bis 2024, Marie-Agnes Strack-Zimmermann (FDP), im Januar 2022: »Wir Parlamentarier brauchen neben der politischen Einschätzung des Ministeriums auch einen klaren militärischen Rat, um uns eine Meinung bilden zu können.«

In der 2. Wahlperiode (1953–1957) spielte der Verteidigungsausschuss eine maßgebliche Rolle bei der Gestaltung der Wehrgesetzgebung und -verfassung. Seine Hauptaufgabe bestand darin, die wichtigsten Wehrgesetze auf den Weg zu bringen, mit denen die rechtlichen Grundlagen für den Aufbau der Streitkräfte gelegt wurden. Zu nennen sind vor allem das Soldatengesetz, das Wehrpflichtgesetz, das Soldatenversorgungsgesetz oder die Wehrdisziplinarordnung.

Mit der 3. Wahlperiode (1957–1961) rückten dann die Routineaufgaben eines militärischen Fachausschusses in den Mittelpunkt der Arbeit. Dabei geht es beispielsweise um die Ausrüstung der Bundeswehr, Fragen der Inneren Führung in den Streitkräften, die Qualifikation und soziale Lage der Soldatinnen und Soldaten sowie die Dienstgestaltung. Auch die Haushaltsberatungen des Wehretats (Einzelplan 14) und der Jahresbericht des Wehrbeauftragten stehen jährlich auf der Agenda des Ausschusses. Seine verteidigungspolitische Bedeutung spiegelt sich darin, dass immer wieder Minister zu Berichten über die internationale Sicherheitslage und strategische Fragen auf NATO und EU-Ebene vortragen. Seine Öffentlichkeitsfunktion – durch Geheimhaltungsnotwendigkeiten eingeschränkt – zeigt sich in gelegentlichen öffentlichen Anhörungen, zu denen Experten eingeladen werden. Zu den Themen gehörten die Strategische Verteidigungsinitiative 1983, die Tiefflugpraxis in der Bundesrepublik Deutschland 1988, die Bewaffnung von Drohnen (2014, 2020) und der militärische Cyber- und Informationsraum (2016, 2020).

Die Geschichte des Ausschusses verzeichnet wechselnde Rollenzuschreibungen und Entwicklungen, die mit der Politikpraxis des Verteidigungsministeriums, der Stärkung der Fraktionen, den Ausschusskompetenzen und der Mitgliederbesetzung zusammenhingen, vor

Türschild zum Sitzungssaal des Verteidigungsausschusses des Deutschen Bundestages im Paul-Löbe-Haus in Berlin. Je nach Geheimhaltungsgrad kann dieser »beleuchtbar« angezeigt und der Zutritt eingeschränkt werden.

allem aber internationalen Umwälzungen geschuldet waren. In der Zeit der Auflösung der NVA wurden Themen wie »Streitkräftefragen in den neuen Bundesländern« besonders intensiv beraten. Ein erheblicher Bedeutungsgewinn des Ausschusses ergab sich mit dem Aufbau einer Einsatzarmee in Folge der weltpolitischen Veränderungen in den 1990er-Jahren. So befasst sich der Verteidigungsausschuss intensiv und kontinuierlich mit den geplanten sowie bereits laufenden internationalen Einsätzen der Bundeswehr. Er lässt sich über die Situation in den Einsatzgebieten informieren und erkundet auch selbst die Lage vor Ort. Bei der parlamentarischen Entscheidung über einen Auslandseinsatz oder dessen Verlängerung ist der Verteidigungsausschuss stets beratend tätig. Auch hat der Verteidigungsausschuss gesetzgeberisch an den Grundlagen zur Vorbereitung des Einsatzversorgungsgesetzes und des Einsatzweiterverwendungsgesetzes mitgewirkt.

In den vergangenen Jahren richtete der Ausschuss sein Augenmerk stärker auf die Landes- und Bündnisverteidigung, mit einer flexiblen Anpassung der Kontroll-, Gesetz- und Informationsarbeit an die jeweilige Lage und den grundlegenden Auftrag der Bundeswehr: Fähigkeiten aufzubauen, um das Land im Bündnis gegen Angriffe von außen zu verteidigen. Die Nichtöffentlichkeit seiner Sitzungen, die eine verantwortungsvolle, sachbezogene und offene Kommunikation erlaubt, mag hier förderlich sein.

*Dorothee Hochstetter*

12

# »WITH A LOT OF HELP FROM YOUR TRANSATLANTIC FRIENDS!«

## Materielle Unterstützung durch die Alliierten bei der Aufstellung westdeutscher Streitkräfte

Von diesem Winchester-Karabiner M1/M2, Cal. 30, aus den USA hat die Bundeswehr in der Gründungsphase einige Tausend übernommen und genutzt, bis eigene Handwaffen zur Verfügung standen.

Im Gegensatz zum Standardgewehr der Wehrmacht, dem Mauser-Karabiner 98k, war das modernere amerikanische Modell M2 Carbine leichter, handlicher und hatte eine deutlich höhere Schusskadenz. Nach dem Ende des Koreakriegs stellten die Vereinigten Staaten der Bundesrepublik den Karabiner M2 im Rahmen einer kostenfreien Ausrüstungshilfe in großer Anzahl zur Verfügung. Folglich wurde diese Waffe zunächst gemeinsam mit dem belgischen Sturmgewehr FN FAL G1 zum Standardgewehr der Bundeswehr. Ab dem Jahr 1959 ersetzte das Schnellfeuergewehr Heckler & Koch G3 beide Waffen.

Angesichts des Zweiten Weltkriegs waren die Vereinigten Staaten bestrebt, die Fehler nicht zu wiederholen, die die Entente 1918 gegenüber den besiegten Nationen gemacht hatte. Präsident Harry S. Truman war von Anfang an entschlossen, die politische Zukunft Europas aktiv mitzugestalten. Durch das European Recovery Program (ERP, landläufig auch »Marshall-Plan«) bündelten die USA im Laufe des Jahres 1947 sämtliche nach Kriegsende ergriffenen Ad-hoc-Initiativen zu einer integrierten Wirtschaftspolitik für ganz Europa. Nur wenige Jahre später nutzte die 1950 ins Amt gewählte Eisenhower-Administration unter Berufung auf den Erfolg des ERP die gleichen Methoden, um im Rahmen ihrer »New Look«-Politik den Auf- und Ausbau der Armeen demokratischer (west-)europäischer Staaten gegen die kommunistische Bedrohung zu unterstützen.

Nach Kriegsende hatten sich beide Supermächte – die USA und die Sowjetunion – zunächst darauf konzentriert, ihre jeweiligen Einflussbereiche im besetzen Deutschland in den wachsenden Systemkonflikt zwischen dem demokratischen und dem kommunistischen Block einzubinden. Während die USA den Marshall-Plan aufstellten, unterstützten die Sowjets Ost-Berlin mit politischer Propaganda und militärischer Ausrüstung für größere Einheiten paramilitärischer Kräfte, obwohl nach dem Willen der Siegermächte des Zweiten Weltkriegs ganz Deutschland eigentlich demilitarisiert werden sollte. Washington reagierte auf die sowjetischen Maßnahmen schon 1948 mit einem ersten Vorschlag zur Aufstellung westdeutscher Streitkräfte. Jedoch überzeugten erst der Koreakrieg und seine möglichen Konsequenzen für Europa Truman davon, sich für eine Bewaffnung der Bundesrepublik einzusetzen, um die Verteidigung Westeuropas zu stärken; über eigene nennenswerte bewaffnete Kräfte hatte die Bundesrepublik bis dahin nicht verfügt. Entsprechend wurde kurzfristig eine große Menge konventioneller Rüstungsgüter benötigt. Allerdings hatte die deutsche Rüstungsindustrie nach dem Krieg ihre Produktion auf zivile Güter umgestellt. In jenen Jahren führten die positive volkswirtschaftliche Entwicklung, die schlechten Erfahrungen der vorherigen 30 Jahre, die Nachkriegsprozesse gegen einige deutsche Rüstungsindustrielle und das Ausbleiben von Folgeaufträgen für Rüstungsgüter dazu, dass die westdeutsche Industrie wenig Ambitionen zeigte, Rüstungsproduktionskapazitäten aufzubauen, obwohl die US-Regierung dafür finanzielle Mittel anbot. Diese Einstellung änderte sich erst, als im Laufe der 1960er-Jahre in der Bundesrepublik eine volkswirtschaftliche Rezession eintrat. Deshalb mussten bei der Beschaffung von Rüstungsgütern für die neuen westdeutschen Streitkräfte andere Lösungen gefunden werden. Eine davon war der Import etwa aus Frankreich, Großbritannien, Belgien oder der Schweiz. Gleichwohl benötigten diese Länder ihre industriellen Kapazitäten zunächst vorrangig dafür, die eigene gestiegene zivile Nachfrage zu bedienen und die Kriegszerstörungen zu beseitigen. Deren rüstungsproduzierende Unternehmen hatten folglich nur ein begrenztes Interesse daran, die Bemühungen Westdeutschlands zu unterstützen, seine neuen Streitkräfte mit der notwendigen Ausrüstung zu versehen.

Der umfassende Erfolg des Marshall-Plans führte bei amerikanischen und deutschen Politikern zu der Überzeugung, dass ein vergleichbares Programm helfen könnte, das bestehende Dilemma zu lösen. Im Rahmen des »Mutual Security Act of 1951«, der den Marshall-Plan ablöste, entwickelte der Unterabteilungsleiter im Verteidigungsministerium Frank C. Nash die Idee, den Aufbau der westdeutschen Streitkräfte mit kostenfrei zur Verfügung gestelltem Material für sechs Heeresdivisionen, 24 Luftwaffengeschwader und 18 Minensuchboote im Wert von etwa 1,1 Milliarden US-Dollar zu unterstützen. Das sogenannte Nash Commitment wurde Bundeskanzler Adenauer am 7. April 1953 offiziell angeboten. Positiver Nebeneffekt dieser »Morgengabe« war aus amerikanischer Sicht die weitere Nutzung des vorhandenen militärischen Materials der in Europa stationierten US-Besatzungstruppen sowie das Schaffen eines neuen Absatzmarktes für die US-Rüstungsindustrie.

Die zuständigen bundesdeutschen Beamten wiesen auch darauf hin, dass für den Aufbau der neuen westdeutschen Streitkräfte in den ersten fünf Jahren immer noch eine finanzielle Lücke von etwa drei Milliarden US-Dollar bestand. Dementsprechend versuchten sie, eine noch weitergehende Unterstützung bei ihren amerikanischen Verbündeten zu erwirken. Gegenüber Bonn machte Washington weitere Militärhilfen von der Bereitschaft abhängig, einen in Relation zum deutschen Bruttosozialprodukt angemessenen Verteidigungsbeitrag zu leisten. Die im weiteren Verlauf unnachgiebige Bonner Haltung führte dazu, dass das »Nash Commitment« im Februar 1956 auf eine »Nash-Liste« zurückgestutzt wurde. Diese komprimierte Militärhilfe enthielt lediglich Material im Wert von 904 Millionen US-Dollar – eine Kürzung um rund 18 Prozent. Darüber hinaus forderte Washington Bonn auf, für jeden einzelnen Panzer, jedes Flugzeug und jedes Schiff zu zahlen, die zusätzlich zu dieser Liste bestellt wurden. Am Ende musste Bonn das deutlich abgesenkte US-Angebot akzeptieren. Die »Nash-Liste« enthielt die Ausstattung für beinahe sechs Heeresdivisionen, 24 Luftwaffenstaffeln und für einige Marine-Einheiten. Das Material sollte zur Auslieferung flexibel bereitgestellt werden, wie es mit Blick auf die Fortschritte beim Aufbau der Streitkräfte zweckmäßig erschien.

Gemäß der »Nash-Liste« vom 24. Februar 1956 erhielt die Bundeswehr unter anderem folgendes Gerät kostenfrei von den USA zur Verfügung gestellt:

34.132 Karabiner M 2 | 10.300 Pistolen Auto cal. 45 M 1 | 8.188 Maschinenpistolen cal. 45 M 1 | 2.450 Maschinengewehre cal. 30 M 1919 | 1.110 mittlere Kampfpanzer M 47 | 350 Mörser 81 mm M 1 und Mörser 120 mm M 30 | 192 Halbkettenfahrzeuge M 16 | 186 Panzer Flak 40 mm M 42 | 152 leichte Kampfpanzer M 41 | 127 leichte Panzerhaubitzen 105 mm M 7 B2 | 100 Schützenpanzer M 39 | 350 verschiedene Geschütze und Haubitzen

Die ersten Waffen und Waffensysteme wurden in Anwesenheit des in der Bundeswehrhierarchie höchsten Offiziers, des damaligen Vorsitzenden des Militärischen Führungsrates General Adolf Heusinger, des amerikanischen Botschafters in der Bundesrepublik James B. Conant und des Leiters der amerikanischen Ausbildungsgruppe in Westdeutschland General Clark L. Ruffner am 15. Mai 1956 in Bremerhaven in Empfang genommen.

Dieses militärische Gerät bildete die Grundlage für die Aufstellung bundesdeutscher Streitkräfte. Zudem ermöglichte die »Nash-Liste« den US-Besatzungstruppen, einen Großteil der eigenen Ausrüstung zu modernisieren und gleichzeitig an seinen neuen Verbündeten das gebrauchte Material abzugeben. Die Militärhilfe war also nicht völlig uneigennützig, denn sie verhalf der amerikanischen Rüstungsindustrie langfristig zu einem neuen und absehbar profitablen Absatzmarkt. Darüber hinaus verpflichtete die US-Militärhilfe die Bundesrepublik politisch.

Kampfpanzer M47 aus der Erstausstattung der Bundeswehr und Hubschrauber Vertol H-21 »Banane« bei einem frühen Manöver der Bundeswehr.

Rückblickend hat sich die amerikanische Hilfe zur Selbsthilfe nach dem Zweiten Weltkrieg insgesamt als für beide Partner erfolgreich herausgestellt. Denn für die Bundesrepublik stabilisierte sie sowohl den noch jungen Staat als auch den Aufbau der Bundeswehr.

*Dieter H. Kollmer*

13

# DIE LANGEN SCHATTEN DER VERGANGENHEIT

## Die Bundeswehr und ihr Verhältnis zur Wehrmacht

Ordensspange von Generalleutnant Heinz-Georg Lemm (1919–1994). Von links oben nach rechts unten: Großes Verdienstkreuz des Verdienstordens der Bundesrepublik Deutschland, Ritterkreuz zum Eisernen Kreuz mit Eichenlaub und Schwertern; Verdienstkreuz 1. Klasse; Deutsches Kreuz in Gold; Eisernes Kreuz 1. Klasse; Eisernes Kreuz 2. Klasse; Nahkampfspange in Gold; Verwundetenabzeichen in Silber (nach wenigstens viermaliger Verwundung); Infanteriesturmabzeichen; Demjansk-Schild; Medaille Winterkampf im Osten 1941/42; Deutsches Sportabzeichen in Gold; Orden von Oranien-Nassau, Stufe Kommandeur

Der 1919 geborene Heinz-Georg Lemm trat 1936 als Offizieranwärter in die Wehrmacht ein und erlebte den Krieg als Infanterieoffizier. Obwohl er bei Kriegsende nicht einmal 26 Jahre alt war, hatte er bereits den Dienstgrad Oberst erreicht und an der Front zahlreiche, auch hohe Tapferkeitsauszeichnungen erhalten. Als er 1958, nach Kriegsgefangenschaft und einer zivilen Beschäftigung als Verkaufsstellenleiter für Volkswagen in Niedersachsen, in die Bundeswehr eintrat, durfte er seine Kriegsauszeichnungen der Wehrmacht an der Uniform tragen.

Möglich machte dies das 1957 erlassene Ordensgesetz. Der erste Bundespräsident Theodor Heuss hatte 1953, als die ersten Planungen für die spätere Bundeswehr begannen, darauf hingewiesen, dass die künftigen deutschen Soldaten ihre im Weltkrieg »in Ehren« erworbenen Tapferkeitsauszeichnungen tragen dürfen sollten, ebenso wie ihre neuen europäischen und amerikanischen Alliierten. In wenigen Sitzungen verständigte sich eine Kommission darauf, dass tatsächlich alle Auszeichnungen der Wehrmacht, wenn auch in »abgewandelter« Form, also ohne Hakenkreuz, tragefähig wurden. An Heinz-Georg Lemms Ordensspange, die er, zuletzt als Generalleutnant der Bundeswehr, bis 1979 trug, ist dies abzulesen. In munterem Durcheinander wechseln sich Auszeichnungen der Bundeswehr, der Bundesrepublik Deutschland, der Wehrmacht des »Dritten Reiches« und alliierter Mächte ab: In der obersten Reihe prangt neben dem »Großen Verdienstkreuz des Verdienstordens der Bundesrepublik Deutschland« das »Ritterkreuz zum Eisernen Kreuz mit Eichenlaub und Schwertern« und in der untersten Reihe neben dem Deutschen Sportabzeichen in Gold auch der niederländische Orden von Oranien-Nassau in der Kommandeursstufe.

Solche Ordensspangen, wie sie von Tausenden Soldaten der Bundeswehr bis in die 1980er-Jahre getragen wurden, veranschaulichen, wie viele zuvor in der Wehrmacht gedient hatten. Ohne sie wäre der Aufbau der Bundeswehr nach 1955 unmöglich gewesen. Die ehemaligen Wehrmachtsoldaten wurden nicht allein für die höheren Stellen benötigt, sondern insbesondere für die niedrigen Offizier- und für die Unteroffizierränge, für diejenigen also, die als Ausbilder in der Aufbauphase unverzichtbar waren. Wenngleich die Bundeswehr sich rechtlich, formal und auch habituell eindeutig von der Wehrmacht abgrenzte (siehe Beiträge 6 und 28), wies sie unbestreitbar eine große personelle Kontinuität zur Wehrmacht auf. Insgesamt rund 40.000 Soldaten der neuen Bundeswehr hatten eine Wehrmachtvergangenheit. Berücksichtigt man jedoch, dass die Bundeswehr bis 1975 auf eine Stärke von annähernd 500.000 Soldaten anwuchs und ein Großteil der Wehrmachtgedienten bis 1965 die Bundeswehr aus Altergründen schon wieder verlassen hatte, erscheint diese Zahl weniger eindrucksvoll.

Aufgrund der persönlichen Vergangenheit mancher Bundeswehrsoldaten in der Wehrmacht und insbesondere infolge der dabei geknüpften engen Bande der Kameradschaft, die sich unter anderem in der Gründung zahlreicher Traditionsvereine für Wehrmachtdivisionen ausdrückte, war die Bundeswehr zweifellos in ihrem soldatischen Handwerk durch Wehrmachterfahrungen geprägt. Dieses emotionale Band zur untergegangenen Wehrmacht wurde von den Alliierten durchaus unterstützt: Als erste deutsche Kampfflugzeugführer in den USA umgeschult wurden, überschrieb die *Phoenix Sun* 1956 einen Bildbericht mit den Worten »Goerings finest«. Jeder der abgebildeten Ritterkreuzträger hatte weit mehr als 100 Abschüsse im Luftkampf erzielt.

Diese Art der Anerkennung militärischer Verdienste durch die Alliierten wurde in der westdeutschen Gesellschaft kaum wahrgenommen. Hier wurde die Wehrmachtvergangenheit noch kaum hinterfragt. Erst Ende der 1960er-Jahre begann infolge der Studentenbewegung und später mit dem amerikanischen TV-Vierteiler »Holocaust« ein Umdenken.

Nun wurde öfter gefragt, was der eigene Vater oder Großvater im Kriege gemacht hatte. Dieses gestiegene Interesse weiter Teile der Gesellschaft erreichte die Bundeswehr nur verzögert. In den Streitkräften hatte sich vielmehr ein »unverkrampfter« Umgang mit den Kriegskameraden etabliert. Erst der Tod des früheren Großadmirals und Nachfolgers Hitlers als Staatsoberhaupt, Karl Dönitz, wurde dann 1981 zur deutlichen Zäsur: Als sich abzeichnete, dass Dönitz durch die Bundeswehr mit einem militärischen Ehrengeleit gewürdigt werden sollte, untersagte Verteidigungsminister Hans Apel (SPD) die Teilnahme von Soldaten der Bundeswehr in Uniform an der Trauerfeier. Mehr noch, Minister Apel formulierte einen Grundsatz, der den wehrmachtgedienten Soldaten der Bundeswehr wie ein Affront, wie ein Verbot der Rückbesinnung auf die eigene Geschichte vorkommen musste: »Soldatisches Handeln«, so Apel, könne »nicht getrennt werden vom politischen Zweck, dem es dient!« Viele Wehrmachtveteranen sahen sich dadurch pauschal in Mithaftung für die Verbrechen des »Dritten Reiches« genommen. Obendrein fand dieser Grundsatz 1982 auch Eingang in neue Richtlinien zur Traditionspflege: »Ein Unrechtsregime wie das Dritte Reich kann Tradition nicht begründen.« Das zielte gegen den bislang unbedarften Umgang mit der Wehrmacht.

Nach dem Regierungswechsel im Oktober 1982 von Bundeskanzler Helmut Schmidt zu Helmut Kohl wurden diese Traditionsrichtlinien in der Bundeswehr vielfach niedrigschwellig ignoriert. Die Ausbildungsbroschüren »Kriegsnah ausbilden« sowie »Üben und Schießen« in den Jahren 1985/86 zogen zur Beschreibung realistischer Gefechtssituationen Erfahrungen aus vergangenen Kriegen heran, wählten dazu allerdings ausschließlich Beispiele aus dem Ersten oder Zweiten Weltkrieg aus. Beispiele aus jüngeren Konflikten, etwa dem Korea-, dem Vietnamkrieg oder den Nahostkriegen, suchte man vergebens. Die verantwortlichen Autoren und Herausgeber waren durch Wehrmachtveteranen ausgebildet worden. Ihre Erfahrungen und Erzählungen prägten lange auch das Kriegsbild der Bundeswehr.

Viele Soldaten und Generale stellten ihren Dienst in der Wehrmacht rückblickend als unpolitisch dar. Sie sahen sich vorwiegend als »unpolitische« militärische Experten, die beim

# AN ALLE DEUTSCHEN!

Wir alle erstreben die Wiedervereinigung Deutschlands in Frieden und Freiheit. Wir wissen, daß wir allein auf uns gestellt dieses Ziel gegen den Willen Sowjetrußlands nicht erreichen können. Im Deutschlandvertrag aber übernehmen die drei Westmächte vertraglich die Verpflichtung, mit der Bundesrepublik zusammen die Wiedervereinigung Deutschlands auf friedlichem Wege unter einer demokratischen Verfassung herbeizuführen.

Schon das allein verpflichtet uns gegenüber den Deutschen hinter dem Eisernen Vorhang, den Verträgen mit dem Westen zuzustimmen.

Nach dem Vertrag über die Europäische Verteidigungsgemeinschaft werden dieser auch deutsche Truppen angehören. Ich möchte erklären, daß wir alle Waffenträger unseres Volkes, die im Rahmen der hohen soldatischen Überlieferungen ehrenhaft zu Lande, auf dem Wasser und in der Luft gekämpft haben, anerkennen.

Wir sind überzeugt, daß der gute Ruf und die großen Leistungen des deutschen Soldaten, trotz aller Schmälerungen während der vergangenen Jahre, in unserem Volke noch lebendig sind und es auch bleiben werden. Es muß unsere Aufgabe sein, die sittlichen Werte des deutschen Soldatentums mit der Demokratie zu verschmelzen.

Wir stehen vor der Wahl zwischen Sklaverei und Freiheit!

**Wir wählen die Freiheit!**

Adenauer

Bundeskanzler Dr. Konrad Adenauer

(Aus der Regierungserklärung über den Deutschland- und EVG-Vertrag vom 3. Dezember 1952)

Mit diesem Flugblatt warb die Bundesregierung 1952 bei der Bevölkerung für den »Deutschlandvertrag« und den damit zusammenhängenden westdeutschen Wehrbeitrag zur Europäischen Verteidigungsgemeinschaft. Mit dem Deutschlandvertrag und den 1954 folgenden Pariser Verträgen erlangte die Bundesrepublik Deutschland ihre Souveränität.

Aufbau der Bundeswehr unverzichtbar waren. Diese Verklärung der Rolle der Wehrmacht im Zweiten Weltkrieg und die Reduzierung soldatischen Handelns allein auf die handwerkliche Dimension, wofür letztlich die abgebildete Ordensspange symbolisch steht, bereiteten später vielfach Probleme, sorgten für kritische Nachfragen und kleinere wie größere Skandale. Das war die andere Seite der Gretchenfrage »Wie hältst du's mit der Wehrmacht?« Freilich berührte das Kriegserlebnis 1939–1945 zahlreiche Menschen: diejenigen, die guten Glaubens in der Wehrmacht gedient oder Verwandte und Freunde als Soldaten durch den Krieg verloren hatten, wie auch andere, die ihre Mitwirkung im Militär grundsätzlich ablehnten.

In der Vorbereitung des westdeutschen Wehrbeitrages musste aber ein Konsens erzielt werden, damit die Notwendigkeit neuer Streitkräfte und ihr Beitrag zur Friedenssicherung gesellschaftliche Anerkennung fand. In diesem Sinne plakatierte die Bundesregierung den Aufruf »An alle Deutschen!« Er sollte Verständnis und Zustimmung dafür wecken, dass der gerade erreichte brüchige Frieden in Freiheit zwingend der militärischen Absicherung bedurfte.

*Heiner Möllers*

14

# »... BITTE ICH NOCHMALS HERRN BUNDESKANZLER MEINEN MANN EINZUZIEHEN«

## Männer der ersten Stunde

Emailleschild zur Kennzeichnung des Gebäudes der Freiwilligenannahmestelle VI in München in der Luitpold-Kaserne in der Infanteriestraße 19

Das abgebildete Schild gehört zur Freiwilligenannahmestelle VI. Sie war eine von drei Annahmestellen der Bundeswehr im Wehrkreis VI, Bayern, und zugleich Sitz mehrerer Prüfgruppen, die ehemalige Soldaten der Wehrmacht als freiwillige Bewerber für den Dienst als Soldat vom Oberstleutnant abwärts in Augenschein nahmen. Bundesweit existierten 1956 32 Annahmestellen mit 143 Prüfgruppen. Bewerber wurden hier auf ihre gesundheitliche Tauglichkeit gemustert und eine Prüfgruppe bewertete ihre persönliche und fachliche Eignung. Im ersten Jahr seiner Tätigkeit meldete der Leiter der Annahme im Wehrkreis VI rund 32.000 Bewerbungen, 24.000 Prüfungen und 10.000 Einstellungen, davon 5500 ungediente Freiwillige.

Die ersten etwa 100 Freiwilligen aller Ränge hatten bereits am 12. November 1955 in der Bonner Ermekeil-Kaserne ihre Ernennungsurkunden aus der Hand des Bundesministers für Verteidigung Theodor Blank erhalten. Die Feier fiel auf den 200. Geburtstag des preußischen Militärreformers Gerhard von Scharnhorst. Geplant war dies zwar nicht von langer Hand, gleichwohl sollte mit der unter einem überdimensionierten Eisernen Kreuz abgehaltenen Zeremonie bewusst an die politischen Ideale der preußischen Reformer angeknüpft werden, wonach jeder Bürger eines Staates der geborene Verteidiger desselben sei (siehe Beitrag 6).

Die gesetzlichen Voraussetzungen für die Einstellung von Freiwilligen waren im Juli 1955 mit dem Freiwilligengesetz geschaffen worden, das als Übergangsregelung die Einstellung von bis zu 6000 Soldaten für Aufgaben im Ministerium, in internationalen Stäben und für Lehrgänge wie in den Lehrkompanien in Andernach, Nörvenich und Wilhelmshaven ermöglichte. Die Soldaten der Lehrkompanien traten Ende Januar 1956 erstmals gemeinsam in Andernach an, Bundeskanzler Konrad Adenauer schritt die Front ab.

Erst mit Inkrafttreten des Soldatengesetzes im April 1956 waren die gesetzlichen Voraussetzungen für den personellen Aufbau der Bundeswehr geschaffen. Erst jetzt konnten die Annahmestellen in den Wehrbereichen ihre Arbeit aufnehmen und mit der Prüfung der Bewerber beginnen. Zusätzlich ermöglichte das 2. Bundesgrenzschutzgesetz von Ende Mai 1956 den dortigen Beamten, sich innerhalb einer vierwöchigen Optionsfrist für den Übertritt in die Bundeswehr zu entscheiden. Ein Angebot, das etwa 9500 Beamte nutzten. Bis zum April 1957 wurden rund 95.000 gediente und ungediente Freiwillige einberufen, die den Stamm für die Aufstellung der ersten Verbände sowie für die Ausbildung der ab April 1956 einzuziehenden Wehrpflichtigen bildeten.

Begleitet wurde das Einstellungsprogramm durch Werbemaßnahmen, um junge Freiwillige zu gewinnen, im öffentlichen Raum mit Plakaten und in Zeitschriften mit Anzeigen. Daraus entwickelte sich die Nachwuchswerbung, die bis heute den Personalbedarf der Bundeswehr decken soll und auch einen wesentlichen Einfluss auf die Wahrnehmung der Bundeswehr in der Öffentlichkeit hat (siehe Beitrag 54).

Für die Aufbaugeneration galt, dass gediente Soldaten der Wehrmacht auf Grundlage des Gesetzes über den Personalgutachterausschuss gesondert auf ihre Eignung geprüft werden mussten (siehe Beitrag 5). Offiziere vom Oberst aufwärts traten vor den Personalgutachterausschuss, ehemalige Soldaten vom Oberstleutnant abwärts wurden in den Annahmestellen geprüft. Als Instrument hierfür diente den Prüfoffizieren ein Interview mit jedem Bewerber. Offiziere wurden gefragt, wie sie den 20. Juli erklären würden, wann ein Befehl aus ihrer Sicht unsittlich und nicht zu befolgen sei oder ob übernationale Streitkräfte für die Kampfkraft von Vorteil oder Nachteil seien. Im Wehrkreis VI beispielsweise wurden in den ersten zwölf Monaten von gut 24.000 Prüflingen nur etwa 10.150 und somit weniger als die Hälfte eingestellt.

Auch aus der Gruppe der ehemaligen Obersten, Generale und Admirale schafften nicht alle Bewerber die Übernahme in die Bundeswehr. Zeichnete sich ein solcher Fall ab, konnte der Kandidat seine Bewerbung zurückziehen. Es war diese Gruppe, die zur Zielscheibe kommunistischer Propaganda und einer kritischen Öffentlichkeit wurde (siehe Beitrag 15). Der Kern der Kritik zielte auf die personelle Kontinuität. Der Vorwurf lautete, die ersten Generale der Bundesrepublik seien die Generale der Wehrmacht gewesen und somit tendenziell antidemokratisch eingestellt. Diese Kritik an der bundesdeutschen Rekrutierungspraxis ihrer ersten Soldatengeneration(en) wurde zu einem zentralen Argument in den immer wieder aufkeimenden Debatten der folgenden Jahrzehnte. Der politische Umbruch innerhalb der ehemaligen Generalität indes war tatsächlich auf verschiedenen Ebenen vollzogen worden. Ihre fachliche Expertise – wie die aller ehemaligen Soldaten, die ab 1955 in die Bundeswehr eintraten – war jedoch ein zentraler Hebel, über den Sicherheit sowie militärische Gleichberechtigung und somit letztlich politische Gleichberechtigung erreicht werden sollte.

Das Bundeskanzler Adenauer zugeschriebene Wort, die NATO werde ihm keine 18-jährigen Generale abnehmen, zielte hierauf ab. Nur so konnte einer der ersten Generale der Bundesrepublik, Hans Speidel, ab 1957 die zentrale Funktion des Oberbefehlshabers der NATO-Landstreitkräfte im Abschnitt Europa Mitte ausfüllen und ernsthaft, verantwortungsvoll sowie auf Augenhöhe Einfluss auf das Bündnis im Sinne bundesdeutscher Interessen nehmen.

All diesen Männern war gemein, dass sie am Aufbau der Bundesrepublik Deutschland mitwirken wollten. Sie halfen, einen parlamentarisch verfassten Rechtsstaat zu etablieren, der in die Staatengemeinschaft der westlichen Welt nicht nur militärisch, sondern auch wirtschaftlich und politisch integriert war. Sie waren bereit, diesem Staat als Soldaten zu dienen und die Bundeswehr als Teil einer demokratischen Gesellschaft mit Leben zu füllen.

Die Beweggründe, (wieder) Soldat zu werden, waren vielfältig. Für den einen galt es, den Broterwerb für die Familie zu sichern, für den anderen, in den alten und gerne ausgeübten Beruf zurückzukehren. Bei manchen war es die Aussicht auf einen beruflichen und somit so-

Werbeplakate in einer westdeutschen Stadt, 16. November 1956. Die Aufnahme wurde für die Propaganda der DDR gegen die bundesdeutsche Wiederbewaffnung genutzt.

zialen Aufstieg, bei einigen Patriotismus oder der Wunsch, Deutschland gegen eine feindliche Bedrohung zu sichern. Es gab den Bewerber, der der Annahmestelle mitteilte, sein Entschluss, zur Luftwaffe gehen zu wollen, sei dem täglich erlebten häuslichen Ärger geschuldet. Ein Vater bot seinen Sohn regelrecht an, da dieser sich mit Mädchen herumtreibe und seine alten Eltern ständig drangsaliere, und zu guter Letzt war da auch die Ehefrau, die den Annahmeantrag für ihren Mann an die Annahmestelle gleich selbst schrieb und sich unmittelbar an Konrad Adenauer mit den Worten wandte: »... bitte ich nochmals Herrn Bundeskanzler meinen Mann einzuziehen« und dabei nicht vergaß augenzwinkernd zu erwähnen: »PS. Im Jahre 1932 durfte ich Ihnen, Herr Bundeskanzler, im Hause des Barons Schröder das Essen reichen.«

*Thorsten Loch*

15

# »OHNE MICH!«

## Die Protestbewegung gegen Adenauers Wiederbewaffnung

Vier Zentimeter großer Anstecker der »Ohne-mich-Bewegung« gegen die Aufstellung von Streitkräften in der damals jungen Bundesrepublik Deutschland aus dem Jahr 1951

Der 1866 bei der preußischen Infanterie eingeführte Schaftstiefel, umgangsprachlich als »Knobelbecher« bezeichnet, galt vielen als Symbol des preußisch-deutschen Militarismus. Die Wehrmacht führte 1939 ein neues Modell des markanten Stiefels ein, mit dem die deutschen Soldaten kurz darauf in halb Europa und der Sowjetunion einmarschierten. Auf der 1951 aus Messingblech hergestellten Miniaturnachbildung dieses »Knobelbechers« ist der Schriftzug »Ohne Mich« eingeprägt. Ihr Träger bekundete damit wenige Jahre nach Kriegsende seinen Unmut über politische Pläne für eine Wiederbewaffnung. Was war geschehen?

Im Sommer 1949 hatten die Westdeutschen Konrad Adenauer zum ersten Bundeskanzler der jungen Bundesrepublik Deutschland gewählt. Bei einem Besuch in den USA gab Adenauer im Dezember ein Zeitungsinterview, in dem er ohne vorherige Absprache mit der Regierung einen westdeutschen Verteidigungsbeitrag ins Spiel brachte. Die USA hatten kurz zuvor ihr Atomwaffenmonopol verloren. Eine Stärkung der konventionellen Fähigkeiten des Westens gegenüber einer nummerisch überlegenen Sowjetarmee schien aus sicherheitspolitischen Gründen unabdingbar. Adenauers Vorpreschen stieß zunächst auf breite Ablehnung im In- und Ausland. Mit dem Angriff des von der Sowjetunion unterstützten kommunistischen Nordens Koreas auf den von den USA unterstützten Süden am 25. Juni 1950 änderte sich dies. Adenauers nunmehr von der Regierung offen mitgetragene Initiative folgte einem sicherheits- und einem außenpolitischen Kalkül: Zum einen war sie der militärischen Bedrohung geschuldet, die von der Sowjetarmee sowie der 1947 in der Sowjetischen Besatzungszone aufgestellten Kasernierten Volkspolizei ausging, zum anderen hoffte Adenauer, mit dem Angebot eines westdeutschen Verteidigungsbeitrags die staatliche Souveränität von den westlichen Besatzungsmächten schrittweise zurückgewinnen zu können. Ein substanzieller Verteidigungsbeitrag war fünf Jahre nach Kriegsende jedoch nur unter Rückgriff auf ehemalige Wehrmachtoffiziere zu leisten. Das amerikanische Militär hatte hierbei wenig Berührungsängste. Das operative Knowhow der einstigen Militärexperten der Wehrmacht und ihre Kenntnisse der Roten Armee waren ihnen willkommen. Die Westeuropäer standen diesem amerikanischen »Pragmatismus« skeptisch gegenüber, ebenso weite Teile der westdeutschen Bevölkerung.

1950 begann sich spontan im Bonner Raum und im Ruhrgebiet eine leidenschaftliche Protestbewegung quer durch alle Parteien und gesellschaftlichen Gruppen gegen Adenauers Aufrüstungsbestrebungen zu formieren. Nach der bedingungslosen Kapitulation der Wehrmacht im Mai 1945, nach Verbrechen, Zerstörung, Flucht, Vertreibung, Besetzung und Teilung hatten viele Deutsche genug von Krieg und Militär. Auch unter den rund neun Millionen in der Bundesrepublik lebenden ehemaligen Wehrmachtangehörigen waren viele, die unter keinen Umständen wieder eine Uniform anziehen oder den Aufbau neuer Streitkräfte zulassen wollten – »Wiederbewaffnung? Ohne mich!« lautete ihre Parole. Viele kündigten an, sich jeglichem Wehrdienst zu verweigern. Patriotisch denkende Protestierende befürchteten zudem, dass eine Bewaffnung Westdeutschlands die Chancen für eine Wiedervereinigung beenden und (West-)Deutschland ohnehin nicht gleichberechtigt neben den Westalliierten stehen würde. Sie orakelten, deutsche Soldaten könnten als Kanonenfutter für fremde Interessen dienen. Links gerichtete Protestierende hingegen sahen in der Wiederbewaffnung die Wiederkehr des alten Schreckgespenstes des preußisch-deutschen Militarismus, andere waren aus Gewissensnöten und pazifistischer Grundeinstellung heraus gegen die Pläne Adenauers eingestellt. Zu einem Gutteil setzte sich die außerparlamentarische Protestbewegung aus staats- und gesellschaftsbejahenden Bundesbürgern zusammen, aber es gab auch diejenigen, die das demokratische System grundsätzlich verändern wollten. Einen politischen Anführer hatte die Bewegung nicht. Die beiden prominentesten Wortführer waren Adenauers Innenminister Gustav Heinemann, der aus Protest gegen die Wiederbewaffnungspläne 1950 zurücktrat und später eine eigene Partei gründete, sowie der Pfarrer Martin Niemöller, ein ehemaliger U-Boot-Kommandant des Ersten Weltkriegs, der im »Dritten Reich« als führender Vertreter der Bekennenden Kirche und wegen seiner Opposition gegen das NS-Regime in ein Konzentrationslager eingesperrt worden war. Die mitunter hochemotional geführten Proteste und Diskussionen blieben letztlich erfolglos und konnten weder den Aufbau der Bundeswehr noch die Einführung der allgemeinen Wehrpflicht verhindern.

Die Protestierenden waren sich zwar in ihrer Verweigerungshaltung gegenüber einer Wiederbewaffnung einig, die Bewegung selbst aber war zu heterogen und in ihren politischen Vorstellungen zu uneins, um eine Einheitsfront zu bilden. Während das klare »Dagegen« sie einte, spaltete sie das unklare »Dafür«. Ohne klar definierte politische Zielrichtung, ohne treibende Führungspersönlichkeiten mit Macht- und Gestaltungswillen, konnte sie aber keine wirkungsvolle Stoßkraft entfalten. Die Oppositionspartei SPD blieb auf Distanz zur »Ohne-mich-Bewegung«. Die Kritiker konnten ab 1952 weder die Schritte zum Aufbau einer Europäischen Verteidigungsgemeinschaft wirksam bekämpfen, welche schließlich an französischen Vorbehalten scheiterte, noch mit der im Zuge der »Ohne-mich-Bewegung« entstandenen »Paulskirchen-Bewegung« den Abschluss der Pariser Verträge verhindern, die den Weg der Bundesrepublik in die NATO ebneten. Die Kommunisten versuchten, Teile der sich allmählich auflösenden »Ohne-mich-Bewegung« für ihre Zwecke zu vereinnahmen und insbesondere gewerkschaftlich organisierte Arbeiter für den Kampf gegen die Wiederaufrüstung zu gewinnen. Der 1953 wiedergewählte Adenauer betrieb seine Politik der Westbindung mit dem Kernstück der Wiederbewaffnung indes konsequent weiter. Im Mai 1955 nahm die NATO die Bundesrepublik auf (siehe Beitrag 8). Die Bundeswehr wurde dem Primat der Politik unterworfen und so organisiert, dass das politische gegenüber dem militärischen Element dominierte. Diese politische Einhegung der neuen deutschen Streitkräfte diente zum einen der Beruhigung der westeuropäischen Verbündeten, zum anderen war sie an die Adresse der Wiederbewaffnungskritiker einschließlich der »Ohne-mich-Bewegung« gerichtet und sollte diese besänftigen.

Eine Rückkehr des »Knobelbechers« bedeutet dies jedoch vorerst nicht. Die Planer im Bonner Amt Blank, dem Vorläufer des Bundesministeriums für Verteidigung, entschieden sich gegen die Einführung des aufgrund seiner Symbolkraft umstrittenen Schaftstiefels in die neuen westdeutschen Streitkäfte (anders als beim Bundesgrenzschutz, wo er ab 1952 getragen wurde). Die Planungen für eine gemeinsame Uniform der Europäischen Verteidigungsgemeinschaft sahen die bei den westeuropäischen Verbündeten vorhandenen Gamaschenschnürschuhe vor. Trotz des Scheiterns der Europäischen Verteidigungsgemeinschaft trugen letztlich auch die Bundeswehrsoldaten die von den Partnern übernommenen Schnürschuhe, die sich aber nicht bewährten. Verteidigungsminister Franz Josef Strauß ließ daher bereits 1957 eine neue Variante des »Knobelbechers« mit einer funktionslosen Zieh- und Zugschnalle beschaffen, die von den Soldaten schnell als »Demokratenschnalle« verballhornt wurde. Anders das Wachbataillon und das Musikkorps: Sie wurden zur Erfüllung ihrer Repräsentationsaufgaben mit dem Modell von 1939 ausgestattet, wenn auch die Sohle nicht mehr mit Nägeln beschlagen, sondern der Schaftstiefel mit einer flachen Gummisohle versehen wurde. Der (west-)deutsche Soldat marschierte auf dem internationalen Parkett mittlerweile auf leisen Sohlen.

Wahlplakat der dezidiert gegen einen Wehrbeitrag auftretenden Gesamtdeutschen Volkspartei für die Bundestagswahl 1953

*Magnus Pahl*

16

# AUCH OHNE UNIFORM IM DIENST

## Die Bundeswehrverwaltung

Inszenierung eines typischen Schreibtisches eines Verwaltungsbeamten der Bundeswehr aus den 1960er-Jahren im Bundeswehrdienstleistungszentrum Münster/Westfalen

Schreibtische stehen gemeinhin nicht im Ruf, besondere Emotionen oder gar Kontroversen hervorzurufen. Beim abgebildeten Exemplar, das aus einer Standortverwaltung der Bundeswehr stammt, war das anders. Sollte ein Zivilist oder doch besser ein Soldat an ihm seine Arbeit verrichten? Diese Gretchenfrage, ob Verwaltungsaufgaben von Beamten oder Soldaten erledigt werden sollen, hat insbesondere in der Gründungs- und Aufbauphase der Bundeswehr die Gemüter immer wieder erhitzt. Der Grund dafür ist, wie bei so vielen kritischen Debatten, in der nationalsozialistischen Vergangenheit zu suchen.

Die Verwaltung der Wehrmacht war militärisch organisiert und Beamte waren weitgehend in die Streitkräfte integriert. Sie bekleideten militärische Ränge und trugen Uniform. Während des Zweiten Weltkriegs wurden sie dem Rechtsstatus des Soldaten mehr und mehr angeglichen, die höheren Beamten 1944 sogar zu Offizieren gemacht. Das Selbstverständnis von Beamten, zu deren Ethos Staatstreue, Neutralität und regelhaftes Verwaltungshandeln gehören, wurde zugunsten eines kämpferischen Verwaltungsverständnisses zurückgedrängt. Im nationalsozialistischen Führerstaat galt das nicht nur im Militär, sondern in der gesamten Staatsverwaltung, die sich größtenteils vorbehaltlos ideologischen Zielen andiente und dabei zahlreiche Verbrechen beging.

Das sollte nach 1949 anders werden. Ungeachtet personeller Kontinuitäten verstand sich die Bundesrepublik als demokratische Gegengründung zum Nationalsozialismus und zum Sozialismus, wie er in der DDR aufgebaut wurde. Es stellte sich die Frage, wie man das Militär in einen Rechtsstaat integrieren könnte. Der damalige Vorsitzende des Verteidigungsausschusses des Deutschen Bundestages Richard Jaeger (CSU) beobachtete in dieser Zeit ein verbreitetes »Ressentiment gegen jede Art von Militär«, das er als »Echo auf die totale Militarisierung« im NS-Staat verstand. Das erklärt, weshalb die Verhandlungen über die Wehrverfassung von einer kritischen Grundhaltung gegenüber dem Militär geprägt waren. Im Rahmen der Wiederbewaffnung musste das Grundgesetz um Artikel ergänzt werden, die den Bund zur Aufstellung von Streitkräften ermächtigten und zugleich die politische Kontrolle von Streitkräften ermöglichten.

In diesem Klima wurde der am 19. März 1956 verkündete Artikel 87b Abs. 1 GG ausgearbeitet. Er betraf die Bundeswehrverwaltung und legte fest, dass sie »den Aufgaben des Personalwesens und der unmittelbaren Deckung des Sachbedarfs der Streitkräfte« diente. In der Bundeswehr sollte es keine eigenständigen Verwaltungen der Teilstreitkräfte geben. Obwohl Artikel 87b GG hinsichtlich der Laufbahngruppen keinerlei Festlegungen traf, legten ihn Juristen und Politiker so aus, dass es sich um eine zivile Verwaltung handeln müsse, die von den Streitkräften organisatorisch getrennt war und zugleich mit ihnen zusammenarbeitete.

Der zivile Charakter der Bundeswehrverwaltung war ohne Weiteres aus der politischen Debatte um die Wehrverfassung ableitbar; das war von den Protagonisten auch so beabsichtigt. Ernst Wirmer, der später bis zum Hauptabteilungsleiter im Verteidigungsministerium aufstieg und eine zivile Militärverwaltung nachdrücklich verfocht, brachte es bereits 1951 auf den Punkt: »Nach den Erfahrungen, die vor allem Deutschland [...] gesammelt hat, wird eine Verweisung des Militärischen auf die rein militärische Ebene und seine kompromisslose Abtrennung vom politischen Getriebe nur nützlich sein.«

Dieses Argument barg die Absicht, eine zu große Machtkonzentration in den Streitkräften zu verhindern. Es blieb nicht unwidersprochen. Von einer künstlichen Trennung zwischen Streitkräften und Verwaltung war die Rede. Vor allem in der Aufbauphase der Bundeswehr fürchtete mancher gar eine »Vorherrschaft der Zivilbeamten« – ein Beleg dafür, wie einflussreich Verwaltungshandeln im militärischen Dienstalltag war. Nach außen hin wurde dieses auch im internationalen Vergleich außergewöhnliche Konstrukt allerdings weniger mit Kontrolle begründet. Es dominierte das Argument, die Übertragung von Verwaltungsaufgaben auf dafür besonders qualifizierte zivile Beamte entlaste die Streitkräfte und führe zu einer Effizienzsteigerung der Verwaltung, die den Streitkräften zugutekomme. Auch die Frontstellung im Kalten Krieg half, diese Position zu stärken: Da die Verwaltung der NVA fest in militärischer Hand blieb, konnte eine zivile Verwaltung für die Bundeswehr auch als Abgrenzung nach Osten und als weiterer Beleg für die Demokratisierung der Streitkräfte verstanden werden.

Somit befanden sich die Schreibtische der 190 Standortverwaltungen der Bundeswehr zwar in der Kaserne, ihre Nutzer, die Verwaltungsbeamten oder -angestellten, unterstanden aber nicht militärischer Befehlsgewalt. Die Bundeswehrverwaltung arbeitete in denselben rechtlichen, finanziellen und personellen Rahmenbedingungen wie die übrige Verwaltung des Bundes.

An der Spitze der Bundeswehrverwaltung steht das Verteidigungsministerium. Die Verwaltung ist dem Ministerium nachgeordnet und soll es von Aufgaben entlasten. In den ersten Jahrzehnten der Bundeswehr teilte sie sich in vier Bereiche auf, die teilstreitkräfteübergreifend organisiert waren. Im Rüstungsbereich war das Bundesamt für Wehrtechnik und Beschaffung mit Entwicklung, Erwerb und Erhaltung des Materials befasst. Im Territorialverwaltungsbereich waren das Bundeswehrverwaltungsamt und die von ihm beaufsichtigten sechs Wehrbereichsverwaltungen für den Wehrersatz sowie für die materielle Bedarfsdeckung zuständig. In Gestalt der Kreiswehrersatzämter kam beinahe jeder männliche Bundesbürger – ob Verweigerer oder nicht – mit diesem Teil der Bundeswehrverwaltung in Berührung. Die Ausbildungs- und Fortbildungseinrichtungen wie die Bundesakademie für Wehrverwaltung und Wehrtechnik oder die etwa 30 Bundeswehrfachschulen, die Zeitsoldaten allgemeinberuflich qualifizierten, bildeten einen eigenen Verwaltungsbereich. Die Truppenverwaltung schließlich kümmerte sich um jene Haushalts-, Verwaltungs- und Wirtschaftsangelegenheiten, die bei Stäben, Truppenteilen und militärischen Dienststellen selbst anfielen. Sie war vollständig

Karteikasten aus Metall in der Farbe »gelboliv« für das Format DIN A4. Der 1964 an die Bundeswehr verkaufte Karteikasten der Metallmöbelfabrik Obbo in Kehl, Versorgungsnummer 7110-12-137-9838, wurde eigens für die Bundeswehr hergestellt, wie man an der Einstanzung auf der Stirnseite ablesen kann.

in die Streitkräfte integriert, blieb jedoch eine eigenständige zivile Verwaltung. Jeder Soldat hat diesen Zweig der Bundeswehrverwaltung unmittelbar erlebt, etwa in Form des Bekleidungs- oder Kassenwesens.

In den 1980er-Jahren zählten die Bundeswehr 495.000 und die Bundeswehrverwaltung 187.200 Köpfe. Darunter waren 53.600 Frauen, was einem Anteil von rund 29 Prozent entspricht. Allerdings waren weniger als ein Prozent von ihnen im höheren Dienst beschäftigt. Die Ursachen dafür waren vielfältig. Das Ministerium begründete die niedrigen Zahlen damit, dass Frauen erst spät »ihr Interesse an der Bundeswehrverwaltung entdeckt« und sich lange »für die ›typischen‹ Frauenberufe beworben« hätten, wozu das Ministerium Küchenhilfen, Reinigungskräfte oder Sekretärinnen zählte. Nicht nur das hat sich heute geändert. Mittlerweile dienen auch Soldatinnen und Soldaten in der Bundeswehrverwaltung. Möglich wurde das durch den Dresdner Erlass, der 2012 festlegte, dass »im Sinne einer stärker bundeswehrgemeinsamen Aufgabenerfüllung« Dienstposten im Ministerium sowie Behörden und Dienststellen »statusübergreifend mit militärischem und zivilem Personal besetzt werden«. Im Jahr 2018 waren elf Prozent der 45.300 Angehörigen der Bundeswehrverwaltung Soldaten, die allerdings aus der militärischen Befehlskette herausgelöst sind.

Hätte diese Lösung während des Kalten Krieges einen Aufschrei ausgelöst, ist sie heute allenfalls Experten bekannt. Lediglich in der juristischen Fachliteratur und in Interessenverbänden der Beamtenschaft wird diskutiert, ob das Trennungsgebot zwischen Verwaltung und Truppe damit ausreichend gewahrt bleibt. Die Frage, wer an den Schreibtischen der Bundeswehrverwaltung sitzt, erregt die Gemüter jedoch schon lange nicht mehr. Pessimisten mögen dies als Desinteresse deuten. Andere mögen hier einen Beleg dafür erkennen, dass das Militär heute nicht länger als potenzielle Gefährdung des demokratischen Rechtsstaates gilt, sondern fest in ihn integriert ist.

*Christoph Nübel*

# DER TOD IN DER ILLER 1957

## Ein Unglück und seine Folgen

Das Denkmal zur Erinnerung an das Iller-Unglück am 3. Juni 1957 steht in Hirschdorf (Allgäu) am Südufer des Flusses. 15 junge Soldaten des Luftlandejägerbataillons 19 aus Kempten kamen bei einer Flussdurchquerung ums Leben.

Wer mit offenen Augen durch die Welt geht, entdeckt vielerorts Denk- und Mahnmale, Kreuze oder Marterl, Stolpersteine oder Erinnerungsorte. Oftmals erinnern sie an Gefallene in Kriegen und Weltkriegen, an historische Personen sowie Ereignisse oder an Unfallopfer. Am Südufer der Iller im allgäuischen Hirschdorf bei Kempten steht das abgebildete Denkmal. Das Kranzgebinde mit den Schleifen in schwarz-rot-gold signalisiert, dass es sich um ein öffentliches Gedenken der Bundesrepublik Deutschland handelt. Auf der Tafel stehen die Namen von 15 Soldaten, die in der damals noch sehr jungen Bundeswehr bei der Ausübung ihres Dienstes starben.

Was war passiert und wie kam es dazu? Am 1. April 1957 rückten die ersten 10.000 Wehrpflichtigen in die Kasernen ein. Bereits am 3. Juni 1957 kam es zu einem folgenschweren Vorfall. Im Luftlandejägerbataillon 19 in Kempten führte der als Zugführer eingeteilte 23-jährige Stabsunteroffizier Dieter Julitz (der den noch bis in die 1960er Jahre informell gebräuchlichen Dienstgrad Stabsoberjäger trug) an der Iller eine Ausbildung durch. Julitz war, wie etliche seiner Kameraden, über den damaligen Bundesgrenzschutz oder die Polizeien der Länder zur Bundeswehr gekommen. Er war vor seinem Eintritt in die Bundeswehr am 3. September 1956 in der Berliner Bereitschaftspolizei als Ausbilder und Gruppenführer beschäftigt gewesen. »Wir gehen jetzt einmal durch die Iller, wir müssen das im Ernstfall auch tun«, befahl der Stabsunteroffizier seinem 30 Mann starken Infanteriezug. Dem Grundsatz »Führen durch persönliches Vorbild« folgend, stieg er mit einem Maschinengewehr (dieses musste immer einer der kräftigsten und besten Soldaten der Gruppe tragen und bedienen) als Erster in die Fluten und seine Männer folgten ihm bereitwillig und vertrauensvoll. Dabei unterschätzten sie alle jedoch die nach vorangegangenen starken Regenfällen reißende Strömung des Flusses. Mit dem Mut des Verzweifelten versuchte der Zugführer diejenigen zu retten, die noch zu retten waren. Schließlich verlor er innerhalb weniger Minuten die Hälfte seiner Soldaten: 15 Mann ertranken in der Iller. Heute sind ihre Namen auf dem Denkmal verewigt.

Der tödliche Ausbildungsinhalt war nicht durch den Dienstplan abgedeckt, mithin also verboten. Daher fehlten auch die für eine solche Ausbildung vorgeschriebenen Sicherungsmaßnahmen. Vermutlich hätte sich damals keiner darüber beschwert, wenn es gut gegangen wäre. Alle Soldaten wären nach der »Ausbildung« mit stolzgeschwellter Brust in die Kaserne zurückgekehrt, wenn nicht jenes fatale Unglück eingetreten wäre. Der Bataillonskommandeur und der Kompaniechef wurden noch am Unglückstag durch den Bundesminister für Verteidigung vorläufig von ihren Dienstposten entbunden: Beide kannten die im Bataillon geübte Praxis des »Iller-Marsches«. Der Bataillonskommandeur machte ihn wegen der damit verbundenen Gefahren von seiner persönlichen Billigung abhängig; auch weil das Risiko einer solchen Übung in keinem Verhältnis zum Ausbildungsnutzen stand. Der Kompaniechef und die Zugführer wussten von diesem Vorbehalt, jedoch ließ sich nicht zweifelsfrei klären, ob auch Stabsunteroffizier Julitz davon Kenntnis hatte. Der eigentliche, an diesem Tag jedoch »fußkranke« Zugführer, der 33-jährige kriegsgediente Stabsunteroffizier Josef Schäffler, beobachtete das Geschehen von einer Brücke aus. Er konnte es jedoch nicht mehr rechtzeitig untersagen und damit verhindern. Zuvor hatte er aber das Vorhaben seines Stellvertreters gebilligt. Im Klartext hieß das: Alle maßgeblichen Vorgesetzten des Stabsunteroffiziers innerhalb des Bataillons tolerierten die »Iller-Ausbildung«. Mindestens die Stabsunteroffiziere Schäffler und Julitz weiteten befehlswidrig ihren Auftrag aus, denn von einer Durchquerung der Iller war im Dienstplan keine Rede. Somit machten sich beide eindeutig eines Dienstvergehens schuldig. Der Beweis dafür jedoch, dass beide das grundsätzliche Verbot wissentlich umgingen, konnte durch das anschließende Gerichtsverfahren nicht zweifelsfrei erbracht werden. Die unmittelbare Verantwortung trug Stabsunteroffizier Julitz und es galt der militärische Grundsatz, dass Verantwortung unteilbar sei. Er war über seinen befohlenen Auftrag hinausgegangen. Dennoch machten sich auch seine Vorgesetzten mitschuldig, zumindest der Unterlassung. Der »Iller-Gang« war im Februar 1957 im Bataillon mindestens schon einmal praktiziert worden. Hätten die Vorgesetzten damals eine eindeutige und vorschriftgemäße Befehlslage geschaffen, dann wäre der Vorfall wohl nicht passiert. Der Richter im »Iller-Prozess« im Jahr 1958 fand eine erstaunliche Begründung für die Katastrophe: »Dann muss die Erscheinung, dass der von ihnen verehrte Führer [Julitz] zum Straucheln kam, für sie furchtbar gewirkt haben, so furchtbar, dass sie danach die Fähigkeit zu überlegtem Handeln verloren.«

In der Rekrutierung des Unteroffiziernachwuchses des Heeres lag während der gesamten Aufbauphase ein Hauptproblem der jungen Bundeswehr. Bei einer Befragung des Instituts für Demoskopie in Allensbach zum Iller-Unglück vom Juli 1957 sahen 75 Prozent die schwerwiegenden Probleme in dem zu raschen Aufbau der Bundeswehr. Damit einher ging ein erheblicher Mangel an geschulten Ausbildern, wofür das Versagen des Stabsunteroffiziers und der verantwortlichen Offiziere beispielhaft steht. Dagegen machten 58 Prozent der Befragten die mangelhafte Ausrüstung der Soldaten, die Unterschätzung der Strömung durch den jugendlichen Leichtsinn aller Beteiligten oder eine Kette von unglücklichen Umständen für die Katastrophe verantwortlich. Dieses Ergebnis zeigt, dass die interessierte Öffentlichkeit bereits 1957 nicht nur gut informiert war, sondern die Ereignisse auch differenziert bewertete. Die personellen Probleme innerhalb der Bundeswehr waren nicht unbekannt und es wurde durchaus mit Verständnis darauf reagiert.

Dennoch blieb als Konsequenz der Tod von 15 jungen Männern. Ob es sich letztlich um einen *tragischen Unfall* oder ein *Unglück* handelte, sei dahingestellt; das ist angesichts der Todesfälle auch nicht relevant. Sie wären zu vermeiden gewesen.

Als eine Konsequenz aus dem Iller-Unglück gründeten Bundesminister für Verteidigung Franz Josef Strauß und der Generalinspekteur der Bundeswehr General Adolf Heusinger

Die Leiche eines Soldaten wird nach dem Iller-Unglück durch Pioniere der Bundeswehr geborgen.

das Soldatenhilfswerk der Bundeswehr als eingetragenen Verein, der außerhalb ministerieller oder militärischer Verantwortung oder Zuständigkeit agiert. Dieser Verein hat sich zum Vorsatz gemacht, schnelle und unbürokratische Hilfe in Fällen unverschuldeter Not zu leisten. Seit seiner Gründung hat er in mehr als 35.000 Fällen »mit einem Betrag von 28,4 Millionen Euro Kameradenhilfe geleistet«. In den darauffolgenden Jahrzehnten sind weitere Dienste und Netzwerke hinzugekommen (Militärseelsorge, Bundeswehr-Sozialwerk, Familienbetreuungszentren u. a.), die sich ebenfalls für die soziale Betreuung und Fürsorge der Bundeswehrangehörigen engagieren.

*Rudolf J. Schlaffer*

# UNFREIWILLIG »BEIM BUND«

## Die Wehrpflichtarmee

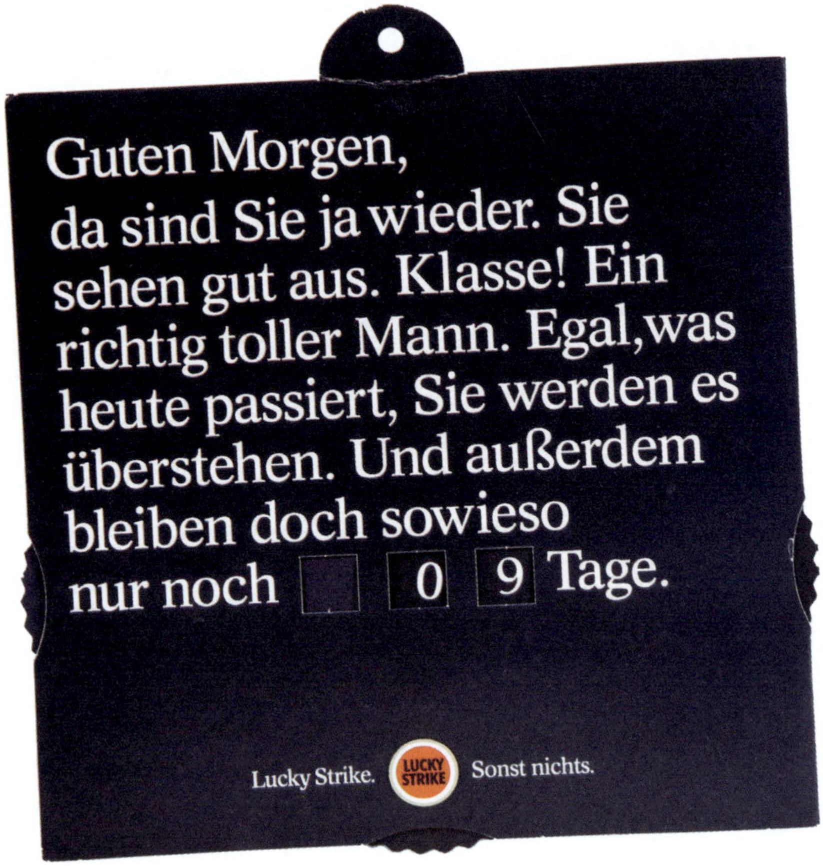


Tageszähler der Zigarettenmarke Lucky Strike, wie er in den späten 1990er-Jahren in der Bundeswehr teilweise verbreitet war. Bekannter war das sogenannte Maßband.

Der abgebildete Tageszähler, den eine Zigarettenfirma 1997 als Werbemittel einsetzte, konkurrierte in der Bundeswehr mit dem traditionell genutzten Schneidermaßband, dessen 150 Zentimeter ebenfalls deutlich machten, wie lange die Zeit für Wehrpflichtige »beim Bund« noch dauerte. Beiden Instrumenten gemeinsam war das angenehme Gefühl, den der Blick auf das sich nähernde Ende des Wehrdienstes beim Besitzer hervorrief. Eine geringe Tageszahl war zudem in der Binnenhierarchie der Wehrpflichtigen eine Währung. Sie grenzte die erfahrenen »Altgedienten« von den frisch Eingezogenen ab.

Nachdem die Wehrdienstdauer 2010 auf sechs Monate verkürzt worden war, erfolgte im März 2011 durch das »Wehrrechtsänderungsgesetz« eine Aussetzung der Wehrpflicht. Ein freiwilliger Wehrdienst von sechs bis 23 Monaten ist allerdings weiterhin möglich. Anstelle einer Abschaffung erfolgte bewusst eine Aussetzung der Wehrpflicht, um bei einer Verschlechterung der Sicherheitslage ihre Wiedereinführung zu ermöglichen. Am Befund ändert dies jedoch nichts: Die längste Zeit ihrer Existenz ist die Bundeswehr eine Armee von Wehrpflichtigen gewesen. Bereits der im Sommer 1951 ausgehandelte Vertrag über eine Europäische Verteidigungsgemeinschaft (EVG) enthielt für alle Mitgliedsstaaten die Verpflichtung, ihre Kontingente auf der Basis einer allgemeinen Wehrpflicht von mindestens 18 Monaten aufzustellen. Deutschland entschied sich für eine Kombination aus Berufs-, Zeit- und wehrpflichtigen Soldaten für die künftigen Streitkräfte. Nach dem Scheitern der EVG 1954 und der Entscheidung für einen deutschen NATO-Beitritt blieb die Wehrpflicht aus Sicht der Bundesregierung schon wegen des Umfangs des erwarteten westdeutschen Verteidigungsbeitrags von einer halben Million Soldaten notwendig und alternativlos.

Im Bundestag wurde über die Wehrform dennoch heftig gestritten. Bundesverteidigungsminister Theodor Blank führte letztlich überzeugend an, dass wohl nirgends die Identifikation des Bürgers mit dem Gemeinwesen und die wechselseitige Verknüpfung von freiheitlichen Rechten und bürgerlichen Pflichten deutlicher werde als in einer Wehrpflicht. Diese sichere den Kontakt zwischen Volk und Streitkräften und ermögliche die Integration der Wehrpflichtigen in den Staat. Mit großer Mehrheit verabschiedete der Bundestag dann im Juli 1956 ein »Wehrpflichtgesetz«. Künftig galt in der Bundesrepublik für Männer ab dem vollendeten 18. Lebensjahr die Wehrpflicht. Als Hilfsorgan bei der Ausübung der parlamentarischen Kontrolle über die Bundeswehr berief der Bundestag aus seinen Reihen einen Wehrbeauftragten, der über die Wahrung der Grundrechte der Soldaten und die Einhaltung der Grundsätze der Inneren Führung wachen und jährlich berichten sollte (siehe Beitrag 10). Wer gemäß Artikel 4 Absatz 3 des Grundgesetzes aus Glaubens- und Gewissensgründen den Kriegsdienst an der Waffe verweigerte, wurde laut Zivildienstgesetz zu einem Ersatzdienst herangezogen, für dessen Organisation und Durchführung das Bundesamt für Zivildienst die Verantwortung übernahm.

# 18 Unfreiwillig »beim Bund«

Im April 1957 rückten die ersten Wehrpflichtigen in die Kasernen ein. Zuvor waren sie entsprechend ihrer Jahrgangszugehörigkeit in Kreiswehrersatzämtern von Amtsärzten auf ihre Tauglichkeit untersucht worden. Der ermittelte Tauglichkeitsgrad entschied über die Einberufung, allerdings erlaubten auch andere Faktoren eine Zurückstellung: bei Landwirtssöhnen, die den Hof übernahmen; dritten Söhne, wenn die übrigen schon Wehrdienst geleistet hatten; oder Studenten, die zurückgestellt werden konnten und möglicherweise nach dem Studium aus Altersgründen nicht mehr der Verpflichung zum Grundwehrdienst unterlagen. Tatsächlich wurden von einem Geburtsjahrgang junger Männer regelmäßig nur rund 50 Prozent zum Wehrdienst herangezogen, unter anderem weil die Bundeswehr nicht alle nehmen konnte. Die Ausbildung übernahmen die ab November 1955 in die Bundeswehr eingetretenen freiwilligen Zeit- und Berufssoldaten, von denen viele noch über militärische Erfahrungen aus dem Zweiten Weltkrieg verfügten. Es kam allerdings nicht zur ursprünglich vorgesehenen Dauer des Wehrdienstes. Bundeskanzler Konrad Adenauer entschloss sich – gegen den Rat seiner militärischen Berater – den Grundwehrdienst auf zwölf Monate zu begrenzen. Diese Zeit wurde von einer Mehrheit der Betroffenen als Unterbrechung und Verzögerung ihres beruflichen und privaten Lebens angesehen. Andere motivierten die gemachten Erfahrungen zu einer Verpflichtung als Zeit- oder Berufssoldat. Die jeweilige sicherheitspolitische Lage führte entweder wie im Juli 1962 zu einer Verlängerung der Wehrpflichtdauer auf 18 Monate oder wie im Januar 1973 zu einer Verkürzung auf 15 Monate.

Die Jahrgangsstärke der zur Einberufung anstehenden jungen Männer stieg Mitte der 1960er-Jahre an und erreichte 1977 ihren Höchststand von 250.000 Mann. Jahrzehntelang machten Millionen von Menschen durch die Wehrpflicht persönliche Erfahrungen mit der Bundeswehr und über sie auch ihre Familien und Freunde. Junge Männer, die ihren Grundwehrdienst ableisteten, waren ein soziales Phänomen und eine Gruppe, die durchaus gezielt angesprochen wurde, etwa durch spezielle Angebote, wie die abgebildete Werbung einer Bausparkasse zeigt. Da die Bundeswehr jedoch nur eine bestimmte Zahl wehrpflichtiger Soldaten benötigte und ausbilden konnte, durfte aufgrund der starken Geburtsjahrgänge ein Teil der Wehrpflichtigen darauf hoffen, überhaupt nicht einberufen zu werden. Der Grundsatz der Wehrgerechtigkeit war – laut einem Urteil des Bundesverwaltungsgerichts – grundsätzlich zwar auch dann gewahrt, wenn zu einem Einberufungstermin mehr Wehrpflichtige zur Verfügung standen, als die Streitkräfte für die Erfüllung ihres Auftrags benötigten, es blieb jedoch ein Dilemma, dass einige dienen mussten und andere nicht. Obwohl sich eine völlige Wehrgerechtigkeit nicht herstellen ließ, blieb die grundsätzliche Zustimmung von Parlament und Regierung zur Wehrpflicht dessen ungeachtet erhalten. Die Zahl der jungen Männer, die vom Recht der Kriegsdienstverweigerung Gebrauch machten, stieg über die Jahre steil an. Waren es 1970 noch 19.363, so belief sie sich 1972 bereits auf 33.792. Dies führte im Februar 1983 zum

»Gesetz zur Neuordnung der Kriegsdienstverweigerung und des Zivildienstes« und zur Anerkennung der ausführlichen Begründung einer Gewissensentscheidung eines Antragsstellers als richtig und unüberprüfbar.

Nach der Vereinigung der beiden Teile Deutschlands und der veränderten Sicherheitslage erfolgte im Oktober 1990 eine Verkürzung der Wehrpflicht auf zwölf und 1995 auf zehn Monate.

In diesem Jahr kam es zu einer Rekordzahl von 160.596 Kriegsdienstverweigerern. Ihre Anzahl spiegelte die Transformation der Bundeswehr von einer Friedens- zu einer Einsatzarmee, die im Rahmen kollektiver Sicherheitssysteme nunmehr auch außerhalb des Bündnisgebietes eingesetzt wurde. Soldaten, die Grundwehrdienst, freiwilligen zusätzlichen Dienst oder Wehrübungen leisten, können in Auslandseinsätzen jedoch nur dann dienen, wenn sie sich dafür freiwillig melden. Frauen konnten in der Bundeswehr lange nur im Sanitätsdienst eingesetzt werden, doch ein Urteil des Europäischen Gerichtshofs im Jahr 2000 öffnete ihnen den Zugang zu allen militärischen Laufbahnen (siehe Beitrag 71). In der sich weiter verkleinernden Bundeswehr sank die Zahl der Wehrpflichtigen im Jahr 2008 auf 60.000 Personen. 2011 wurde die allgemeine Wehrpflicht schließlich ausgesetzt und die Bundeswehr verwandelte sich in eine Freiwilligenarmee (siehe Beitrag 91). Was bleibt, ist das Vermächtnis der über acht Millionen Grundwehrdienstleistenden, die über Jahrzehnte Struktur und Wesen der Bundeswehr maßgeblich geprägt haben. Der Traditionserlass von 2018 zählt »das Erbe der allgemeinen Wehrpflicht« und die Leistungen der Grundwehrdienstleistenden daher zu den zentralen Bezugspunkten der Tradition der Bundeswehr.

Vom knappen Wehrsold noch was für den Hausbau zurücklegen? Die Landesbausparkasse versuchte mit dieser Anzeige Wehrpflichtige zum Bausparen zu animieren. Zeitschrift Motorrad, Heft 10/1983.

Damit die Wehrpflichtigen nicht völlig leer ausgingen, bemühten sich die Landesbausparkassen in den 1980er-Jahren sogar noch Anreize für den späteren Immobilienerwerb zu schaffen. Freilich muss offen bleiben, wie viele Soldaten auf diese Art und Weise angesichts des kargen Wehrsoldes noch zum Bausparen gebracht wurden.

*Reiner Pommerin*

19

# DAS HEER

## Die größte Teilstreitkraft

Die »Panzerschutzmütze, jagdmeliert« diente mit Hartschaleneinsatz den Angehörigen der gepanzerten Truppen in den 1960er-Jahren als Kopfbedeckung, auch im engen Panzer.

Panzersoldaten tragen stets Sonderbekleidung. Für den Kopf ist im Kampfraum eine Schutzhaube vorgesehen. Die Besatzungen des Leopard 2 nutzen derzeit als Kopfschutz eine Schutzhaube mit Headset, die einem Stahlhelm ähnelt. Die Wehrmacht hatte anfänglich noch eine schwarze Mütze mit Verstärkungen. Die Panzersoldaten der neuen Bundeswehr erhielten die abgebildete olivfarbene Filzhaube mit einer gepolsterten Innenkappe. Eine gewebte bundesdeutsche Kokarde und die gekreuzten Schwerter des Heeres schmückten die Stirnseite. Diese und vergleichbare Kopfbedeckungen der britischen und französischen Streitkräfte waren Vorbild für eine Neuerung. Im April 1971 ordnete der Führungsstab des Heeres die Einführung eines Baretts an, zuerst in Schwarz für die Panzer- und Panzeraufklärungstruppe, in Bordeauxrot für die Fallschirmjäger- und in Grün für die Jägertruppe. Wenige Jahre später wurde das Barett dann als Standardkopfbedeckung im gesamten Heer eingeführt.

Nach dem NATO-Beitritt Westdeutschlands 1955 sollte die Bundeswehr rasch die konventionelle Unterlegenheit des Westens mildern, um die Verteidigung nicht primär auf Atomwaffen abstützen zu müssen. Gefordert waren zwölf sofort einsatzbereite, mechanisierte Heeresdivisionen, die unter NATO-Kommando stehen sollten. Auch im Vergleich zum ebenfalls raschen Aufbau der Wehrmacht in den 1930er-Jahren war dies ein sehr anspruchsvolles Vorhaben. Angesichts sich ständig ändernder Rahmenbedingungen in den Bereichen Finanzen, Personal, Material und Infrastruktur und einer sich grundlegend wandelnden Bündnisstrategie zog sich die Auf- und Umbauphase deshalb bis 1975 hin. Die ersten vier Heeresstrukturen prägten die Heeresgeschichte bis 1989, wobei die Strukturphase 4 (1980–1992) die erste war, die – mehr oder weniger – in vollem Umfang verwirklicht wurde. Der Schwerpunkt lag mit dem Kampfpanzer Leopard 2 und dem Schützenpanzer Marder bei den gepanzerten Kräften. Die Panzerabwehrkomponente konnte durch die Panzerabwehrwaffen Milan, TOW und HOT sowie die Aufstellung von drei Panzerabwehrhubschrauberregimentern auf Korpsebene verstärkt werden. Auch die Kampfunterstützungstruppen wurden modernisiert, wobei hier beispielhaft die Mehrfachraketenwerfer LARS und MARS sowie die fernverlegbare Panzerabwehrmine AT 2, die mit dem Minenwerfer Skorpion oder den genannten Artilleriesystemen verschossen werden konnte, zu nennen sind.

Das Feldheer umfasste am Ende des Kalten Kriegs 17 Panzer-, 15 Panzergrenadier-, eine Gebirgsjäger- und drei Luftlandebrigaden. 1985 wurden 345.000 Heeressoldaten gezählt; im Verteidigungsfall sollte die Stärke auf über eine Million Soldaten anwachsen. Die Kampftruppen des Feldheeres hatten mit 67 aktiven Panzer- und 62 aktiven Panzergrenadierbataillonen ihren höchsten Mechanisierungsgrad erreicht. Eindrücklich bewiesen diese Heeresverbände in zahlreichen Großmanövern im freien Gelände ihre Leistungsfähigkeit im Gefecht der verbundenen Waffen in wechselnden Gefechtsarten. Mit über 7000 Kampf- und Schützenpanzern und rund 2000 Artilleriegeschützen war das Deutsche Heer neben den amerikanischen

Streitkräften der zweite Eckpfeiler der NATO-Vorneverteidigung in Mitteleuropa. Die damaligen Verzögerungskräfte des Heeres mit ihrer hohen Alarmierungs- und Einsatzbereitschaft haben Standards gesetzt, die bis heute gelten.

Parallel zur Aufstellung des Feldheeres wurde die Bodenständige Organisation aufgebaut. Dazu gehörten Truppenschulen, die Offizier- und Unteroffizierschulen und das Truppenamt, später das Heeresamt, die Depotorganisation und die Heerestruppen. Das Territorialheer zur Aufrechterhaltung der Operationsfreiheit der NATO-Verbände auf deutschem Boden war die notwendige Ergänzung des Feldheeres. Ursprünglich als vierte Teilstreitkraft konzipiert, wurden das Kommando Territoriale Verteidigung und das Heer bis 1972 fusioniert. Das Territorialheer bestand größtenteils aus mobilmachungsabhängigen Verbänden und bis zu 90 Prozent aus Reservisten. Die mechanisierten Kräfte wurden in zwölf Heimatschutzbrigaden gegliedert. Sechs Brigaden waren teilaktiv und entsprachen den Kampfbrigaden des Feldheeres, sechs waren als Geräteeinheit gekadert. Dazu kamen 15 Heimatschutzregimenter, 150 selbstständige Heimatschutzkompanien und 300 selbstständige Sicherungszüge. 2001 wurde das Territorialheer aufgelöst, um 20 Jahre später mit dem Territorialen Führungskommando einen Neuanfang zu erleben. Künftig sollen die Heimatschutzkräfte in der 2025 neu aufgestellten Heimatschutzdivision gebündelt werden.

Die Mechanisierungsphase fand mit dem Fall der Mauer ein jähes Ende. Der gemeinsame Personalkörper Bundeswehr und NVA sollte auf 370.000 Soldaten reduziert werden. Hinzu kamen Forderungen, das wiedervereinigte Deutschland solle sich stärker an internationalen Einsätzen unter dem Schirm der Vereinten Nationen und der NATO beteiligen. Hierfür waren jedoch völlig andere Streitkräfte erforderlich. Benötigt wurden nun leichte und schnell verlegbare Truppen. Über 40 größere Auslandseinsätze seit 1993, ab 2001 unter dem Befehl des neugeschaffenen Einsatzführungskommandos der Bundeswehr, prägten ein neues Kriegsbild, das bis 2014 bzw. 2022 das Mischungsverhältnis und den Charakter des Heeres bestimmen sollte.

Doch der Schwerpunkt deutscher Militärpolitik nach 1990 lag auf Verkleinerung der Bundeswehr. Die unter dem Schlagwort der Transformation forcierten Einsparungen, das Outsourcing von Aufgaben sowie der Abbau von Personal und Material gingen zu Lasten der Einsatzbereitschaft. Wortschöpfungen wie »dynamisches Verfügbarkeitsmanagement« verschleierten eine reale Mangelwirtschaft. Die schweren Kampf- und die Kampfunterstützungstruppen traf es am härtesten. Die »leichten Truppen« hingegen stellten den größten Teil der neuen Krisenreaktionskräfte. Die kurz aufeinanderfolgenden, zumindest gut geplanten sechs Heeresstrukturen nach 1992 zeugen bis heute von dieser gewaltigen Umbruchphase. Innerhalb weniger Jahre wurden neun der zwölf Divisionen aufgelöst bzw. umgegliedert. Drei deutsche Korpsstäbe wurden ab 1993 zu multinationalen Stäben, einer zum Heeresführungskommando umgegliedert. Zahlreiche Truppengattungen wie die Heeresflugabwehrtruppe wurden komplett aufgelöst oder gingen in anderen Organisationsbereichen auf. Die trotz dieser Entwicklungen durchaus beeindruckende Leistungsfähigkeit des Heeres – zumindest auf der taktischen Ebene – auf dem Balkan, in Afrika sowie in Afghanistan konnte nicht über die schwindenden Fähigkeiten zur Landes- und Bündnisverteidigung hinwegtäuschen.

Drei Jahrzehnte Umbau hinterließen beim deutschen Heer tiefe Spuren. Nach dem Abzug der Truppen aus Afghanistan und aus Mali und nach der russischen Annexion der Krim sowie dem Angriffskrieg gegen die Ukraine erfolgte erneut ein Richtungswechsel. Die NATO reagierte, beginnend mit ihren Gipfeln in Wales 2014 und Warschau 2016, mit Veränderungen ihrer Kommandostrukturen, der Erhöhung der Einsatzbereitschaft der ihr unterstellten Truppen sowie der Intensivierung der Verteidigungsplanungen. Im Fokus stand nun die neue NATO-Ostgrenze, die 2023 mit dem Beitritt Finnlands um rund 1300 Kilometer direkter Grenze zu Russland gewachsen ist. Deutschland unterstützte den neuen Kurs der NATO und betonte im Weißbuch 2016, dass sowohl die Herausforderungen der Auslandseinsätze als auch die der Landes- und Bündnisverteidigung durch die Bundeswehr zu meistern seien. Beides ist jedoch trotz der ausgerufenen Zeitenwende und einem milliardenschweren Sondervermögen schwer zu verwirklichen. Vergleichbar mit den Aufbaujahren der NATO steht das Bündnis heute vor der Herausforderung, zu wenig Truppen und Material für alle Aufgaben zu haben. Deutschland ist kein Frontstaat mehr, woraus jedoch neue Verpflichtungen wie die einer logistischen Drehscheibe oder eines Truppenstellers für grenznahe Regionen erwachsen. Im Vordergrund steht die Stärkung der neuen Bündnispartner, unter anderem durch die Aufstellung der multinationalen Schnellen Eingreiftruppe sowie die Umsetzung der verstärkten Vornepräsenz der NATO. Deutschland führt als Rahmennation den multinationalen Gefechtsverband in Litauen. Darüber hinaus soll dort bis 2025 eine einsatzbereite deutsche Brigade, die Panzerbrigade 45, ständig präsent sein. Das deutsche Heer wird mittelfristig über eine schwere und eine mittlere Division sowie die bereits bestehende Division Schnelle Kräfte verfügen, also drei Heeresdivisionen mit insgesamt über 60.000 Soldatinnen und Soldaten, vergleichbar dem Stand des Heeres von 1957, als noch die olivfarbene Panzerschutzhaube im Einsatz war.

*Helmut R. Hammerich*

20

# DIE MARINE

## Auf dem Meer zu Hause

Matrosenmütze für Mannschaften der Bundesmarine aus den 1950-/60er-Jahren. Seit Anfang der Siebzigerjahre werden nur noch weiße Mützen getragen. Das Mützenband, hier mit der Aufschrift »Bundesmarine«, war auswechselbar. Darauf steht die Einheit, das Schiff oder Boot, zu dem der Marinesoldat gehört.

Die Matrosenmütze ist neben der Matrosenbluse bis heute der ikonische Teil der Mannschaftsuniform der Deutschen Marine. Seit der Ära der wilhelminischen Flottenbegeisterung steht diese Uniform wie kaum eine andere für eine deutsche Teilstreitkraft. Auch wenn der sogenannte Kieler Knabenanzug heute nicht mehr in der Öffentlichkeit von Kindern getragen wird, ist er noch immer *das* Erkennungszeichen für Mannschaftssoldaten der Marine.

Die Mütze hat sich seit dem Kaiserreich kaum in ihrem Erscheinungsbild gewandelt. Sie besteht aus einem Mützengestell, auf das ein Mützenschirm gespannt wird. Dieser Schirm war früher je nach Jahreszeit weiß oder marineblau. Weiß wurde im Sommerhalbjahr und marineblau im Winterhalbjahr getragen. Heute wird nur noch der weiße Bezug genutzt. Keine andere Teilstreitkraft trägt die Zughörigkeit zu ihrer Einheit so deutlich nach außen wie die Marine: Das schwarze Mützenband hat den Namen der Einheit in großen goldenen Buchstaben eingestickt. Jeder kann schon von weitem sehen, zu welcher Einheit, zu welchem Boot oder Schiff der Matrose gehört, da dessen Name über der Stirn zu lesen ist. Dieses Namensband läuft hinten in zwei gleich langen Bändern aus, die schräg angeschnitten eine Schwalbenschwanzform ergeben.

Diese Zuordnung zur Einheit des Soldaten macht die Mützenbänder auch zu Objekten der Traditions- und Brauchtumspflege in der Marine. Viele marinehistorische Sammlungen besitzen pars pro toto die Namensbänder der jeweiligen Schiffe und Boote anstelle von aufwändigen Modellen oder Fotografien. Getragene Mützenbänder sind ein individuelles Objekt, das unter Umständen auch eine Geschichte erzählen kann. Gern wurden und werden Mützenbänder untereinander getauscht. Sie dienen ihren Trägern als Erinnerung an ihre Dienstzeit in der Marine. Selbst so manche Seemannskneipe in Norddeutschland wird durch eine Sammlung von Mützenbändern geschmückt und erhält dadurch ihren ganz eigenen maritimen Charakter. Die Marine und die Seefahrt gehören fest zur norddeutschen Kultur, während das Heer und die Luftwaffe nicht vorrangig in einer Region verwurzelt sind.

Das international ähnliche Erscheinungsbild ihrer Uniformen von Kiel bis Tokio macht den internationalen Charakter von Marinen aus. Die Freiheit der hohen See ermöglichte es Marineschiffen auch während des Kalten Kriegs, außerhalb der Bundesrepublik »Flagge zu zeigen«. Während das Heer die Landesverteidigung an der innerdeutschen Grenze als Auftrag hatte, sicherte die Luftwaffe den Luftraum über Deutschland und den der angrenzenden Verbündeten. Demgegenüber war die Bundesmarine schon frühzeitig fester Bestandteil der multinationalen Verbände der NATO, der Standing Naval Forces Atlantic 1968 und Channel 1973. Damit unterstanden Einheiten der Marine nicht nur, so wie der Rest der Bundeswehr, dem NATO-Oberbefehlshaber Europa (SACEUR), sondern auch dem NATO-Oberbefehlshaber Ärmelkanal (SACCHAN) und dem für den Atlantik (SACLANT). Sie war damit die einzige

Teilstreitkraft der Bundeswehr, die permanent mit ihren Einheiten in allen drei Major NATO Commands vertreten war.

Gegründet als Bündnismarine, integrierte sich die Flotte von Anfang an in die Allianz. Die »Allied Tactical Publication (ATP)« war schon bald die taktische Bibel der Wachoffiziere und viele NATO-Verfahren bestimmten die taktischen Abläufe in der Flotte. Die ersten Schiffe und Luftfahrzeuge der neuen deutschen Flotte lieferten die USA und Großbritannien, teilweise waren sie weltkriegserprobt. Erst mit Beginn der 1960er-Jahre erhielt die Bundesmarine neue, überwiegend in der Bundesrepublik Deutschland konstruierte und gebaute Schiffe und Boote.

Eine weitere Besonderheit der Marine war ihre komplette Unterstellung unter die Allied Forces Northern Europe (AFNORTH) und nicht unter die Allied Forces Central Europe (AFCENT). Bei AFNORTH gab es mit dem NATO-Kommando Baltic Approaches (Ostseezugänge) ein strategisches Schlüsselgebiet in der Nordflanke der Allianz. In der Ostsee stellte die Bundesmarine mit etwa 75 Prozent neben der Königlich Dänischen Marine die Mehrheit der NATO-Kräfte. Ihre Aufgabe war es, die territoriale Unversehrtheit Deutschlands und Dänemarks zu schützen sowie einen Ausbruch der Vereinten Ostseeflotte des Warschauer Pakts durch die dänischen Meerengen in die Nordsee und den Atlantik zu verhindern, damit diese nicht die sowjetische Nordflotte im Kampf gegen NATO-Seeverbindungslinien im Atlantik verstärken konnte. Eine Landung von Kräften des Warschauer Paktes auf der jütländischen Halbinsel hätte die Kohäsion der Verteidigung Europas empfindlich getroffen, weil damit die Verbindung zwischen AFCENT und AFNORTH unterbrochen worden wäre. Aus diesem Grund sollten die Seestreitkräfte des Warschauer Pakts so weit im Osten als möglich bekämpft werden. Denn die Freiheit der Meere hätte bereits im Spannungsfall einen Aufmarsch im hoheitsfreien Raum tief im Osten gestattet. Während das Meer für das Heer ein unüberbrückbares Hindernis darstellt, ist es für die Marine Aufmarsch-, Übungs- und Operationsgebiet.

Nach Ende der deutschen Teilung verließ die Bundesmarine ihr ursprünglich zugewiesenes Operationsgebiet immer öfter und beteiligte sich 1991 mit dem Minenabwehrverband Südflanke im Persischen Golf erstmals an einem Out-of-area-Einsatz der Bundeswehr. Seitdem ist die seit 1995 so bezeichnete »Deutsche Marine« an der Südflanke der Allianz im Einsatz. Die Frage nach der verfassungsmäßigen Rechtmäßigkeit von Out-of-area-Einsätzen der Bundeswehr wurde zu dieser Zeit in (Partei-)Politik und Gesellschaft kontrovers diskutiert. Das Urteil des Bundesverfassungsgerichts vom 12. Juli 1994 bestätigte die Rechtmäßigkeit und stellte fest, dass solche Einsätze im Rahmen von multilateralen Organisationen zu erfolgen hätten, wie es im Grundgesetz bereits angelegt war (siehe Beitrag 72). Sowohl im Rahmen der NATO, der Westeuropäischen Union und der Vereinten Nationen waren und sind Einheiten der Deutschen Marine seither im Einsatz.

Während der 1990er-Jahre wuchs die Marine, wie die gesamte Bundeswehr, trotz stetiger Reduzierungen in die neuen Aufgaben des weltweiten Krisen- und Konfliktmanagements hinein. Ab 2001 beteiligte sich die Flotte am Kampf gegen den internationalen Terrorismus bei der »Operation Enduring Freedom« am Horn von Afrika und im Mittelmeer bei der »Operation Active Endeavour«, die 2016 in »Operation Sea Guardian« umbenannt wurde. Immer größer wurde das deutsche Engagement in Missionen der Europäischen Union wie der »European Naval Force Somalia Operation Atalanta« (EUNAVFOR) und der »EUNAVFOR Med[iterranean] Operation Sophia«. Im Mittelmeer sind seit 2006 Boote für die UNIFIL-Mission vor dem Libanon im Einsatz. Die Organisation und Struktur der Marine richtete sich immer stärker an den Auslandseinsätzen aus. Dies spiegelt der Aufbau der Einsatzflottillen 2005 wider und mit den Fregatten der Klasse 125 wurden auch Schiffe speziell für das internationale Krisenmanagement gebaut. Der jüngste Einsatz der Marine schützt seit Februar 2024 mit der »EUNAVFOR Aspides« die internationalen Seewege vor Angriffen der Huthi aus dem Jemen heraus.

2014 löste die Annexion der Krim eine Rückbesinnung auf die Landes- und Bündnisverteidigung in der Bundeswehr und der NATO aus, die als Folge des russischen Angriffskriegs 2022 wieder zur Hauptaufgabe der Bundeswehr an der Seite der Alliierten wurde. Erneut sind es die Nordflanke und die nunmehrige Ostflanke, an der die Deutsche Marine an der Seite ihrer Verbündeten glaubhaft Solidarität und Abschreckung demonstriert. Anders als im Kalten Krieg werden auch künftig internationale Missionen und Verteidigungsdiplomatie zum Portfolio der Flotte gehören. Und weiterhin machen Matrosen mit ihren Mützen in fremden Häfen und an der deutschen Küste auf sich und die Deutsche Marine aufmerksam.

*Christian Jentzsch*

# DIE LUFTWAFFE

## NATO-integrated

Flugzeugführerhelm mit zweifachem (klarem und getöntem) Plexiglasvisier und integriertem Kopfhörer von Leutnant Michael Padberg, Aufklärungsgeschwader 52 in Leck/Nordfriesland, 1972

Der Fliegerhelm gehört zur »Fliegersonderbekleidung« von Luftfahrzeugbesatzungen. In den frühen Jahren der Luftwaffe haben die oftmals jungen Männer ihre Helme auch bemalt, so wie beim Aufklärungsgeschwader 52 in Leck/Nordfriesland. Der junge Leutnant Michael Padberg schmückte ihn, wie viele in seinem Geschwader, mit dem Wappen des Verbandes: einem auffälligen Pantherkopf. In anderen Geschwadern wurden Stadtwappen, NATO-Windrosen und dergleichen platziert. Erst in den späten 1980er-Jahren erhielten die Luftfahrzeugbesatzungen Helme in einheitlich grauer Speziallackierung und mit zwei Visieren – einem klarsichtigen und einem Sonnenglas –, die nicht mehr bemalt werden durften. Die persönliche Note, das Lokalkolorit der fliegenden Verbände, ging dadurch teilweise verloren.

Der Fliegerhelm ist aber keine für die ganze Luftwaffe repräsentative Kopfbedeckung. Er wird von weniger als zehn Prozent der Angehörigen dieser Teilstreitkraft getragen. Die Masse der Soldatinnen und Soldaten der Luftwaffe arbeitet am Boden, in der Technik, im Objektschutz, bei der Flugabwehrraketentruppe oder im Operationsführungsdienst, und ihr Helm ist olivgrün und heute mit Tarnüberzug. Und dennoch: Obwohl die wenigsten in der Luftwaffe »Flieger« im engeren Sinne sind, definiert sich diese Teilstreitkraft der Bundeswehr über die dritte Dimension. Das kann man auch daran ablesen, dass in der nunmehr 70-jährigen Geschichte der Luftwaffe nur ein einziges Mal ein »Nicht-Flieger« Inspekteur und damit erster Soldat der Luftwaffe gewesen ist.

Dies ist aber nicht die einzige Besonderheit, die die Luftwaffe von den übrigen Teilstreitkräften und heutigen militärischen Organisationsbereichen abhebt oder unterscheidet: Sie ist in vielfacher Weise deutlich »internationaler«. Das lässt sich zum einen daran ablesen, dass viele Soldaten der Luftwaffe, bis 1990 noch stärker als heute, im Ausland ausgebildet wurden. Etliche Flugzeugführer und das Personal der Flugabwehrraketentruppe erhielten ihre Schulung bei den Streitkräften der USA. Zum Schießen flogen und fliegen die Flugabwehrkräfte vielfach nach Kreta, wo die NATO einen Schießplatz am Mittelmeer unterhält, weil solche Waffensysteme im dichtbesiedelten Mitteleuropa kaum betrieben werden können.

Noch umfassender als Heer und Marine war die Luftwaffe zudem von Anfang an in die Kommandostrukturen der NATO eingebunden. Bereits im Frieden führten NATO-Dienststellen zur Luftverteidigung und zum Luftangriff die Einsatzverbände der Luftwaffe. Die NATO Integrated Air Defense (NATINAD) in Mitteleuropa war dafür das beste Beispiel: Von Flensburg bis Garmisch-Partenkirchen existierte ein beinahe flächendeckendes Netzwerk aus Flugabwehrraketenstellungen in zwei Gürteln – mit dem System Hawk gegen tief- und in mittleren Höhen fliegende Gegner sowie Nike gegen hoch fliegenden Feinde. In diese Gürtel waren deutsche und alliierte Raketenstellungen in der alten Bundesrepublik Deutschland eingebunden. Zu diesem System gehörten ebenso die Radarstationen und Gefechtsstände sowie die Jagdgeschwader, die zusammen das System der gemeinsamen Luftverteidigung ausmachten. Sie alle waren Teil der NATO Command Forces und unterstanden bereits im Frieden dem Alliierten Oberkommando Europa. Zu den Wesensmerkmalen der NATINAD zählte ebenso, dass in den gemeinsam betriebenen Gefechtsständen deutsche und alliierte Soldaten Seite an Seite und unter dem Kommando eines deutschen, britischen oder amerikanischen Offiziers »24/7« Dienst leisteten. Ähnlich war es mit den Luftangriffskräften, die von gemeinsamen Air Tactical Operation Centers geführt wurden. Wie bei den Jagdgeschwadern gab es bei ihnen die Quick Reaction Alert, also Alarmrotten von zwei rund um die Uhr einsatzbereiten Kampfflugzeugen. Im Übrigen hat die Luftwaffe schließlich auch bei Übungen nie für sich, sondern stets gemeinsam mit Alliierten geübt, wohingegen es im Heer sogar Korpsgroßübungen ohne Beteiligung der Verbündeten gab. Das hat man nicht zuletzt beim Einsatz der Luftwaffe im Rahmen der Luftraumüberwachung über dem damaligen Jugoslawien während des Bürgerkriegs ab 1992 erkennen können: Hier waren immer Kampfflugzeuge verschiedener NATO-Partner gemeinsam im Einsatz, deren Fähigkeiten sich bei der Auftragserfüllung ergänzten (schließlich kann nicht jedes Flugzeug alles).

Dieser hohe Bereitschaftsgrad galt freilich nicht in der ganzen Luftwaffe, denn für diejenigen, die in der Flugabwehr, in der Luftraumüberwachung, Einsatzführung sowie bei den fliegenden Kampfverbänden eingesetzt waren, muss es auch Unterstützungskräfte geben. Dazu zählt in erster Linie die komplette Logistik und Instandhaltung, nicht nur bei den Einsatzverbänden vor Ort. Dazu verfügte die Luftwaffe bis zum Beginn des 21. Jahrhunderts über umfassende Logistik-, Nachschub- und Instandsetzungskapazitäten, die nicht unmittelbar der NATO unterstellt waren. Und natürlich bedarf es ebenso einer Ausbildungsorganisation mit Verbänden und Schulen, um das Personal für die Aufgaben zielgerichtet auszubilden. Diese Aufgaben verblieben in nationaler Verantwortung.

Hier wird eine weitere Besonderheit ersichtlich: Der Anteil der Zeit- und Berufssoldaten war und ist in der Luftwaffe vergleichsweise hoch. Das lag einerseits an den notwendigen und teilweise zeitaufwändigen Ausbildungen für die Tätigkeiten, beispielsweise als Flugzeugwart oder Flugabwehrgerätebediener, und nicht zuletzt an den oftmals gefordeten englischen Sprachkenntnissen. (Zugegebenermaßen reden wir hier nicht von Oxford-Englisch, sondern oftmals auch vom typischen »Militärdenglisch«.) Für die in der Luftwaffe über lange Zeit verwendeten Wehrpflichtigen waren somit Englisch-Kenntnisse eine Grundvoraussetzung, die zu einem hohen Abiturientenanteil unter den Wehrpflichtigen der Luftwaffe führte.

Bei so viel Internationalität, Einbindung in die Allianz und »englishspoken spirit« verwundert es, dass die immer wieder im Ausland eingesetzten Transportflieger nicht von Anfang an in die NATO-Strukturen eingebunden waren. Bis vor wenigen Jahren verblieben sie im Frieden unter nationalem Kommando. Damit konnten sie beispielsweise bei Naturkatastrophen oder Hungerkrisen in allen Erdteilen eingesetzt werden, ohne dass das die NATO entscheiden musste. Insbesondere die über Jahrzehnte genutze C-160 Transall hat sich dabei als »Engel der Lüfte« einen guten Ruf erarbeitet, der nicht zuletzt auch das Ansehen der Bundesrepublik Deutschland in den Katastrophengebieten nachhaltig hob. Der Einsatz deutscher Transportflugzeuge C-130 Hercules zum Abwurf von Hilfsgütern in Gaza 2023 setzte diese Tradition deutscher Hilfe in Notlagen fort (siehe Beitrag 49).

Im Zuge der 1990 einsetzenden umfassenden Reduzierungen sowie im Kontext des wiederholten Umbaus der Bundeswehr konzentriert sich die Luftwaffe heute auf ihre Kernfähigkeiten. Die Basislogistik wurde 2001, soweit sie nicht zwingend zu den Einsatzverbänden gehörte, an die mittlerweile wieder umgegliederte und in Unterstützungsbereich umbenannte Streitkräftebasis abgegeben. Der technische Fortschritt erlaubte die Reduzierung der Gefechtsstände und Radarstationen auf ein Viertel des Standes vor 1990. Die Anzahl der Kampf- und Transportflugzeuge ging ebenfalls deutlich zurück, nicht nur, weil diese Geräte sehr teuer sind. Rund 100.000 Soldaten hatte die Luftwaffe im Jahr 1989. Heute sind es gerade einmal knapp 28.000 Soldatinnen und Soldaten – und Grundwehrdienstleistende gibt es auch nicht mehr.

Was bleibt heute? Die Einbindung der Luftwaffe in die Strukturen der NATO und ihre hohe Reaktionsfähigkeit bei Krisen und Konflikten, sei es mit Kampfflugzeugen oder den »Engeln der Lüfte«. Zudem ist die Luftwaffe die Teilstreitkraft, die am schnellsten auf technologische Trends und Neuerungen reagieren kann und muss. Die derzeit im Ukraine-Krieg von beiden Seiten eingesetzten bewaffneten Drohnen stehen dafür sinnbildlich.

*Heiner Möllers*

22

# ANERKANNT, NICHT EINGEHEGT!

## Die Bundeswehr im Bündnis

Kraftfahrzeugmarkierungsschild für den Dienstwagen von General Johannes Steinhoff, dem Vorsitzenden des Militärausschusses der NATO (Chairman Military Committee NATO), 1971–1974

Very Important People« brauchen etwas Auffälliges am Dienstwagen. Der Bundespräsident hat das amtliche Kennzeichen »0-1«, Generale der Bundeswehr führen rote und Admirale blaue Tafeln mit goldenen Sternen an ihren Fahrzeugen, mit der jeweiligen Anzahl der Sterne bzw. Streifen, die sie auf den Schultern oder am Arm tragen. Als der deutsche General Johannes Steinhoff am 1. April 1971 sein Amt als Chairman des Military Committee der NATO übernahm, erhielt er für seinen Dienstwagen das abgebildete Schild, das vorne rechts an der Stoßstange befestigt wurde. Damit war seine dunkle Limousine deutlich sichtbar als der Wagen des Chairman erkennbar und wies ihn (nominell) als höchsten General der NATO aus.

Dass Steinhoff wenige Monate zuvor von den Generalstabschefs der damals 15 NATO-Mitgliedsstaaten in dieses Amt gewählt worden war, war keine turnusgemäße Gefälligkeit der NATO für eines ihrer Mitglieder. Dass der Chairman aus den Reihen der Bundeswehr kam – und die Bundeswehr stellte bis heute fünfmal den Vorsitzenden –, war Ausdruck der zweifellos bedeutenden Rolle, die die Bundesrepublik Deutschland in der NATO insgesamt besaß und besitzt, wie auch Beleg besonderer persönlicher Wertschätzung für diesen General.

Doch ist die Vergabe dieses nominell höchsten militärischen Amts in der NATO kein Erbhof. Es wird an besonders geeignete und geschätzte Generale vergeben, die sich in der NATO einen Namen erarbeitet haben. Eine Reihenfolge zwischen den Mitgliedsstaaten gibt es ebenso wenig wie nationale Ansprüche. Die USA stellten nie einen Chairman, weil sie andernorts in der Allianz höchste Stellen besetzen – und auch wegen ihrer unbestreitbar herausragenden Bedeutung innerhalb der NATO. Freilich war es 1971 nicht selbstverständlich, dass Deutschland, das mit fast allen in der NATO verbündeten Staaten noch ein Vierteljahrhundert zuvor Krieg geführt hatte, bereits zum zweiten Mal nach General Adolf Heusinger (1963–1964) den Chairman stellen durfte. In der Wahl Steinhoffs drückte sich die Anerkennung aus, die sich dieser hochdekorierte Jagdflieger im Bündnis und besonders bei den USA erworben hatte.

Steinhoff steht stellvertretend für andere deutsche Offiziere, die seit dem Beitritt der Bundesrepublik zum Bündnis im Jahr 1955 an exponierten Stellen eingesetzt waren, so zum Beispiel seit 1967 als Commander-in-Chief Central Europe, kurz CINCENT, und damit als Oberbefehlshaber aller zwischen Elbe und Alpen eingesetzten alliierten Streitkräfte.

In solchen Stellenbesetzungen oder Zuordnungen von Dienstposten in multinationalen Kommandos drückt sich formal die Gleichberechtigung aller Mitgliedsstaaten in der Allianz aus. Sie steht für ein Grundprinzip der NATO, eine gemeinsame Sicherheitsordnung mit einer Verteidigungsorganisation zu verknüpfen. Wenn alle Staaten an diesem Strang auf der gleichen Seite ziehen sollen, müssen alle angemessen eingebunden werden. Das bedeutet im Umkehrschluss auch, dass deutsche Soldaten unter Offizieren anderer Streitkräfte ihren

Dienst leisten. Die dabei erzielte Durchmischung in der NATO sorgt dann eher vordergründig dafür, dass ein General eine uneingeschränkte Befehls- und Kommandogewalt in seinem Zuständigkeitsbereich besitzt. Tatsächlich gleicht er eher einem Dirigenten, dem viele im Orchester zuarbeiten – inklusive mitunter auftretender nationaler Dissonanzen. Dass er im Rahmen der Gesamtverantwortung den Takt vorgibt, steht dabei außer Frage.

Die Bundesrepublik Deutschland musste sich nach dem Beitritt zur NATO erst im Kreis der neuen Allierten emanzipieren. Anfänglich wurde sie von britischer und französischer Seite durchaus argwöhnisch beäugt. Sie nahmen die deutsche Mitgliedschaft in Kauf, um gegen die Bedrohung durch die Sowjetunion allein durch die rund 500.000 Soldaten der Bundeswehr besser aufgestellt zu sein. Anfängliche Absichten, Deutschland vor allem einzuhegen, drückten sich zuvor im Vertrag um die Europäische Verteidigungsgemeinschaft (EVG) aus, bei der nationale Verbände nur bis zur Bataillonsebene bestehen sollten. Alles darüber wäre multinational zu organisieren – auch so wollte man die Deutschen kontrollieren. (Am französischen Grundproblem indes, sich in internationalen Organsationen auch anderen unterzuordnen, scheiterte die EVG und die Bundesrepublik Deutschland wurde prompt in die NATO eingeladen, und wenig später auch aufgenommen.)

Die Aufnahme der Bundesrepublik in die NATO bedeutete die Integration des demokratischen Deutschlands in eine Allianz aus souveränen und gleichberechtigten Staaten, die im Bündnis selten mit Mehrheiten, sondern nahezu ausschließlich im Konsens entscheiden. Die Aufnahme der Bundesrepublik widersprach damit vollkommen Lord Ismays Grundgedanken, »to keep the Germans down«. Im Gegenteil, die junge Bundesrepublik war mit dem Beitritt vollwertiges Mitglied mit allen Rechten. In der Folge wurden die Streitkräfte der Bundesrepublik in weiten Teilen sukzessive »NATO assigniert«, also dem Bündnis zugeordnet bzw. für den Verteidigungsfall zur Verfügung gestellt. Schrittweise wurden die Streitkräfte in die Strukturen der NATO eingebunden und in der Folge auch exponierte Stellen durch deutsche Soldaten besetzt und deutsche Soldaten in multinationale Stäbe entsandt – nicht als Botschafter, sondern als Mitarbeiter.

Schon in der Frühphase der Mitgliedschaft zeigte sich zudem, dass die NATO bereit war, auf deutsche Politiker und Militärs zu hören und deren Einschätzungen in Entscheidungsprozesse einzubinden bzw. deren Auffassungen umzusetzen. Die 1952 verkündete NATO-Strategie MC 14/1 der »Forward Strategy« ging noch von Verteidigungslinien an Rhein und Issel, später an Weser und Lech vor. Ab 1962 sollte eine grenznahe Verteidigung an der innerdeutschen Grenze einsetzen. Dieses strategische Denken herrscht heute auch wieder vor. Selbst bei einem Krieg gegen Russland beabsichtigt die NATO z. B. in Polen so grenznah wie möglich zu verteidigen.

Und wiederum war es die Bundesrepublik Deutschland, die angesichts der sowjetischen Modernisierung ihrer Mittelstreckenraketen (SS-20) Mitte der 1970er-Jahre erfolgreich intervenierte: Da diese Systeme in den zuvor abgeschlossenen Verträgen der beiden Supermächte zur strategischen Rüstung (SALT I und II) nicht behandelt worden waren und die NATO gleichwertige Sysysteme nicht besaß, drohte eine Entkoppelung der europäischen von den US-Sicherheitsinteressen. Und erneut waren es die Bundesregierung und der damalige Vorsitzende des NATO-Militärausschusses General Wolfgang Altenburg, die 1986/87 auch gegen Widerstände in der Allianz den Weg zum INF-Vertrag, und damit zur Verschrottung aller kurz zuvor erst stationierten Mittelstreckensysteme (Pershing II und Cruise Missiles) mit einer Reichweite von 1000 bis 5000 Kilometern, ebneten.

Der Zusammenbruch des Ostblocks ab 1989/90 und die Auflösung des Warschauer Pakts 1991 schienen die NATO überflüssig zu machen. Doch vor allem die aus der Erbmasse der Sowjetunion in die Souveränität entlassenen osteuropäischen Staaten suchten zu ihrer eigenen Sicherheit die Anbindung an diese Organsation. Die jüngsten Entwicklungen in Osteuropa geben ihnen recht. Mittlerweile sind viele von ihnen gleichberechtigte Mitglieder der NATO. Und wie einst 1955/56 geht die Allianz nach den kleinen Feierlichkeiten zur Aufnahme neuer Mitglieder gleich wieder zur Arbeit über. Mit Mitarbeitenden aus Deutschland, Litauen, Polen, Großbritannien und vielen anderen Ländern. Auf Augenhöhe.

*Heiner Möllers*

23

# WIE PHÖNIX AUS DER ASCHE

## Der Aufbau einer (west-)deutschen Rüstungsgüterproduktion

Das Sturmgewehr G3 mit dem NATO-Kaliber 7,62 x 51 mm des Herstellers Heckler & Koch aus Oberndorf am Neckar war zwischen 1959 und 2000 das Standardgewehr für die Bundeswehr und wurde in rund 80 Länder exportiert.

Das G3 (Gewehr 3) war während des Kalten Kriegs das Standardgewehr der Bundeswehr. Es gilt als zuverlässig und unverwüstlich, aber auch als relativ schwer und sperrig. Das Schnellfeuergewehr des deutschen Waffenherstellers Heckler & Koch (HK) verwendete das NATO-Kaliber 7,62 × 51 mm und geht auf die Mauser-Entwicklung des Sturmgewehrs 45 für die Wehrmacht aus dem Jahr 1944 zurück. Einige der daran beteiligten Ingenieure kamen Anfang der 1950er-Jahre auf Umwegen nach Spanien, wo sie ein neues Sturmgewehr entwickelten, das ab Januar 1959 als Gewehr G3 durch die Bundeswehr beschafft wurde, nachdem die Bundesregierung zuvor die Produktionsrechte erworben hatte. In der Folge ersetzte es das Gewehr G1 des belgischen Herstellers Fabrique Nationale wie auch bisher genutzte US-amerikanische Gewehre. Das G3 wurde in verschiedenen Versionen in mindestens 80 Länder exportiert. Es zählt mit mehr als sieben Millionen Exemplaren zu den weltweit am meisten verbreiteten militärischen Schnellfeuergewehren.

Wie kam es dazu, dass Rüstungsgüter in der Bundesrepublik erst ab den 1960er-Jahren wieder in größeren Mengen produziert wurden?

Nach Kriegsende bedienten viele westdeutsche Unternehmen die hohe Staatsnachfrage nach Waren und Dienstleistungen nur zögerlich. Einerseits war ein Großteil der vorhandenen Produktionskapazitäten durch die Nachfrage nach privaten Konsumgütern ausgelastet. Andererseits galt der Staat als wenig attraktiver Geschäftspartner. Darüber hinaus erschienen vielen Unternehmern Investitionen in zusätzliche Produktionskapazitäten als sehr riskant, da sie befürchten mussten, diese nach Abflauen der Konjunktur nicht effizient auslasten zu können. Das Bundesministerium für Verteidigung schob daher Mitte der 1950er-Jahre viele Beschaffungsmaßnahmen zunächst auf oder tätigte sie im Ausland. In der Aufbauphase der Bundeswehr wurden deshalb fast 50 Prozent des gesamten benötigten Materials im Ausland beschafft. Inländische Firmen übernahmen zumeist kostenintensive Leistungen für den Aufbau der militärischen Infrastruktur (u. a. Kasernen und Flugplätze), auch weil im Baugewerbe die Nachfrage früher nachließ als im industriellen Sektor. Das militärische Großgerät erwarb das Verteidigungsministerium zunächst vornehmlich bei den Alliierten. Als aber Anfang der 1960er-Jahre das Wirtschaftswunder der Nachkriegszeit schleichend zu Ende ging, ergriff die Bundesregierung Maßnahmen zur Stärkung der Binnennachfrage. Dem diente auch die Beschaffung von Material und Dienstleistungen für die Bundeswehr. Dies funktionierte während des Kalten Kriegs auch deshalb so gut, weil die Rüstungsgüter produzierenden Betriebe zumeist Unternehmen waren, die hauptsächlich zivile Produkte herstellten und vertrieben (z. B. Siemens, Mercedes-Benz, MAN, Krauss-Maffei, Blohm & Voss, Thyssen und Krupp).

Nach dem erfolgreich abgeschlossenen Aufbau begann ab Anfang der 1960er-Jahre die erste größere Umrüstungsphase der Bundeswehr. Die veraltete materielle Erstausstattung sollte so bald wie möglich gegen modernere Systeme ausgetauscht werden, auch um den steigenden Anforderungen der NATO gerecht zu werden. Aufgrund der rückläufigen zivilen Aufträge zeigten sich insbesondere die traditionellen deutschen Rüstungsgüterhersteller stärker daran interessiert, mit dem Verteidigungsministerium ins Geschäft zu kommen. Einzig die deutsche Luftfahrtindustrie war aufgrund zu geringer Produktionskapazitäten noch nicht in der Lage, größere Aufträge zu übernehmen. So entwickelte sich das nationale Rüstungsgeschäft in diesen Jahren vornehmlich bei der Bundesmarine und dem Heer. Das Verteidigungsministerium konnte dadurch zügig zwei seiner ursprünglichen Ziele verwirklichen: den Aufbau einer nationalen Rüstungsgüterproduktion und eines umfassenden deutschen Knowhows in der modernen Waffenproduktion. Dabei griffen das Ministerium und die Industrie auf die im Zweiten Weltkrieg entwickelte Expertise in der Entwicklung und Produktion von militärischem Gerät zurück.

Die Marine bediente sich bereits Ende der 1950er-Jahre freier Werftkapazitäten der deutschen Schiffbauindustrie, um eine kleine, aber leistungsfähige Schnellbootflottille zum Küstenschutz aufzubauen. Größere Schiffe wie Zerstörer wurden dagegen zuerst in den USA und Großbritannien erworben. Lange Zeit war fraglich, ob es jemals wieder eine deutsche U-Boot-Flottille geben würde. Doch als die NATO Anfang der 1960er-Jahre entschied, den deutschen Sachverstand im U-Bootbau zu nutzen, begannen die Planer und Ingenieure sofort mit der Arbeit. Nur wenige Jahre später gab es wieder eine ernst zu nehmende deutsche U-Boot-Waffe. Die hauptsächlich von Howaldtswerke-Deutsche Werft in Kiel gefertigten U-Boote der 205er- und 206er-Klasse der Bundesmarine gehörten über viele Jahrzehnte hinweg zum weltweiten Goldstandard für U-Boote mit diesel-elektrischem Antrieb.

Das Heer wurde zunächst vorrangig mit Altgerät der US-amerikanischen Streitkräfte ausgerüstet. Deren Panzer galten jedoch als zu schwer und zu unbeweglich. Das Verteidigungsministerium forderte, dass der zukünftige Standardkampfpanzer der Bundeswehr Feuerkraft, Beweglichkeit und Panzerschutz in besserer Weise kombinieren müsse. Im Mai 1959 erhielten drei Firmenkonsortien den Auftrag, einen neuen Panzer zu entwickeln. Bereits Anfang 1961 wurden die ersten Prototypen dem Verteidigungsausschuss des Bundestages vorgeführt und ab Mai 1963 erfolgten die ersten Truppenversuche mit der Vorserie an der Panzertruppenschule in Munster. Darüber hinaus durchliefen die Fahrzeuge erfolgreich verschiedene Belastungsuntersuchungen, unter anderem in der Kälte Kanadas und der Hitze Italiens. Bereits im August 1963 entschied der Verteidigungsausschuss, 1500 »Standardpanzer« des Konsortiums Porsche, Krauss-Maffei, Wegmann anzuschaffen. Im Bundeshaushalt wurden dazu für das folgende Jahr 1,5 Milliarden DM für diese erste große inländische Beschaffungsmaßnahme eingestellt. Der erste Standardpanzer, der den Namen »Leopard« erhielt, verließ das Fertigungsband am 9. September 1965. Er bestand aus über 11.000 Bauteilen, die von über

2700 zumeist bundesdeutschen Firmen gefertigt worden waren. Sein Stückpreis lag mit 950.000 DM noch unter der Summe, die anfänglich veranschlagt worden war. Im Laufe der Jahre wurde der Leopard ständig weiterentwickelt und mehrfach einer Runderneuerung bzw. »Kampfwertsteigerungen« unterzogen. Die letzten Veränderungen mündeten 1992 im Modell »Leopard 1A5«. Nach Meinung vieler Experten war der Leopard der beste Kampfpanzer seiner

Postkarte eines Prototyps des »Standardpanzers 30 Tonnen«, den die Bundeswehr ab 1965 als Kampfpanzer »Leopard« ebenso wie einige Alliierte einführte. Er wurde in verschiedenen, auch leistungsgesteigerten Varianten bis in die frühen Jahre des 21. Jahrhunderts genutzt.

Zeit. Letztlich wurde eine Stückzahl von über 5000 Fahrzeugen für zehn Nationen produziert, trotz umfangreicher Exportbeschränkungen.

Die Luftwaffe konnte in den 1950er- und 1960er-Jahren mit dieser Entwicklung nicht Schritt halten, da der Flugzeugbau von den USA dominiert wurde. Eigenständige bundesdeutsche Entwicklungen mit der Ausnahme von kleineren Maschinen waren zu dieser Zeit volks- und betriebswirtschaftlich nicht realisierbar. Erst ab Ende der 1960er-Jahre kam es dann zu ersten europäischen Gemeinschaftsentwicklungen wie der Transall C-160, dem Panavia 200 Tornado und dem Alpha-Jet, auch um sich ein wenig aus der Abhängigkeit von der US-amerikanischen Luftfahrtindustrie zu lösen.

Insgesamt waren die 1960er-Jahre der große Durchbruch für die Rüstungsgüter produzierenden (west-)deutschen Unternehmen. Wie Phönix aus der Asche entstanden damals die Unternehmenssparten, Fertigungsanlagen und Strukturen, in denen viele Jahrzehnte lang weltweit geschätztes deutsches militärisches Großgerät entwickelt und hergestellt wurde.

*Dieter H. Kollmer*

24

# MIT »ANSPRUCH AUF SEELSORGE UND UNGESTÖRTE RELIGIONS-AUSÜBUNG«

## Die Militärseelsorge in der Bundeswehr

Der »Einsatzrucksack« eines katholischen Militärpfarrers der Bundeswehr. Er enthält alles, was für den Gottesdienst gebraucht wird.

Schon seit der Antike begleiten Geistliche das Militär in seine Einsätze. Der griechische Kirchenhistoriker Soziomenos (ca. 380-445) berichtet etwa, dass sich bereits im Heer von Konstantin dem Großen Priester und Diakone befunden hätten, die dem Kaiser auf seinen Feldzügen mit einem Zelt folgten, das sie für den Gottesdienst benutzten. Insofern symbolisiert der abgebildete, seit 2012 verwendete Einsatzrucksack treffend das, wofür Militärseelsorge auch in Deutschland steht: die religiöse wie seelsorgliche Begleitung der Soldatinnen und Soldaten nicht nur im Grundbetrieb vor Ort, sondern seit 1990 auch im Auslandseinsatz. Damit wird der im Soldatengesetz zugesicherte »Anspruch auf Seelsorge und ungestörte Religionsausübung« (§ 36 Soldatengesetz) überall dort eingelöst, wo Soldatinnen und Soldaten tätig sind. Im Einsatz dabei sind die Dinge, die für den Gottesdienst allerorten notwendig sind. So beinhaltet der Rucksack eines katholischen Militärseelsorgers, wie links im Bild zu sehen ist, dessen liturgische Kleidung, Messbücher und liturgisches Gerät zur Feier des Gottesdienstes.

Die Ausstattung eines Feldgeistlichen früherer Armeen sah nicht viel anders aus. In der katholischen Wehrmachtseelsorge waren sowohl ein Feldmesskoffer, in dem nicht nur die liturgischen Geräte und Textilien, sondern ein eigener Altar transportiert wurde, als auch ein kleinerer Kulttornister in Gebrauch. Der abgebildete Rucksack ist dagegen eine Neuentwicklung für die Einsatzarmee: Der Kultkoffer der »alten« Bundeswehr enthielt zwar das gleiche Gerät, musste aber auf die Bedürfnisse der seelsorglichen Begleitung in den Auslandseinsätzen angepasst werden. Insbesondere die Militärseelsorger der Marine beklagten, dass der alte Kultkoffer an Bord zu schwer und zu sperrig sei. So wurden nach dem Vorbild der Notfallrucksäcke des Rettungsdienstes handliche Rucksäcke in grünem Flecktarn, in Wüstenflecktarn und in Marineblau beschafft, um in alle Einsatzgebiete der Bundeswehr mitgenommen zu werden.

Bei aller historischen Kontinuität gibt es aber auch einige deutliche, ja fundamentale Unterschiede zwischen der heutigen Militärseelsorge und ihren Vorgängerinnen. Dies zeigte sich bereits in den 1950er-Jahren bei den Verhandlungen über den Aufbau der Bundeswehr. Von Beginn an waren daran auch die beiden Großkirchen beteiligt, wenngleich unter unterschiedlichen theologischen und staatskirchenrechtlichen Voraussetzungen. So berief man sich auf katholischer Seite auf Artikel 27 des Reichskonkordats von 1933, der eine eigenständige Militärseelsorge vorsah, und nahm die darauf aufbauenden Statuten für die deutsche Militärseelsorge, die Papst Pius XI. 1935 durch das Apostolische Breve »Decessores Nostros« erlassen hatte, zur Grundlage auch der neu zu schaffenden katholischen Militärseelsorge in der Bundeswehr. Trotz der rechtlichen Kontinuität zur Wehrmachtseelsorge wurden weitere bedeutende Neuregelungen erlassen, die zuerst 1965 durch Papst Paul VI. und in erneuerter Form 1989 durch Papst Johannes Paul II. als »Statuten für den Jurisdiktionsbereich des Katholischen Militärbischofs für die Deutsche Bundeswehr« in Kraft gesetzt wurden. Die evangelische Militärseelsorge beruft sich auf das 1957 in Kraft getretene »Kirchengesetz zur Regelung der evangelischen Seelsorge in der Bundeswehr«, dem ein Vertrag zwischen der Bundesrepublik und der Evangelischen Kirche in Deutschland vorausgegangen war.

Zu den deutlichsten Veränderungen für die Militärseelsorge in der Bundeswehr gehörte vor allem die grundsätzliche Entscheidung, dass der Militärbischof in keinem Dienstverhältnis zum Staat stehen sollte. Die Militärgeistlichen, die seiner Jurisdiktion unterstehen, sollten zudem im Unterschied zur Wehrmachtseelsorge nur für eine bestimmte Zeit in der Militärseelsorge tätig sein und so ihrer Landeskirche oder ihrem Heimatbistum stärker verbunden bleiben, in die sie nach ihrer Zeit im Militär zurückkehren. Daher war es konsequent, sie ausschließlich mit einem zivilen Status zu versehen. Im Beamtenverhältnis auf Zeit dienen die Militärseelsorgenden sechs, höchstens zwölf Jahre in der Bundeswehr. Da sie in keinem militärischem Unterstellungsverhältnis stehen, führen sie im Unterschied zu vielen anderen Armeen auch keine militärischen Dienstgrade. Im Grundbetrieb tragen sie zudem keine Uniform. Darüber hinaus garantieren ihnen Staat und Kirche größtmögliche pastorale Freiheit: In den Statuten für die katholische Militärseelsorge heißt es dazu: »Bei ihrer seelsorglichen Tätigkeit sind die Militärgeistlichen ausschließlich kirchlichem Recht unterworfen und von staatlichen Weisungen unabhängig.«

Eine weitere Besonderheit stellte die Einführung des Lebenskundlichen Unterrichts dar, der im Amt Blank seit 1951 in der Diskussion war. Er dient der Sensibilisierung und Qualifizierung der Soldatinnen und Soldaten für ethische Fragen. Bei aller Veränderung, die dieser in Verantwortung der Militärseelsorge liegende Unterricht seither erfahren hat, ging es stets um Persönlichkeitsbildung. Dieser Ansatz, der, über genuin militärethische Fragen hinaus, Persönlichkeit und Gewissen auch im Umgang mit allgemeinen »lebenskundlichen« Fragen und Problemen (z. B. Partnerschaft und Familie) schulen sollte, führte dazu, dass der Lebenskundliche Unterricht – seit 2010 verpflichtend – zu einer berufsethischen Bildungsmaßnahme wurde, die laut einer im Herbst 2022 durchgeführten repräsentativen Befragung von 75 Prozent aller Soldatinnen und Soldaten geschätzt wird.

Die besondere Stellung der Militärseelsorgerinnen und -seelsorger ermöglicht ihnen eine »kritische Solidarität« (Georg Picht) mit der Bundeswehr, die dem Wohl der Soldatinnen und Soldaten dienen soll. Diese sind sich dessen auch bewusst: Laut einer Umfrage schätzen 63 Prozent der Befragten die Unabhängigkeit der Seelsorge und 95 Prozent ist die absolute Verschwiegenheitspflicht der Militärseelsorgenden wichtig. Egal ob die Soldatinnen und Soldaten einer christlichen Glaubensgemeinschaft oder einer anderen Religion zugehörig oder konfessionslos sind: Von über 90 Prozent wird gutgeheißen, dass es die Militärseelsorge im Grundbetrieb der Bundeswehr vor Ort sowie im Auslandseinsatz gibt. Insbesondere werden dort die Angebote zu Gottesdiensten, Andachten und Gedenkveranstaltungen, aber auch Gruppen- und Einzelgespräche sowie Angebote zur Kontemplation wahrgenommen. Die absolute Vertraulichkeit der Gespräche sowie die Beratung in Notsituationen werden besonders wertgeschätzt.

Nach der Begründung des Militärrabbinats für die Bundeswehr begrüßte Bundesverteidigungsministerin Annegret Kramp-Karrenbauer per plakativem Aushang den ersten Militärbundesrabbiner Zsolt Balla.

Kirchliches Engagement innerhalb der Bundeswehr geht aber nicht nur von den Seelsorgerinnen und Seelsorgern, sondern ebenso von den Soldatinnen und Soldaten und ihren Familienangehörigen aus. Neben der Betätigung in den Gremien der Militärseelsorge zählt hierzu auch die Mitarbeit in der Gemeinschaft katholischer Soldaten oder der Cornelius-Vereinigung e.V. Wichtige Arbeit leisten darüber hinaus die Evangelische Arbeitsgemeinschaft für Soldatenbetreuung e.V. (EAS) und ihr katholisches Pendant (KAS), die sich seit den 1950er-Jahren mit vielfältigen Aktivitäten in eigenen Betreuungseinrichtungen um Bundeswehrangehörige und deren Familien kümmern.

Zu einer erfreulichen jüngeren Entwicklung, mit der die Bundesrepublik auch ihre Verantwortung für jüdisches Leben in Deutschland wahrnimmt, gehört der Beschluss des Deutschen Bundestages vom 28. Mai 2020, eine jüdische Militärseelsorge einzurichten, nachdem am 20. Dezember 2019 bereits ein entsprechender Staatsvertrag zwischen dem Zentralrat der Juden in Deutschland und der Bundesrepublik geschlossen worden war. Sie nahm mit der Errichtung eines Militärrabbinats und der Ernennung des ersten Militärbundesrabbiners im Jahr 2021 ihre Arbeit auf. Seitdem verstärken Militärrabbinerinnen und -rabbiner das seelsorgliche Angebot in der Bundeswehr.

*Markus Thurau*

25

# IMMERWÄHRENDE BAUSTELLE

## Die militärische Infrastruktur

Poster der Bundeswehr im Format 85 x 50 cm aus dem Jahr 1978

Obwohl der Begriff »Kaserne« ursprünglich nur die Unterkunftsgebäude der Soldaten bezeichnete, versteht man heute darunter ein zusammenhängendes militärisches Areal mit Unterkunfts- und Arbeitsbereichen. Das abgebildete Werbeposter aus dem Jahr 1978 spricht schlicht von »Kaserne« und zeigt in comichafter Darstellung eine idealisierte militärische Liegenschaft, etwa die Kaserne eines Panzerbataillons mit ihren verschiedenen »Funktionsbereichen«. Unterkunfts- und Büroräume, Hörsäle, Werk- und Panzerhallen, Truppenküche, die Heimeinrichtungen für die Betreuung der Soldaten, Antreteplatz (»Appellplatz«) und Sportstätten – alles ist da, was den Alltag »beim Bund« prägt. Die fröhlich-bunte Darstellung auf dem Werbeposter vermittelt den Eindruck reger Betriebsamkeit und Funktionalität in einer Kaserne der Bundeswehr – für das Jahr 1978 mag dieser Eindruck zutreffen. Tatsächlich waren aber Kasernen in den Anfangsjahren eines der größten Probleme für die Bundeswehr. Die gewaltige Aufgabe, ausreichend Kasernen für die schnell wachsenden Streitkräfte bereitzustellen, brachte den ersten Verteidigungsminister Theodor Blank zu Fall und erwies sich als Nagelprobe für das Ziel, der NATO die zugesicherten zwölf Divisionen in gerade einmal fünf Jahren zur Verfügung zu stellen.

Nach zehn Jahren ohne eigene Streitkräfte waren keine freien Unterbringungskapazitäten vorhanden, die sofort hätten genutzt werden können. Grundsätzlich war zunächst geplant, für die Unterbringung der Bundeswehr auf ehemalige Wehrmachtliegenschaften zurückzugreifen, die sich im Eigentum des Bundes befanden und sich aufgrund ihrer Beschaffenheit und früheren Nutzung ideal für die Truppe eigneten. Seit Kriegsende hatte sich indes viel getan, was Auswirkungen auf die zeitgemäße Ausgestaltung der Kasernen hatte: Die technische Entwicklung bedingte andere infrastrukturelle Voraussetzungen für neue Waffensysteme und auch der Unterbringungsstandard für die Stuben der Soldaten hatte sich wesentlich erhöht. Die im Vergleich zu Vorkriegszeiten veränderte Bedrohungslage und das Kriegsbild der 1950er-Jahre erforderten zudem grundsätzlich andere und neue infrastrukturelle Lösungen. Die Zeit drängte und die begrenzten finanziellen Ressourcen, die dem Verteidigungsressort zur Verfügung standen, machten das vorläufige Vorliebnehmen mit den bereits vorhandenen Liegenschaften unumgänglich.

Die tatsächlich zahlreich vorhandenen ehemaligen Wehrmachtkasernen in der jungen Bundesrepublik wurden jedoch teils von den alliierten Stationierungsstreitkräften, teils zivil genutzt und ließen sich nicht einfach für die Bundeswehr räumen. Eine Überprüfung aller in Frage kommenden Kasernen sollte deren Eignung für ihre jeweils geplante militärische Verwendung beinhalten und Klarheit über den Zeitraum bringen, der für die bauliche Instandsetzung schätzungsweise vonnöten war.

Schnell war klar, dass die Infrastruktur zu einem Flaschenhals bei der Aufstellung der Streitkräfte zu werden drohte. Das Verlangen, die mittlerweile von Betrieben und Flüchtlingen genutzten Liegenschaften wieder einer militärischen Nutzung zuzuführen, beantworteten die Landesregierungen mit der Forderung, der Bund müsse dann für adäquaten Ersatz sorgen oder entsprechende Entschädigungen zahlen. Zugleich hatten zahlreiche ehemalige Kasernen infolge der jahrelangen Umnutzung ihre ursprüngliche Eignung verloren. Der umfassende Neubau von Gebäuden und Anlagen war also in zunehmendem Maße unausweichlich, selbst wenn alte Kasernen zur Verfügung standen.

Geld gab es für ein solches Modernisierungsprogramm ohnehin nicht. Bis 1955 stand im Bundeshaushalt lediglich ein Titel für »Verteidigungslasten« im Zusammenhang mit dem Aufenthalt ausländischer Streitkräfte zur Verfügung. Obwohl die Planungen für einen westdeutschen Verteidigungsbeitrag bereits seit Jahren liefen, erfolgte aufgrund der Entscheidung des Bundeskanzlers Adenauer, vor einem rechtsgültigen Beitritt Deutschlands zu einem westlichen Sicherheitsbündnis keine offenkundigen Anstrengungen im Bereich des Wehrwesens zu unternehmen, keine eigene Titelzuweisung. Auch der Entwurf des Bundeshaushaltsplans für 1956 sah lediglich eine Globalsumme für allgemeine Ausgaben von 8,7 Milliarden DM vor. In welchem Umfang der Bund die Kosten für die Freimachung von Kasernen oder die Unterstützung der Bauverwaltungen übernehmen würde, war daraus jedoch nicht ersichtlich.

Mit Jahresbeginn 1956 begann dennoch die erste Phase konkreter infrastruktureller Maßnahmen. Das Bundesministerium für Verteidigung erteilte erste Anweisungen für die Instandsetzung leerstehender Kasernen wie auch Weisungen für die Räumung weiterer Liegenschaften und den Neubau von Kasernen.

Infolge der ungeklärten finanziellen Fragen gingen die Freimachungs- und Baumaßnahmen viel zu langsam voran und führten zu einem gravierenden Rückstand beim Bundeswehraufbau. Die Verzögerungen waren Adenauer schon seit dem Gründungstag der Bundeswehr, als nicht ausreichend Uniformen für die ersten Soldaten anlässlich der Übergabe der Ernennungsurkunden vorhanden waren, ein Dorn im Auge und führten zu diversen Auseinandersetzungen mit seinem Verteidigungsminister. So äußerte Blank 1956 in einer CDU-Bundesvorstandssitzung rundheraus, er sei »nicht in der Lage […], auch nur eine einzige Kaserne zu bauen und zu räumen«. Mit der folgenden Kabinettsreform der Regierung Adenauer im Jahr 1956 löste der bisherige Atomminister Franz Josef Strauß (CSU) Blank ab. Strauß setzte fortan auf die Formel »Qualität statt Quantität«. Unter ihm wurden die erforderlichen Regelungen schließlich zu für alle Seiten akzeptablen Bedingungen beschlossen, danach war der Weg frei für die Freimachung der Kasernen von ihren zivilen Nutzern und zum Bau neuer Kasernen.

Ein umfangreiches Bauprogramm im gesamten Bundesgebiet kam in Gang. Das Gesamtbauprogramm hatte eine zeitliche Ausdehnung bis in die Mitte der 1970er-Jahre und viele Truppenteile bezogen neu errichtete Kasernen, die teilweise noch nicht fertig gestellt waren.

Die Antreteplätze waren oftmals noch unbefestigt, Heizungen liefen lediglich mit halber Kraft, Warmwasser und Elektrizität waren nur begrenzt oder noch gar nicht verfügbar. Die Soldaten mussten selbst Möbel schleppen oder gar im Bauschutt kampieren. Ein guter Teil des Tagesdienstes bestand für sie darin, bei den Arbeiten zu unterstützen. Insgesamt zählten die Kasernenneubauten der Bundeswehr bis in die 1970er-Jahre hinein zu den größten Bauvorhaben der Bundesrepublik Deutschland.

Zeitgenössische Postkarte der Bundeswehrsiedlung in Albersdorf/Dithmarschen, nahe der dort Anfang der 1960er-Jahre neu errichteten Dithmarsen-Kaserne

Aber nicht nur der eigentliche Kasernenbau war eine Folge des Streitkräfteaufbaus. Im Zuge des Aufbaus neuer Garnisonen wurden viele der örtlichen Gemeindeeinrichtungen ausgebaut oder überhaupt erst ermöglicht. Schulen, Be- und Entwässerungsanlagen, Kirchen, Kindergärten und Jugendheime, Sportanlagen einschließlich Schwimmbädern und Feuerschutzeinrichtungen förderte die Bundeswehr mittelbar. Nicht allein in den größeren Garnisonen wurden ganze Wohnviertel für die zuziehenden Soldaten mit ihren Familien neu errichtet, im Volksmund gerne »StUffzhausen« (»StUffz« ist die gängige Abkürzung für den Dienstgrad Stabsunteroffizier) genannt. Auch die Verkehrserschließung sowie Versorgungseinrichtungen profitierten von der Bundeswehr.

Die Infrastruktur der Bundeswehr erfordert ebenso wie ihre Ausrüstung permanente Modernisierung, Anpassung an neue Gegebenheiten, seien sie sozial oder technisch bedingt, sowie Erweiterungen und Modifikationen. »WLAN für alle« kann hier als Stichwort dienen. Eine Kaserne ist daher, anders als auf dem Poster ersichtlich, immer auch eine kleine Baustelle.

*Leonie Hieck*

26

# WURZELN DER ARMEE

## Tradition und Brauchtum in der Demokratie

Das Eingangstor zum Raum der Information am Ehrenmal der Bundeswehr in Berlin ist mit einem stilisierten Eisernen Kreuz geschmückt. 1956 entschied der erste Bundespräsident Theodor Heuss, das Eiserne Kreuz als Hoheitszeichen für alle Gefechts- und Luftfahrzeuge der Bundeswehr zu verwenden.

Das Eiserne Kreuz, 1813 in den Befreiungskriegen gegen Napoleon erstmals vom preußischen König gestiftet, ist heute ein Sinnbild für Tapferkeit, Freiheitsliebe und Ritterlichkeit. Es repräsentiert die Bundeswehr als Ganzes und dient deshalb als Kennzeichen für ihre Gefechts- und Luftfahrzeuge. Das Eiserne Kreuz war auch Vorbild bei der Gestaltung des Ehrenkreuzes der Bundeswehr in seinen verschiedenen Ausführungen, das Soldatinnen und Soldaten für die hervorragende Verkörperung traditionswürdiger soldatischer Tugenden verliehen wird, für Tapferkeit, Kameradschaft, gewissenhafte Pflichterfüllung, militärische Exzellenz und herausragende Truppenführung.

Stärker als im zivilen Umfeld und in der Alltagssprache üblich wird in der Bundeswehr zwischen Tradition und Brauchtum unterschieden, auch wenn beide Begriffe eng miteinander verflochten sind. Der aktuelle Traditionserlass von 2018 beschreibt Brauchtum als zumeist überlieferte Rituale, Sitten und Gepflogenheiten, die militärische Verhaltensweisen und Formen spiegeln. Trotz ihrer oftmals unbekannten Herkunft und des unbestimmbaren Alters sind sie Teil der Tradition der Bundeswehr. Zum Brauchtum zählen etwa das militärische Singen, das Seitepfeifen der Marine oder der militärische Gruß. Dieses Brauchtum unterstützt die Tradition, die wiederum eine bewusste Auseinandersetzung mit sinn- und identitätsstiftenden, erinnerungswürdigen und vorbildhaften Ereignissen, Personen, Institutionen und Prinzipien aus der deutschen (Militär-)Geschichte ist.

Der Traditionserlass von 2018 ist der dritte in fast 70 Jahren Bundeswehrgeschichte – und alle drei verdeutlichen die Schwierigkeiten mit Traditionsfragen im Allgemeinen und der eigenen Tradition im Speziellen. Der erste Erlass stammt von 1965, als die Bundeswehr bereits seit zehn Jahren existierte und mitten im Kalten Krieg an der Frontlinie der Blöcke in Mitteleuropa stand. Zu diesem Zeitpunkt dienten noch viele ehemalige Wehrmachtsoldaten in führenden Positionen, was zwangsläufig zu Diskussionen in der Bundeswehr selbst und in Gesellschaft und Politik über die Tradition der neuen Armee führte. Sollten Traditionen der Vorgängerarmeen übernommen werden und wenn ja, welche? Abweichend von Wehrmacht und Reichswehr sollten die Werte des Grundgesetzes und die Grundsätze der Inneren Führung mit dem Leitbild des Staatsbürgers in Uniform den Kern einer neuen, bundeswehreigenen Tradition bilden. Die am Umsturzversuch des 20. Juli 1944 beteiligten Militärs und zeitlose soldatische Tugenden wurden betont, klare Aussagen zur Wehrmacht jedoch aus Rücksicht auf deren ehemalige Angehörige, die weiterhin in der Bundeswehr dienten, vermieden.

Die Neufassung des Traditionserlasses von 1982 distanzierte sich deutlich von der Wehrmacht im NS-Staat, die als Institution keine Tradition der Bundeswehr begründen könne. Der Fokus lag dagegen stärker auf der damals fast drei Jahrzehnte alten Bundeswehr und ihrer eigenen Geschichte. Betont wurden die Verteidigung von Frieden, Recht und Freiheit, soldatische Tugenden, das Engagement im Bündnis und Symbole wie die Nationalfarben, die Nationalhymne und das Eiserne Kreuz. Gleichwohl blieb die Tradition der Bundeswehr ein schwieriges Thema. Es dauerte bis weit in das 21. Jahrhundert hinein, bis ein neuer Traditionserlass erschien, der die Entwicklungen und Veränderungen der eigenen Geschichte reflektierte: die Aufarbeitung der Verbrechen der Wehrmacht, das Ende des Kalten Krieges, die Wiedervereinigung inklusive der Übernahme Tausender ehemaliger NVA-Soldaten in die Bundeswehr, die Umorientierung von der Landes- und Bündnisverteidigung (LV/BV) hin zu weltweiten Einsätzen in Krisenregionen, die Rückkehr zur LV/BV und der politisch-gesellschaftliche Wandel, der mit all diesen Zäsuren verbunden war.

Die eigene Geschichte der Bundeswehr liefert heute die Grundlage für eine Tradition, die sich ebenso aus der älteren Vergangenheit bedient und regionale Bezüge fördert, wenn diese traditions- und erinnerungswürdig sind und unserem heutigen Werteverständnis entsprechen. Wehrmacht und NVA sind explizit als nicht traditionswürdige Institutionen genannt. Der Traditionserlass enthält bewusst keine Positivliste mit traditionswürdigen Ereignissen und Personen, um die Eigeninitiative der Bundeswehrangehörigen hinsichtlich Traditionsstiftung, -pflege und Brauchtum nicht zu beschränken.

Zu den die Traditionspflege unterstützenden Bräuchen gehört das Singen in militärischer Formation, das zu feierlichen Anlässen gepflegt wird – so bildet die Nationalhymne den Abschluss des Großen Zapfenstreichs und das Lied »Ich hatt' einen Kameraden« beschließt das Totengedenken am Volkstrauertag und Begräbnisse mit militärischen Ehren.

Aber auch zur Marscherleichterung und beim kameradschaftlichen Beisammensein werden Volks-, Marsch- und Soldatenlieder gesungen, die einen bedeutenden Teil gelebten (militärischen) Brauchtums darstellen, wie es seit Jahrhunderten in der Truppe praktiziert wird. Zum Brauchtum gehören ebenso die Signale, die bei der Marine an Bord mit einer Bootsmannpfeife »gepfiffen« werden.

Schwarz-Rot-Gold, die deutschen Nationalfarben, symbolisieren unser demokratisches Selbstverständnis, welches aus der Geschichte der Flagge in den uns geläufigen Farben resultiert. Die Bundesflagge lehnt sich an gleich mehrere historische Vorbilder an. Ihre Farbgebung lässt sich bis ins Mittelalter, in die Zeit des Heiligen Römischen Reiches Deutscher Nation, zurückverfolgen. In den Befreiungskriegen gegen das napoleonische Frankreich im frühen 19. Jahrhundert tauchten die Farben des inzwischen untergegangenen Alten Reiches in der Uniform des Lützowschen Freikorps wieder auf und dreieinhalb Jahrzehnte später legten in der Revolution 1848/49 erst der Deutsche Bundestag und wenige Monate später die Frankfurter Nationalversammlung Schwarz-Rot-Gold als offizielle Farben fest. Doch erst nach dem Ersten Weltkrieg und der Novemberrevolution 1918 dienten Schwarz, Rot und Gold bis 1933 als Nationalfarben des Deutschen Reiches und ab 1949 als Farben beider deutscher Staaten. Die Verwendung nationaler Symbole – neben den Nationalfarben sind das die Nationalhymne und der Adler im Bundeswappen – verdeutlicht die Bindung der Bundeswehr an den Staat. Soldatinnen und Soldaten haben durch die nationale Kennzeichnung der Uniformen dieses Symbol permanent vor Augen. Entscheidend ist jedoch – mit dem Blick in Vergangenheit und Geschichte, auf Tradition und Brauchtum – nicht das bloße Tragen der Flagge, sondern die Kenntnis ihrer Geschichte und der durch sie symbolisierten Werte. Soldatinnen und Soldaten, die »fest auf dem Boden des Grundgesetzes stehen«, entwickeln, so der Wunsch von offizieller Seite, einen entsprechenden Stolz auf dieses Symbol.

Das im Eingangsbild gezeigte Eiserne Kreuz schmückt die Eingangstüren des Raums der Information am Ehrenmal der Bundeswehr in Berlin (siehe Beitrag 82), dem zentralen Gedenkort für ihre toten zivilen und militärischen Angehörigen, an deren Dienst für Deutschland damit erinnert wird. Das Ehrenmal steht auf der Rückseite des zweiten Dienstsitzes des Verteidigungsministeriums in Berlin, des sogenannten Bendlerblocks. Im Innenhof des Kom-

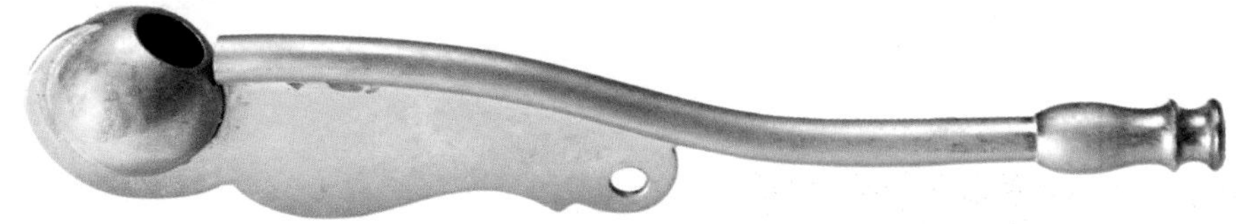

Bootsmannspfeife aus Stahl, wie sie in der Deutschen Marine verwendet wird

plexes wurden in der Nacht vom 20. auf den 21. Juli 1944 Oberst Claus Schenk Graf von Stauffenberg, sein Adjutant Oberleutnant Werner von Haeften, Stauffenbergs Jahrgangskamerad und Freund Oberst Albrecht Ritter Mertz von Quirnheim und General der Infanterie Friedrich Olbrecht nach dem gescheiterten Umsturzversuch erschossen. Zwar ist die Wehrmacht als Institution des verbrecherischen NS-Staates für die Bundeswehr nicht traditionswürdig, einzelne Soldaten können nach einer individuellen Beurteilung ihrer Person jedoch sehr wohl in das Traditionsgut der Bundeswehr aufgenommen werden. Bei den Angehörigen des militärischen Widerstands, die bis auf wenige Ausnahmen den Krieg nicht überlebten, wird das in der Auflehnung gegen die Diktatur hervortretende besondere moralische Moment betont, wobei im Zuge des auch bei ihnen erfolgten Prüfungs- und Abwägungsprozesses hinsichtlich der Traditionswürdigkeit die Teilnahme am Aufstand gegen das NS-Regime frühere »Verfehlungen« deutlich überwiegt. Gewürdigt und erinnert werden das vorbildhafte Verhalten im Zusammenhang mit dem gescheiterten Staatsstreich und damit letztlich diejenigen soldatischen Tugenden, die das Eiserne Kreuz bis heute symbolisiert.

*Robert Riemer*

27

# RETTER IN DER NOT

## Hilfeleistung im Innern

Signalorange lackierte, aber verwitterte Seitentür eines Hubschraubers Bell UH-1D der Bundeswehr, der bis ins frühe 21. Jahrhundert auch im Search-and-Rescue-Dienst genutzt wurde

Wer kennt sie nicht, die leuchtend orangefarbenen Ladetore der Rettungshubschrauber der Bundeswehr? Viele Tausend Menschen verbinden sie mit Rettung aus höchster Not oder aber mit der beliebten Fernsehserie »Die Rettungsflieger«. Das hier abgebildete Exemplar gehörte zu einem Hubschrauber Bell UH-1D der Luftwaffe. Im Rettungsdienst waren sie in der Signalfarbe Orange mit der Aufschrift SAR lackiert, sie blichen aber mit der Zeit auch aus.

SAR steht für »Search and Rescue«, die internationale Abkürzung für den Such- und Rettungsdienst. Die Bundeswehr übernimmt gemäß der zivilen internationalen Luftfahrtorganisation ICAO (International Civil Aviation Organisation) die hoheitliche Verpflichtung für die Rettung verunfallter Luftfahrzeuge. Über Land führen diese Aufgabe Hubschrauber der Luftwaffe und über See solche der Marine durch. Sie stellen eine permanente Hilfeleistung der Bundeswehr im Innern dar.

Doch es gab noch viele andere Einsätze der Bundeswehr im Innern. Dabei war diese Aufgabe ursprünglich gar nicht für die Streitkräfte vorgesehen, ja ein Einsatz im Innern eigentlich sogar strikt durch das Grundgesetz untersagt. Einer der Schlüsselmomente in der Geschichte der Bundeswehr war in dieser Hinsicht die Sturmflut in Norddeutschland in der Nacht vom 16. auf den 17. Februar 1962. Infolge der katastrophalen Notlage, bei der das Hochwasser etwa 20 Prozent des Stadtgebietes von Hamburg überflutet hatte, bat der damalige Innensenator von Hamburg und spätere Bundeskanzler Helmut Schmidt Befehlshaber der Bundeswehr und der NATO um Hilfe. Dieser Aufforderung kamen diese auch mit etwa 40.000 Soldaten, 100 Hubschraubern, Sturmbooten sowie Großgerät nach. Zum Zeitpunkt seines Aufrufes waren aber schon viele Soldaten der Wehrbereichskommandos I (Kiel) und II (Hannover) in ganz Norddeutschland im Hilfseinsatz. Vor allem Pioniere und Hubschrauber wurden benötigt, um Menschen aus Notlagen zu retten und die Deiche zu stabilisieren. Außerdem hielten sie die Versorgung der eingeschlossenen oder von Logistik abgeschnittenen Bevölkerung aufrecht. Dabei haben neun Soldaten ihr Leben verloren.

Die Bilder von helfenden und rettenden Soldaten steigerten das Ansehen der jungen Bundeswehr in der Bevölkerung deutlich. Zuvor hatten eher die vielfach negativ besetzten Debatten über die Wiederbewaffnung Deutschlands und um die Wehrpflicht den öffentlichten Diskurs bestimmt. Manche Historiker bewerten den Einsatz bei der Hamburger Flutkatastrophe als ein Schlüsselereignis für die Akzeptanz der Streitkräfte in der Bevölkerung.

Der unverzichtbare Einsatz der Bundeswehr im Innern löste eine heftige und emotional geführte Debatte in Politik und Öffentlichkeit über dessen rechtliche Grundlage aus. Erst die Große Koalition von 1966 bis 1969 besaß die notwendige Zweidrittelmehrheit im Parlament, um eine Grundgesetzänderung herbeizuführen, die Einsätze der Bundeswehr im Innern möglich machte. Am 30. Mai 1968 verabschiedete der Bundestag das »17. Gesetz zur Ergänzung des

Grundgesetzes« als sogenannte Notstandsverfassung. Sie gestattete der Bundeswehr fortan die Hilfe bei Katastrophen im Innern, wie schweren Unglücksfällen, Naturkatastrophen und sogar beim »inneren Notstand«. Das bedeutet, die Streitkräfte können zum Schutz der freiheitlich demokratischen Grundordnung eingesetzt werden, wenn die Kräfte der Polizeien der Länder und des Bundes nicht ausreichen sollten. In allen Fällen jedoch gilt, dass die Anforderung über zivile Behörden erfolgen muss.

Weil die Notstandsverfassung die Vorbehaltsrechte der Alliierten aus dem Deutschlandvertrag ablöste, war damit auch die verfassungsrechtliche Stellung der Bundeswehr abschließend geklärt. Im Grundsatz unterlag sie dem Primat der Politik, worunter in der Bundesrepublik ein Primat der parlamentarischen Kontrolle verstanden wurde. Damit unterscheiden sich die Streitkräfte bis heute von ihren Vorgängern. Allerdings war ein Aspekt nicht ausreichend spezifiziert worden, der 1968 auch noch keine Rolle spielte: der Einsatz der Bundeswehr außerhalb Deutschlands. Dieser wurde erst 1994 durch das Urteil des Bundesverfassungsgerichts zu Out-of-Area-Einsätzen und 2005 durch das Parlamentsbeteiligungsgesetz abgeschlossen (siehe Beitrag 72).

Ihre erste Anwendung fand die Notstandsverfassung zehn Jahre später bei der Schneekatastrophe in Schleswig-Holstein im Dezember und Januar 1978/79. In den Regionen Nordfriesland und Angeln schneite es unaufhörlich und es türmten sich bis zu fünf Meter hohe Schneewehen auf. Verkehr und Versorgung brachen zusammen. Auch das föderale System der Bundesrepublik wurde überfordert. Aus der Sturmflut von 1962 hatte man nicht gelernt, sodass keine Verfahren und Pläne für einen dermaßen weiträumigen Katastrophenfall vorlagen. Aus diesem Grund übernahm der Kommandeur der Panzerbrigade 18 die Koordination der Rettungsarbeiten. Am 30. Dezember wurde eine Urlaubssperre für Truppen in Schleswig-Holstein verhängt und Schneefräsen aus Bayern sowie Bergepanzer angefordert. Zuerst musste ein Kommunikationssystem aufgebaut werden, weil die Telefonleitungen ausgefallen waren. Dafür kooperierten Fernmeldetrupps der Bundeswehr und Amateurfunker zur Koordinierung der Maßnahmen.

Nach dem Aufbau der Führungsfähigkeit übernahm die Bundeswehr im Norden Schleswig-Holsteins einen großen Teil der Aufgaben des Rettungsdienstes und stellte die logistische Versorgung sicher. Hubschrauber flogen Techniker zur Wiederherstellung des Telefonnetzes und Kräfte der Bundeswehr legten Verkehrswege wieder frei. In Hamburg und Schleswig-Holstein kamen im Rahmen der Schneekatastrophe etwa 25.000 Soldaten zum Einsatz. Erneut hatte sich die Truppe in einem Einsatz im Innern bewährt.

Bei den beiden Hochwassern der Oder 1997 und der Elbe 2002 war es nun schon ein gängiges Bild, dass Hubschrauber der Bundeswehr Sandsäcke an die aufgeweichten Deiche flogen und Soldaten in langen Ketten Sandsäcke befüllten und verbauten. Beim Elbehochwas-

Der Löschbehälter 5000 Liter »Smokey 1« kann durch große Transporthubschrauber, zum Beispiel die CH-53 der Luftwaffe, als Außenlast verwendet werden.

ser 2002 waren 46.600 Soldaten im Einsatz und die Bundeswehr übernahm an vielen Stellen die Koordination von Rettungsmaßnahmen in den oftmals überlasteten Landkreisen. Zuletzt halfen Soldaten 2021 beim Hochwasser im Ahrtal und dem Weihnachtshochwasser 2023/24. Ein weiteres Feld, bei dem Hubschrauber und schweres Gerät der Bundeswehr regelmäßig zum Einsatz kommen, sind die infolge der Klimaerwärmung immer häufiger auftretenden Waldbrände, wie es in der jüngeren Vergangenheit beispielsweise in Brandenburg leider regelmäßig der Fall ist.

Der bisher längste Amtshilfeeinsatz der Bundeswehr erfolgte im Rahmen der COVID-19-Pandemie vom 19. März 2020 bis 31. März 2022 (siehe Beitrag 96). Mehrere 10.000 Soldaten waren daran beteiligt. Die Koordination lag beim damaligen Inspekteur der Streitkräftebasis, Generalleutnant Martin Schelleis. Neben ihrem Personal stellte die Bundeswehr Logistik, Material, Führungsleistungen und medizinisches Knowhow zur Verfügung. Die Bundeswehr war mitten in der Gesellschaft angekommen.

Nach anfänglichen Problemen ist die Bundeswehr zu einem wichtigen und verlässlichen Träger der Amtshilfe in Deutschland geworden, die trotz ihrer Reduktion im Umfang gewichtige und einzigartige Fähigkeiten besitzt und bei Bedarf zur Verfügung stellen kann. Ein häufiges Bild sind dabei ihre Hubschrauber, die sich wegen ihrer Mobilität und den ortsunabhängigen Einsatzmöglichkeiten als besonders begehrtes Mittel für den Einsatz im Innern erwiesen haben.

*Christian Jentzsch*

28

# ARMEE OHNE PATHOS

## Das Erscheinungsbild der Bundeswehr

Improvisierte Truppenfahne des in Stade stationierten Artillerieregiments 3 der Bundeswehr, in der Form angelehnt an die klassische Standarte der früheren berittenen Artillerie. Diese Standarte wurde ab 1962 bis zur Einführung der neuen Truppenfahne der Bundeswehr 1965 genutzt.

Die abgebildete Standarte des früheren Artillerieregiments 3 in Stade ist ein 1962 in Eigeninitiative geschaffenes Feldzeichen aus den Anfangsjahren der Bundeswehr. Bei ihrer Aufstellung war zunächst auf die Einführung von Truppenfahnen verzichtet worden, was jedoch zu ungewünschten »Selbsthilfemaßnahmen mit Wildwuchscharakter« (Hans-Peter Stein) führte: Rasch behalf sich die junge Truppe mit Flaggen in den Nationalfarben, die an einem Fahnenstock mitgeführt wurden, oder mit selbsterstellten Truppenfahnen, deren kreative Gestaltung weitgehend von Fantasie und Geschmack der jeweils verantwortlichen Offiziere abhing. Nicht selten ergriffen in einem Akt fehlgeleiteter Subsidiarität auch Patengemeinden die Initiative und stifteten Fahnen für »ihre« Truppenteile. Diesem zunehmend ausufernden Wildwuchs setze 1965 erst die Entscheidung des Bundespräsidenten ein Ende, der Bundeswehr »als äußeres Zeichen gemeinsamer Pflichterfüllung im Dienst für Volk und Vaterland« einheitliche Truppenfahnen zu verleihen.

Das Fehlen von Truppenfahnen in den Anfangsjahren der Bundeswehr war jedoch kein Versäumnis, sondern politisches Programm. Die Bundeswehr sollte nach dem Willen ihrer Schöpfer den angestrebten Bruch mit der Vergangenheit sowie ihre demokratische Neuschöpfung auch äußerlich und habituell verkörpern. Die Reformkonzeption der neuen Streitkräfte und das gewandelte Verhältnis von bewaffneter Macht zu Staat und Gesellschaft konnten, so die Hoffnung, auf diese Weise augenfällig werden. Gewünscht war eine von Prunk und Pathos befreite Bürgerarmee, die keine Sonderstellung im Staate einnehmen und zurückhaltend auftreten sollte.

»Armee ohne Pathos« lautete auch der Titel einer einflussreichen Schrift, die der Journalist und frühere Generalstabsoffizier Adalbert Weinstein 1951 im Auftrag der Bundesregierung zusammenstellte und die für eine Bewaffnung der Bundesrepublik warb. Der einprägsame Titel blieb haften – bis heute. Er ist stets gegenwärtig, wenn über die Tradition der Bundeswehr oder über die soldatische Repräsentanz in der Öffentlichkeit gesprochen wird.

Das bis heute betont schlichte Erscheinungsbild der Bundeswehr sowie der weitgehende Verzicht auf zeremonielle Prachtentfaltung sind die Konsequenz einer Neuverortung der gesellschaftlichen Rolle der Soldaten und mithin der Entspannung des Verhältnisses von Militär und – wenigstens Teilen der – Gesellschaft, die jegliche Idee einer Sonderwelt des Soldatischen konsequent unterlief. Die Negativbeispiele der Reichswehr und vor allem der Wehrmacht vor Augen, war es erklärte politische Absicht, die westdeutschen Streitkräfte zu einer Armee in der Demokratie und für die Demokratie zu machen. Es galt, so der spätere erste Minister für Verteidigung Theodor Blank, das Verhältnis der Bundeswehr zum Staat so zu gestalten, dass sie sich »organisch« in diesen einfügen und »keinen Fremdkörper im Staatsgefüge« bilden sollte. Die Bundeswehr musste sich in Geist und Wesen fundamental von ihren Vorgängern unterscheiden. Rückgriffe auf ältere Symbolik und allzu große Anleihen an das traditionelle Erscheinungsbild deutscher Soldaten in der ersten Hälfte des Jahrhunderts erschienen nicht opportun. Weinstein brachte das politische Anliegen auf die eingängige Formel: »Nicht Restauration der alten Armee – keine Kopie der Wehrmacht, sondern eine neue Armee, die Armee ohne Pathos.«

Vor allem der Bruch mit der Wehrmacht stellte dabei ein Politikum ersten Ranges dar und war auch außenpolitisch bedeutsam. Dem deutschen nationalen Repräsentanten im damaligen NATO-Hauptquartier in Paris beschied der Supreme Allied Commander Europe: »Mich als atlantischen Befehlshaber geht die Uniformierung der neuen deutschen Streitkräfte nichts an, das ist eine nationale Angelegenheit. Aber bitte sagen Sie Herrn Blank, er möge daran denken, wenn der erste deutsche Soldat über die Champs-Élysées geht, darf nicht am nächsten Tag in der Zeitung stehen, dass die Wehrmacht wieder da ist.«

Anders als die DDR, die mittels Volkskammerbeschluss vom 19. Januar 1956 »die Ehre der deutschen Uniform« als wiederhergestellt verkündete und für die NVA folgerichtig eine Uniformierung in nationaler Tradition festlegte, die sich nur wenig vom Vorbild der Wehrmacht unterschied, sollten sich die neuen westdeutschen Streitkräfte in ihrem ganzen Erscheinungsbild von älteren deutschen Militärtraditionen deutlich abheben. Das bescheidene und betont nüchterne Auftreten der neuen Soldaten war also keine primär ästhetische Entscheidung, sondern politische Agenda. »Bleibt mir mit dem bloß Dekorativen vom Leibe. Dafür ist heute das Soldat-Sein eine zu ernsthafte Angelegenheit geworden«, rief Bundespräsident Theodor Heuss am 12. März 1959 Offizieren der Führungsakademie der Bundeswehr zu.

Zwar begrüßte eine Mehrheit diese nüchterne Zurückhaltung grundsätzlich, der radikale Bruch im äußeren Erscheinungsbild führte jedoch unter den Soldaten und in der Bevölkerung auch zu zwiespältigen Reaktionen. Die neue schiefergraue zweireihige Dienstbluse für Heer und Luftwaffe wirkte wenig elegant und wurde rasch als »Affenjacke« verspottet. Die Bundesregierung räumte in einem Bulletin vom 28. Mai 1957 »die temperamentvolle Diskussion in der Öffentlichkeit« über die Uniformen der neuen Bundeswehr ein und gestand zu, dass die »gefühlsmäßigen Eindrücke neben den rein militärischen Erwägungen unbedingt Beachtung verdienen«. Die Uniformen sollten fortan kleidsamer werden. Schon im gleichen Jahr wurde die »Affenjacke« wieder ersetzt, blieb aber noch bis in die 1960er-Jahre in Gebrauch.

Auch der anfängliche Verzicht auf farbige Kragenspiegel, an deren Stelle man stilisierte Truppengattungsabzeichen eingeführt hatte, wurde bald wieder korrigiert. Mit dem neuen Dienstanzug kehrte 1957 der traditionelle einreihige Viertaschenrock zurück. Hinzu kamen Laufbahnabzeichen für Luftwaffe und Marine, Offiziermützen mit silberner oder goldener Borte sowie Divisionswappen auf den Ärmeln der Heeresuniformen. In den folgenden Jahrzehnten führte die Bundeswehr noch eine Vielzahl weiterer Abzeichen ein, vor allem das Ehrenzeichen der Bundeswehr, das seit 1980 in verschiedenen Stufen verliehen wird. Damit, vor

Uniformjacke für einen Feldwebel der Luftwaffe der Bundeswehr, wie sie ab 1956 als zweireihige Jacke und in bewusster Abkehr von bisherigen deutschen Uniformen eingeführt und getragen wurde. Die als »Affenjacken« verspotteten Kleidungsstücke bewährten sich in der Truppe nicht.

allem aber durch die Einführung von Einsatzmedaillen ab 1996 gelangte wieder deutlich mehr »Lametta« an die Uniformen. Dennoch blieben im internationalen Vergleich die Uniformen der Bundeswehr in Schnitt und Farbgebung auffallend schlicht. Insbesondere das Fehlen einer Gala- oder Paradeuniform überrascht im Ausland bis heute.

Das bewusste Vermeiden von Prunk und Pathos betraf auch das Zurschaustellen der Bundeswehr in der Öffentlichkeit. Nur zögerlich wuchs die Bundeswehr in ihre Rolle als Instrument staatlicher Repräsentanz. Militärische Zeremonien, etwa Gelöbnisfeiern, Musikdarbietungen wie der Große Zapfenstreich und Feldparaden bei Großübungen fanden zwar unter Beteiligung der Öffentlichkeit, jedoch zunächst innerhalb militärischer Bereiche und Liegenschaften statt. Ausnahmen bildeten die Beteiligung der Bundeswehr bei der Verabschiedung sowie bei der späteren Trauerfeier für den ersten deutschen Bundeskanzler. Ihre bislang letzte Feldparade hielt die Bundeswehr 1985 auf dem (gesperrten) Nürburgring ab. Heute beschränken sich ihre öffentlichen Aufmärsche vor allem auf das Feierliche Gelöbnis und den Großen Zapfenstreich.

Die Bundeswehr entwickelte sich dennoch rasch zu einer der wenigen staatlichen Institutionen, die mittels ihrer Symbolsprache staatlichen Hoheitsakten einen feierlichen und auch international angemessenen Charakter zu verleihen vermögen, etwa beim protokollarischen Ehrendienst für ausländische Gäste oder bei Staatsbegräbnissen. Der Wunsch nach wirkungsvoller staatlicher Repräsentation steht jedoch in einem bis heute letztlich ungelösten Konflikt mit dem schlichten Erscheinungsbild der Bundeswehr und ihrem zurückhaltenden Zeremoniell.

*Sven Lange*

29

# NAH UND FREMD ZUGLEICH

## Bundeswehr und Gesellschaft

Diorama einer Bundeswehrkaserne der Firma Faller aus dem Schwarzwald, bestehend aus einer Hauptwache mit Toreinfahrt, inklusive LKW 2to-Mercedes Benz »Unimog« (vorne), einem Offizierkasino (rechts), einem Stabsgebäude (links) und einem Munitionsbehälter. Das Set ist Bestandteil der Modellbaureihe »Military«, die Faller seit Mitte der 1990er-Jahre produziert und vertreibt.

In den 1960er- und 1970er-Jahren bot jeder größere Spielwarenladen Plastikmodellbausätze von Kriegsschiffen, Kampfflugzeugen und auch Panzern in großer Auswahl an. Auch die Bundeswehr nutzte Kriegsspielzeug: Wer in den 1970er-Jahren die durchaus schwierigen Fragen des Luftwaffen-Preisausschreibens alle richtig beantwortete, konnte einen Modellbausatz des Kampfflugzeugs »Phantom« gewinnen. Nur wenige Eltern hatten damals Bedenken, wenn ihr Nachwuchs im Kinderzimmer oder im Hinterhof Krieg spielte. Das Militärhistorische Museum in Dresden zeigt einen ganzen Ausstellungsabschnitt »Krieg im Spiel«.

Das hier abgebildete Kasernenmodell ist da vergleichsweise harmlos. Die Firma Gebrüder Faller aus Gütenbach im Schwarzwald, seit Langem spezialisiert auf Plastikgebäude zur Ausstattung von Modelleisenbahnanlagen, bietet eine kleine Serie »Military« an, zu der mehrere Teile einer Kasernenanlage gehören: vom Munitionsbehälter bis zum großen Unterkunftsbau. Das im Bild gezeigte Kasernentor ist zum einen eher traditionell – es entspricht keineswegs den Einfahrten jener vielen Kasernen, die in den 1960er-Jahren für die Bundeswehr erbaut wurden – und wirkt daher zum anderen eher friedlich-verschlafen. So schmückt eine Kaserne auch die heimische Modellbahnanlage.

Anders gelagert ist der Fall beim abgebildeten Gesellschaftsspiel. »Monopoly« kennt jeder. Seit dem Auslaufen des Urheberrechts hat der amerikanische Spielehersteller Parker nicht verhindern können, dass eine Vielzahl von themenbezogenen Versionen auf den Markt gekommen sind. Das sind vor allem Versionen mit Straßen- und Gebäudenamen deutscher Städte statt der gewohnten »Schlossallee«: Berlin-Monopoly, München-Monopoly, Dortmund-Monopoly usw. Eine Berliner Firma, spezialisiert auf alle Arten von Bundeswehr-Souvenirs, bietet auch ein Bundeswehr-Monopoly an. Anstelle von Straßen und Hotels kann man beispielsweise das Kommando Feldjäger kaufen oder den Truppenübungsplatz Bergen – wegen des begrenzten Spielbretts allerdings immer ordnungsgemäß abgekürzt. So sind auch das »ABCAbwKdoBw« (ABC-Abwehrkommando der Bundeswehr) und die »SanAkBw« (Sanitätsakademie der Bundeswehr) zu haben (glücklicherweise aber nicht das Zentrum für Militärgeschichte und Sozialwissenschaften der Bundeswehr, kurz: ZMSBw!). Und wo in der Originalversion »Ereignis-« und »Gemeinschaftsfelder« Überraschungen bereithalten, heißt es hier »Lageänderung« und »Auftrag«. Schon der Sprachgebrauch markiert den Unterschied zwischen Wissenden und Unwissenden. Das Spiel richtet sich also weniger an die Gesellschaft außerhalb der Streitkräfte als an Insider: »DAS Gesellschaftsspiel für jeden Soldaten« verspricht die Werbung.

Was wird nun dem Verhältnis von Bundeswehr und Gesellschaft eher gerecht: das Modell der verschlafenen gemütlichen Kaserne von damals oder das umfunktionierte Gesellschaftsspiel für den Soldaten von heute, mit dem »draußen« kaum jemand etwas anzufangen versteht?

# 29 NAH UND FREMD ZUGLEICH

Der Aufbau der Bundeswehr war in der jungen Bundesrepublik durchaus umstritten (siehe Beitrag 15). Der wichtigste Kritikpunkt war die Sorge, die Wiederbewaffnung werde die Spaltung Deutschlands zementieren; Bundesinnenminister Gustav Heinemann trat im Oktober 1950 von seinem Amt zurück und verließ unter Protest die CDU. Er gründete eine »Gesamtdeutsche Volkspartei« – die Stoßrichtung war klar.

Spätestens nach Einführung der allgemeinen Wehrpflicht für Männer überwog allerdings das Wohlwollen in der Bevölkerung. Bis in die 1970er- und 1980er-Jahre hinein galt das vor allem auf dem Lande, wo die Streitkräfte stärker präsent waren und wahrgenommen wurden als in den Städten. Patenschaften zwischen Ortschaften und Einheiten der Bundeswehr waren an der Tagesordnung, sodass die Soldaten wie selbstverständlich zum Dorffest eingeladen wurden und die Bürgermeister mit einer Delegation zum Feierlichen Gelöbnis oder zur Kommandoübergabe in die Kaserne kamen (siehe Beitrag 50). Bei Großübungen waren die Soldaten der Bundeswehr und der Verbündeten auf den Bauernhöfen durchaus willkommen – jedenfalls, wenn ihre schweren Kettenfahrzeuge nicht allzu viel Flurschaden verursachten. 1970 begann in der ARD die bis heute laufende Krimi-Serie »Tatort«. Wie selbstverständlich ermittelte zwischen den Kommissaren aus Essen und Duisburg der Oberstleutnant Delius vom Militärischen Abschirmdienst – in immerhin drei Folgen, die letzte 1985. Dann aber entfremdeten sich Medien und Streitkräfte. Erst seit der Jahrtausendwende wird das Bundeswehr-Milieu auch in Krimis wieder thematisiert.

Durch die allgemeine Wehrpflicht hatten fast alle deutschen Familien auf die eine oder andere Weise mit den Streitkräften zu tun (siehe Beitrag 18). In dem Maße, in dem junge Männer es später vorzogen, den Kriegsdienst mit der Waffe zu verweigern, verringerte sich jedoch diese Verbundenheit. Dabei war Kriegsdienstverweigerung eher in Städten üblich als auf dem Land und naturgemäß stärker bei Wählergruppen von Mitte-Links-Parteien als bei eher konservativ orientierten jungen Männern. Abiturienten verweigerten überproportional viel. Die Wehrpflicht war damit nur noch dem Anspruch nach »allgemein«; in Wirklichkeit waren bestimmte Gruppen deutlich unterrepräsentiert. Damit nahm auch die enge persönliche Verbundenheit mit den Streitkräften ab. Immer weniger Politiker, Journalisten und andere Multiplikatoren kannten und kennen die Armee aus eigener Anschauung, und die Informationswehrübungen, wie sie die Bundeswehr für solche Zielgruppen anbietet, können die Lücke nur unvollkommen füllen.

Bis in die frühen 2000er-Jahre verfügten alle großen Tageszeitungen noch über Experten für Fragen der Bundeswehr. Als jedoch 2022 Russland die Ukraine überfiel und es in Europa zum ersten Mal seit 1945 wieder zu einem Krieg zwischen zwei souveränen Staaten kam, mussten auch Qualitätsmedien hastig nach externen Fachleuten suchen, die ihrem Publikum das Kriegsgeschehen fachlich qualifiziert zu erklären vermochten.

Spielbrett für Monopoly Bundeswehr. Die Spielsteine sind u.a. ein Eurofighter, ein Schützenpanzer und ein Essgeschirr. Die »Straßen« sind nach Dienststellen und Kommandobehörden der Bundeswehr benannt. Die Häuser und Hotels sind unterschiedlich geprägte Steine, die Kasernengebäuden nachempfunden sind.

Der Trend zur gesellschaftlichen Selbsteinigelung der Armee wurde durch die Aussetzung der allgemeinen Wehrpflicht noch verstärkt. Hinzu kamen Stationierungsentscheidungen, die sich überwiegend an fiskalischen Überlegungen orientierten. Die Nachschubschule des Heeres lag bis 1999 im Norden Bremens, einer eher bundeswehrkritischen Umgebung. Soldaten und Gesellschaft blieb es nicht erspart, auf die eine oder andere Art zusammenzuleben, was erstaunlich gut gelang. Dann wurde die Schule nach Garlstedt verlegt, einem Ortsteil von Osterholz-Scharmbeck – fast im Wortsinn »auf die grüne Wiese« und weg von allen kritischen Begleitern. Die Führungsphilosophie der Bundeswehr, die Innere Führung, beinhaltet auch die Integration der Streitkräfte in die Gesellschaft; an dem Bemühen darum haben es beide Seiten jedoch zuweilen fehlen lassen.

Das ändert nichts daran, dass nach Langzeiterhebungen des ehemaligen Sozialwissenschaftlichen Instituts der Bundeswehr und des heutigen Zentrums für Militärgeschichte und Sozialwissenschaften der Bundeswehr die gesellschaftliche Akzeptanz der Streitkräfte unverändert hoch ist. Anders sieht es mit der Akzeptanz des Auftrags der Streitkräfte aus, soweit dieser über humanitäre Hilfe hinausgeht: Die Auslandseinsätze auf dem Balkan und in Afghanistan fanden weit weniger breite gesellschaftliche Unterstützung; ähnliches gilt derzeit für die Planungen eines Einsatzes im Rahmen der Bündnisverteidigung. 2005 beklagte Bundespräsident Horst Köhler ein »freundliches Desinteresse« der Bevölkerung gegenüber der Bundeswehr und traf mit dieser Formulierung einen Nerv. Umfragen zeigen aber, dass die Bevölkerung sehr wohl an der Bundeswehr als Organisation interessiert ist. Fragen der Außen- und Sicherheitspolitik hingegen, etwa nach der Notwendigkeit und Begründung von militärischen Einsätzen, stoßen nach wie vor auf weniger Interesse. Krieg scheint undenkbar, also wird auch ungern über ihn nachgedacht.

Pointiert ausgedrückt lässt sich das Verhältnis der bundesdeutschen Gesellschaft zu ihren Streitkräften daher so beschreiben: Militär – beschaulich und freundlich, wie in der Faller-Kaserne – ja. Aber Waffensysteme, Übungsplätze und komplizierte Abkürzungen – das sind Dinge für Kenner und Fachleute, die dabei auch gerne unter sich bleiben.

*Winfried Heinemann*

# MILITÄR, MACHT, MUSIK

## Der Militärmusikdienst

Lyra in der im Militärmusikdienst der Bundeswehr aktuell genutzten Form

Durch ihre geschwungene Form und den in schwarz-rot-gold gehaltenen Schweifen ist sie neben dem Schellenbaum ein besonderer Blickfang bei Auftritten von Musikkorps der Bundeswehr mit »klingendem Spiel«: die sogenannte Lyra. Rein instrumental gesehen ist sie nichts anderes als ein vertikales Glockenspiel, das aufrecht tragbar und somit funktional für das Spiel in Bewegung im 19. Jahrhundert unter dem preußischen Militärmusikreformer Wilhelm Wieprecht (1802–1872) konzipiert und eingeführt wurde. Durch ihren hellen und durchdringenden Klang verleiht sie Auftritten eines Militärorchesters im Freien auch über größere Distanzen besonderen Glanz.

Die auffällige Formgebung der Lyra steht jedoch in keinem musikfunktionalen Zusammenhang. Angelehnt an das in antiken Hochkulturen weit verbreitete gezupfte Saiteninstrument der »Leier« findet die Lyra ihre Begründung in reiner Symbolhaftigkeit: Sie steht aus heraldischer Sicht spätestens seit dem Aufkommen des Vereinswesens noch in der ersten Hälfte des 19. Jahrhunderts sinnbildlich für Kunst im Allgemeinen und für Musik im Besonderen. Die Lyra ziert daher Vereinsfahnen von Chören und Orchestern; selbst Beethoven hat sich mit ihr porträtieren lassen. Heute schmückt sie zudem die Kopfbedeckung von Militärmusikerinnen und -musikern des Heeres und ergänzt zur Unterstreichung des besonderen Fachdienstes die Dienstgradabzeichen ihrer Kameradinnen und Kameraden der Marine.

Begibt man sich auf die Suche nach den Wurzeln der Militärmusik in der Bundeswehr, muss man sich auf einen langen Weg noch weit vor die Zeit antiker Hochkulturen bis in die menschliche Vorzeit begeben. Bereits dort spielte geblasene Musik eine wesentliche Rolle, sei es als Signal- und damit als Organisations- und Kommunikationsmittel, sei es in Bezug auf die Schaffung von Gemeinschaft und Identität, in Bezug auf Mystik, Kult und Religiosität, medizinische Riten oder im Kontext von Gewalt in Form der psychologischen Einflussnahme auf den Feind durch das abschreckend wirkende Erzeugen von Lärmfeldern. Zugegeben: Letzteres sollte in der heutigen Zeit auch angesichts der künstlerischen Qualität unserer Musikkorps eher als obsolet bezeichnet werden – ebenso die mit Militärmusik traditionell verbundene Funktion der Befehlsübermittlung in Form von Signalen, die durch den technischen Fortschritt spätestens seit dem Ersten Weltkrieg nur noch der Brauchtumspflege dient.

Dennoch zeugt ein nicht unerheblicher Teil der Funktion und Bedeutung von Militärmusik auch heute noch von ihren mehrere zehntausend Jahre zurückliegenden Ursprüngen. Entsprechend vielfältig ist das musikalische Angebot, das sich von funktionaler Marschmusik zur Ordnung der Bewegung größerer Truppenkörper, Zeremoniellen wie dem Großen Zapfenstreich, dem protokollarischen Ehrendienst am »roten Teppich«, der Truppenbetreuung im In- und Ausland über die Umrahmung von Soldatengottesdiensten und Wallfahrten, Musikshows im nationalen wie internationalen Rahmen bis hin zu Benefizkonzerten in den bedeutendsten Konzertsälen unseres Landes erstreckt.

Bei allen Höhen und Tiefen von sozialen, kulturellen, politischen und damit auch militärhistorischen Entwicklungsphasen der Menschheit stellt der Bedarf an Musik in militärischen Kontexten eine grundsätzliche und unveränderliche Konstante dar: Der Mensch hat früh die »Macht von Musik« in all ihren Facetten erkannt und genutzt.

Zuvorderst wirkt Militärmusik als Mittel der Integration auf unterschiedlichen Ebenen: Ihr Spiel dient der Förderung von Identifikation mit der eigenen Truppe, ihrem Auftrag und den verfassungsrechtlichen Werten unseres Handelns. Durch die Ausgestaltung von Zeremoniellen werden die Besonderheit des Anlasses und die davon ausgehende(n) Botschaft(en) durch Militärmusik unterstrichen und für die soldatische Gemeinschaft auch auf emotionaler Ebene erlebbar. Wie weit der Spannungsbogen dabei reichen kann, bezeugt das Spiel bei freudigen Ereignissen wie Festen und Feiern auf der einen, die musikalische Begleitung von Trauer und Leid als psychologische Stütze und Ausdrucksmittel dessen, was in Worte kaum zu fassen ist, auf der anderen Seite der Gefühlswelt von Soldatinnen und Soldaten.

Seit dem Aufbau der Bundeswehr und im Einklang mit ihrer Philosophie der Inneren Führung wird der Soldat umfassend als Teil unserer Gesellschaft verstanden. Durch Auftritte in der Öffentlichkeit verkörpert der Militärmusikdienst dieses Verständnis und fördert die Integration und Verwurzelung der Bundeswehr in die Gesellschaft hinein, sei es im Rahmen öffentlicher Zeremonielle oder durch konzertante Auftritte in Form von mehreren hundert Benefizkonzerten im Jahr. Musik als unmittelbar auf die Gefühlswelt des Menschen wirkende Kunstform ermöglicht hierbei den direkten und unverstellten Zugang zueinander.

Mit Auftritten von Musikeinheiten der Bundeswehr im Auftrag diplomatischer Vertretungen weltweit, bei internationalen Einsätzen und Manövern oder im Rahmen internationaler Musikfestivals trägt Militärmusik wiederum zur Repräsentation und Integration der Bundesrepublik Deutschland in das internationale Gefüge ebenso bei wie zur interkulturellen Verständigung zwischen den Völkern und Nationen. In diesem Kontext kommt der Eigenschaft von Musik als universales Kommunikationsmittel und Sympathieträger auch eine hohe politische Bedeutung zu.

Zur Bewältigung seines umfangreichen Auftrags wird der Militärmusikdienst der Bundeswehr durch eine Organisationsstruktur befähigt, bestehend aus elf Regionalmusikkorps, darunter sieben Heeres-, zwei Luftwaffen- und zwei Marinemusikkorps, sowie vier Musikkorps mit besonderen Aufgabenschwerpunkten wie dem Stabsmusikkorps der Bundeswehr (Berlin) für den protokollarischen Ehrendienst, dem Musikkorps der Bundeswehr (Siegburg) als repräsentatives Konzertorchester, der Big Band der Bundeswehr (Euskirchen) als Show- und Unterhaltungsorchester sowie dem Ausbildungsmusikkorps der Bundeswehr (Hilden).

Letzteres stellt in enger Kooperation mit der Robert Schumann Hochschule Düsseldorf eine umfassende und professionelle fünfjährige Ausbildung angehender Musiksoldatinnen

Viele Musikkorps der Bundeswehr nahmen Tonträger – nicht nur mit Militärmärschen – auf, so auch das 1992 aufgelöste Heeresmusikkorps 6 aus Hamburg. Seit Januar 2025 können Aufnahmen von Militärmusikeinheiten über den Streamingdienst *militaermusikradio.de* rund um die Uhr gehört werden.

und Musiksoldaten für die Musikeinheiten der Bundeswehr sicher, an deren Ende ein international anerkannter Bachelorabschluss steht.

Fachdienstlich wie truppendienstlich werden Musikkorps der Bundeswehr seit 2009 von dem in Bonn beheimateten Zentrum Militärmusik der Bundeswehr geführt.

Soldatinnen und Soldaten des Militärmusikdienstes erweisen der wichtigsten Ressource unserer Gesellschaft und ihrer Streitkräfte, dem Menschen, gerade in Zeiten wachsender politischer und militärischer Herausforderungen durch ihr vielfältiges Wirken einen kaum zu unterschätzenden Dienst. Für Militärmusikerinnen und -musiker bedeutet dies, sich täglich unter den Augen der Öffentlichkeit einem Spannungsfeld zwischen künstlerischem Anspruch in Zeiten omnipräsenter Medien sowie soldatischem Selbstverständnis zu stellen und in diesem zu bestehen. So erweitert sich die Symbolhaftigkeit der Lyra neben der künstlerisch-musikalischen um eine weitere, dem soldatischen Auftrag entsprechende Komponente. Diesen Herausforderungen stellen sich die Militärmusikerinnen und -musiker der Bundeswehr jeden Tag mit hoher Professionalität, Motivation, Kreativität, Freude und Dankbarkeit, denn mal ehrlich: Welcher Soldat bekommt schon so viel Applaus für sein Tun wie sie?

*Burkard Zenglein*

# FREIZEIT BEIM BUND

## Betreuung und Fürsorge in der Bundeswehr

Grundsortiment gültig ab 1. Januar 1992

# Wir sind für Sie da!

## Erfrischungen

| | | |
|---|---|---|
| **Kaffee** (auch mit Kondensmilch und Zucker) | Tasse | –,70 |
| **Tee** schwarz (Beutel) mit Zucker | Tasse/Glas | –,55 |
| **Coca-Cola*, Pepsi-Cola*, Afri-Cola*, Sinco-Cola*** | im Ausschank 0,2 l | –,80 |
| **Zitronen-Limonade** klar **Orangen-Limonade** gelb (Marke: Selters) | Fl. 0,7 l | –,80 |
| **Mineralwasser** (Marke: Selters) | Fl. 0,7 l | –,65 |
| **Eiscreme** (Schöller) | Nucki-Erdbeer und Nucki-Nuß | 1,30 |
| | Mövenpick-Tüte: Brombeer und Rum-Trüffel | 1,75 |
| **Kakao-Trunk** homogenisiert (Kartonverpackung) | 0,5 l | 1,00 |
| **Mars-Schokoriegel** | 58 g | –,75 |
| **Ritter-Sport** Schokolade mind. 4 Sorten: Voll-Nuß, Vollmilch, Joghurt, Nugat | Tafel 100 g | 1,30 |

## Außer-Haus-Verkauf

| | | |
|---|---|---|
| **Kasten Bier** Hersteller-/Brauereimarke [illegible] | 20 Fl. 0,5 l | 15,95 |
| **Cola-Getränk** Marke: Coca Cola | Fl. 1 l | 1,60 |
| **Cola-light-Getränk** Marke: Coca Cola | Fl. 1 l | 1,60 |
| **Kondome** (Ritex RR 1) | 2-Stück-Packung | 2,00 |

## Guten Appetit!

| | | |
|---|---|---|
| **Schnitzel** (Herta) paniert | 160 g Frischgewicht | 4,10 |
| **Frikadelle** (Herta) 50 % Schweinefleisch, 30 % Rindfleisch | 100 g | 1,45 |
| **Bockwurst** (Marten) mit Milcheiweiß, mit Senf und Brötchen oder Brot | ca. 90 g Frischgewicht | 1,45 |
| **Pommes Frites** | ca. 200 g-Portion | 1,50 |

NEU:
**Hähnchen-Brustfilet** (Nölke) paniert, 140 g Frischgewicht 2,90

| **Brötchen** mind. 40 g | | |
|---|---|---|
| belegt mit 25 g Salami/Cervelatwurst | unbestrichen* | –,90 |
| 25 g Bier-/Jagdwurst | bestrichen mit 10 g Pflanzenmargarine* | –,95 |
| 30 g Schnittkäse | bestrichen mit 10 g Butter* | 1,00 |

Name/Stempel des HBL:

**Bier vom Faß**

| Brauerei | Biersorte | Inhalt l | Einzelpreis DM |
|---|---|---|---|
| Bitburger | Pils | | |
| Zunft | Kölsch | | |
| Diebels | Alt | | |

**Flaschenbier 0,5 l**

| Brauerei | Biersorte | Inhalt l | Einzelpreis DM |
|---|---|---|---|
| Bitburger | Pils | 0,5 l | 2,35 |
| Zunft | Kölsch | 0,5 l | 2,15 |
| Zunft | [illegible] | 0,5 l | 2,15 |
| Diebels | Alt | 0,5 l | 2,40 |
| Schneider | Weizen | 0,5 l | 2,50 |
| | | 0,5 l | |
| | | 0,5 l | |
| | | 0,5 l | |

**Flaschen- und Dosenbier 0,33 l**

| Brauerei | Biersorte | Inhalt l | Einzelpreis DM |
|---|---|---|---|
| | | 0,33 l | |
| | | 0,33 l | |
| | | 0,33 l | |
| | | 0,33 l | |
| | | 0,33 l | |
| | | 0,33 l | |
| | | 0,33 l | |

**Alkoholfreies Bier**

| Brauerei | Biersorte | Inhalt l | Einzelpreis DM |
|---|---|---|---|
| Kelts | | 0,33 | 1,65 |

Die obigen Bierpreise entsprechen der vom Bundesamt für Wehrverwaltung ab 1.1.1992 hoheitlich festgelegten Bierkalkulation.

Truppenverwaltungsbeamter: ______

Anmerkungen
1. Bei Ausschank von Getränken in Gläsern mit anderem Inhalt darf der anteilige Preis je Liter nicht überschritten werden.
2. Pfandgebühren und Bedienungsgeld sind in o. a. Preisen **nicht** enthalten.
3. Artikel mit * werden wahlweise geführt. Die Auswahl trifft der Heimbewirtschaftungsausschuß.
4. Die Heimbetriebsleiter sind gehalten, die Artikel des Grundsortiments ständig in verzehrgerechtem Zustand vorrätig zu halten.
5. Speisen des Grundsortiments erhalten Sie während der mit Ihrem Heimbewirtschaftungsausschuß vereinbarten Zeiten.
6. Bei Beanstandungen wenden Sie sich bitte an Ihren Heimbetriebsleiter.

**Bundesamt für Wehrverwaltung**

Im Auftrag

Regierungsdirektor

Die Heimbetriebe in den Kasernen der Bundeswehr hielten stets ein annähernd ähnliches Angebot an Speisen und Getränken für die Soldatinnen und Soldaten bereit. Dieses »Grundsortiment« war gültig ab dem 1. Januar 1992 und wurde im Mannschaftsheim der Luftwaffenkaserne in Köln-Wahn bekannt gemacht.

*Endlich Dienstschluss. Thorsten stiefelt los. Die Kameraden aus seiner Stube warten schon auf ihn. Er hat in der langen Schlange vor der Telefonzelle gestanden, um wenigstens heute am Mittwoch einmal kurz bei seiner Freundin anzurufen. Die war wie immer sauer, weil er sich unter der Woche viel zu selten meldet. Der Typ vor ihm hatte noch ein Fünf-Mark-Stück eingeworfen und gefühlt ewig geredet. Nach seinem Gespräch und drei Liebesschwüren, verbunden mit der Vorfreude auf das Wochenende, biegt er um die Ecke und sieht schon das hell erleuchtete Schild »Mannschaftsheim«. Die Kameraden haben mir bestimmt ein Bier mitbestellt, hofft Thorsten insgeheim.*

Die Bundeswehr liefert auf ihrer Webseite eine Definition des Mannschaftsheims: »Hier können für wenig Geld Waren zum Verzehr oder der Körperhygiene gekauft werden.« Formal ist das korrekt. Aber selten war eine Definition so unzureichend. Das Mannschaftsheim, auch Mannheim genannt, war zu Zeiten der Wehrpflichtarmee ein Sehnsuchtsort. Und die aus dem Mannschaftsheim der Luftwaffenkaserne in Köln-Wahn gerettete »Speisekarte« offenbart, woraus diese Sehnsucht allzu oft bestand: aus Essen und Getränken, durchaus mit einem Schwerpunkt auf dem Gerstensaft, und das alles zu erschwinglichen Preisen.

Das euphemistische Versprechen des Wirts »Wir sind für Sie da!« war nicht allerorten Ausdruck eines tief verinnerlichten Servicegedankens. Ob man eher mürrisch oder besonders freundlich bedient wurde, ob neben dem knurrigen alten Pächter seine zauberhafte Tochter bediente, die dann neben Frau Stabsunteroffizier Schmidt aus dem San-Bereich unter der Woche meist das einzige weibliche Wesen war, das die Soldaten in der Grundausbildung zu Gesicht bekamen, das spielte nur insofern eine Rolle, als es für Gesprächsstoff an den Tischen taugte. Dort wurde laut räsoniert oder auch Karten gespielt. Das Mannschaftsheim war das soziale Netzwerk.

Das Mannschaftsheim war aber nicht nur Sehnsuchtsort, es war auch ein geschützter Raum. Die Wehrpflichtigen und Mannschaftssoldaten blieben unter sich. Offiziere und Unteroffiziere ließen sich tunlich nicht blicken. Durch das Stimmengeschwirr und die bis in dieses Jahrtausend hinein sichtbaren Schwaden des Zigarettenrauchs drang noch die Musik einer Jukebox, die schon damals aus der Zeit gefallen wirkte, aber von den Soldaten allein aus Langeweile gefüttert wurde.

Wenn jetzt der Gedanke aufkommt, dass die Betreuung der Soldaten in der Bundeswehr des Kalten Kriegs und der Armee im Einsatz vor allem im Mannschaftsheim erfolgte, dann ist das nur zu verständlich. Doch dieser Eindruck trügt. Das Mannschaftsheim hatte eine heute kaum noch nachvollziehbare soziale Funktion, die über die Bereitstellung von Essen, Getränken und einigen Gütern des täglichen Bedarfs sowie Postkarten und Patches weit hinausging.

Für den Dienstherrn war damals und ist heute wieder ein Gedanke handlungsleitend: Betreuungsangebote und Fürsorge dienen dem Erhalt der Einsatzbereitschaft der Streitkräfte, der Kriegsbereitschaft. Dabei standen und stehen militärische Führung und Militärverwaltung sowie die Politik allerdings vor einer Herausforderung: Diejenigen, die Betreuung und Fürsorge für Soldatinnen und Soldaten, aber auch für die zivilen Mitarbeitenden der Bundeswehr verantworten, müssen Schritt halten mit den Lebenswirklichkeiten und Bedürfnissen derjenigen, für die sie planen und entscheiden.

Ob die Angebote also immer auf der Höhe der jeweiligen Zeit waren und sind, ob in Zeiten knapper Kassen immer genug Mittel bereitgestellt wurden, ob Soldatinnen und Soldaten ihre Bedürfnisse immer öfter außerhalb der Kasernenmauer befriedigen und die Bundeswehr sich stillschweigend auf zivilgesellschaftliches und privatwirtschaftliches Engagement abstützt, das darf diskutiert werden, ist aber nicht Gegenstand dieser Betrachtung. Werfen wir lieber noch einen Blick auf die Fülle von Angeboten und Herausforderungen, die es in der Betreuung und Fürsorge der Männer und Frauen in der Bundeswehr zu beschreiben gilt.

Mit sich verändernden Zeiten braucht es immer wieder neue Angebote und Antworten. »Nichts ist so beständig wie die Lageänderung.« Das wissen Soldatinnen und Soldaten. Eine Ausnahme mag es im Strudel der Zeiten geben: Das ist die Feldpost. Mit der Armee im Einsatz und den zunehmenden Auslandseinsätzen der Bundeswehr seit den 1990er-Jahren stellten sich neue Fragen der Betreuung und Fürsorge. Ganz besonders wichtig war und ist dabei die Verbindung zu den Lieben in der Heimat. Während inzwischen mittels moderner Messengerdienste und Facetime sowie WLAN an Bord von Kriegsschiffen der Gute-Nacht-Gruß an die eigenen Kinder in der Regel kein Problem mehr darstellt, war dies in den ersten Auslandseinsätzen anders. Darum richtete die Bundeswehr 1992 das Feldpostamt in Darmstadt ein. Die Feldpost stellt die wichtigste »Brücke in die Heimat« dar, trotz aller inzwischen zur Verfügung stehenden modernen Kommunikationsmittel. Sie hat nichts von ihrem Charme und ihrer Bedeutung verloren (siehe Beitrag 78).

Mit ihren »Oasen« haben zudem die Evangelische und die Katholische Arbeitsgemeinschaft für Soldatenbetreuung Angebote geschaffen, die heute als unverzichtbar bezeichnet werden dürfen.

Ein noch relativ neues Thema ist die Vereinbarkeit von Familie und Beruf (siehe Beitrag 87). Die Zahl der Soldatinnen steigt und immer mehr Soldaten wünschen sich Zeit mit ihren Kindern. Kindergartenplätze in der Nähe der Kaserne sind nicht nur dann ein Thema, wenn beide Eltern Flecktarn tragen. Familienbetreuung und Sozialdienst sind daher feste Größen und fast jeder und jede Bundeswehrangehörige hat irgendwann mit ihnen zu tun.

Gewandelt haben sich daher auch die Angebote der Freizeitbüros. Vom Brettspiel zur Computerspielkonsole, vom Tischtennisschläger zum Mountain-Bike bis hin zum Tischkicker für die Ersatz-WM im Lager: Die Angebote verändern sich, die Bedürfnisse nach Ablenkung, Zerstreuung und Spaß nach Dienst sind gleich geblieben.

Selbst die kostenlose Heilfürsorge und der Sanitätsdienst sind Bestandteil der Betreuung und Fürsorge. Mit der Armee im Einsatz entstanden auch hier neue Herausforderungen: Bei der Betreuung der einsatzversehrten Soldatinnen und Soldaten ist die Bundeswehr einen weiten Weg gegangen (siehe Beitrag 86). Mit der Einführung des Veteranentages ist der Anspruch nun sogar, dass über das Dienstende hinaus die Gesellschaft in der Verantwortung für diejenigen steht, die bereit waren, Frieden und Freiheit mit der Waffe in der Hand zu verteidigen.

Erwähnt werden muss unbedingt das Netzwerk der Hilfen. In ihm haben sich inzwischen viele Verbände, Gruppen und Vereine organisiert, die sich in Notsituationen an die Seite von Bundeswehrangehörigen stellen. Dieses oft ehrenamtliche Engagement sollte man nicht als Mangel an Fürsorge durch den Dienstherrn verstehen. Es ist vielmehr Ausdruck einer Verankerung der Streitkräfte in der Gesellschaft und einer Wertschätzung, die Soldatinnen und Soldaten genießen.

Mit den ersten Auslandseinsätzen erhielt die Bundeswehr für die Betreuungseinrichtungen zahlreiche Tischkicker, die, wie dieser vom Betreuungsbüro in Potsdam, auch kurzfristig ausgeliehen werden können.

Auch heute, nach fast 40 Dienstjahren, ärgert sich Thorsten bisweilen noch über den Bund. Doch der altgediente Oberstabsfeldwebel weiß auch, dass er auf Unterstützung und Hilfe bauen kann, wenn es mal ein Problem gibt. Und in seiner Laufbahn war er selbst einmal in einem Freizeitbüro eingesetzt. Heute reicht oft ein Kaffee oder ein Bier mit den Kameraden – und der Ärger ist verflogen. Er ist viel zu erfahren, um sich jeden Tag aufzuregen. An die langen Abende im Mannschaftsheim, bei einem Schnitzel mit Pommes für 4,10 Mark und einem Bier für 2,50 Mark, denkt er aber manchmal heute noch.

Einheitlichkeit ist für eine Streitkraft ein wichtiges Prinzip, ohne diesen Grundgedanken ist die Funktionalität einer Armee gefährdet. Doch für Betreuung und Fürsorge der Frauen und Männer ist »one size fits all« kaum der richtige Ansatz. So unterschiedlich wie die Menschen sind, so vielfältig und individuell muss die Betreuung und Fürsorge gestaltet werden. Das bleibt auch heute eine wichtige Aufgabe. Vielleicht ist sie wichtiger denn je.

*Peter Tauber*

32

# KULTURSCHOCK UND HÄRTETEST

## Die Allgemeine Grundausbildung

Namensschild, sogenannter Kofferanhänger, für Rekruten in der Allgemeinen Grundausbildung

So unscheinbar es auch wirken mag, die Bedeutung des abgebildeten Namensschildes aus Leder lässt sich kaum überschätzen. Es gehörte zu den Utensilien, die in der Wehrpflichtigenarmee Bundeswehr schon äußerlich die frisch eingezogenen Rekruten von jenen unterschied, die bereits ein paar Monate länger dabei waren. Wer es trug, war sofort als unwissender »Tagebär« zu erkennen. Gestickte Namensschilder, die noch heute am Feld- oder Kampfanzug fest aufgenäht getragen werden, mussten erst bestellt und geliefert werden. Da sich die Listen der einberufenen Wehrpflichtigen oft noch am Tage des Einzugs ändern konnten, verzichteten die Kompanien daher auf eine frühzeitige Bestellung. Lieber wartete man ab, bis man die endgültige Namensliste kannte. Bevor aber die gestickten Namensschilder in den Ausbildungseinheiten eintrafen, vergingen leicht ein paar Monate. So lange galt es, einen Notbehelf zu finden. Aus Sicht der Vorgesetzten erfüllten die praktischen Namenschilder aus Leder diesen Zweck hervorragend. Der Träger schrieb seinen Namen auf ein Stück Papier oder Pappe und schob es in den Anhänger, der einigermaßen gegen Nässe schützte. Der Rekrut war dadurch nicht mehr namenlos, er konnte angesprochen werden – und er hatte für das, was er tat (oder auch nicht tat), mit seinem Namen einzustehen. Wurde der Anhänger nicht länger gebraucht, konnten die robusten »Kofferanhänger« an die nächste Generation Wehrpflichtiger weitergegeben werden.

Das lederne Namenschild war nicht das einzige stigmatisierende Erkennungszeichen »der Neuen«. In vielen, wenn nicht in den meisten Ausbildungseinheiten der Bundeswehr herrschte bis in die 1990er-Jahre die Auffassung vor, die Rekruten sollten erst einmal etwas leisten, bevor sie die stolzen Attribute ihrer Truppengattung tragen durften. Vor allem im Heer wurde die Erlaubnis zum Tragen des Baretts sowie der farbigen Truppengattungsschlaufen oft vom Bestehen der Grußabnahme oder gleich der gesamten Grundausbildung abhängig gemacht. Das meist ungeliebte olivfarbene Schiffchen blieb bis zum Ende des Kalten Kriegs die Standardkopfbedeckung in der Grundausbildung. Das Barett wurde hingegen in den ersten Monaten des Wehrdienstes eigentlich nur beim Feierlichen Gelöbnis benötigt und bei anderen seltenen Anlässen, zu denen der Dienstanzug getragen wurde.

Die Grundausbildung, bis 2011 Allgemeine Grundausbildung, also die ersten Ausbildungsmonate, wird von den meisten Soldatinnen und Soldaten als eine besonders prägende und fordernde Zeit erlebt. Das ungewohnte Leben in der Kaserne (siehe Beitrag 42), unbekannte körperliche Anstrengung und das strenge Prinzip von Befehl und Gehorsam empfanden viele, wenn nicht die meisten von ihnen als wahren »Kulturschock«, auf den weder Schule noch Berufsausbildung vorbereitet hatten. Ein »Handbüchlein für die Kaserne« formulierte es vor dem Ersten Weltkrieg so: »Sobald dem jungen Vaterlandsverteidiger der bunte Rock verpasst worden ist, beginnt eine fieberhafte Tätigkeit, die den Zweck hat, ihn zu einem geraden, gewandten, kräftigen, wetterfesten und waffenkundigen Manne herauszubilden.« Vom

»bunten Rock« sprach man in der Bundeswehr allgemein nicht mehr. Die Bemühungen, die jungen Rekruten in ihrer Grundausbildung möglichst schnell äußerlich und habituell zu Soldaten zu machen, sind jedoch auch in der Bundeswehr mit »fieberhafter Tätigkeit« treffend beschrieben. Die meisten ehemaligen Soldatinnen und Soldaten erinnern die ersten Wochen »beim Bund« als einen eng getakteten und mit Erlebnissen prall gefüllten Zeitabschnitt, in dem beinahe alles, vom Essen bis zum Umziehen, in der Gruppe unter Führung eines Vorgesetzten sowie in Eile erfolgte. Die ungewohnte, aber befohlene frühe Nachtruhe, formal als »Zapfenstreich« bezeichnet, war daher oft durchaus willkommen – auch mit Blick auf ein ebenso ungewohntes frühes Aufstehen am nächsten Morgen.

Beinahe jeder Tag der Grundausbildung hält Neues und Überaschendes bereit. So erhalten die Rekrutinnen und Rekruten meist schon in der ersten Woche ihre gesamte persönliche Ausrüstung, also etwa Sport-, Dienst- und Kampfanzug, einen Gefechtshelm und Stiefel. Aber auch praktische Dinge wie Taschenmesser, Zeltbahn und Kochgeschirr. Und so exotisch anmutende Gegenstände wie die »Brotaufstrichdose«, einen kleinen, wasserdichten Behälter aus Aluminium, den wohl nur die wenigsten Soldaten der Bundeswehr im Sinne seiner eigentlichen Zweckbestimmung genutzt haben und der heute nicht mehr zum Ausstattungssoll gehört. Über die Jahrzehnte ist die Zahl der persönlichen Ausrüstungsgenstände kontinuierlich gewachsen. Heute kommen rund 100 Einzelteile mit einem Gesamtgewicht von über 60 Kilogramm zusammen, die zu Beginn der Dienstzeit ausgegeben werden. All dies wird im persönlichen »Spind« nach einer festen Ordnung untergebracht, wie morgens auch das Bettenmachen genauen Vorgaben zu genügen hat. Den korrekten »Bettenbau«, soviel sei Unwissenden verraten, lernt man nicht über Nacht.

Gleichmachend und ohne Attribut: das Schiffchen, das von vielen Soldaten zwangsweise in der Grundausbildung und später eher ungern getragen wurde

Gleiches gilt für das Revierreinigen, mit dessen Geheimnissen und Gepflogenheiten die Rekruten sich möglichst schnell vertraut machen müssen, sowie der vielleicht mit noch mehr Mysterien verbundene »Formaldienst«. Antrete- und Richtübungen und das Marschieren in der militärischen Formation sind noch heute Grundfertigkeiten, die jeder Soldat und jede Soldatin beherrschen muss.

Hinweise der Schriftenreihe Innere Führung (»Die ersten Stunden«) wiesen 1980 die Vorgesetzten und Ausbilder auf das Dilemma hin, das die Grundausbildung für die meisten jungen Wehrpflichtigen bedeutete: »Wie kaum zuvor in ihrem Leben sehen sie sich einer Fülle von neuen Anforderungen an ›richtiges‹ Verhalten ausgesetzt: Ordnung, Pünktlichkeit, Sauberkeit und viele Formalien müssen nun mit großer Genauigkeit beachtet werden. Ein Pflichtsystem umgibt sie jetzt, das ihr Verhalten genauer bestimmt, als dies in Schule oder Beruf vorher der Fall gewesen ist. Da sie über die vielen Regeln, die es zu beachten gilt, noch nicht oder kaum informiert sind, laufen sie Gefahr, einen Befehl falsch zu verstehen, eine Vorschrift zu missachten und einen Fehler zu begehen.« Dieselbe Schrift wies auch darauf hin, dass bei einer Auswertung der Fälle von eigenmächtiger Abwesenheit/Fahnenflucht, Selbsttötungsversuchen und Verstößen gegen die soldatischen Pflichten der Jahre 1977–1979 eine Häufung in der Grundausbildung festzustellen sei. Der erste Monat sei demnach ein »Problemmonat«.

Als problematisch und herausfordernd entpuppt sich für manche Rekruten unter anderem die körperliche Belastung, die mit der Allgemeinen Grundausbildung verbunden ist. Die stellt sich tatsächlich zwar selten als so hoch dar, wie sie in der Rückschau oder am Wochenende beim Familienbesuch dargestellt wird, führt Untrainierte aber schnell an Leistungsgrenzen. Kommen dann noch mangelnde Fürsorge oder ein zu rasches Steigern der Belastungsreize hinzu, kann dies in seltenen Einzelfällen sogar gefährlich werden (siehe Beitrag 61).

Die Allgemeine Grundausbildung bedeutet aber nicht nur ungewohnte körperliche Anstrengungen und den Aufenthalt im Freien in unbekanntem Maße bei Tag und bei Nacht. Zu ihr gehören auch zahlreiche Unterrichtsstunden über Rechte und Pflichten der Soldaten nach dem Soldaten- und Kriegsvölkergesetz sowie zur politischen und historischen Bildung, aber auch zur Schießlehre und anderen militärischen Themen. Der Theorieunterricht findet in aller Regel im Unterrichtsraum der Ausbildungseinheit statt, kurz im »U-Raum«. Diese Unterrichtseinheiten (gern am Freitag vor dem Wochenende) sind Segen und Fluch zugleich. Einerseits bieten sie Erholung, Wärme sowie Ruhe vom sonst hektischen Ausbildungsbetrieb. Andererseits wirkt sich der Schlafmangel der anstrengenden Wochen auf Aufmerksamkeit und Konzentration aus und viele Rekruten kämpfen mit einer bleiernen Müdigkeit.

Eigentümlicherweise gehört dennoch gerade die Grundausbildung für viele Soldatinnen und Soldaten zu den »Höhepunkten« ihrer Dienstzeit. Denn besonders in den ersten Wochen wird etwas im Übermaß erlebt, was die wenigsten missen wollen: Kameradschaft.

*Sven Lange*

33

# BEATMUSIK, HAARNETZE UND WORK-LIFE-BALANCE

## Militärische Lebenswelt und gesellschaftlicher Wertewandel

Haarnetz der Bundeswehr aus den frühen 1970er-Jahren

Das abgebildete Haarnetz wurde 1971 in der Bundeswehr eingeführt. Die Freigabe des Haarschnitts der Soldaten sollte Rücksicht auf das gewandelte Modeempfinden nehmen. Lange Haare galten seit Ende der 1960er-Jahre als Symbol für Freiheit und unangepassten Individualismus, aber auch als Ausdruck der rebellischen Ablehnung von als einengend wahrgenommenen gesellschaftlichen Normen. Vor allem aber waren Langhaarfrisuren ein modischer Trend und die bis dahin von der Bundeswehr getroffenen Regelungen zur »Haar- und Barttracht« vor allem unter den Grundwehrdienstleistenden höchst unbeliebt.

Die Bundeswehr dürfe »in ihrem Erscheinungsbild die Entwicklung des allgemeinen Geschmacks nicht unberücksichtigt lassen«, stellte der geänderte Erlass zum äußeren Erscheinungsbild des Soldaten fest. Wichtig sei, so Verteidigungsminister Helmut Schmidt, was »unter der Schädeldecke der Soldaten«, nicht aber was auf ihr zu finden sei. Aus Sicherheits- und Funktionsgründen mussten Soldaten mit Langhaarfrisuren allerdings im Dienst ein Haarnetz tragen.

Diese Liberalisierung sollte ungeachtet der hunderttausendfach beschafften Haarnetze nicht lange währen. Zu groß waren die Widerstände der Vorgesetzten aller Dienstgrade und die beißende Kritik aus Politik und Öffentlichkeit – Minister Schmidt erhielt für seinen Haarnetz-Erlass 1972 den »Orden wider den tierischen Ernst«. In seinem Jahresbericht beklagte der Wehrbeauftragte Fritz-Rudolf Schultz einen eklatanten Mangel an Disziplin in der Truppe. Das Erscheinungsbild langhaariger Soldaten sei »schlampig und verdreckt«. Bereits im folgenden Jahr wurde der Erlass aufgrund medizinisch-hygienischer Bedenken wieder aufgehoben und die »German Hair Force« blieb Episode.

Die kurzlebige Liberalisierung des militärisch korrekten Haarschnitts ist ein besonders anschauliches Beispiel für den immensen Adaptionsdruck, den gesellschaftliche Entwicklungen auf Streitkräfte in einer Demokratie beständig ausüben. Vor allem über die allgemeine Wehrpflicht, das »legitime Kind der Demokratie« (Theodor Heuss), wurde die Bundeswehr unmittelbar mit den sozial-strukturellen und kulturellen Veränderungen in der Bundesrepublik konfrontiert. Nicht immer verlief dies konfliktfrei, denn trotz vielfältiger Konvergenzen von Militär und Gesellschaft blieb die Bundeswehr in einigen Bereichen eine eigene Lebenswelt mit einer spezifischen Kultur. Erschwerend kam hinzu, dass sich die gesellschaftlichen Erziehungs- und Wertvorstellungen seit den 1960er-Jahren zunehmend von den Idealen der Streitkräfte entfernten, zumindest wurde dies so empfunden. Gesellschaftliche Differenzierungs- und Pluralisierungsprozesse machten die Durchsetzung kollektiver soldatischer Werte erklärungsbedürftig und schwieriger. Die Ambivalenz zwischen der zivilen und der militärischen Wertekultur und dadurch entstehende Wertekonflikte ließen sich zwar mildern, nicht jedoch restlos auflösen.

Die Sorge vor einer möglichen gegenkulturellen Abgrenzung bzw. vor einer Abkopplung von der demokratischen Gesellschaftsentwicklung begleitet die Bundeswehr seit ihrer Aufstellung. Beim erwähnten Haarnetz ging es nur vordergründig um die Liberalisierung der Vorgaben für den soldatischen Haarschnitt angesichts veränderter gesellschaftlicher Vorbilder. Es verkörperte vielmehr ein grundsätzliches Dilemma. Die Einsicht, dass Streitkräfte, die sich dem gesellschaftlichen Normenwandel und Modernisierungsprozessen dauerhaft widersetzen, in eine gesellschaftliche Randlage zu geraten drohen, stand der Sorge gegenüber, die militärische Funktionsfähigkeit und Kampfkraft werde dadurch eingeschränkt. Die immer freiere Selbstentfaltung des Individuums, das Hinterfragen von Autoritäten und die Ablehnung von Gewalt bei der Konfliktlösung schienen militärische Werte und Prinzipien infrage zu stellen, doch auch in der Armee der Demokratie galten unverändert die Priorität des Kollektivs, eine straffe Hierarchie sowie das Prinzip von Befehl und Gehorsam.

Das Postulat einer grundsätzlichen Öffnung der Streitkräfte für gesellschaftlichen Normen- und Wertwandel ist deshalb nicht unwidersprochen geblieben. Die »Archetypiker des Soldatischen« (Wolf Graf von Baudissin) verwiesen früh auf eine vermeintliche Inkompatibilität bürgerlicher Normen mit den Bedürfnissen der Truppe, die sich aus dem »Primärzweck der Armee« ergäben, also dem vorrangigen Ausrichten auf den Kriegsfall. Das Militärische bilde eine Sphäre »sui generis«. Der Soldat bleibe »primär Kämpfer« (Heinz Karst). Die Bundeswehr müsse somit vorrangig eine Kampf-, Schicksals- und Notgemeinschaft bilden, die sich einer allzu tiefgreifenden »Verzivilisierung« widersetze. Vor allem im Zuge der ersten Kampfeinsätze der Bundeswehr in den Auslandseinsätzen erlebte die Forderung nach einer genuinen Krieger- und Kämpferkultur eine Neubelebung.

Der potenzielle Konflikt zwischen der Wandlungsfähigkeit einer freiheitlich-pluralen Gesellschaft und den spezifischen Anforderungen des Soldatenberufs hatte bereits bei der Aufstellung der Bundeswehr zu einer öffentlichen Debatte über das angemessene soldatische Berufs- und Menschenbild geführt.

Die Bundeswehr sollte mittels der Wehrverfassung sowie der Inneren Führung zu einem integrierten Teil von Staat und Gesellschaft werden – die Bundeswehr als Spiegelbild der Gesellschaft. Dazu musste sie sich als Organisation für den gesellschaftlichen Wandel öffnen. Vor allem die Wehrpflicht sorgte für einen beständigen und wirkungsvollen Austausch, was den Anspruch an die Bundeswehr auf prinzipielle Aufgeschlossenheit gegenüber Wandel zusätzlich erhöhte. Mancher Versuch, sich dem Zeitgeist anzupassen, misslang jedoch und wirkte sogar unfreiwillig komisch, wie etwa die abgebildete Langspielplatte aus den 1970er-Jahren.

Für eine gesellschaftlich weitgehend integrierte Armee wie die Bundeswehr ist Bürgernähe eine unverzichtbare Voraussetzung. Streitkräfte in der Demokratie können sich dem gesellschaftlichen Werte- und Normenwandel genauso wenig entziehen wie dem Erfordernis, Angebote für die wachsenden Individualisierungsbedürfnisse ihrer Soldatinnen und Soldaten zu machen. Konkret bedeutet dies für die Bundeswehr, eine moderne Menschenführung und immer umfangreichere Möglichkeiten der Beteiligung zu gewährleisten und die zeitgemäße Gestaltung des Zusammenlebens in der militärischen Gemeinschaft sowie ein offenes Kommunikationsverhalten sicherzustellen. Als attraktiver Arbeitgeber muss sie die Erwartungen

»So tanzt man beim Bund« untertitelte die Produktionsfirma die Schallplatte »Herr Oberst beaten zum Tanz«, mit der sie Soldatenlieder in anderen Rhythmen »ertanzbar« machen wollte. Tatsächlich amüsiert man sich heute vielleicht über den etwas hüftsteif wirkenden Oberst aus der Ära der »Happy Music« eines James Last, in Uniform mit unpraktischer Fangschnur.

und Bedürfnisse vor allem jüngerer Menschen erfüllen, etwa durch Zugeständnisse an private Bedürfnisse. Entsprechende Maßnahmen reichen unter anderem von neuen Angeboten der Freizeitgestaltung in der Kaserne und der Verordnung über die Arbeitszeit der Soldatinnen und Soldaten, die seit 2015 erstmals die durchschnittliche wöchentliche Arbeitszeit in der Bundeswehr regelt, über die Bereitstellung von Kindertagesstätten in Kasernen sowie eine moderne Stubenausstattung mit TV-Geräten, Kühlschränken und Internetanschluss zur privaten Nutzung bis zu flexiblen Laufbahnmodellen. Heute sind in der Bundeswehr ein vegetarisches Speiseangebot genauso selbstverständlich wie Maßnahmen zur Chancengerechtigkeit, Vielfalt und Inklusion sowie Angebote für die Arbeit im Homeoffice.

Auch die Öffnung aller militärischen Laufbahnen in der Bundeswehr für Frauen ist eine Folge des sozialen Wandels, entspricht er doch der gesellschaftlichen Entwicklung, beiden Geschlechtern gleiche Berufschancen einzuräumen. Dabei soll nicht unerwähnt bleiben, dass Soldatinnen, ungeachtet der oben erwähnten medizinisch-hygienischen Bedenken, lange Haare erlaubt sind, sofern diese als Zopf oder gesteckt getragen werden. Diese Regelung nimmt Rücksicht darauf, dass Frauen »das Tragen von Schmuck und langen Haaren als besonderen Ausdruck ihrer Weiblichkeit empfinden«.

*Sven Lange*

34

# DIE STARFIGHTER-KRISE

## Mutter aller Bundeswehrkrisen

Der Schleudersitz GQ-7(A) aus britischer Produktion wurde ab 1967 in die Starfighter der Bundeswehr eingebaut und erhöhte die Überlebenschancen der Piloten beim Notausstieg.

Ab 1967 wurde in die deutschen Kampfjets Lockheed F-104G Starfighter der Schleudersitz Mark 7 (GQ-7(A)) des britischen Herstellers Martin-Baker eingebaut. Sie ersetzten die Lockheed-C2-Schleudersitze, die einigen Flugzeugführern beim Notausstieg zum Verhängnis geworden waren. Weil ihre »Sitz-Mann-Trennung« vielfach nicht reibungslos funktionierte, wurden die Piloten entweder vom Schleudersitz erschlagen oder sie verhedderten sich im Fallschirm. Der neue Martin-Baker-Schleudersitz hatte zudem eine »Null-Null«-Fähigkeit, das heißt, er funktionierte auch bei »Null« Geschwindigkeit und »Null« Flughöhe, also bereits am Boden. Todesfälle infolge der Nutzung dieses Schleudersitzes sind nicht überliefert.

Mit dem Einbau dieses zuverlässigen Notfallinstruments versuchte die Bundeswehr die Starfighter-Krise zu bewältigen. Allein 1965 und 1966 gingen mehr als 40 dieser modernen Mehrzweckkampfflugzeuge verloren; und allein in diesen beiden Jahren kamen dabei 32 Piloten ums Leben – quasi ein ganzes Geschwader. Der tragische Tod von Oberleutnant Siegfried Arndt im Juli 1966 verdeutlicht die ganze Dramatik, die mit diesem Flugzeug zusammenhing: In einer Luftkampfübung über der Nordsee geriet Arndt in einen unkontrollierbaren Flugzustand. Er schoss sich aus der trudelnden Maschine heraus, doch die Sitz-Mann-Trennung funktionierte nicht einwandfrei. Arndt ertrank letztlich, weil er sich im Wasser von seinem Fallschirm nicht befreien konnte. Tage später wurde sein Leichnam an der Hallig Langeneß angespült. Dieser tragische Flugunfall war kein Einzelfall. Der Starfighter genoss bereits den traurigen Ruf als »Witwenmacher« oder »Sargnagel«. Am Flugzeug allein lag das nicht, vielmehr an den Gesamtumständen seiner Einführung und an der Betreuung durch zuständige Stellen.

Mit dem Starfighter hatte die Bundeswehr für Luftwaffe und Marineflieger ab 1960 das modernste und leistungsfähigste Kampfflugzeug seiner Zeit erworben. Ursprünglich als Jagdflugzeug entwickelt, machte die Bundeswehr daraus ein »mehrrollenfähiges Kampfflugzeug«, um den Starfighter auch als Jagdbomber und Aufklärer einsetzen zu können, obwohl er dazu aufgrund seiner Aerodynamik und Zuladung tatsächlich kaum geeignet war. Diese technische Weiterentwicklung führte zu einem Gewichtszuwachs von nahezu einer Tonne, weswegen beispielsweise das Triebwerk verstärkt werden musste. Diese »Kampfwertsteigerung« zum *Super Starfighter* – wie er zeitweilig nur in Deutschland bezeichnet wurde – und damit zur »eierlegenden Wollmilchsau« war auch damit begründet worden, dass so die Ausbildung *aller* Flugzeugführer und Techniker wie auch die Logistik standardisiert und vereinfacht werden konnten. Dass einige andere NATO-Staaten ebenfalls den Starfighter einführten, schien der Luftwaffe recht zu geben; die Synergieeffekte für Logistik und Ausbildung sprachen nüchtern betrachtet für sich. Freilich waren die Zuständigkeiten für das Flugzeug im Bundesverteidigungsministerium (BMVg) weit gestreut und nicht klar regelt. 1966 waren teilweise nicht weniger als 26 Referate in sieben Abteilungen und Führungsstäben für den Starfighter zuständig, aber niemand trug die Gesamtverantwortung oder koordinierte das behördliche Zuständigkeitsgerangel.

Nach Arndts Unfalltod berief Bundesverteidigungsminister Kai-Uwe von Hassel Generalleutnant Johannes Steinhoff an die Spitze der Luftwaffe. Steinhoff war das Organisationsdilemma der Teilstreitkraft und des Ministeriums bekannt. Er baute die Luftwaffe komplett um und gliederte sie in Fachkommandos. Ebenso forderte er im Ministerium eine Neuordnung der Zuständigkeiten für den Starfighter. Dies erreichte er mit Unterstützung der Presse und gegen den hinhaltenden Widerstand innerhalb des Ministeriums mit der Implementierung eines »Sonderbeauftragten Waffensystem F-104«, der ihm persönlich unterstellt war. Noch mehr aber setzte Steinhoff durch, dass er in allen Fragen zum Starfighter als Inspekteur der Luftwaffe entscheiden durfte; notfalls auch gegen den Willen ziviler Stellen im Apparat.

Eine seiner ersten und wichtigsten Maßnahmen war der Einbau des genannten Schleudersitzes, der 1967 anlief und drei Jahre später abgeschlossen wurde. Mehr als 700 Flugzeuge wurden umgerüstet. Ein umfassendes Infrastrukturprogramm, der Bau von Hallen und beheizbaren Schutzbauten für die Flugzeuge, die Ausbildung qualifizierten Personals sowie das daraus resultierende Mehr an Flugstunden zeigten Wirkung: Die Unfallzahlen sanken. In den Folgejahren bis 1987 erwies sich der Starfighter als ein zuverlässiges Flugzeug, das zudem im Vergleich mit anderen Kampfflugzeugen nicht häufiger in Unfälle verwickelt war, setzt man die geleisteten Flugstunden in Relation zu den Vorfällen.

Die Starfighter-Krise war allerdings nur eine von mehreren Krisen der Bundeswehr, die nicht auf eine einzige Ursache – in diesem Fall ein scheinbar ungeeignetes Flugzeugdesign – zurückzuführen war, sondern vielmehr auf ein ganzes Ursachenbündel: Die überbordende Verwaltung im BMVg sowie die daraus resultierende Mitsprache von weniger entscheidungsbefugten Stellen und kaum entscheidungsfreudigen Verantwortlichen spiegelt sich in der *Mutter aller Bundeswehrkrisen* besonders exemplarisch wider. Heute ist von »Verantwortungsdiffusion« die Rede, wenn wichtige und notwendige Veränderungen nicht umgehend eingeleitet und angegangen werden und stattdessen im Apparat »hängen« bleiben. Dass diese Krise bewältigt werden konnte, ist aus ihrer Zeit heraus zu verstehen: Der Starfighter und die mit ihm zusammenhängenden Unfälle beherrschten monatelang die Medien. Teilweise zählten die Zeitungen die Unfälle und die Toten, um dann den 100., 150. usw. Absturz zu vermelden. Solch eine Berichtsdichte wäre angesichts der weit aufgefächerten Medienlandschaft, inklusive der sozialen Medien, heute kaum mehr möglich. Zu schnell wird ein Skandal schon morgen vom nächsten Aufreger abgelöst. Damals hingegen gelang es dem Bundesverteidigungsministerium weder aus den Schlagzeilen herauszukommen noch den Eindruck zu vermitteln, dass es wirklich alles tue, um das Flugzeug in den Griff zu bekommen – bis Johannes

Die Trümmer eines abgestürzten Starfighters auf einer Wiese bei Klosterlechfeld. Das Flugzeug des Jagdbombergeschwaders 32 stürzte am 18. März 1966 kurz nach dem Start ab. Der Pilot konnte sich zwar mit dem Schleudersitz aus der Maschine befreien, kam jedoch um, weil sich der Fallschirm nicht geöffnet hatte. Es war der 32. Absturz eines Starfighters seit 1965.

Steinhoff die Führung über die Luftwaffe übernahm. Ihm spielten dabei gute Kontakte zu maßgeblichen Journalisten und sein Verständnis von ehrlicher, manchmal auch offensiver und dabei das Ministerium übergehender Öffentlichkeitsarbeit in die Karten. Er ließ sich nicht durch ministerielle Zustimmungszwänge und Dienstwege ablenken. Er hatte eine Krise zu managen und ließ sich scheinbar von nichts abhalten. Dank des öffentlichen Drucks, an dem er auch mitwirkte, konnte er schließlich gegenüber seinem Minister die von ihm für notwendig erachteten und militärisch sinnvollen Änderungen durchsetzen. Dies betraf vor allem die Entscheidungshoheit über alles, was mit dem Starfighter zusammenhing.

Letztlich verlor die Bundeswehr 292 von 916 Flugzeugen dieses Typs – durch Abstürze, Unfälle, Umwelteinflüsse und sonstige »mishaps« (wie der Flieger sagt). 108 deutsche Piloten und acht amerikanische Fluglehrer kamen dabei ums Leben. Keine andere Krise der Bundeswehr hatte so umfassende Konsequenzen.

*Heiner Möllers*

35

# KAMPF UM DIE KÖPFE

## Die Psychologische Kriegführung

Soldaten des Bataillons für Psychologische Kriegführung befüllen einen Flugblatt-Ballon mit Helium in den 1980er-Jahren.

Ein Ballon im Dienst der Bundeswehr? Welchem militärischen Zweck könnte er dienen und wie soll damit auf einen Gegner eingewirkt werden? Auf den ersten Blick unterscheidet sich dieses Objekt klar von üblichen Waffensystemen. Der abgebildete Ballon steht jedoch sinnbildlich für eine wichtige, aber nicht allzu offensichtliche militärische Disziplin: die Psychologische Kriegführung. Sie dient, abhängig von den Umständen und der Zielgruppe, zur Beeinflussung von Meinungen und Einstellungen zu einem bestimmten Gegenstand oder Sachverhalt, um ein vom Initiator gewünschtes Verhalten hervorzurufen. In einem Kriegsszenario kann das zum Beispiel das Demoralisieren des Feindes sein mit dem Ziel, ihn zur Aufgabe zu bewegen. Doch auch in weniger intensiven Szenarien können psychologische Operationen durchgeführt werden, um Verhalten und Einstellung einer gewissen Zielgruppe durch Aufklärung oder Desinformation zur Unterstützung eigener Ziele zu beeinflussen. Der Ballon ist zwar selbst kein Medium zur Beeinflussung, er wurde jedoch in seiner zweckmäßigen Einfachheit als »Gerät zur abstandsfähigen Produktverbringung« verwendet.

Zum Einsatz kamen die Ballons zwischen 1961 und 1972, zu einer Zeit also, in der das Eskalationspotenzial zwischen den militärischen Blöcken in Ost und West besonders hoch und die physische innerdeutsche Teilung bereits vollzogen war. Die 1959 geschaffene und vom späteren Brigadegeneral Karl-Christian Trentzsch geführte Truppe der Psychologischen Kampfführung (PSK) hatte unter anderem den Auftrag, im Rahmen grenzüberschreitender Informationseinsätze ostdeutsche Soldaten zu informieren, aufzuklären und auch zu beeinflussen. Die Verbringung von Druckerzeugnissen wie Flugblätter und Zeitungen geschah mit umfunktionierten Wetterballons, die mit Wasserstoff befüllt bei Nacht-und-Nebel-Aktionen grenznah in den Himmel gelassen wurden und ihre Fracht nach Ablauf eines Zeitzünders mit Hilfe des vorherrschenden mitteleuropäischen Westwindes über dem anvisierten Gebiet abließen. Alternativ wurden die Ballons auch tagsüber, bei als Familienfesten getarnten Aktionen, in die Höhe gelassen. Innerhalb von zwölf Stunden konnte ein Ballonzug seine Fracht von ungefähr einer Million Flugblättern in einem maximal 200 Kilometer entfernten Zielgebiet verstreuen. Der Inhalt der Flugblätter (und ab 1966 vermehrt der Flugzeitungen) bestand vor allem im moralischen Aufruf zur Verweigerung des Schießbefehls auf Grenzflüchtende und konkreten Handlungsanweisungen dazu. So wurde in einer Ausgabe von 1962 Verteidigungsminister Franz Josef Strauß zitiert: »Handeln Sie so, dass Sie vor Ihrem Gewissen und Ihrem Volk bestehen können!« In einer anderen Ausgabe folgte die Feststellung, dass »Schüsse [...] befohlen werden [können] – Treffer nie!« Dies wiederum wurde verbunden mit dem Hinweis, dass Morde an Flüchtenden in der Bundesrepublik genauestens dokumentiert und strafrechtlich verfolgt würden. Ein weiterer inhaltlicher Schwerpunkt der Flugblätter und -zeitungen war die detaillierte Aufklärung der NVA-Soldaten über die politischen und wirtschaftlichen Verhältnisse in der Bundesrepublik, sowohl als Anreiz zur Flucht – »Wir sind NVA (Nach

Vorn Abgehauen)« – als auch zur Entkräftigung und Richtigstellung sowjetischer Indoktrinierungsbemühungen über das behauptete imperialistische und aggressive Wesen der Bundesregierung. Die Zeitungen sollten in ihrer Aufmachung und Qualität den Zeitungen der NVA gleichen, damit den Soldaten das Lesen durch die Verwechslung nicht vorgeworfen und bestraft werden konnte. Wichtig war den Textern der Flugblätter und Zeitungen ebenso, dass die Produkte neben der inhaltlichen Freigabe durch das Bonner Verteidigungsministerium ausschließlich wahrheitsgetreue Informationen wiedergaben und somit argumentativ durch Politoffiziere oder Funktionäre in der DDR nicht widerlegt werden konnten.

Umgekehrt versuchte zwischen 1957 und 1963 die ostdeutsche Seite, junge Wehrpflichtige der Bundeswehr durch eigens produzierte Propagandabroschüren wie »Die Kaserne« ideologisch zu beeinflussen. Die Zeitschriften verbanden Bilder leichtbekleideter junger Damen mit Diffamierungen von Bundeswehrgenerälen als NS-Schergen und Kriegsverbrecher.

Die Gefahr, die von den mit Hilfe von Ballons verbreiteten Druckerzeugnissen des Klassenfeindes ausging, hatte das SED-Politbüro schon bald erkannt. Das Abschießen der Ballons brachte jedoch nichts, denn gelesen werden konnten die Zeitungen trotzdem. Zum Aufsammeln der Flugblätter setzte die DDR-Führung in Grenznähe überwiegend Schulklassen und Rentner ein, um deren Verbreitung unter den NVA-Soldaten zu begrenzen. Reagiert wurde zudem mit Kleinraketen aus Pappmaterial und Flugblättern, die über die innerdeutsche Grenze mit der Aufforderung geschossen wurden, die »provokatorischen Ballonaktionen« zu unterlassen. DDR-Organe beschrieben die Ballons und ihre Ladung wahrheitswidrig als explosive und heimtückische Sprengfallen, von denen eine lebensbedrohliche Gefahr ausgehe und die eine Bedrohung der Flugsicherheit darstellen würden, was zum militaristischen Charakter Westdeutschlands passe. Tatsächlich aber war die ideologische Wirkung viel problematischer als die physische Gefahr, die den Ballons angedichtet wurde. So konstatierte 1967 der NVA-Oberst Karl-Heinz Kathert auf einer Konferenz an der Militärakademie »Friedrich Engels« in Dresden, dass die Flugblätter der PSK die Soldaten in Gewissenskonflikte stürzten und sie vom zweckmäßigen Gebrauch der Schusswaffe abhielten.

Da auf argumentativer Ebene den Inhalten der Flugblätter nur wenig entgegengehalten werden konnte, müsse man, so der Minister für Nationale Verteidigung der DDR, Armeegeneral Heinz Hoffmann, die sozialistische Wehrerziehung intensivieren. Aus einer Zusammenfassung der Rückmeldungen – gesammelt und ausgewertet durch die PSK bis 1967 – ging hervor, dass knapp 92 Prozent der Lesenden die Inhalte der Flugschriften positiv aufnahmen und sich einige Geflüchtete auch konkret darauf beriefen.

Die Bundeswehr löste die PSK 1970 nach Kritik in der westdeutschen Presse über deren Mittel und Methoden im Zuge der Bonner Entspannungspolitik auf; die grenzüberschreitenden Informationseinsätze stellte sie 1972 ein. Die Nachfolgeorganisation Psychologische Ver-

Die Zeitschrift »Die Kaserne« wurden von 1957 bis 1963 vom Verlag »Ganz offene Worte« (Ostberlin) herausgegeben und »unter der Hand« in die Bundeswehr verteilt.

teidigung hatte einen gänzlich anderen Auftrag, nämlich den Verteidigungswillen der eigenen westdeutschen Bevölkerung durch das Abwehren von Propagandaaktivitäten aus dem Warschauer Pakt zu stärken.

Als 1989 die Mauer fiel und die Gefahr psychologischer Einflussnahme auf Soldaten und Zivilbevölkerung weitgehend gebannt schien, wurde auch die Truppe für Psychologische Verteidigung aufgelöst und durch die Operative Information ersetzt. Sie befasst sich vor allem mit einsatzrelevanten Fragen wie der Interkulturellen Einsatzberatung und der zielgerechten Kommunikation in den Einsatzländern, welche bis zur Zeitenwende 2022 und einer Rückkehr zur Landes- und Bündnisverteidigung das Tagesgeschäft der Bundeswehr dominierten.

Und die Ballons? Sie werden seit 1972 als inaktive, jedoch einzigartige Informationsträger in der gesamten NATO weiterhin gehegt und gepflegt, in Stand gehalten und regelmäßig zu Übungen herangezogen. Wer weiß, wann sie wieder gebraucht werden.

*Rahel Köhler*

36

# RECHNEN GEGEN DEN TOD

## Krieg im Atomzeitalter

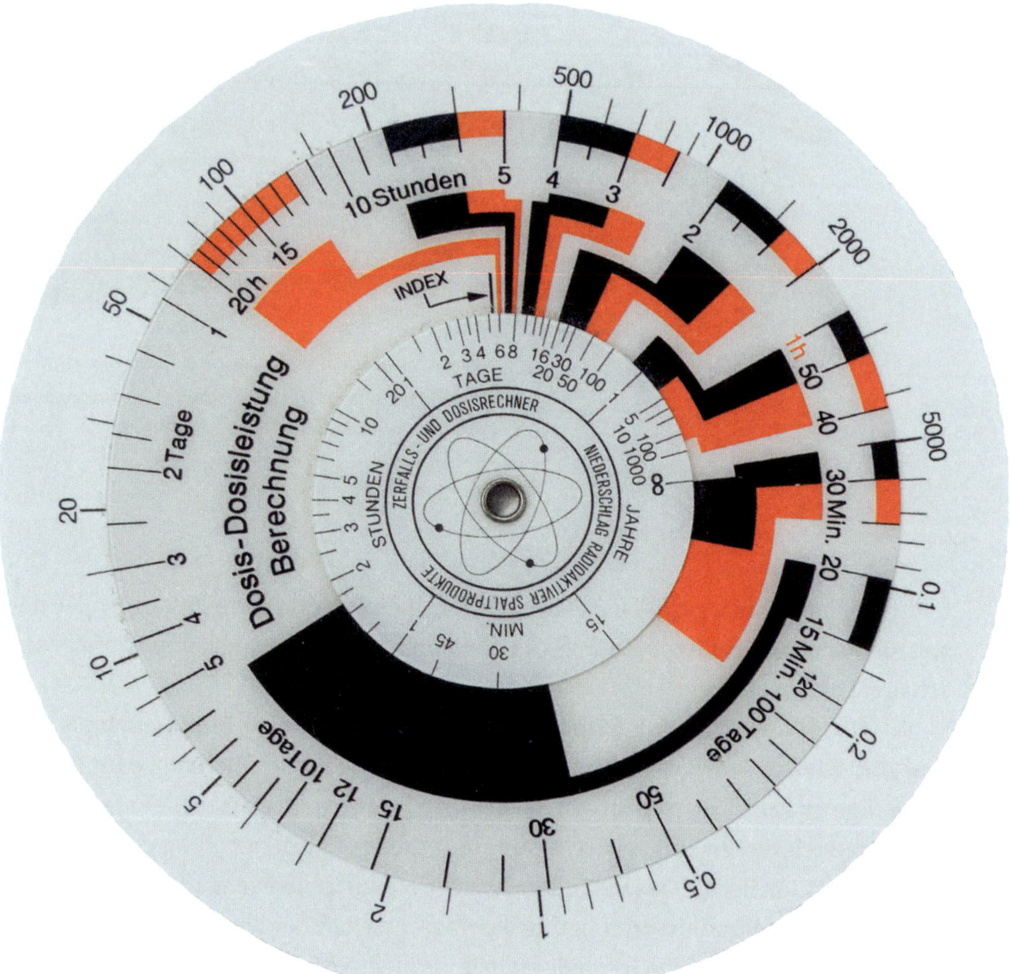


Vorderseite der »Atomrechenscheibe (rund)« der Bundeswehr

Die Atomwaffen haben die Gefechtsführung verändert und ihr neue Formen gegeben. Allein das Vorhandensein stellt eine ständige Bedrohung dar und zwingt dazu, sich auf ihre Anwendung einzustellen.« So lapidar bewertete die Bundeswehr 1961 in der »Heeresdienstvorschrift 100/2: Führungsgrundsätze des Heeres für die atomare Kriegführung«, worauf sich die Bundeswehr in einem künftigen Kriege einzustellen habe. Nicht nur die relativ neuen Atomwaffen, sondern auch die älteren biologischen und chemischen Waffen – kurz: ABC – zwangen dazu, mit vielfältigen Gegenmaßnahmen auf die potenziellen Bedrohungen zu reagieren. Wenn in einem Kriegsgebiet Atomwaffen eingesetzt worden wären oder chemische Kampfstoffe – von denen es gleich verschiedene gab –, hätte die Truppe das Bedrohungsrisiko rasch bewerten und darauf reagieren müssen.

Diesem Ziel diente die abgebildete Rechenscheibe der Firma Albert Nestler aus Lahr im Schwarzwald. Ihre Anwendung mit dem dahinter stehenden Sinn, die eigene Truppen nicht länger als unbedingt notwendig im chemisch verseuchten oder nuklear verstrahlten Gebiet zu belassen, haben zahlreiche Soldaten der Bundeswehr an der »ABC- und Selbstschutz-Schule«, heute die »Schule ABC-Abwehr und Gesetzliche Schutzaufgaben«, in Sonthofen erlernt. Mit Hilfe der Scheibe konnte man berechnen, wie lange die eigene Truppe in den nuklear oder chemisch kontaminierten Gebieten verbleiben durfte, oder wie schnell sie dort herausgelöst werden musste.

Wann war also beispielsweise die Strahlendosis oder die Belastung durch flüchtige, flüssige oder sesshafte Kampfstoffe so hoch, dass unmittelbare Gesundheitsschäden zwingend zu erwarten waren? Wann drohte der Kampfwert der eigenen Truppe so zu sinken, dass sie nicht mehr einsatzbereit war? Dazu konnte man anhand der Lage der eigenen Truppe, der Windrichtungen und -geschwindigkeiten und der Lage der Truppenentgiftungsplätze (TEP) festlegen, wann und wohin die eigenen Truppen ausweichen mussten. Dies galt und gilt ebenso bei einem Einsatz mit chemischen Kampfstoffen. Glücklicherweise hat es einen Krieg unter diesen Bedrohungen bis heute in Mitteleuropa nicht gegeben.

Die Bundeswehr hat dennoch von Beginn an bei ihren Streitkräftestrukturen darauf geachtet, Kräfte für die ABC-Abwehr vorzuhalten, also besonders ausgebildete Spezialisten, die Soldaten und ganze Truppenteile, aber auch ihr Gerät entstrahlen und entseuchen können. Ob diese, neben den vielfältigen und zahlreichen zivilen Kräften des Zivilschutzes und der Zivilverteidigung, ausreichend gewesen wären, lässt sich nicht beantworten. Dass jedoch die theoretische Gefahr einer nuklearen Verstrahlung nach wie vor noch besteht, steht außer Frage: Immer noch gibt es Atomwaffen und auch Atomkraftwerke. Der »Größte Anzunehmende Unfall« (GAU) im damals sowjetischen und heute in der Ukraine (Oblast Kyjiw) gelegenen Kernkraftwerk Tschernobyl führte die Gefahren dieser Anlagen 1986 eindrücklich vor Augen. Im Oblast Kyjiw war zwar keine Nuklearwaffe zum Einsatz gekommen, allerdings ist ein Gebiet im Radius von 30 Kilometern um das ehemalige Atomkraftwerk bis heute unbewohnbar. Die damaligen Todeszahlen gingen in die Tausende.

Dass das Bewusstsein für die atomare Bedrohung aus heutiger Sicht sorglos war, zeigt das damalige Denken über den Einsatz dieser Waffen: Die gewaltigen Bomben galten als probates Mittel, um konventionelle Streitkräfte einzusparen. In den USA hoffte man, dass eine Atombombe eine ganze Brigade von ca. 5000 Soldaten werde ersetzen können. Tatsächlich reduzierten die USA ihre konventionellen Streitkräfte nach dem Zweiten Weltkrieg drastisch und bauten stattdessen in den frühen 1950er-Jahren vor allem ihre strategischen Luftstreitkräfte aus. Mit Langstreckenbombern und Interkontinentalraketen schienen sie jeden Punkt und jeden Konflikt der Welt beherrschen zu können. Die 1957 für die NATO verkündete Strategie der Massiven Vergeltung (MC 14/2 »Massive Retaliation«) folgte dieser Überzeugung: Falls der Ostblock einen Krieg gegen den Westen beginnen sollte, würde die NATO durch die USA strategisch und massiv reagieren – auch mit Atomwaffen. Dass eine solche Militärstrategie jedoch schnell an den Rand einer globalen Katastrophe führen konnte, offenbarte die Kubakrise 1962. Das US-Militär war bereit gewesen, Nuklearwaffen einzusetzen, der US-Präsident lehnte dies aber ab, weil er den regionalen Konflikt nicht zu einem Weltkrieg ausweiten wollte. Die USA vollzogen danach einen Doktrinenwechsel zur Strategie der Flexiblen Antwort (siehe Beitrag 39). Es dauerte letztlich bis in die späten 1960er-Jahre, bis auch die NATO diese Strategie übernahm, gegen anfängliche Widerstände unter Soldaten und Politikern. Die MC 14/3, die Strategie der »Flexible Response«, erwies sich als durchaus erfolgreich. Das Risiko auch eines begrenzten Krieges wurde für den Warschauer Pakt unkalkulierbar hoch. Andererseits blieb die NATO während der ganzen Zeit der Blockkonfrontation dem Warschauer Pakt konventionell deutlich unterlegen und damit prinzipiell militärisch angriffsunfähig. Das stand mit der Entspannungspolitik des Westens im Einklang. Sie wäre aber deswegen in einem militärischen Konflikt möglicherweise gezwungen gewesen, frühzeitig nuklear zu eskalieren.

Erst unter Bundesverteidigungsminister Helmut Schmidt setzte sich die Erkenntnis durch, dass Atomwaffen in ihrem Wesen politische Waffen darstellten, die ausschließlich zur Kriegsverhinderung (= Abschreckung) oder zur Kriegsbeendigung (= einmaliger Einsatz zur Eskalation) eingesetzt werden durften. Ihr taktischer Einsatz wurde dagegen nicht länger vorgeplant oder geübt.

Dennoch bereitete sich die Bundeswehr auf den Einsatz von Atom- und chemischen Waffen immer wieder vor, wofür nicht allein die Ausbildung des ABC-Abwehrpersonals bis heute spricht. Die gesamte Bundeswehr übt regelmäßig die Aufgaben der »ABC-Abwehr aller Truppen«. Das beginnt mit der Nutzung der persönlichen ABC-Schutzausstattung in den verschiedenen bedrohungs- und auftragsangepassten Schutzzuständen (BAS) 0 bis 4.

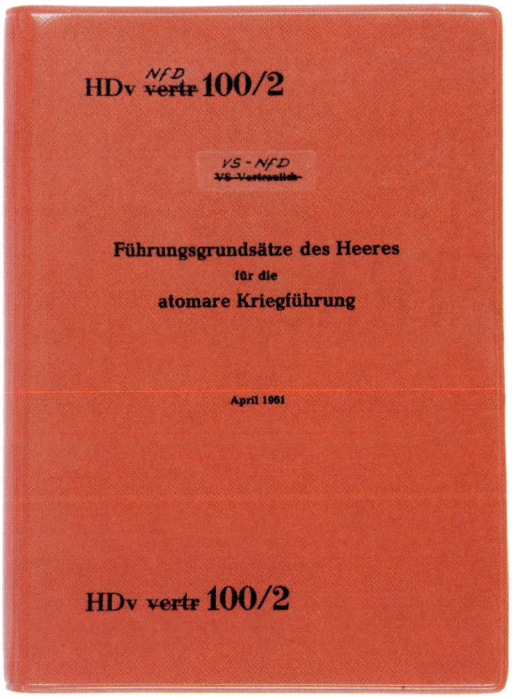


Von 1961 bis 1965 gültig war diese Truppenführungsvorschrift des Heeres zur Kriegführung im Atomzeitalter.

Wenigstens einmal im Jahr üben die Soldatinnen und Soldaten das richtige An- und Ablegen der Schutzbekleidung. Drillmäßg geübt wird das Aufsetzen der ABC-Schmutzmaske innerhalb von neun Sekunden. Diesem Zeitansatz liegt die Annahme zugrunde, dass ein jetgetriebenes Kampfflugzeug beim Verbringen von chemischen Kampfstoffen ab der Entdeckung rund neun Sekunden benötigt, bis es den Ort derjenigen erreicht, die es beobachten. Bis in die frühen 1990er-Jahre wurde dies auch in speziellen ABC-Übungsräumen gemacht, in denen Reizgas verwendet werden durfte. Wer da mit der Schutzmaske spielte, um vielleicht etwas besser Luft zu bekommen, hatte mit tränenden Augen und leichter Übelkeit zu tun. Mogeln lohnte also nicht. In allen Verbänden und Einheiten der Bundeswehr – nicht nur in den ABC-Abwehrbataillonen – gibt es Fachpersonal, die ABC-Abwehrdienstberater (in der Regel Offiziere), ABC-Abwehrdienstfeldwebel, ABC-Abwehrdiensttruppführer, ABC-Abwehrdienstsoldaten, früher ABC-Abwehr und Selbstschutz-Unteroffiziere, je nach Verband oder Einheit mehr oder weniger, und die dazu besonders ausgebildeten Soldaten. Sie üben beispielsweise den Aufbau von Truppenentseuchungsplätzen, was früher häufiger geschah als heute. Wenn man »damals« nach Ablegen der kompletten Ausrüstung an diesen Soldaten vorbei zum Duschen ging, hatte sicher der eine oder andere ein mitleidiges Lächeln über für die Spezialisten in ihren Spezialanzügen, der damals so bezeichneten »Gummisau«. Freilich nur im Sommer. Im Winter wäre der Gummi-Vollschutzanzug sicher angenehmer als das Nacktduschen bei Minusgraden.

*Heiner Möllers*

37

# DER KERNAUFTRAG

## Die Landes- und Bündnisverteidigung

Panzerabwehrmine AT-2
des Herstellers Dynamit-Nobel

Für die Bundeswehr der 1980er-Jahre war die abgebildete Panzerabwehrmine AT-2 eine technische Revolution: Diese Hohlladungsmunition konnte mit dem Minenwerfer Skorpion oder mit dem leichten Artillerie-Raketenwerfer schnell verlegt oder, korrekt formuliert, geworfen werden. Die großflächig angelegten Wurfminensperren hätten die Angriffe gegnerischer Panzerverbände kanalisiert und gestoppt, was deren anschließende Bekämpfung erleichterte. Beim Überfahren einer solchen Mine durch einen Panzer oder ein Fahrzeug verbog sich die 70 cm lange »Antenne« der Mine, was diese detonieren ließ.

Die AT-2 war *ein* Utensil für die Landes- und Bündnisverteidigung im Zeitalter der Blockkonfrontation. Genauso wie Hunderttausende Soldaten, Tausende Panzer, Artilleriesysteme und vieles mehr war auch sie bereitgestellt worden, um Frieden und Sicherheit für die Bundesrepublik Deutschland im NATO-Bündnis zu gewährleisten. Diesen Frieden konnte die Bundeswehr allein nicht garantieren. Angesichts der Streitkräfte des damals so bezeichneten Ostblocks, des Warschauer Pakts, konnte der Frieden nur im Bündnis gesichert werden.

Die NATO betonte ihre Friedensbereitschaft und die defensive Sicherung dieses Friedens durch ihre Streitkräfte, was sie entsprechend in ihrer Verteidigungsplanung verankerte. Der sowjetisch geführte Warschauer Pakt hingegen hielt bis weit in die 1980er-Jahre an einer offensiv ausgerichteten Militärdoktrin fest. Im schnellen und raumgreifenden Vorstoß gepanzerter Verbände sollte in nur wenigen Tagen nicht nur der Rhein, sondern bestenfalls die französische Atlantikküste erreicht werden. Dazu war ein erhebliches Arsenal an Waffen und Soldaten notwendig, vor allem an gepanzerten Fahrzeugen, was die Sowjetunion und ihre Verbündeten auch besaßen.

Die Friedenssicherung im nordatlantischen Bündnis sah die Stationierung von Truppen der Alliierten auch in der Bundesrepublik Deutschland vor. Sie waren eingebunden in militärische Planungen für den »Verteidigungsfall«, wie in der Bundesrepublik Deutschland der Kriegsfall bezeichnet wurde. Der NATO ging es um die Sicherung von Frieden und Freiheit durch gemeinsame und glaubwürdige Abschreckung. Auch deswegen wurde der Gesamtplan für alle Alliierten in Mitteleuropa als »General Defense Plan« bezeichnet. Darin war, für die unterschiedlichen Kontingente, beinahe alles aufeinander abgestimmt und von oben nach unten durchdekliniert. Vom NATO-Oberkommando Europa bis zur letzten Kompanie der Verbündeten gab es vorbereitete Pläne. Die verschiedenen Armeekorps der NATO im Kommandobereich Mitteleuropa, also zwischen Elbe und Alpen, erhielten entlang des Eisernen Vorhangs feste Räume zugewiesen. Auf grafischen Darstellungen führte das zu Assoziationen mit einer »Schichttorte«, wodurch der Verteidigungsplan seinen Spitznamen erhielt. Damit wurde die *Landesverteidigung* vor 1990, die die Bundeswehr vor Augen hatte, zur *Bündnisverteidigung*. Nur gemeinsam mit Partnern hatte eine Verteidigung Aussicht auf Erfolg.

Zur Verteidigung gehörte auch die Zivilverteidigung. Krieg findet nicht im luftleeren Raum statt, er wirkt sich auch immer auf die Zivilbevölkerung aus. Militärische Verteidigung und Zivilverteidigung verschränken sich zur *Gesamtverteidigung*.

In der heutigen Zeit, die eine Renaissance der Landes- und Bündnisverteidigung (LV/BV) erlebt, ist für die Bundesrepublik beides anscheinend räumlich voneinander getrennt. Die Ostgrenze der NATO ist nicht mehr die innerdeutsche Grenze, sie liegt nunmehr 600 Kilometer weiter östlich an der polnisch-belarussischen Grenze. Bis zur deutschen Wiedervereingung 1990 wäre Deutschland noch »Frontstaat« gewesen.

Im Zuge der damaligen Verteidigungsplanungen hatte die Bundesrepublik Deutschland mit ihren Alliierten vorgesehen, grenznah zu verteidigen, etwa entlang des Elbe-Seiten-Kanals zwischen Hannover und Hamburg. Dieser lag jedoch teilweise keine zehn Kilometer von der innerdeutschen Grenze entfernt. Vor allem der hohe Bereitschaftsgrad der Truppen des Warschauer Paktes, die nahezu ständig einsatzbereit gehalten wurden, machte auch eine erhöhte Wachsamkeit der NATO nötig.

Zusätzlich zu den operativen Planungen der eigenen Truppen hatte man diesseits des Eisernen Vorhangs zusätzlich mehr als 5000 »Vorbereitete Sperren« angelegt. Das waren beispielsweise Fallkörper, die eine Durchfahrt versperren sollten, oder Trichtersperren unter Gullideckeln auf zahlreichen Landstraßen. Auch viele Brücken, insbesondere im damals so bezeichneten »Zonenrandgebiet«, waren bereits im Frieden für Sprengungen vorbereitet. Für den damaligen Ostblock sind ähnliche bauliche Abwehrmaßnahmen unbekannt. Mit all diesen Hilfsmitteln sollte der Angriffsschwung des Gegners gebremst und eine grenznahe Verteidigung ermöglicht werden. Die für diese Sperren benötigte Munition lag in den Sperrmittelhäusern schon im Frieden bereit; beides wurde von den sogenannten Wallmeistern betreut und gepflegt. Bei diesem Sperrgürtel galt es zu berücksichtigen, dass in einem Streifen von 100 Kilometern Breite westlich der Trennlinie zwischen West und Ost rund 30 Prozent der Bundesbürgerinnen und Bundesbürger lebten.

Obwohl eine Vielzahl der westlichen Verteidigungsvorbereitungen dem Osten bekannt waren, besaßen sie dennoch eine nicht zu unterschätzende Abschreckungswirkung. Udo Lindenbergs Songtext aus den 1980er-Jahren »In 15 Minuten sind die Russen auf dem Kurfürstendamm« war für das restliche Bundesgebiet nicht zutreffend. Ein solch massiver Einmarsch war angesichts der Komplexität der westlichen Verteidigungsvorbereitungen und -möglichkeiten ausgeschlossen. Das gilt auch heute noch. Im Übrigen gehört es zum Wesenskern einer pluralistischen Gesellschaft und der Streitkräfte in der Demokratie, dass die Bundeswehr kaum für die aktive Geheimhaltung ihrer militärischen Einrichtungen und Liegenschaften sorgte. Wer wollte, konnte erfahren, wo Kasernen lagen, welches Munitionslager dazu gehörte und sogar, wo möglicherweise »Sonderwaffen«, also Nuklearmunition, gelagert

Zu den »Vorbereiteten Sperren« gehörten die in räumlicher Nähe liegenden Sperrmittelhäuser, wie dieses in der Nähe von Witzenhausen in Nordhessen. In ihnen lag die Munition, um die Sperren im Einsatz »scharf« zu machen. Ausgelöst worden wären sie durch die in der Nähe eingesetzte Kampftruppe.

wurde. Den Rest bekam man beim Tag der offenen Tür zu Gesicht. Die echten Geheimnisse fanden die gegnerischen Geheimdienste trotzdem heraus. (An dieser Stelle sei nur erwähnt, dass beispielsweise der General Defense Plan von 1981 des V. U.S. Corps, der die Verteidigung im »Fulda Gap« beinhaltete, von der DDR-Staatssicherheit aufgedeckt wurde. Sie hatte einen Mitarbeiter in der Geheimregistratur des Korps, wie man später erfuhr.)

Nicht zuletzt gehörte zu den Verteidigungsvorbereitungen auch die Einrichtung von Reservelazaretten und Hilfskrankenhäusern in Schulen und Behörden, die Kennzeichnung von schützenswertem Kulturgut durch entsprechende Symbole und die Bereitstellung von Material und Waffen in zahlreichen Depots, die Errichtung von Hunderten Ersatzübergangsstellen an größeren Flüssen und Kanälen, der Betrieb von Ausweichsitzen für Bundes- und Landesregierungen sowie für zahlreiche Behörden, inklusive der Deutschen Bundesbank, die schon Notgeld für den Kriegsfall gedruckt hatte. Und auch das war der Gegenseite nicht unbekannt.

Die deutsche Wiedervereinigung am 3. Oktober 1990 machte all diese Vorbereitungen überflüssig – glaubte man. Viele der in diesem Beitrag genannten Einzelaspekte wurden aufgegeben, nicht mehr fortgeschrieben, Bunker und andere Bauten zurückgebaut, Liegenschaften aufgelöst oder verkauft. Lange Zeit sah sich Deutschland »von Freunden umzingelt«, wie es 1993 Verteidigungsminister Volker Rühe umschrieb. Manches aus den Verteidigungsplanungen des Kalten Kriegs erlebt derzeit eine Neubelebung. Nicht nur das, was in der Bundeswehr kurz mit »LV/BV« bezeichnet ist.

*Heiner Möllers*

38

# »BLAU« GEGEN »ROT« UND GEMEINSAM GEGEN FLURSCHÄDEN

## Großmanöver der Bundeswehr

Aufkleber der Bundeswehr für alle an der Heeresübung »Kecker Spatz« 1987 teilnehmenden Fahrzeuge. Mit diesem einfachen Mittel warb die Bundeswehr bei der Bevölkerung um Verständnis für die Übung, bei der rund 75.000 Soldaten »im Feld« waren.

Was nicht geübt wird, klappt nicht! Dieser militärische Grundsatz gilt für den Umgang mit dem Gewehr, für das Laden eines Artilleriegeschützes und auch für die Führung eines Großverbandes im Gefecht. Nur ist es eben viel einfacher, ein Gewehr zu zerlegen und wieder zusammenzusetzen oder das Zusammenspiel der Besatzung einer Haubitze drillmäßig zu trainieren, als ein ganzes Korps, also rund 100.000 Mann, den Krieg simulieren zu lassen. Hinzu kamen noch folgende Besonderheiten: An den großen Heeresübungen der Bundeswehr beteiligten sich auch Verbände der Alliierten, der Luftwaffe und seltener auch der Marine. Das alles forderte einen gewaltigen Aufwand, eine minutiöse Planung und eine gewisse »Regie« durch die Übungsleitung. Für die Beteiligten waren diese alljährlich stattfindenden Manöver Höhepunkte der Ausbildung; für Mensch und Technik waren sie eine Belastungsprobe – das galt auch für die Bevölkerung im riesigen Übungsgebiet.

Die großen Truppenübungsplätze in Deutschland (siehe Beitrag 46) boten keinen ausreichenden Raum für ein ganzes Korps; ein solcher Großverband konnte nur im freien Gelände üben, mit allen damit verbundenen Belastungen für die Bevölkerung und die Infrastruktur. Aufkleber wie die beiden abgebildeten aus dem Jahr 1987 richteten sich daher gezielt an die Zivilbevölkerung im Übungsgebiet. In unserem Fall warben sie bei der betroffenen Bevölkerung um Verständnis für die deutsch-französische Übung »Kecker Spatz« – oder auf Französisch: »Moineau Hardi«. Bei Manöverbeginn klebte an jedem Fahrzeug der Übungstruppe für alle Verkehrsteilnehmer gut sichtbar ein solcher Aufkleber.

Die Rücksichtnahme auf die Bevölkerung beschränkte allerdings die Möglichkeiten: Auf großen Manöverkarten war eingetragen, welche Gebiete völlig für die übende Truppe gesperrt waren und wo mit Einschränkungen geübt werden konnte. Großstädte waren naturgemäß tabu, Naturschutzgebiete ebenso. Außerdem erforderte die Rücksicht auf die Landwirtschaft eine zeitliche Festlegung: Immer im Frühherbst, wenn die Felder abgeerntet, aber noch nicht neu eingesät waren, kamen die Soldaten übers Land. In der norddeutschen Tiefebene etwa, im Fulda Gap zwischen der innerdeutschen Grenze und dem Taunus, und in Nordbayern wussten die Bauern schon, was ihnen bevorstand. Da Manöverschäden sich nicht gänzlich vermeiden ließen, setzte die Übungstruppe »Flurschadenoffiziere« ein, die eine schnelle und unbürokratische Entschädigung einleiten sollten. Das abgebildete Flugblatt aus derselben Übung informierte die Bevölkerung über die Gefahren der Heeresübung; ein Bürgertelefon nahm »Sorgen, Fragen und Anregungen entgegen – Rund um die Uhr!«

Frühes Anzeichen der alljährlichen Übungssaison war, wenn die ARD in ihrer wöchentlichen TV-Verkehrserziehungsreihe »Der 7. Sinn« vor den Gefahren der Begegnung von PKW mit Panzern warnte: Nicht zu eng auffahren – der Bremsweg eines Panzers ist extrem kurz! –, untermalt durch die spektakuläre Aufnahme eines Wagens, der eben noch zu dicht hinter einem Kampfpanzer fuhr und dann von diesem bei einem abrupten Bremsmanöver zerdrückt wurde. Trotz aller Warnungen kam es bei Großmanövern immer wieder zu Verkehrsunfällen, auch mit Todesopfern.

An der Heeresübung »Großer Bär« im Herbst 1976 waren rund 62.000 Soldaten des I. Korps der Bundeswehr sowie der amerikanischen, britischen und niederländischen Streitkräfte beteiligt; zeitgleich lief zudem noch die NATO-Luftwaffenübung »Cold Fire«. Zum Kettenlärm der »Leoparden« gesellte sich über dem Münsterland das Gedröhn von Phantom-Jagdbombern im Tiefflug. Die Großübung »Kecker Spatz« des II. Korps fand in Baden-Württemberg und Bayern statt. Von den insgesamt 75.000 Teilnehmerinnen und Teilnehmern kamen rund 20.000 aus der französischen Armee, in der damals schon Frauen dienten. Frankreich hatte sich in den 1960er-Jahren aus der militärischen Integration der NATO verabschiedet; insofern war eine gemeinsame deutsch-französische Großübung eine Besonderheit. Allerdings nahmen keine Truppenteile anderer NATO-Partner teil.

Beide Übungen, »Großer Bär« 1976 und »Kecker Spatz« 1987, belegen die politische Dimension solch aufwendiger Großmanöver: Sie demonstrierten Bündniskohäsion und dienten damit unmittelbar sicherheits- und verteidigungspolitischen Zwecken. Dass gemäß den Protokollen der Konferenz über Sicherheit und Zusammenarbeit in Europa auch Manöverbeobachter aus Staaten des Warschauer Pakts einzuladen waren, war dem Westen nur recht: So konnte man die Leistungsfähigkeit der eigenen Truppe demonstrieren, auf der die Abschreckung ja beruhte (siehe Beitrag 56). Zu verbergen hatte man in einer offenen Gesellschaft ohnehin wenig und um das, was man lieber nicht so offen zeigte, kümmerten sich oft die Lastwagen der DDR-Spedition DEUTRANS, die auffallend häufig in den Manövergebieten auftauchten.

Die eigentliche Manövertätigkeit begann mit einer »Ausgangslage«, wobei Farben die Übungsparteien kennzeichneten. Die Übungstruppe »Blau« waren die Verbündeten, denen die Feinddarstellung »Rot« gegenüberstand. »Rot« folgte entweder den Vorgaben der Übungsleitung, um »Blau« in vorher definierte Lagen zu bringen, oder durfte frei seinen operativen Ansatz wählen. Letzteres, die »freilaufende« Übung, war sozusagen die hohe Kunst, aber auch risikobehaftet: Was, wenn sich die beiden Seiten unentwirrbar ineinander verknäulten? Schiedsrichter mit weißen Armbinden und Fahrzeugmarkierungen sollten genau das verhindern. Zudem konnte nur mit Manövermunition geschossen werden – die Schiedsrichter mussten dann entscheiden, welches Fahrzeug ausgefallen war, wer verwundet oder gar (für eine oder zwei Stunden) »gefallen« war. Auch die kleinen Panzerfahrzeuge der Sanitätstruppe und die Transporthubschrauber der Heeresflieger mussten dann zum Einsatz kommen; die Logistik wurde natürlich mit geübt.

Das war auch einer der Gründe, warum diese Großmanöver unverzichtbar blieben. So mancher hohe General war versucht, bei Stabsrahmenübungen (also ohne echte Ernstfallsimulation) leichthin zu befehlen, dass die Brigade X nun versorgt war und weitermarschieren

Während der Heeresübung »Kecker Spatz« (französisch »Mondieu Hardi«) des II. deutschen Korps 1987 im süddeutschen Raum verteilten die Soldaten vielfach dieses Informationsblatt. Wer wollte, konnte seine Neugier mit einem Anruf beim Bürgertelefon stillen.

konnte. Bei einem Großmanöver blieb eine Brigade tatsächlich stehen, bis sie neu betankt worden war. Und für eine Marschstrecke von 150 km brauchte die als Reserve heranzuführende Division dann eben tatsächlich einen halben Tag – »Zeitsprung« zu befehlen, half da nicht.

Mit dem Ende des Kalten Kriegs kam auch das Ende der großen Heeresmanöver. Die Armeen wurden kleiner, die Alliierten zogen aus Deutschland ab und die Computertechnologie erlaubte immer realistischere Simulationen. Auch der Großrechner der US-Armee in Kaiserslautern, den viele der Verbündeten anfangs mitnutzten, ließ sich nicht bestechen und hielt die »schnellstens heranzuführende« Reservebrigade fest, bis die virtuelle Betankung zu Ende war. Das IV. Korps aus Potsdam machte solche Erfahrungen bei der Übung »Cannon Cloud« 1995 – übrigens der ersten NATO-Stabsrahmenübung, bei der die französische Armee wieder dabei war. Die Aufnahme einer französischen Brigade bei Nacht durch eine Division irgendwo entlang der oberen Mosel gelang, ohne dass einer der Winzer dort um seinen Schlaf gebracht worden wäre. Doch das politische Ziel war erreicht, der erste Schritt zur Rückkehr der »Grande Nation« in die militärische Struktur der NATO war getan. Auch am Computer simulierte Großübungen haben politische Bedeutung.

*Winfried Heinemann*

39

# VOM ATOMAREN »ALL IN« ZUR FLEXIBLEN REAKTION

## Der Strategiewechsel der NATO

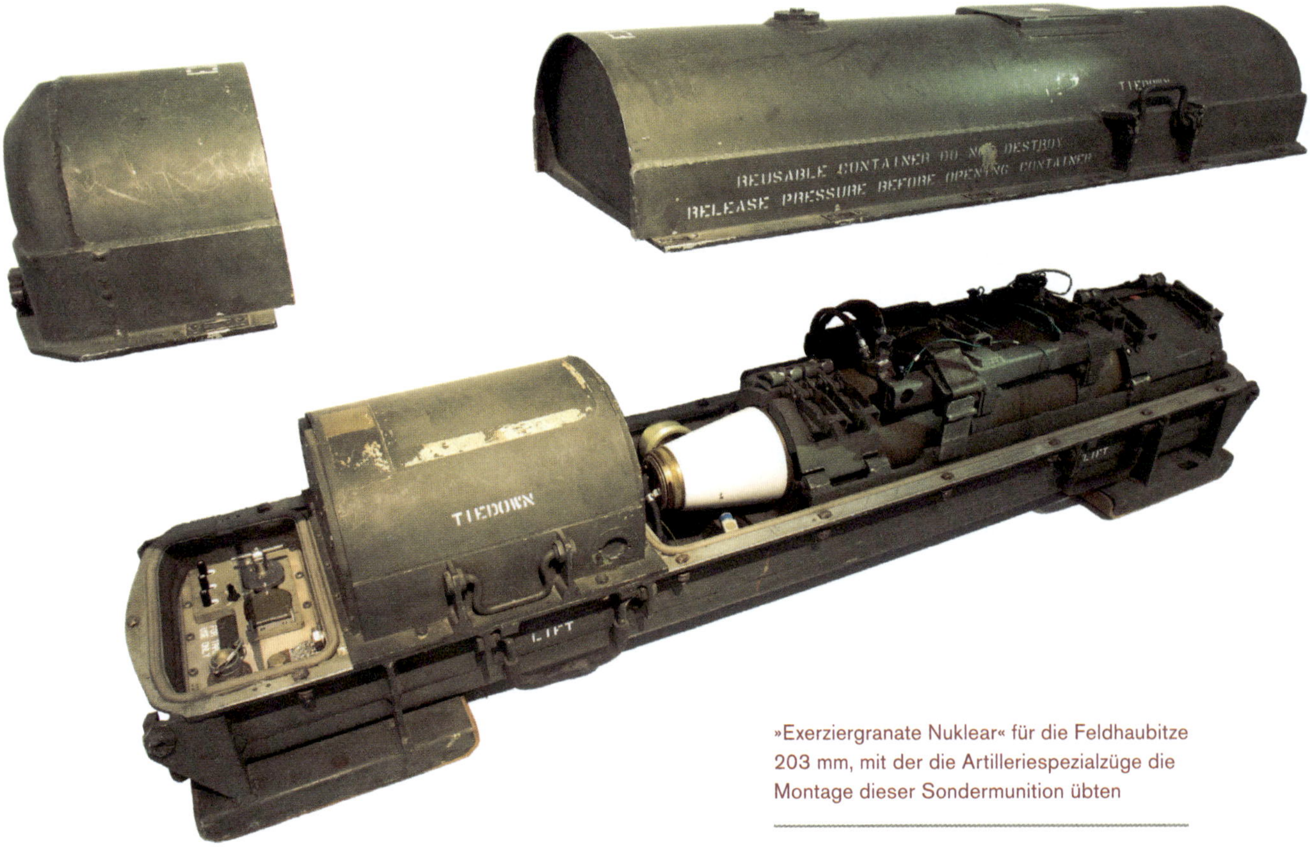


»Exerziergranate Nuklear« für die Feldhaubitze 203 mm, mit der die Artilleriespezialzüge die Montage dieser Sondermunition übten

Die »Exerziergranate DM 30 Nuklear« ist Sinnbild für die Strategie der Massiven Vergeltung (MC 14/2 *Massive Retaliation*). Als die Bundesrepublik Deutschland am 5. Mai 1955 in die NATO eintrat, bestimmte diese Strategie die Überlegungen und operativen Planungen des Bündnisses. Der Krieg in Korea hatte gezeigt, dass die strategischen Nuklearwaffen der USA für die B-52-Bomber aufgrund ihrer großen Sprengwirkung zur unmittelbaren Unterstützung der eigenen Truppen auf dem Gefechtsfeld nicht eingesetzt werden konnten. Deshalb wurden deutlich kleinere nukleare Sprengköpfe für den taktischen Einsatz auf dem Gefechtsfeld entwickelt. Die grundsätzliche Bereitschaft zum Einsatz von Atomwaffen und auch zur Nutzung des gesamten nuklearen Waffenpotenzials der USA entsprang der von allen Mitgliedsstaaten der NATO geteilten Befürchtung, dass ein Angriff der mächtigen Landstreitkräfte des kommunistischen Lagers auf Westeuropa von den konventionellen westeuropäischen Streitkräften allein nicht aufgehalten werden könne.

Anfang 1954 verstärkten die USA ihre Abschreckung einer möglichen Aggression aus dem Osten: Sie drohten mit der atomaren »Massiven Vergeltung«. Mit ihr sollte das Risiko eines Angriffs für die Sowjetunion unkalkulierbar werden. Für den Fall, dass selbst die nukleare Abschreckung versagte, sollten bei einem sowjetischen Angriff die B-52-Bomber der USA mit ihren Atombomben schnelle und wirksame Gegenschläge ausführen und zur Vernichtung des sowjetischen Angriffspotenzials beitragen. Mit Hilfe der amerikanischen taktischen Nuklearwaffen hofften die europäischen Bündnispartner, die offensichtlichen Schwächen ihrer konventionellen Streitkräfte wettzumachen. Diesen kam die Aufgabe zu, den sowjetischen Angriff zu verzögern und gegnerische Truppenkonzentrationen zu erzwingen, die effektive Ziele für den Einsatz taktischer Nuklearwaffen boten.

Erste taktische Nuklearwaffenträger erhielt Anfang 1954 die in der Bundesrepublik stationierte 7. U.S. Army. Die schwere Feldhaubitze M65 vermochte nukleare Granaten vom Kaliber 280 mm über eine Distanz von über 25 km zu verschießen. Die Deutschen gaben ihr den Spitznamen »Atom-Anni«. Die nuklearen Granaten lagerten in speziellen amerikanischen Munitionsdepots in Heilbronn, Kaiserslautern und Pirmasens. Allerdings erwiesen sich die Haubitzen wegen ihres hohen Eigengewichts als nur bedingt einsetzbar – für die meisten europäischen Straßen und Brücken waren sie schlicht zu schwer. Zudem war die lediglich ein einziges Mal in Nevada getestete Zerstörungskraft der Granaten mit einer Sprengkraft von 15 Kilotonnen für ein dicht besiedeltes europäisches Gefechtsfeld viel zu groß. (Zum Vergleich: Die Atombombe von Hiroshima hatte ca. 13 Kilotonnen Sprengkraft.)

Kontrolle und Freigabe der nuklearen Gefechtsköpfe für die Granaten standen unter US-Hoheit. Das galt in der Folge ebenso für die taktischen Nuklearwaffen, zu deren Nutzung die Bundeswehr im Rahmen der Massiven Vergeltung entsprechende Waffenträger erhielt. Dazu zählte ab Ende der 1950er-Jahre die 762-mm-Feldrakete des Typs Honest John. Sie konnte sowohl konventionelle als auch nukleare Gefechtsköpfe verschießen. Die Luftwaffe wurde Anfang der 1960er-Jahre mit der zweistufigen Flugabwehrrakete Nike-Herkules ausgestattet. Sie erreichte eine Flughöhe von 30 km und konnte ebenfalls alternativ mit konventionellen oder nuklearen Sprengköpfen auch für den Einsatz am Boden bewaffnet werden. Die Rakete sollte zur Abwehr von in großer Höhe einfliegenden sowjetischen Bombern eingesetzt werden. Mit den zuerst von der Bundeswehr in den USA beschafften Panzerhaubitzen M55 und ihren Nachfolgern M110 ließen sich ebenfalls nukleare oder konventionelle Granaten vom Kaliber 203 mm über eine Distanz von bis zu 14 Kilometern verschießen. Die abgebildete Exerziergranate erlaubte den Soldaten das gefahrlose Üben mit einer »nuklearen« Exerziergranate.

Das Ausformulieren der NATO-Dokumente für die Massive Vergeltung und ihre operative Umsetzung über alle Entscheidungsebenen dauerte bis 1957. Im April des Jahres nahm der NATO-Rat schließlich die strategischen Richtlinien »Overall Strategic Concept for the Defense of the North Atlantic Treaty Organisation Area« (MC 14/2) und die »Measures to Implement the Strategic Concept« (MC 48/2) an. Beide Dokumente legten fest, dass nukleare Waffen nur eingesetzt werden sollten, wenn ein sowjetischer Angriff das Ausmaß einer begrenzten Maßnahme (»incursion«, »infiltration« oder »local hostile Action«) überschritt. Entsprechend sah etwa die politische Richtlinie des US-amerikanischen Nationalen Sicherheitsrates vom 7. Februar 1958 für den Fall einer Sperrung der Zufahrtswege von und nach Berlin durch die Sowjetunion den sofortigen Nuklearwaffeneinsatz vor.

Allerdings wurde schon zum Zeitpunkt der Ausrüstung der Bundeswehr mit Trägersystemen für nukleare taktische Waffen Kritik an der *Massive Retaliation* vorgebracht: Der ranghöchste General der U.S. Army, General Maxwell D. Taylor, trug seine Bedenken im Mai 1956 Präsident Dwight D. Eisenhower vor. Der General, der unter anderem Kommandeur der US-Truppen in Berlin gewesen war, sah vor allem den automatischen Einsatz von Nuklearwaffen im Fall eines lokalen Konflikts kritisch. Das gültige strategische Konzept hielt er in gefährlicher Weise für zu wenig flexibel. Bei Eisenhower fand er jedoch kein Gehör; denn für den Präsidenten blieb die Massive Vergeltung »der Schlüssel zum Überleben«. Taylor ging frustriert in den Ruhestand; seine Kritik trug er in seinem Buch »The Uncertain Trumpet« (1960) in die Öffentlichkeit.

Die Vorstellungen von John F. Kennedy, der am 20. Januar 1961 Präsident der USA wurde, über die Strategie der USA und der NATO deckten sich nicht mehr mit der Auffassung der Eisenhower-Administration. Kennedy ernannte General Taylor, dessen Buch er gelesen hatte, zu seinem Berater und schließlich zum Vorsitzenden der Befehlshaber aller amerikanischen Teilstreitkräfte. Die während der Berlin-Krise gemachten Erfahrungen veranlassten die Kennedy-Administration, den NATO-Partnern ihre Zweifel an der bestehenden Strategie näherzubringen. Noch im Dezember des Jahres warb US-Verteidigungsminister Robert McNa-

Die BL 755 war eine ungelenkte Streu- oder auch Clusterbombe mit wahlweise 147 Hohlladungsbombletts oder 49 Panzerabwehrminen. Sie wurde 1970 von der britischen Firma Huntington Engineering entwickelt und ab den 1970er-Jahren bei den Luftstreitkräften der NATO eingeführt. Die Luftwaffe der Bundeswehr hätte damit alle Kampfflugzeuge beladen können. Heute sind »Streubomben« von zahlreichen Staaten wegen der hohen Zahl an Blindgängern, die eine Gefahr vor allem für Zivilsten darstellen, geächtet und aus den Lagern verschwunden. Im Ukraine-Krieg werden sie weiterhin von der russischen Luftwaffe abgeworfen.

mara vor dem NATO-Rat für eine Strategie der »flexiblen Antwort«. Die Alliierten müssten über eine größere Auswahl an Optionen verfügen als »Demütigung« oder totale nukleare Aktion. Die von den USA propagierten und im April 1962 verabschiedeten »Nuclear Guidelines« (CM (62)48) sahen für den Fall eines sowjetischen Angriffs eine Antwort mit nuklearen Waffen nur noch in einem Maß vor, »welches den Umständen angemessen sei«. Im Fall eines konventionellen Angriffs sollte nur dann mit nuklearen Waffen geantwortet werden, wenn dies »unbedingt erforderlich« sei. Bei den Bündnismitgliedern, die, anders als Frankreich und das Vereinigte Königreich, nicht über eigene Nuklearwaffen verfügten, mehrte sich die Sorge, dass die USA sich damit ihrer Verpflichtung zur nuklearen Verteidigung Europas entziehen könnten. So zogen sich die Verhandlungen bis zur Verabschiedung der Strategie der Flexiblen Antwort (Flexible Response MC 14/3) und ihrer operativen Umsetzung bis Ende der 1960er-Jahre hin.

In der Folge dieses Strategiewandels erhielten die bislang allein für Nuklearwaffeneinsätze vorgesehenen Kampfflugzeugverbände der Luftwaffe in Nörvenich, Büchel und Memmingerberg zusätzlich neue, konventionelle Aufgaben – und dafür auch neue Munition, wie die Streubombe BL 755. Künftig waren alle Kampfgeschwader der Luftwaffe in erster Linie für die konventionelle Bekämpfung vorgesehen. Das bedeutete jedoch, die bisher allein für den Nuklearwaffeneinsatz ausgebildeten Piloten auf diese Aufgaben umzuschulen. Der Strategiewandel brachte für die Luftwaffe der Bundeswehr gleichzeitig ein Mehr an Aufgaben und zusätzliche Ausrüstung und Munition.

*Reiner Pommerin*

40

# ÖLE UND FETTE

## Technischer Dienst

Diese »Fettpresse/Druckkübelpresse/Fußhebelfettpresse« der Firma Tecalemit war ein Werkzeug der Instandsetzungs- und Wartungsgruppen der Bataillone und in der Truppe beim Technischen Dienst hoch begehrt. Mit ihr konnte man durch Fußdruck »abschmieren«, was mit der Handpresse unnötig mühsam war. Befüllt wird sie mit »Technischer Vaseline«, einem Universalfett für Metallverbindungen.

Die Bundeswehr war und ist eine hochtechnisierte Armee. Technik will jedoch gepflegt sein. Die ständige Wartung von Waffen, Fahrzeugen und anderem Gerät war Aufgabe der Soldaten selbst; lediglich größere Reparaturen blieben speziellen Wartungstrupps, Instandsetzungszügen oder der Industrie vorbehalten.

Beliebt war der »Technische Dienst« allerdings nicht – LKW-Fahren ist spannender als einen LKW zu waschen, Schießen beliebter als das Gewehr zu reinigen. Die Fettpresse war dabei eines der unbeliebtesten Geräte, denn damit zu arbeiten bedeutete unweigerlich, sich schmutzig zu machen – und das nicht zu knapp. Da half auch kein »Blaumann« – und das zu Zeiten, in denen jeder Soldat gerade einmal zwei Garnituren »Kampfanzug oliv« besaß (dazu eine wärmere, aber kratzige Garnitur für den Winter). Da musste die Mutter am Wochenende unweigerlich waschen. Zwar konnte man die Uniform auch dienstlich reinigen lassen, aber das dauerte, und solange war der junge Mann dann alternativlos auf seine andere Garnitur angewiesen.

Natürlich hatten die Instandsetzungstruppe und auch der Instandsetzungszug des Bataillons ein Interesse daran, die wehrpflichtigen KFZ-Mechaniker und Landmaschinenschlosser für sich zu rekrutieren. Für die Truppe blieb dann immer noch der eine oder andere Soldat mit technischem Geschick – der weit verbreitete PKW 0,4 t (VW 181) baute auf einem leicht modifizierten VW-Käfer-Chassis auf, und einen Käfer zu warten hatten viele schon zu Hause gelernt. Davon profitierte die Truppe. Andere, oft die Abiturienten, hatten »zwei linke Hände« und mussten erst angelernt werden. Nein, Bremsbacken waren nicht einzufetten!

Technischer Dienst fand in der Bundeswehr in aller Regel im Freien statt; das Großgerät stand zumeist unter »Schleppdächern« im »Technischen Bereich«. So waren Panzer, Geschütze und LKW gegen Luftsicht geschützt, aber nicht gegen alle Unbilden der Witterung. Ebenso wenig waren jene geschützt, die sommers wie winters daran arbeiten und das Gerät unterhalten sollten. Bei Temperaturen unter null unter einem Fahrzeug zu liegen und daran zu schrauben – oder es einzufetten – war wirklich keine angenehme Tätigkeit. In den Technischen Bereichen gab es für einige Tätigkeiten auch KFZ-Rampen, die es erlaubten, den Panzer oder den LKW im Stehen von unten zu pflegen. Allerdings war das Befahren dieser Rampen nicht ungefährlich und führte immer wieder zu – teils tödlichen – Unfällen.

Technischer Dienst war vor und nach jeder Benutzung vorgeschrieben. Reifendruck prüfen, Kühlwasserstand, Ölstand – die ersten beiden Generationen von Fahrzeugen der Bundeswehr waren teils noch recht antiquiert. Man denke an den LKW 0,25 t Munga mit seinem Zweitaktmotor, dessen Geruch stark an einen DDR-Trabbi erinnerte, oder an den benzingetriebenen Kampfpanzer M 48 aus amerikanischer Produktion. Keines dieser Modelle war pflegeleicht. Erst ab den späten 1970er-Jahren wurden dann handelsübliche LKW sowie neu entwickelte und wartungsärmere Systeme angeschafft.

Hinzu kamen die »Fristenarbeiten« – der Ölwechsel etwa, den die Truppe ebenfalls selbst durchführte. Nach einer festgelegten Anzahl von Kilometern oder nach einer festen Zeit waren solche Arbeiten vorzunehmen und im »Fristenheft« nachzuweisen – auch hierfür gab es eine strenge Dienstaufsicht.

Die Fettpresse war für den regelmäßigen Technischen Dienst unentbehrlich. Kardanwellen und -gelenke, Radlager, Lenkgestänge – sie alle hatten rot markierte »Schmiernippel«, in die in regelmäßigen Abständen Fett gepresst werden musste. Mancher Schmiernippel versteckte sich in den hintersten Ecken des Chassis, und der Soldat musste darauf achten, dass er keinen von ihnen übersah, sonst würde es bei der Dienstaufsicht Ärger geben.

Aber nicht nur Großgerät wollte regelmäßig gewartet sein, auch die »Braut des Soldaten«, das Gewehr, und die anderen Schusswaffen bedurften der Pflege und Wartung. Das Rohr jeder Waffe bestand aus Stahl, außen mattiert, innen blank. Auf den hundertstel Millimeter genau musste das Geschoss hineinpassen; ein Gewehr G 3 war ein Präzisionsgerät, mit dem man auf 300 m treffen konnte und das entsprechend behandelt werden musste.

Damit das Rohrinnere nicht rostete, musste es regelmäßig eingeölt werden. Dazu diente die Plastikbürste in dem abgebildeten Plastikbehälter »Waffenreinigungsgerät«. Die leichte Wölbung des Behälters entsprach der Vorgabe, dass der Soldat sein Waffenreinigungsgerät im Geländedienst und beim Schießen »am Mann« zu tragen hatte, und zwar in der Beintasche – da war die abgerundete Form praktisch.

Egal ob Gewehr, LKW, Panzer oder anderes Großgerät: Alle Pflegearbeiten waren periodisch zu wiederholen. Dazu musste jedoch zunächst das alte Öl entfernt werden; diesem Zweck diente der »Gewehrdocht«, ein etwa einen halben Zentimeter starkes und rund zehn Zentimeter langes Bündel aus schmiegsamem Textil, das mit der Kette durch das Rohr gezogen wurde. Das war auch erforderlich, wenn die Waffe schussbereit gemacht werden sollte, denn verbliebenes Öl im Rohr konnte sich sonst beim Schuss vor dem Geschoss aufstauen und schlimmstenfalls das Rohr aufbauchen. Auch hier waren also Sorgfalt gefordert – und begleitende Dienstaufsicht, denn nicht jeder Soldat ging gleich sorgsam mit seinem Gewehr um.

Nach dem Schießen war es zunächst notwendig, mit der ölgetränkten kombinierten Borsten- und Metallbürste (im Bild ganz unten) den Pulverschmauch aus der Waffe zu entfernen. War man zum Gefechtsdienst im Gelände gewesen und hatte man dabei mit Manövermunition (also Platzpatronen) geschossen, war noch weit mehr Schmauch in der Waffe. Das Gewehrreinigen war mühsam, verschmutzte den Feldanzug (siehe oben) und konnte viele Wiederholungen erfordern, bis der Gruppenführer und der Waffen- und Geräte-Unteroffizier (»WuG« – auch schon mal als »warm und gemütlich« aufgelöst, weil er in seiner Waffenkammer Regen und Sonnenschein nicht ausgesetzt war) nach einem prüfenden Blick durch das Rohr einverstanden waren. Sollten vom Sand des Truppenübungsplatzes noch ein oder zwei

Waffenreinigungsgerät für Handwaffen der Bundeswehr, Mitte 1980er-Jahre

Körner zu sehen sein, konnte das zu dem bissigen Kommentar führen, da sei ja noch die halbe Wüste Gobi drin oder gar ein »Elefant im Rohr« – »Nochmal!«

Zumeist wurden für das Waffenreingen die Stühle und Tische aus den Stuben in den Flur gerückt; so konnten der Zug- und die Gruppenführer einfacher überwachen, was da geschah. Eines durfte auf keinen Fall passieren: dass das Gewehr herunterfiel, denn so präzise die Waffe war, sie war auch empfindlich. Oft war es dann notwendig, sie neu zu justieren – ein Fall für den Instandsetzungszug und daher Grund für erheblichen Ärger.

Aber noch schlimmer wurde es, wenn die Fettpresse und das Waffenreinigungsgerät zusammenwirken mussten. Die Kette mit dem Docht durch das Rohr zu ziehen, erforderte einiges an Kraft. Da geriet der Soldat schon mal in Versuchung, das Gewehr mit dem Rohr nach unten zu halten, auf das Ende der Kette zu treten und dann am Gewehr zu ziehen. Das war zwar verboten, aber nun ja ... Und dann riss gelegentlich die Kette. Was nun?

Da half es nur noch, die Fettpresse mit einem eigens dafür vorgehaltenen Druckschlauch mit der Gewehrmündung zu verbinden und den Docht samt allem, was daran hing, hydraulisch zurückzudrücken, bis er im Patronenlager wieder austrat und das dahinter mit Druck aufgestaute Fett der Fettpresse überallhin verspritzte. Die »Sauerei« kann man sich fantasievoll ausmalen. Nein, weder das Waffenreinigungsgerät noch die Fettpresse standen für beliebte Tätigkeiten, und zusammen waren sie mehr als doppelt gefürchtet. Aber die Materialerhaltung hat in jeder Armee hohe Priorität; anders lässt sich Kriegsfähigkeit nicht herstellen.

*Winfried Heinemann*

41

# DEN SCHUTZ BESCHÜTZEN

## Der Wachdienst

»Schilderhäuschen« an der Zufahrt zum Militärhistorischen Museum der Bundeswehr – Flugplatz Berlin-Gatow. So wie dieses stehen Tausende an den Toren der Kasernen der Bundeswehr, kleine Variationen inbegriffen.

Das abgebildete Schilderhäuschen, ein Unterstand für militärische Wachposten vor Kasernen und Militärdepots, steht stellvertretend für einen wenig geliebten Aspekt im Militär: den Wachdienst. Dass Soldaten ihre Kasernen und Liegenschaften sowie Waffen und Material selbst bewachen, scheint vollkommen natürlich und verständlich. Der Wachdienst unterbricht dabei den normalen Dienst in der Regel für 24 Stunden. Mit ihrer »Vergatterung« treten die Wachsoldaten auf Befehl des »Offiziers vom Wachdienst« aus den gewohnten Unterstellungsverhältnissen zeitweilig heraus und erhalten besondere Befugnisse und Pflichten. Äußere Kennzeichen, wie die umseitig abgebildete Armbinde mit der Aufschrift »Wache«, machen dies sichtbar. Dass Wachen auch den militärischen Disziplinararrest durch ihren Dienst gewährleisten, ist weniger bekannt. Der Wachhabende ist dabei der Vollzugshelfer im Auftrag des jeweiligen Kasernenkommandanten. Aber im »Café Viereck« die sprichwörtliche »gesiebte Luft und karierten Sonnenschein« serviert zu bekommen, ist heute eine seltene Ausnahme geworden.

»Posten und Streifen militärischer Wachen sowie übrige Soldatinnen und Soldaten im Wachdienst tragen auf dem linken Oberärmel eine 10,5 cm breite, weiße, kunststoffbeschichtete Armbinde mit schwarzer Aufschrift »Wache« – und werden so für die Angehörigen der Bundeswehr wie auch Außenstehende als Wachpersonal in den Liegenschaften der Bundeswehr kenntlich gemacht.

Um Wachdienst leisten zu dürfen, müssen die Soldatinnen und Soldaten der Bundeswehr eine praktische und theoretische Ausbildung mit obligatorischen Prüfungen durchlaufen. Das schützt vor tragischen Fehlern und sensibilisiert dafür, dass Wachvergehen streng bestraft werden. Die besondere Strafbarkeit von Wachverfehlungen wird im Wehrstrafgesetz (§ 44) ausdrücklich geregelt und ist ein Sonderfall des Ungehorsams (§ 19) oder des leichtfertigen Nichtbefolgens eines Befehls (§ 21). Eine Wachverfehlung kann nur im Wachdienst begangen werden. Der rechtmäßige Schusswaffengebrauch steht im Fokus, was wenig wundert.

Im Unterschied zum Kriegseinsatz darf im Wachdienst nur geschossen werden, um »angriffs- und fluchtunfähig« zu machen. Auch nicht zu schießen kann bei Vorliegen aller Voraussetzungen ein Dienstvergehen und sogar eine Straftat als Wachverfehlung darstellen. Das macht den Wachdienst zu einer rechtlichen Gratwanderung.

Beim Aufbau der Bundeswehr durften die Soldaten zunächst nur »subsidiär«, also unterstützend zur zivilen Polizei, tätig werden. Wie ein ziviler Werkschutz mussten sich die Soldaten beim Schutz der Kasernen auf »Jedermannsrechte« berufen. Im Jahr 1965 führte dann der Gesetzgeber das »Gesetz über die Anwendung unmittelbaren Zwanges und die Ausübung besonderer Befugnisse durch Soldaten der Bundeswehr und verbündeter Streitkräfte sowie zivile Wachpersonen« (UZwGBw) ein. Darin wurde der Umfang der Aufgaben im Wachdienst beschrieben, nämlich »Personen anzuhalten, zu überprüfen, vorläufig festzunehmen und zu durchsuchen, Sachen sicherzustellen und zu beschlagnahmen und unmittelbaren Zwang gegen Personen und Sachen anzuwenden«. Juristen bezeichneten das Gesetz als »Magna Charta« des Selbstschutzrechtes der Bundeswehr. Mit ihm erhielten die Wachen quasi Polizeibefugnisse, wenn es um Anlagen, Einrichtungen und Schiffe der Bundeswehr sowie der verbündeten Streitkräfte in der Bundesrepublik Deutschland ging.

Über die Jahrzehnte konnte man in den Medien immer wieder von Vorfällen in den Kasernen lesen, weil besonders eifrige Wachvorgesetzte die Streifen und Posten unangekündigt und möglichst unauffällig kontrollieren wollten. Auch im Streifendienst kam es zu tödlichen Unfällen, etwa wenn der Hintermann seinen Streifenführer unbeabsichtigt beim Hantieren mit der Waffe erschoss oder die vorgeschriebene Entladung der Waffe nach dem Posten- oder Streifendienst unterblieben war und ein Schuss sich versehentlich im Wachlokal löste. Bundesweites Aufsehen erregte vor allem der sogenannte Soldatenmord von Lebach am 20. Januar 1969, als zwei Männer die Standortmunitionsniederlage 461/1 Landsweiler bei Lebach überfielen und dabei vier Soldaten töteten. Drei von fünf Wachsoldaten wurden im Schlaf ermordet, zwei wurden schwer verletzt. Einer von ihnen verstarb wenige Wochen später an den Folgen seiner Verletzung, der andere überlebte trotz seiner Schuss- und Stichverletzungen. Vier von zwölf Munitionsbunkern wurden aufgebrochen. Die Beute bestand aus drei Gewehren und zwei Pistolen, mehr als 1000 Patronen sowie dem Wachbuch.

Die Lösung des Kriminalfalls enthielt so manche Merkwürdigkeit. Denn die skrupellosen Mörder und Diebe waren keine Terroristen, sondern eher Zufallstäter, die auf Geld für ein besseres Leben im Ausland hofften. Für weitere Überfälle benötigte man Waffen. Gefasst wurden die Täter schließlich, weil sie eine bekannte Wahrsagerin entführen, deren Geld stehlen oder auch mit dem vermuteten Wissen der Frau weitere Opfer erpressen wollten. Die Wahrsagerin, genannt »Madame Buchela«, tappte jedoch nicht in die Falle der Täter. Entscheidend dafür war keine Glaskugel, sondern Zeugenhinweise in der beliebten ZDF-Sendung »Aktenzeichen XY ... ungelöst«, nach deren Ausstrahlung Madame Buchela die Polizei informierte. 1970 erhielten die zwei Täter lebenslänglich und ein Helfer und Mitwisser je sechs Jahre Gefängnis. Die Verhandlung förderte zutage, dass der Haupttäter seinen Wehrdienst in der Lebacher Graf-Haeseler-Kaserne abgeleistet und bereits früher dort eine der Tatwaffen gestohlen hatte. Heute trägt ein Gedenkstein in der Kaserne die Namen der toten Wachsoldaten: Unteroffizier Erwin Poh, Obergefreiter Arno Bales, Gefreiter Dieter Horn und Gefreiter Ewald Marx.

Waren schon im Zuge der 68er-Bewegung innerhalb der Bundeswehr Überlegungen zur Anpassung der Anforderungen im Wachdienst vorgenommen worden, so kam es nach den Lebach-Morden zu Sofortmaßnahmen, wie dem Streifengang mit fertiggeladenen Waffen bei Nacht. Und im Februar 1969 wurde eine »Arbeitsgruppe zur Verbesserung der Sicherung militärischer Bereiche und der Sicherung des Wachpersonals« geschaffen. Das Weißbuch der

Bundesregierung 1970 forderte eine Überwindung der »Monotonie des Wachdienstes«. Die Belastung der Truppe mit Wachaufgaben sollte verringert werden. Langfristig führte dies neben baulichen Veränderungen und besseren Ausbildungshilfen zu einem vermehrten Einsatz ziviler Wachen in der Bundeswehr.

Viel später geriet der Wachdienst wieder in den Fokus der öffentlichen Aufmerksamkeit, dieses Mal in einem Auslandseinsatz der Bundeswehr. Ein Soldat des UN-Unterstützungsverbandes Somalia erschoss in Belet Huen am 21. Januar 1994 den 20-jährigen Abdullahi Farah Mohamed. Dieser hatte gegen zwei Uhr nachts nahe dem deutschen Feldtank- und Munitionslager versucht einzubrechen und dabei einen Alarmleuchtkörper ausgelöst. Auch der Deutsche Bundestag befasste sich mit dem Vorfall. Wachvergehen konnten nicht nachgewiesen werden. Die Angehörigen des Toten erhielten jedoch den somalischen Landessitten entsprechend eine »einmalige finanzielle und materielle Zuwendung«.

Posten und Streifen militärischer Wachen sowie übrige Soldatinnen und Soldaten im Wachdienst tragen auf dem linken Oberärmel eine 10,5 cm breite, weiße, kunststoffbeschichtete Armbinde mit schwarzer Aufschrift »Wache« und werden so für die Angehörigen der Bundeswehr wie auch Außenstehende als Wachpersonal in den Liegenschaften der Bundeswehr kenntlich gemacht.

Dass der Wachdienst an Bord von Schiffen aufgrund der See ganz eigene Gefahren birgt, wurde durch einen Todesfall bekannt, der bundesweit große Aufmerksamkeit erlangte. Auf dem Segelschulschiff der Marine »Gorch Fock« ging in der Nacht vom 3. auf den 4. September 2008 die Sanitätsoffizier-Anwärterin Jenny Böken während ihres Wachdienstes über Bord (siehe Beitrag 61).

Landes- und Bündnisverteidigung erfordert heute den Schutz militärischer Einrichtungen, Kasernen und Depots der Bundeswehr sowie der NATO. Der Wachdienst bleibt ein Routinedienst der Bundeswehr, der Professionalität und Wachsamkeit vereinen muss. Schlagbaum und Schilderhäuschen mit schwarz-rot-goldener Bemalung wird es also auch künftig geben.

*Heiner Bröckermann*

42

# LEBEN BEIM BUND

## Kasernenalltag »auf Stube«

Spind und Stuhl der in der Truppe über Jahrzehnte genutzten »Olympia-Möbel«. Die hier zu sehende Farbenfreude war in der Truppe allerdings limitiert – meistens gab es grün oder blau.

Als »Olympia-Möbel« wird das abgebildete strapazierfähige Mobiliar aus Hartfaserplatten in den Farben Dunkelgrün, Blau und Orange bezeichnet, das seit den 1970er-Jahren das Erscheinungsbild der meisten Stuben und Diensträume der Bundeswehr prägte. Vom Designer Otl Aicher für die Ausstattung des Olympischen Dorfs der Sommerspiele 1972 in München entworfen, ersetzte die Bundeswehr damit ihre oft uneinheitliche Erstausstattung: Grüne Möbel sollten dem Heer vorbehalten bleiben, blau gefärbte zur Luftwaffe und Bundesmarine gehen und Mobiliar in der Trendfarbe Orange (Originalbezeichnung: »Kress«) ausschließlich in Ausbildungseinrichtungen genutzt werden. Diese eingängige Systematik ging jedoch im bunten Truppenalltag rasch verloren und bald dominierten in den Kasernen farbenreiche Konstellationen die Büro- und Unterkunftsausstattung. Erst Ende des Jahrtausends wich die farbenfrohe Ästhetik der 1970er-Jahre einer neuen Liegenschaftsmöblierung (Stube 2000) im naturnahen und damit ebenfalls zeitgeistgemäßen Buchendekor. Seit 2021 wird eine ganz neue Möbelserie ausgeliefert, die »ein zeitgemäßes und attraktives Lebens- und Wohnumfeld« schaffen soll.

Vor allem in der frühen Bundeswehr fielen Arbeits- und Wohnstätte für die meisten Soldaten zusammen. Jede Soldatin und jeder Soldat der Bundeswehr ist grundsätzlich bis zum 25. Lebensjahr »kasernenpflichtig«, also zum Wohnen in der Gemeinschaftsunterkunft verpflichtet. Eine wissenschaftliche Studie aus dem Jahr 1967 zu »Führungsproblemen im Dienstbetrieb der Heereskompanie« folgerte daraus: Die Kompanie »ist vielmehr zugleich auch Lebensgemeinschaft, in der der Soldat einen Großteil seiner Freizeit verbringt. Von entscheidender Bedeutung für die allgemeine Stimmung in der Truppe ist somit auch die Unterbringung der Soldaten. Hinzu kommen selbstverständlich Verpflegung, Freizeiteinrichtungen und Möglichkeiten zur Freizeitgestaltung«.

Vor allem das Leben und Schlafen mit mehreren Menschen in einem Raum, früher eher die Regel als die Ausnahme, war im zivilen Kontext schnell unüblich geworden. Wehrpflichtige waren einen eigenen Wohn- und Rückzugsraum gewohnt. Für viele ehemalige Soldaten gehören daher die Erfahrung des beengten Zusammenlebens mit anderen »auf Stube« und die damit verbundene Beschränkung der Privatsphäre zu den einschneidenden und prägenden Erfahrungen ihrer Militärzeit. Zwar waren Stubenbelegungen von 15 Mann, wie sie eine bayerische Vorschrift von 1863 zur »Anlage und baulichen Einrichtung von Infanterie-Kasernen« vorsah, in der Bundeswehr unüblich, sechs bis acht Kameraden teilten sich dennoch in der Regel eine Stube und geschlafen wurde weiterhin in Stockbetten.

Mit der Aussetzung der Wehrpflicht ging dann die Zahl der Schlafplätze pro Stube deutlich zurück. Im Zuge der Agenda Attraktivität werden seit 2014 die Stuben nach und nach modernisiert. Kühlschränke und sogar Flachbildschirme ergänzen die zuvor karge Unterkunftsausstattung.

Neben dem Zusammenleben mit anderen in ungewohnter Intimität waren und sind die Anforderungen der Bundeswehr an Sauberkeit und Ordnung oft ungewohnt. Diese begründen sich einerseits durch das enge Zusammenleben, werden von Vorgesetzten aber auch als willkommener Vorwand genutzt, Disziplin einzuüben. Die nach Plan einheitlich zu verstauende persönliche Ausrüstung im »Spind«, wozu lange das Falten der Hemden auf DIN A4 zählte, das gemeinschaftliche Stuben- und Revierreinigen sowie die anschließende strenge Kontrolle durch die Vorgesetzten gehören zum soldatischen Erinnerungskanon.

Vor allem für Wehrpflichtige waren das Leben in der Kaserne sowie die damit verbundene Trennung vom gewohnten zivilen Leben die Regel, eine heimatnahe Stationierung, die es »Heimschläfern« erlaubte, nachts die Kaserne zu verlassen, dagegen die Ausnahme. »Als besonderer Nachteil wird die mögliche Trennung von der Familie, von der Freundin und von Bekannten empfunden«, betonte deshalb 1980 eine Ausbildungsschrift mit dem prägnanten Titel »Die ersten Stunden«. Die Schrift richtete sich vorrangig an Vorgesetzte in der Grundausbildung und wollte diese für »die besondere Situation des jungen Erwachsenen« am Beginn der militärischen Ausbildung sensibilisieren. Dieses Anliegen war berechtigt, denn im selben Jahr gaben in einer Studie 70 Prozent der befragten Soldaten an, beim erstmaligen Betreten der Kaserne das Gefühl gehabt zu haben, ein Gefängnis zu betreten (»Hinter mir fällt der Schlagbaum«). Tatsächlich schließt die aus Sicherheitsgründen notwendige bauliche Absicherung einer Kaserne – egal ob durch Zaun oder Mauer – die Soldatinnen und Soldaten physisch ein und von der Gesellschaft aus. Dazu passt, dass das Militär einer (älteren) militärsoziologischen Theorie zufolge zu den »totalen Institutionen« zählt, vergleichbar mit Psychiatrien, Internaten oder eben Gefängnissen – Einrichtungen, in denen die Trennung der Lebensbereiche Arbeit, Schlafen und Freizeit weitgehend aufgehoben ist, die mehr oder weniger von der Außenwelt getrennt sind und in denen eine festgefügte und zentrale Autorität dominiert. All dies findet sich in der Bundeswehr. Mehr noch, auch die Mechanismen, die totalen Institutionen üblicherweise zugeschrieben werden, lassen sich in der Bundeswehr beinahe idealtypisch beobachten: Befehle und Vorgaben, etwa die Uniformierung, schränken das individuelle Erscheinungsbild sowie den persönlichen Gestaltungsspielraum drastisch ein. Ein Dienstplan schreibt den Tagesablauf präzise von morgens bis abends vor. Vorgesetzte verfügen zudem über Sanktions- und Disziplinierungsrechte und dürfen Regelübertretungen ahnden.

Ob die Bundeswehr auch heute noch zutreffend als totale Institution bezeichnet werden kann, ist umstritten. Zwar bestehen unzweifelhaft ein starker Gruppenzusammenhang sowie eine absichtsvolle soldatische Sozialisation fort und die fehlende Trennung der Bereiche Arbeit, Schlafen und Freizeit ist in der Grundausbildung vielfach noch vorhanden, die Beteiligungs- und Mitbestimmungsrechte der Soldatinnen und Soldaten wurden jedoch beträchtlich gestärkt. Angehörige der Bundeswehr nehmen ihr Recht, gegen Missstände anzuge-

Der »Fernwahlmünzfernsprecher 63« der Firma Siemens war von 1963 bis in die 1980er-Jahre auch in Kasernen und in der Regel in gelben, verglasten Telefonzellen zu finden. Er nahm 10- und 50-Pfennig-Münzen sowie Ein-Mark-Münzen an, die, für den Nutzer sichtbar, »durchfielen«, wenn sie »vertelefoniert« waren. Nur im Ortstarif konnte man in den 1980er-Jahren für 20 Pfennig 8 Minuten telefonieren – für viele Wehrpflichtige fern der Heimat war Telefonieren damit ein teurer Spaß.

hen, selbstbewusst wahr und der Anspruch, junge Menschen im Sinne der militärischen Gemeinschaft zu formen, wird von Vorgesetzten heute weit weniger vehement verfolgt, was sich unter anderem an der sinkenden Zahl der tatsächlich in den Kasernen wohnenden Angehörigen der Bundeswehr ablesen lässt.

Vor allem ist die Bundeswehr heute deutlich weniger abgeschottet, auch aufgrund der modernen Kommunikationsmedien. Die massenhafte Verbreitung von Mobiltelefonen hat das früher übliche Bild langer Warteschlangen vor den wenigen öffentlichen Telefongeräten in den Kasernen verschwinden lassen. Über Jahrzehnte stellte das Gespräch über das Münztelefon neben dem Brief die einzige Möglichkeit dar, unter der Woche mit Freunden, Eltern und, am wichtigsten, mit der Freundin Kontakt zu halten. Heute sind zivile Freunde und Bekannte oft besser über Details des Kasernenlebens informiert als manche Vorgesetzte. War ein eigenes Auto für Grundwehrdienstleistende noch ein zumeist unerschwinglicher Luxus, muss mittlerweile niemand mehr aus einem Mangel an Alternativen seine Freizeit in der Kaserne verbringen. Dies und die sinkende Zahl der »Kasernenschläfer« hatten wiederum eigene Auswirkungen. Um den in der Kaserne wohnenden Soldaten Angebote für die Freizeitgestaltung zu machen, hatte die Bundeswehr Kasinos für Offiziere und Unteroffiziere eingerichtet sowie Mannschaftsheime, in denen die Soldaten zu günstigen Preisen Speisen und Getränke erhielten (siehe Beitrag 31). In größeren Standorten gab es zusätzlich Soldatenheime, die vom Tischkicker bis zu Kegelbahnen vielfältige Freizeitaktivitäten möglich machten. Diese Kasinokultur ist aus der Bundeswehr weitgehend verschwunden, heute sind die Kasernen nachts zwar noch bewacht, aber meist recht leer.

*Sven Lange*

43

# »ENTRÜSTET EUCH!«

## Die Friedensbewegung und der NATO-Doppelbeschluss

Buttons der Friedensbewegung der westdeutschen 1980er-Jahre: links der Veranstaltungsbutton zur Protestwoche in Bonn im Oktober 1983, rechts ein »Spontibutton« mit bis heute ungeklärter Herkunft

Am 10. Oktober 1981 demonstrierten 300.000 Menschen auf der Bonner Hofgartenwiese gegen den NATO-Doppelbeschluss. Am 10. Juni 1982 kamen noch einmal 500.000 in Bonn zusammen und am 22. Oktober 1983 in Berlin, Bonn, Hamburg, Stuttgart und Ulm weitere Hunderttausende. Künstler, Politiker und viele andere Prominente reihten sich in die Proteste ein, die zumeist gewaltfrei und durchaus kunstvoll verliefen. Die Demonstrierenden hielten bei diesen Aktionen Transparente gegen die kommende Stationierung amerikanischer Mittelstreckensysteme in Europa in die Höhe. Und viele trugen die in den 1980er-Jahren modisch angesagten Buttons, um ihren Protest auszudrücken. Das Motto »Petting statt Pershing« erinnerte dabei an die Losung »Make love, not war!« Auffällig an den Massendemonstrationen war, dass sie sich in erster Linie, wenn nicht gar ausschließlich und einseitig gegen die Stationierung amerikanischer Waffen richteten (teilweise hatten kommunistische Gruppen versucht, die heterogene Friedensbewegung zu unterwandern). Die Stationierung verhindern konnten sie nicht.

In Europa waren Mitte der 1960er-Jahre bereits Tausende von Atomwaffen der USA und der Sowjetunion beiderseits des Eisernen Vorhangs stationiert. Sie hätten ausgereicht, um nicht nur Europa, sondern vermutlich den ganzen Erdball zu zerstören. Viele Menschen beunruhigte diese Vorstellung. Politiker und militärische Führung verbanden mit diesen Waffen allerdings eine andere Logik. Sie sahen sie als ein probates Mittel zur Abschreckung und damit zur Verhinderung eines nächsten Kriegs. Schon ihre schiere Existenz schien beide Militärblöcke gegenseitig davon abzuhalten, militärische Abenteuer in Europa zu beginnen. Das war die Logik der Abschreckung, die einen prekären Frieden sicherte. Der Abschluss der *Strategic Arms Limitation Talks* (SALT I und II), in denen sich die beiden Supermächte zwischen 1972 und 1979 auf eine Begrenzung der strategischen Nuklearwaffen einigten, schien solch einen »Frieden durch die Bombe« zu garantieren.

Die Mittelstreckensysteme waren bei diesen Verhandlungen jedoch nicht berücksichtigt worden. Mitte der 1970er-Jahre wurden erstmals sowjetische SS-20-Raketen in Osteuropa aufgeklärt, die veraltete Systeme ablösten; die NATO und auch die USA verfügten zu diesem Zeitpunkt in Europa über keine vergleichbaren Waffensysteme zur Abschreckung. Das SALT-Vertragswerk stellte zwar eine Parität zwischen den Supermächten her, aber westeuropäische Politiker befürchteten, dass sich die USA in einem künftigen konventionellen Konflikt in Europa aus Rücksicht auf die eigene Sicherheit nicht mit Atomwaffen engagieren und die Westeuropäer nicht beschützen würden.

Unter Hochdruck entwickelten vor allem westdeutsche Politiker und NATO-Offiziere eine Art Forderungskatalog, wie das Bündnis der stetig wachsenden Zahl von SS-20 entgegentreten sollte. Im Dezember 1979 verkündete der Ministerrat der NATO seinen »Doppelbeschluss«, der westliche Aufrüstung für den Fall androhte, dass vorherige Abrüstungsverhandlungen mit dem Osten zu keinem Erfolg führten: Der Sowjetunion wurden Verhandlungen zur Reduzierung der nuklearen Mittelstreckensysteme angeboten, die im Idealfall komplett abgebaut werden sollten. Zeitigten die Verhandlungen keine zufriedenstellenden Ergebnisse, sollten die USA ihrerseits in Mitteleuropa nukleare Mittelstreckensysteme vom Typ Pershing II (einer ballistischen Rakete mit einer Reichweite von 1800 Kilometern) und Cruise Missiles (»Flügelraketen« mit einer Reichweite von 2500 Kilometern) stationieren.

Obwohl diesem Beschluss der NATO eine lange und intensive Debatte und Presseberichterstattung vorausgegangen war und Bundesaußenminister Hans-Dietrich Genscher den Begriff der »Nachrüstung« in die Diskussion eingeführt hatte, schuf er in seiner Zweistufigkeit neue Tatsachen: Würde in den Verhandlungen der Supermächte keine Abrüstung erzielt, sollte zwangsläufig die Stationierung folgen. Dies sollte die Sowjetunion zwingen, ihre Raketen abzuziehen; für die Sowjetunion galt es, eine amerikanische Stationierung zu verhindern.

Infolge der Friedensbewegung mit ihren beeindruckenden Massenprotesten begann die politische Unterstützung für den insbesondere von Bundeskanzler Helmut Schmidt forcierten Doppelbeschluss zu schwinden, vor allem in dessen eigener Partei. Bereits wenige Wochen nach Verkündung der Allianzentscheidung stellte der SPD-Parteivorsitzende Willy Brandt den Automatismus im Doppelbeschluss offen in Frage: Man müsse vielmehr so verhandeln, dass es nicht zur Stationierung komme. Freilich hatte die Bundesrepublik auf das Ergebnis der Gespräche zwischen den Supermächten wenig Einfluss. Doch wurde der Doppelbeschluss in der SPD immer vehementer abgelehnt; zudem wuchs der Widerstand gegen Schmidt, auch in den Bundesländern. Und alle Protestgruppen, auch solche von der SED der DDR finanzierte, wie die Deutsche Kommunistische Partei (DKP), sattelten dort auf.

Die Einseitigkeit der öffentlichen Debatte offenbarte der deutsche Literaturnobelpreisträger Heinrich Böll, als er im schwäbischen Mutlangen bei einer Kasernenblockade gefragt wurde, warum er nur gegen die Pershings und nicht gegen die SS-20 demonstriere. »Weil die nicht hier sind!« war seine ebenso schlichte wie naive Antwort.

So groß die Massenproteste der Friedensbewegung waren, so wenig spiegelten sie die Mehrheitsmeinung in der Bundesrepublik wider. Die Landtagswahlen ergaben ein ambivalentes Meinungsbild. Die SPD konnte in ihren Stammländern gewinnen und teilweise auch zulegen, gleiches galt für die CDU-dominierten Bundesländer. Gerade in Baden-Württemberg, wo mit Mutlangen und Heilbronn gleich zwei Standorte für Pershing II-Raketen vorgesehen waren, in Rheinland-Pfalz, wo die Cruise Missiles stationiert werden sollten, oder in Niedersachsen gewann die CDU teilweise deutlich hinzu. Noch deutlicher war die Bundestagswahl vom 6. März 1983, kurz vor dem Ende der öffentlichen Debatte, zu werten: Helmut Kohl und seine CDU/CSU, die im Oktober 1982 Bundeskanzler Schmidt erfolgreich mittels eines Konstruktiven Misstrauensvotums aus dem Amt gedrängt hatten, gewannen die Wahl. Allerdings

Protestplakat der von der DDR finanzierten Deutschen Kommunistischen Partei gegen den NATO-Doppelbeschluss

zogen auch die Grünen, die sich quasi als Speerspitze der Friedensbewegung verstanden, erstmals in den Bundestag ein; sie waren 1980 aus der Protestbewegung gegen Atomkraft und Raketenstationierung entstanden. Ihre Stimmen hatten die Grünen zu großen Teilen aus SPD-nahen Wählerschichten erhalten. Die Raketenstationierung konnte mit der neuen parlamentarischen Mehrheit der CDU/CSU-FDP-Koalition nach einer ausführlichen Debatte im Bundestag am 21. und 22. November 1983 beschlossen werden. Der außerparlamentarische Protest ging danach weiter, wie das Plakat der Deutschen Kommunistischen Partei zeigt, verlor jedoch rasch an Kraft und Unterstützung.

Die »Nachrüstung« war, selbst wenn das Wort etwas anderes suggeriert, streng genommen vor allem eine militärtypische Modernisierung von Waffensystemen, bei der die Sowjetunion etwas schneller vorankam als die USA. Tatsächlich hatten auch die USA die Entwicklung nuklearer Mittelstreckensysteme in den 1960er-Jahren eingeleitet. Bereits 1975 hatte der US-Kongress die Geldmittel zur Fertigentwicklung von Pershing II und Cruise Missiles freigegeben. Technische Probleme verzögerten jedoch ihre Fertigstellung. Ziel war es aber damals schon, ab 1980 diese Waffen in Europa zu stationieren.

1987 einigten sich beide Supermächte auf den Vertrag über die *Intermediate Range Nuclear Forces* (INF-Vertrag) und darauf, alle Pershing II, Cruise Missiles und SS-20 zu vernichten.

*Heiner Möllers*

44

# VOM »ALLGEMEINEN AUSDAUERTRAINING« ZUM BASIS-FITNESS-TEST

## Sport in der Bundeswehr

Uniform – auch beim Sport! Das »Sporthemd, weiß« der Bundeswehr aus reiner Baumwolle, hier in der Variante für Offiziere mit zwei schwarzen Stoffstreifen über dem Hoheitsadler, war bis in die frühen 1990er-Jahre weit verbreitet. Selbst im Ausland gewann es Fans, die es sogar in der New Yorker Edeldiskothek »Studio 54« trugen – wie einschlägige Boulevardzeitungen berichteten.

Bei der Bundeswehr ist es schon lange ausgemustert, in Online-Shops im Internet ist das »Sporthemd Bw« in der abgebildeten Ausführung, die seit den 1970er-Jahren in Gebrauch war, auch heute noch erhältlich. Es wird dort als kultiges Modeaccessoire angeboten. Das Sporthemd für Offiziere hatte zwei Querstreifen oberhalb des Bundesadlers; Unteroffiziere trugen lediglich einen Streifen, Mannschaftsdienstgrade gar keinen. Das Sporthemd war Teil der dienstlich gelieferten Sportbekleidung, die für den Sport in der Bundeswehr vorgesehen war.

Die dienstliche Sportbekleidung hat sich seither deutlich verändert, doch die Bedeutung des Sports in der Bundeswehr und auch die Bedeutung der Bundeswehr für den Spitzensport ist nicht nur gleich geblieben, sondern sie hat seit Gründung der Bundeswehr sogar zugenommen. Spätestens mit den *Invictus Games*, die als Sportgroßveranstaltung 2023 insgesamt zum sechsten Mal stattfanden und erstmals in Deutschland (Düsseldorf) ausgetragen wurden, ist der Zusammenhang zwischen Sport und Militär von einer breiten Öffentlichkeit wahrgenommen worden. Bei den *Invictus Games* geht es um die Rehabilitation von erkrankten, verunfallten oder im Einsatz verletzten Soldatinnen und Soldaten. Die Vorbereitung auf die Wettkämpfe sowie die Wettkämpfe selbst sind Aspekte des Wiedererlangens von Teilhabe und Sichtbarkeit in der Gesellschaft, aber es gibt zahlreiche weitere Funktionen, die der Sport in der Bundeswehr einnehmen kann.

Beim Aufbau der Bundeswehr sollte einerseits an die Tradition von Leibesübungen und Turnen in früheren deutschen Armeen angeknüpft werden, zugleich galt es aber auch, den Ungeist eines mechanischen Gehorsams aus dem dienstlichen Alltag zu verbannen, mithin auch aus dem Dienstsport. Sportausbilder sollten den Soldaten (Soldatinnen kamen erst später hinzu, siehe Beitrag 71) neben körperlicher Ertüchtigung auch charakterliche Bildung in der Gemeinschaft vermitteln; Lernhilfen sollten bei diesem Ansinnen unterstützen.

Die 1963 eingeführte Zentrale Dienstvorschrift 3/10 »Sport in der Bundeswehr« wurde erst 2015 von der Zentralweisung B1-224/0-2 »Ausbildung und Erhalt der individuellen Grundfertigkeiten und der Körperlichen Leistungsfähigkeit (Ausb IGF/KLF)« abgelöst. Während die ZDv 3/10 die Sportausbildung noch als Teil der allgemeinen Ausbildung von Soldatinnen und Soldaten verstand und diese deshalb »in erster Linie Breitensport« war, zielt die neue Sportvorschrift B1-224/0-2 auf eine hohe körperliche Leistungsfähigkeit als Grundlage der Einsatzfähigkeit von Soldatinnen und Soldaten. Bis 2015 bestand das Ziel der Ausbildung für alle Soldatinnen und Soldaten im Erwerb des Deutschen Sportabzeichens (DSA) und des Schwimmabzeichens, als Ausdruck der Orientierung am Breitensport (obendrein sollten möglichst viele uniformierte Armeeangehörige eine Prüfung zum Rettungsschwimmer ablegen). Seither gilt für alle, dass eine grundlegende »Basis-Fitness« zu schaffen und mit dem Basis-Fitness-Test (BFT) regelmäßig zu überprüfen ist. Als weitere Anforderungen kommen hinzu: ein Fußmarsch im Feldanzug und mit Gepäck (15 kg laut Leistungsmarschvorgabe) sowie das Schwimmen im Kampfanzug (»Kleiderschwimmen«). Diese jährlich zu erbringenden Nachweise körperlicher Leistungsfähigkeit sind eingebunden in die Vorgaben zum Erwerb des Abzeichens für Leistungen im Truppendienst, das wiederum als Abzeichen an der Uniform getragen werden kann, wie auch sportbezogene Abzeichen (z. B. als Rettungsschwimmer).

Sport in der Bundeswehr ist damit Teil des Dienstes aller Soldatinnen und Soldaten (er soll mindestens zweimal pro Woche während der Dienstzeit ausgeführt werden) und kann zusätzlich durch Freizeitsport sowie Gesundheitssport ergänzt werden. Auch wenn sich die Ausrichtung von Sport in der Bundeswehr mittlerweile geändert hat, wandeln sich doch manche Aspekte des alltäglichen Umgangs damit deutlich langsamer. Die Präferenz vieler Soldatinnen und Soldaten für Sportspiele (insbesondere für Fußball) beim Dienstsport gilt weiterhin, allerdings hat die Bedeutung der Gesundheitsperspektive deutlich zugenommen. Im Rahmen des Betrieblichen Gesundheitsmanagements wird in Bundeswehrliegenschaften Gesundheitssport angeboten – für ziviles wie für soldatisches Personal. Eine weitere wirkliche Neuerung ist der Rehabilitationssport, kurz: Reha-Sport. Er hat im Zuge der Einsätze seit Mitte der 1990er-Jahre erheblich an Bedeutung gewonnen und bezieht sich nicht nur auf die Rehabilitation körperlich beeinträchtigter Soldatinnen und Soldaten, sondern auch auf die Genesung oder Linderung von psychischen Leiden (z. B. der Posttraumatischen Belastungsstörung, siehe auch Beitrag 86).

Neben Aufbau und Erhalt körperlicher Leistungsfähigkeit sowie seiner gesundheitsförderlichen Aufgabe erfüllt der Sport in der Bundeswehr noch eine dritte Funktion: die Ausgestaltung der Beziehung zwischen Militär und Zivilgesellschaft. Dies findet zum einen im Rahmen von Sportfesten oder auch von internationalen militärspezifischen Sportveranstaltungen statt (wie den *Invictus Games* oder den internationalen Vergleichswettkämpfen im Militärsport im Rahmen des *Conseil International du Sport Militaire*), zum anderen aber auch in der durch die Bundeswehr praktizierten Leistungssportförderung. Der Deutsche Bundestag hat die Bundeswehr 1968 damit beauftragt, den Leistungssport zu unterstützen. Hierzu wurden spezielle Einheiten aufgestellt, die als Sportfördergruppen Spitzensportlern in Deutschland ermöglichen, das Training und die Wettkämpfe in ihren jeweiligen Sportarten im Rahmen ihres militärischen Dienstes zu versehen. Im Jahr 2022 waren hierfür 938 Dienstposten vorgesehen. Soldatinnen und Soldaten der Bundeswehr haben unter diesen besonderen Förderbedingungen in den letzten Jahren mehr als ein Drittel aller deutschen Medaillen bei Olympischen Spielen errungen. Die enge zivil-militärische Verzahnung im Sport hat sich bewährt, erfährt aber mitunter auch Kritik als spezifische Ausformung von Militarismus aufgrund der Durchdringung von eigentlich getrennten gesellschaftlichen Bereichen.

Den Dienstherren und Arbeitgeber auf der Brust! Team-Shirt für die Sportfördergruppen der Bundeswehr, wie es 2022/23 ausgegeben und auch bei Wettkämpfen im Ausland getragen wurde

Der Sportanzug ist neben Kampfanzug, Dienstanzug und Gesellschaftsanzug eine der offiziellen Bekleidungsformen in der Bundeswehr, die den Träger oder die Trägerin als Angehörige der Streitkräfte kennzeichnen. Der dienstliche Sportanzug weist durch das Hoheitsabzeichen nach außen (für die zivile Gesellschaft) auf die Militärzugehörigkeit hin; nach innen (für die Militärangehörigen) kennzeichnet er funktional die Zugehörigkeit zur Statusgruppe der Mannschaften, Unteroffiziere oder Offiziere. Insgesamt ist Sport im Militär als sozialer Raum zu verstehen, der in unterschiedlichen Kontexten unterschiedliche Kennzeichnungen zu erzeugen vermag und der zugleich, als soziale Praxis, spezifische Formen des Umgangs miteinander hervorbringt und Erwartungen an Situationen und Personen hervorruft.

*Martin Elbe*

45

# VON AUFREGERN UND AFFÄREN

## Skandale der Bundeswehr

Mosis Daisy tot

Jetzt ist auch „Mosis" Daisy tot. Knapp zwei Jahre nach dem Mord an Rudolph Moshammer († 64) starb auch seine Schoßhündin. Warum sie im Todeskampf seine Stimme hörte – S. 11

Fotos: IMAGO, ACTION PRESS

Mittwoch, 25. Oktober 2006 249/43 0,50 €

Bild

UNABHÄNGIG · ÜBERPARTEILICH

MECKLENBURG-VORPOMMERN

www.bild.de

Bundeswehr-Skandal in Afghanistan

SCHOCK-FOTOS von deutschen Soldaten

Ein Bundeswehrsoldat in Afghanistan: Stolz präsentiert er vor der Kamera einen Totenschädel. Nur eines von vielen widerlichen Fotos

DAIHATSU

CUORE ab € 7.995*

SIRION ab € 11.490*

Die 0, Nix Wochen:

Gerhard Schröder

So entschied ich über die Neuwahlen

Es war DIE Schicksals-Entscheidung seiner Amtszeit: Im 3. Teil der großen BILD-Serie enthüllt Gerhard Schröder (SPD) warum er sich 2005 für vorgezogene Neuwahlen entschied – S. 10

Die *BILD-Zeitung* berichtete am 25. Oktober 2006 reißerisch über Skandalfotos deutscher Soldaten aus Afghanistan – die einen ganz anderen Hintergrund hatten, als der Bericht auf den ersten Eindruck erweckte.

Schockfotos! Deutsche Soldaten posieren in Afghanistan mit Totenschädeln bei einem Einsatz, der den Menschen dort Frieden und Freiheit bringen soll. Bilder, die mit den Werten der Truppe nicht in Einklang zu bringen sind. Ausgerechnet die auflagenstärkste Tageszeitung bringt die Geschichte in großer Aufmachung, umrahmt von weiteren, wenn auch kleiner aufgemachten Titelgeschichten: eine über den Tod von Rudolf Mooshammers Hund Daisy und eine über die Entscheidung des früheren Bundeskanzlers Gerhard Schröder von 2005 für vorgezogene Neuwahlen im Bund. Wo soll der Leser da zuerst hinschauen? Die Zeitung hilft ihm. Die Soldaten liefern einen echten Skandal; entsprechend groß ist die Aufmachung auf Seite 1.

Wieder einmal hatten Soldaten unbedacht die ganze Bundeswehr in Verruf gebracht. Und wieder erwies sich die Bundeswehr als vermeintlich skandalträchtig. Die öffentliche und die politische Empörung waren groß. Dem Minister wurde vorgehalten, da stimme wohl etwas nicht in der Truppe. Der Verteidigungsausschuss des Deutschen Bundestages bestellte ihn ein. Zweifelsohne müsse mit der inneren Haltung der Soldaten insgesamt etwas nicht in Ordnung sein, wenn sie solche Bilder aufnehmen.

Kaum eine Woche war vergangen – und die Aufregung schon wieder verraucht. Dass der Skandal so schnell vorbei war, lag nicht allein daran, dass der damalige Bundesverteidigungsminister dem Ausschuss versichern konnte, dass die allermeisten Soldatinnen und Soldaten in Afghanistan ihren Auftrag vorbildlich verrichteten. Davon konnten sich zahlreiche Parlamentarier immer wieder selbst vor Ort überzeugen, wenn sie die Truppe besuchten. Vor allem aber stellte sich bereits nach wenigen Tagen heraus, dass die *BILD-Zeitung* diese Fotos schon einige Jahre besessen hatte und erst jetzt den rechten Augenblick für ihre Veröffentlichung für gekommen hielt. Wieso, das blieb ihr Geheimnis. *BILD* wusste zudem, wie diese Bilder entstanden waren, ohne es gleich in der Story zu schreiben: Soldaten hatten einen ehemaligen Friedhof entdeckt, dessen Gräber von Wind und Regen freigelegt worden waren. Die Gebeine lagen offen und für jedermann zugänglich herum. Von Störung der Totenruhe oder gar Grabschändung konnte also kaum die Rede sein. Aber: Hätte die *BILD-Zeitung* das so berichtet, wäre der Skandal wohl kleiner ausgefallen oder gar ausgeblieben.

Gleichgültig ob Totenschädel, Scheinhinrichtungen in der Ausbildung, Fesselungen mit Kabelbindern in der Grundausbildung, die Zahl der Aufreger in der Bundeswehrgeschichte ist groß. Oft verwechseln Menschen, die andere Menschen führen und ausbilden, menschenunwürdiges Verhalten mit zumutbarer Härte. Auch Leichtsinn, mangelnde Empathie und Rücksichtnahme sowie Gedankenlosigkeit einzelner sind geeignet, die ganze Bundeswehr in Misskredit zu bringen. Individuelles Fehlverhalten führt dann nicht selten zu drastischen Strafen und Disziplinarmaßnahmen, bis hin zum Rauswurf aus den Streitkräften. Die öffentliche Aufmerksamkeit, gerade in auflagenstarken Blättern, ebbt jedoch meist schon wenige Tage oder

Wochen nach den Vorfällen ab, nicht selten, weil sich der ursprüngliche Skandal dann doch als weitaus weniger brisant herausstellt, als ursprünglich erwartet. Nach dem Skandal ist jedoch immer auch vor dem nächsten Skandal.

Hinter Ereignissen und Vorfällen, die zu einem Skandal führen, steckt oft ein Grunddilemma: eine ständige und lückenlose Dienstaufsicht, die den einen oder anderen Unfug schon im Ansatz zu unterbinden vermag, kann es nicht geben. Gerade in der Wehrpflichtarmee Bundeswehr war Fehlverhalten von Vorgesetzten jedoch stets auch ein Politikum und immer ein Fall für die Wehrbeauftragten.

Deren Jahresberichte lieferten in der Vergangenheit Medien und Öffentlichkeit jedes Jahr verlässlich neue Beispiele aus der Skandalgeschichte der Bundeswehr. Als Mängelberichte gedacht, fokussierten sie auf die Missstände. Die Beispiele, so gravierend jeder Einzelfall für die Betroffenen auch gewesen sein muss, konnten jedoch nicht den Eindruck erwecken, der menschenverachtende Skandal wäre der Normalfall in den Streitkräften. Im Gegenteil, nimmt man die rund zehn Millionen Menschen zum Maßstab, die seit 1956 in der Bundeswehr Dienst geleistet haben, ist die Zahl der Affären und Skandale tatsächlich überschaubar. Dennoch schadeten sie dem Ansehen der Bundeswehr in der Öffentlichkeit und trugen zum Ruf bei, das Amt des Verteidigungsministers gleiche einem Schleudersitz, er muss ja schließlich die Verantwortung für jeden Soldaten übernehmen.

Schädelfotos mochten Schlagzeilen produzieren, es gab jedoch Skandale, die für die Bundeswehr richtig teuer wurden. Der Schützenpanzer 30 der schweizerischen Firma Hispano-Suiza (kurz: HS-30) ist dafür das Paradebeispiel. Auf der Suche nach einem Schützenpanzer für die neue Bundeswehr, der mit ausreichendem Panzerschutz und eigener Kanonenbewaffnung auch den Kampfpanzern im Gefecht folgen konnte, stießen die Planer des Bundesverteidigungsministeriums auf den schweizerischen Hersteller Hispano-Suiza. Diese Firma hatte ein Gruppenfahrzeug mit optionalem Turm und einer 20-mm-Kanone entworfen, von dem es aber nur ein Holzmodell gab. Offensichtlich kam niemand auf die Idee zu hinterfragen, ob diese Firma überzeugende Erfahrungen im Panzerbau besaß. In der Folge wurde die Beschaffung von beinahe 10.000 dieser Schützenpanzer eingeleitet, der sich schon bald als unbrauchbar für den Gefechtsdienst herausstellte. Die Klagen über die schlechte Fahrzeugtechnik, den leistungsschwachen Motor und den fehlenden Panzerschutz waren Legende in der Bundeswehr. Spektakulär war auch der Ausstieg, den die Panzergrenadiergruppe zur Seite und über die Kette wählen musste, weil es keine Ausstiegstür nach hinten gab. Als der HS-30 ab 1971 durch den Schützenpanzer Marder abgelöst wurde, der im Übrigen noch heute im Einsatz ist, erhielten die Panzergrenadiere endlich einen leistungsfähigen Schützenpanzer, mit Hecktür wohlgemerkt. Ob bei der Beschaffungsentscheidung für den HS-30 indes Schmiergelder geflossen waren, ließ sich nie hinreichend nachweisen. Letztlich hatte die Bundeswehr

Modell des Schützenpanzers HS-30. Da das Original-Modell, das dem Bundeskanzler vorgestellt worden war, von der Wehrtechnischen Studiensammlung der Bundeswehr vernichtet wurde, baute ein Modellbauer der ehemaligen Nationalen Volksarmee in den 1990er-Jahren dieses Modell anhand der Originalpläne aus den Beständen der früheren DDR-Staatssicherheit nach.

von diesem untauglichen Fahrzeug nur etwas mehr als 2000 Exemplare beschafft. Einen solchen Beschaffungsskandal erlebten die Streitkräfte kein zweites Mal, wenngleich viele andere Rüstungsgüter sich als teurer, langwieriger und komplexer in der Beschaffung herausstellten als ursprünglich geplant; man denke nur an die Generalüberholung des Segelschulschiffs der Marine »Gorch Fock«, die zehnmal teurer als geplant ausfiel.

Während die Totenschädel in Afghanistan oder die Kabelbinder in Coesfeld aus der öffentlichen Wahrnehmung schnell wieder verschwanden, blieben andere Skandale im kollektiven Gedächtnis. Die Kießling-Affäre ist dafür ein Beispiel. General Günter Kießling wurde 1983 allein wegen des Gerüchts, er sei homosexuell, aus dem Dienst entlassen. Kießling wehrte sich bis zur Rehabilitierung gegen diese Unterstellung; Verteidigungsminister Manfred Wörner hingegen nahm schweren Schaden. Nahezu alle Medien schlugen sich im Verlauf der vier Wochen andauernden Krise auf die Seite des Generals und Manfred Wörner musste nachgeben.

Ein weiteres Beispiel stammt aus dem Jahr 1963: Da hatten unnötig harte Ausbildungsmethoden in einer Fallschirmjägerausbildungskompanie in Nagold zum Tod eines Wehrpflichtigen geführt, der nach einem Marsch bei hohen Temperaturen kollabierte (siehe Beitrag 61). Gerade dieser Fall sorgte dafür, dass heute nicht nur die Wehrbeauftragten genauer hinschauen und die Öffentlichkeit umfassend informieren, wenn in der Truppe etwas falsch läuft.

*Heiner Möllers*

46

# ÜBUNGSPLÄTZE

## Unbekannte militärische Welten

Hinweisschild vom Truppenübungsplatz Grafenwöhr in der Oberpfalz. Da dieser Übungsplatz überwiegend von den US-Streitkräften in Deutschland genutzt wird, sind solche Hinweisschilder zweisprachig. Bei ausschließlich von der Bundeswehr genutzten Übungsplätzen ist dies zumeist noch nicht der Fall.

Mit den Namen Heuberg, Lehnin, Putlos oder Senne werden wohl die wenigsten Bundesbürger etwas anfangen können. Soldatinnen und Soldaten verbinden mit ihnen hingegen oft lebhafte Erinnerungen: Es sind die Namen von Truppenübungsplätzen. 13 dieser Areale sowie einen Luft-/Bodenschießplatz (Nordhorn) mit einer Gesamtfläche von rund 150.000 Hektar betreibt die Bundeswehr derzeit. Anders als auf den deutlich kleineren kasernennahen Standortübungsplätzen, von denen es derzeit 124 sowie weitere Spezialübungsplätze gibt, können hier größere Truppenverbände gemeinsam üben – selbst im scharfen Schuss und mit Reichweiten bis zu 40 km.

Ähnlich wie die Kasernen sind auch die Übungsplätze der Bundeswehr für die Öffentlichkeit weitgehend »unbekannte Welten«. Der Zugang ist reglementiert – vor allem aus Sicherheitsgründen, wie das abgebildete Warnschild zeigt, das auf die vielfältigen Gefahren hinweist, die von einem Gelände ausgehen, auf dem mit Waffen, Munition und schwerem Gerät geübt wird.

Militärische Übungsplätze gehören heute zu den letzten weitgehend unberührten und besonders artenreichen Naturflächen in der ansonsten intensiv genutzten Kulturlandschaft unseres Landes. Große Teile der Übungsplätze sind als Sicherheitsbereiche oder Trenn- und Lärmschutzzonen ausgewiesen und werden damit vom Übungsbetrieb der Truppe nur wenig beansprucht. In diesen unzerschnittenen Räumen mit geringer menschlicher Aktivität kann sich die Natur oft ungestört entwickeln. Aber auch die stärker genutzten Bereiche der Übungsplätze sind Lebensräume für selten gewordene Arten.

Einige dieser Lebensräume und ihre Bewohner, die wegen ihrer Gefährdung besonders zu schützen sind, gibt es überwiegend oder sogar nur noch auf aktiven und ehemaligen Truppenübungsplätzen, da hier weder eine intensive Flächenbewirtschaftung mit Düngemitteln noch ein Freizeit- oder Erholungsbetrieb bestehen. Übungsplätzen kommt daher neben ihrer militärischen Zweckbestimmung auch eine besondere Bedeutung für den Naturschutz zu. Von den drei Lebensraumtypen »Sandheiden«, »offene Grasflächen« und »trockene Heiden« sind großflächige Vorkommen beinahe ausschließlich auf aktiven oder ehemaligen militärischen Übungsplätzen erhalten geblieben. Übungsplätze der Bundeswehr sind daher unverzichtbare Rückzugsareale für seltene Tiere und Pflanzen sowie einzigartige Lebensräume. Zudem haben sie eine wichtige Funktion bei der Wiederbesiedlung bedrohter Arten. Prominentes Beispiel dafür ist die Rückkehr des Wolfs auf Militärflächen in Sachsen, Brandenburg, Mecklenburg-Vorpommern und Niedersachsen. Von den Übungsplätzen der Bundeswehr geht deshalb ein großer Reiz als naturnahe Erholungsgebiete aus, vor allem an übungsfreien Tagen. Verboten ist das unbefugte Betreten aufgrund der vorhandenen Gefahren dennoch.

Der größte Truppenübungsplatz liegt im niedersächsischen Bergen; er umfasst 28.400 Hektar. Überhaupt braucht die Bundeswehr viel Platz für ihre Kasernen, Dienststellen, Krankenhäuser und eben Übungsplätze. Bezogen auf ihre Landesfläche liegen die fünf ostdeutschen Bundesländer mit ihrem Anteil an militärischer Übungsfläche über dem Bundesdurchschnitt, während die westdeutschen Länder darunter liegen. Insgesamt werden als Übungsplätze aktuell über 1200 km² militärisch genutzt – das ist mehr als die gemeinsame Größe der Stadtstaaten Hamburg und Bremen. Früher war es noch mehr: Erhebliche Übungsflächen werden mittlerweile nicht mehr militärisch genutzt. Mit der Wiedervereinigung und der Auflösung der Nationalen Volksarmee der DDR, dem Abzug der sowjetischen Truppen aus Deutschland sowie der Verkleinerung der Bundeswehr wurden allein bis 2006 in Ost und West 282 Übungsplätze mit einer Größe von insgesamt 312.000 Hektar aus der militärischen Nutzung genommen. Dieser Trend hat sich jedoch inzwischen durch eine veränderte internationale Sicherheitslage wieder umgekehrt. Mittlerweile werden neue Flächen erworben, um bestehende Übungsplätze zu erweitern oder zusätzliche Plätze zu schaffen.

Ein solch großer Flächenverbrauch in einem dichtbesiedelten Land wie Deutschland legt nahe, dass die meisten Truppenübungsplätze nicht erst durch die Bundeswehr eingerichtet wurden. Manche entstanden schon im Kaiserreich als militärisches Übungsgelände und Schießplätze. Oft wurden diese Flächen nach 1945 durch die alliierten Besatzungsmächte weitergenutzt und später der Bundeswehr übergeben. Zumeist handelt es sich um Gelände abseits großer Siedlungsräume, das für eine intensive landwirtschaftliche Nutzung ungeeignet ist. In häufig strukturschwachen Gebieten hatten und haben die Truppenübungsplätze auch eine wirtschaftliche Bedeutung. Sie schaffen und sichern Arbeitsplätze und sind verlässlicher Großabnehmer von Dienstleistungen. Dem stehen die Belastungen für die ansässige Zivilbevölkerung gegenüber, die sich vor allem dem Lärm und den anderen von Schießübungen sowie Fahrzeug- und Flugbewegungen ausgehenden Beeinträchtigungen ausgesetzt sehen. Die Bundeswehr überwacht die Lärmbelastung regelmäßig und verringert sie gezielt, unter anderem durch eine Begrenzung der Schießzeiten und hohe Schutzabstände.

Auch wenn der Zweck von Übungsplätzen stets derselbe ist, nämlich das Üben mit Waffen und Gerät unter realistischen Einsatzbedingungen, ist ihr Charakter doch unterschiedlich und oft hochspezialisiert. Er reicht vom Pionierübungsplatz für den Umgang mit schwerem Pioniergerät bis zum Hochgebirgsübungsplatz oder zu speziellen Anlagen für den Orts- und Waldkampf. Anders als auf den kleineren Standortübungsplätzen können auch Truppenverbände mit mehreren Hundert Menschen auf den großen Truppenübungsplätzen oft über mehrere Wochen Gefechtsausbildung mit Übungsmunition oder im scharfen Schuss betreiben. Truppenübungsplätze verfügen daher auch über Unterkünfte für die übende Truppe (»Truppenlager«).

Die Bundeswehr ist jedoch nicht deren einziger Nutzer, es üben auch verbündete Streitkräfte auf den deutschen Truppenübungsplätzen, die aufgrund ihrer leistungsfähigen

Betriebskonzepte zumeist außergewöhnliche und damit begehrte Übungs- und Schießmöglichkeiten bieten. Die beeindruckende Größe mancher Übungsräume geht auf den gestiegenen Raumbedarf des militärischen Übungsbetriebs zurück, für den vor allem die beständig wachsenden Reichweiten der Waffenwirkung verantwortlich waren.

So unverzichtbar die Übungsplätze der Bundeswehr für eine hochwertige und realistische Ausbildung, für das gemeinsame Üben unterschiedlicher Truppengattungen und Teilstreitkräfte (»Gefecht der verbundenen Waffen«) und auch für die Erprobung von Waffen sind, so selten machen sie überregionale Schlagzeilen. Eine Ausnahme bildete das Test- und Erprobungsgelände der Wehrtechnischen Dienststelle 91 im niedersächsischen Meppen, das im strengen Sinne gar kein Übungsplatz ist.

Nach Raketentests brannte dort im Dürresommer 2018 trotz hoher Sicherheitsstandards auf rund 1000 Hektar das Moor. Der Landkreis Emsland rief wegen der starken Rauchentwicklung den Katastrophenfall aus. Über einen Monat schwelte das Feuer, obwohl zeitweilig bis zu 1700 Einsatzkräfte den Brand bekämpften. Neben den Fragen, wie es zu dem Schaden am Ökosystem kommen konnte und wie dieser zu beheben sei, wurde in Medien und Öffentlichkeit auch diskutiert, ob die Bundeswehr den brandbedingten Anstieg der Klimagas-Emissionen kompensieren müsse – ein Bericht der Bundesrepublik an das UN-Klimasekretariat hatte für den Moorbrand zusätzliche 637.000 Tonnen CO2-Äquivalente berechnet. Der Brand und die öffentliche Debatte über seine Ursachen und Folgen machten deutlich, dass von der Bundeswehr der Schutz und der Erhalt der naturnahen Lebensräume auf ihren Übungsflächen heute ganz selbstverständlich erwartet wird, selbst wenn dies deren militärische Nutzung einschränkt oder erschwert.

*Sven Lange*

47

# UNTER DER SONNE VON ARIZONA

## Ausbildung im Ausland

»Top Gun Award« für Leutnant Manfred Molitor für exzellenten Luft-Boden-Waffeneinsatz in der Ausbildung auf der Luke Air Force Base in den USA zum Kampfflugzeugführer auf dem Lockheed F-104G Starfighter

Leutnant Manfred Molitor war ein herausragender Flugschüler. 1975 erhielt er als Bester seiner Ausbildungsklasse den abgebildeten Colt Single Action Army als »Top Gun« für die Waffenausbildung (Luft-Boden-Einsatz mit Bombenwurf, Kanonen- und Raketenschießen) in der deutsch-amerikanischen Starfighter-Ausbildung auf der Luke Air Force Base, nahe Phoenix in Arizona. Ganz nebenbei räumte er dort auch alle anderen Preise der Klasse ab, so etwa den »Captain Jeffrey McNelly Award for Outstanding Academic Achievement« (Flugtheorie) und den Preis für »Excellence in Internal Navigation« (Flugnavigation). Normalerweise werden Bestpreise in der Bundeswehr in Gestalt von Büchern oder Erinnerungsplaketten vergeben. In den USA sind sie hingegen echte Trophäen mit hohem ideellem Wert. Um eines klarzustellen: »Top Gun« meint hier nicht die von Tom Cruise im Hollywood-Movie verkörperte *Fortbildung* erfahrener Kampfflugzeugführer bei der U.S. Navy, sondern die *Ausbildung* deutscher und amerikanischer Kampfflugzeugführer am Beginn ihrer fliegerischen Laufbahn.

Dass Manfred Molitor zu Beginn seiner beinahe 40-jährigen Laufbahn in der Luftwaffe in den USA ausgebildet wurde, hing nicht allein mit den in der Wüste Arizonas durchgängig weit besseren Wetterbedingungen für den Flugbetrieb zusammen. Vielmehr war es erklärte Absicht der Bundeswehr, wo immer es möglich und zweckmäßig erschien, gemeinsam mit den Verbündeten zu üben und erst recht in ausländischen Einrichtungen auszubilden. Dazu wurde 1970 die »Euro Training Group« unter deutschem Vorsitz geschaffen, die ein Jahr später und infolge der bisher bereits bestehenden engen Ausbildungsbeziehungen zu den USA und Kanada zur »Euro-NATO Training Group« erweitert wurde. »Die Einführung zunehmend hochkomplexer Führungs- und Waffensysteme in den achtziger und neunziger Jahren und die Bemühungen um die Standardisierung von Waffen und Gerät im Bündnis machen eine NATO-gemeinsame Ausbildung mehr und mehr notwendig«, schrieb dazu bereits das Weißbuch 1985. Freilich war dies nicht der Anfangspunkt einer neuen Entwicklung, sondern vielmehr eine Anpassung bisheriger Vorhaben auf einen gemeinsamen Zweck der NATO. Die Ausbildung im Ausland, bei der die Bundeswehr in der NATO eine Vorreiterrolle besaß, wurde ausgebaut.

Die Bundeswehr hatte diesen Weg der gemeinsam genutzten Waffensysteme allerdings schon frühzeitig beschritten. Die Luke Air Force Base bot dazu neben Standorten wie beispielsweise El Paso in Texas, der NATO Missile Firing Installation (NAMFI) auf Kreta oder dem Panzerschießplatz in Castlemartin in Wales hervorragende Möglichkeiten, die teilweise bereits seit den späten 1950er-Jahren in Anspruch genommen wurden. An all diesen Orten war genügend Raum für Ausbildung vorhanden, weil sie weniger dicht besiedelt waren als die Bundesrepublik Deutschland oder weil schlichtweg auf das offene Meer hinaus geschossen werden konnte.

Zu den offenkundigen Trainingseffekten kam außerdem ein weiterer, politisch bedeutsamer Grund: Die deutschen Soldaten brachten Geld mit und die Bundesrepublik Deutschland zahlte gut für die Nutzung der Ausbildungsorte, was auch als eine Kompensation für die hohen Kosten zu verstehen war, die die Alliierten für die Stationierung ihrer Truppen in der Bundesrepublik aufbringen mussten. Deutsche Soldaten, vor allem Flugzeugführer von Luftwaffe und Marine wie auch Flugabwehrraketenpersonal der Luftwaffe, befanden sich deshalb Monate, mitunter sogar Jahre im Ausland, bis sie in ihren Einsatzverbänden in Deutschland ihre Aufgaben wahrnehmen konnten.

An anderen Orten befanden sich die deutschen Soldaten hingegen nur wenige Wochen. Das Flugabwehrraketenschießen in NAMFI oder die Panzerausbildung in Castlemartin dauerten in der Regel lediglich 14 Tage. Für das Üben des »Gefechts der verbundenen Waffen« für Kampftruppen und Artillerie im scharfen Schuss, das wegen des beengten Raumangebots deutscher Truppenübungsplätze so nicht stattfinden konnte, flogen Verbände des deutschen Heeres zwischen 1972 und 2000 nach Shiloh in der Provinz Manitoba in Kanada. Auf dem dortigen German Army Training Establishment übten deutsche Soldaten zumeist drei bis vier Wochen. Gleiches galt für das German Air Force Training in Kanada, wo in der Ödnis Neufundlands zwischen 1981 und 2005 Tief- und Tiefstflug auch bis auf 100 Fuß, also rund 30 Meter über dem Boden, geübt werden konnte. Gerade Letzteres ließ sich im dichtbesiedelten Deutschland ohne eine erhebliche Belästigung der Bevölkerung nicht realisieren.

Diese Aufzählung von Ausbildungs- und Übungsmöglichkeiten ist bei Weitem nicht vollständig. In der Bundeswehr war es von Anbeginn üblich, dass das gemeinsame Üben mit den Alliierten dort stattfand, wo sie stationiert waren. Dabei ging es nicht immer nur um kurzzeitige Abordnungen, in der Luftwaffe sprach man von »Kommandos«, sondern teilweise auch um die Einrichtung dauerhafter Stützpunkte. Diese wurden dann nicht nur von der Bundeswehr, sondern auch von den Alliierten genutzt, und das bereits seit den späten 1950er-Jahren. Decimomannu auf Sardinien war zwischen 1959 und 2016 ein weiterer solcher Ort, wo ein Bombenabwurf- und Schießplatz sowie eine »Training Area« im Sinne eines temporär gesperrten Luftraums für den Luftkampf nicht allein der Bundeswehr zur Verfügung stand (zuletzt nutzte ihn auch die israelische Luftwaffe). Andererseits gab es weitere Übungsmöglichkeiten bei den Alliierten, die die Bundeswehr immer wieder in Anspruch nahm; etwa das Fleet Operational Sea Training und das Basic Operational Sea Training der britischen Royal Navy, bei dem Schiffe im Verband auf See Gefechtsausbildung betreiben, damit bewertet werden kann, ob sie tatsächlich einsatzbereit sind. Die Bundesmarine nimmt – nicht durchgängig – seit 1974 an diesem Programm teil.

Gerade in den jungen Jahren der Bundeswehr schlug den deutschen Soldaten in einigen Gastländern gelegentlich Ablehnung als Folge des Zweiten Weltkriegs entgegen. Allerdings hat hier die frühzeitige Anbindung an die US-Streitkräfte einen Gesinnungswandel bei den anderen Alliierten bewirkt. Ursächlich dafür war die Unvoreingenommenheit der amerikanischen Kameraden, die die Tapferkeit deutscher Soldaten im Zweiten Weltkrieg wertschätzten. Die ersten drei deutschen Kampfflugzeugführer, die 1956 in den USA umgeschult wurden, waren allesamt Ritterkreuzträger, weswegen sie bei den amerikanischen Fluglehrern in hohem Ansehen standen. Selbst die ersten drei deutschen Kampfflugzeugführer, die gleichzeitig in Großbritannien geschult wurden, berichteten von unvoreingenommenem britischem Sportsgeist.

Dienstmarke, auch »Bagde« genannt, für einen in Shiloh, Kanada, eingesetzten deutschen Feldjäger

Ein echter Evergreen der deutschen Ausbildung im Ausland ist schließlich das Euro-NATO Joint Jet Pilot Training auf der Sheppard Air Force Base in Wichita Falls, Texas. Was dort als amerikanisch-deutsches Programm 1964 begann, ist mittlerweile eine Trainingsstätte für nahezu alle NATO-Partner.

Dort, wo deutsche Soldaten sind, muss auch die Bundeswehr zur militärischen Ordnung beitragen. Für die Soldaten der Bundeswehr gelten auch im Ausland die deutschen Regeln, und zusätzlich noch die Rechtsordnungen des Gastlands. In Shiloh wurden zur Einhaltung und Überwachung dieser Ordnung auch deutsche Feldjäger eingesetzt. Sie trugen in Kanada ihre deutsche Uniform mit den für Feldjägern typischen Kennzeichen sowie zusätzlich nordamerikanische Dienstmarken, im Soldatenjargon als »Spiegelei« verballhornt. Ob Feldjäger auch andernorts eingesetzt waren, ist nicht bekannt. Ein deutsch-französisches Polizisten-Képi oder ein deutsch-englischer Custodian Helmet sind nicht bekannt.

*Heiner Möllers*

48

# »DIE SOLDATEN DER BUNDESWEHR BRAUCHEN KEIN FEINDBILD!«

## Aber der Gegner kommt aus dem Osten

Holzmodelle des sowjetischen Schwimmpanzers PT-76 und des ebenfalls sowjetischen Kampfpanzers T-55 – ohne die 5. Laufrolle – aus dem »Satz Panzererkennung« der Bundeswehr aus den 1980er-Jahren

Maßstabsgerecht verkleinerte hölzerne Panzermodelle bevölkerten jahrzehntelang kleine Zielfelder, mit denen im Rahmen der Gefechtsausbildung Soldaten der Bundeswehr die Panzererkennung übten. Bei den abgebildeten Modellen handelt es sich um Nachbildungen der Panzerfahrzeuge T-55 und PT-76 aus sowjetischer Produktion, mit denen aber auch die NVA und andere sozialistische »Bruderarmeen« ausgestattet waren. Die Auswahl der Modelle macht deutlich, wen die Bundeswehr als potenziellen Gegner in einem möglichen Krieg erwartete. Waren derartige Modelle verhältnismäßig einfach zu beschaffen, sah es bei Exemplaren in Originalgröße schon anders aus. In Übungslagen der Bundeswehr, das heißt in Szenarien, die den Rahmen für Übungen bildeten, war immer wieder von Mot.-Schützendivisionen, BMP (Bojewaja Maschina Pechoty, russisch für »Kampffahrzeug der Infanterie«) oder T-Panzern (das T steht für das russische Wort »Tank« für Panzer) die Rede, die ohne großes Detailwissen den Streitkräften der Warschauer Vertragsorganisation zugeordnet werden konnten. In der Realität bestand der Übungsgegner jedoch stets aus anderen Einheiten und Verbänden der Bundeswehr oder ggf. der NATO-Partner. Über einen spezialisierten Ausbildungsverband bzw. eine entsprechende Ausbildungseinrichtung, wie sie die US-Armee mit dem National Training Center in Fort Irwin in Kalifornien betreibt und dabei ausdrücklich Verfahrensweisen und Material potenzieller Gegner nutzt, verfügte die Bundeswehr nicht.

Um während der Heeresübung »Wehrhafte Löwen« 1983 beide Übungsparteien mit Besonderheiten der sowjetischen Militärdoktrin zu konfrontieren, wurden die Fallschirmjäger der Luftlandebrigade 26 zunächst auf der blauen und später auf der roten Seite eingesetzt. Die rote Seite sollte eine Luftlandung nach sowjetischen Grundsätzen durchführen. Deshalb wurden den Fallschirmjägern Spähpanzer des Typs »Luchs« zugeteilt, die in den Übungsdokumenten in Luftlandepanzer sowjetischen Typs umdefiniert wurden. Für die Übungsteilnehmer brachten diese »Übungskünstlichkeiten« gleich mehrere Probleme mit sich. Einerseits war dadurch eine realistische Panzererkennung nicht möglich. Sämtliche sowjetische Luftlandepanzer hatten einen Kettenantrieb, während der »Luchs« auf Rädern fuhr. Andererseits stellte man in der Auswertung der Übung fest, der Wechsel zwischen den Übungstruppen Rot und Blau »mit teilweise gegensätzlichen Einsatzgrundsätzen ist zwar führungstechnisch machbar, überfordert jedoch das Vorstellungsvermögen der Soldaten«. Entsprechend lautete die Forderung, diese Form der Übungsgestaltung nur im Ausnahmefall anzuwenden.

Dagegen sprach neben praktischen Erwägungen das Bemühen, sich von einem eindeutigen und einseitigen Feind(bild) zu emanzipieren. »Der Wille zur Selbstbehauptung, notfalls zur bewaffneten Verteidigung der freiheitlichen Lebensweise, benötigt kein Feindbild« – so formulierte es das Weißbuch 1973/74 »Zur Sicherheit der Bundesrepublik Deutschland und zur Entwicklung der Bundeswehr«. In der Juni-Ausgabe der »Information für die Truppe«

widmete sich Verteidigungsminister Georg Leber (SPD) 1974 dem Thema erneut. In dieser zentralen Säule im Schriftgut der politischen Bildung der Bundeswehr führte Leber aus, die Feindbild-Aussage habe zu Missverständnissen und Fehldeutungen geführt. Weder habe die Bundeswehr nun keinen Verteidigungsauftrag mehr, noch habe sie erst jetzt ihr Feindbild »aus der Ära des Kalten Kriegs« aufgegeben. Leber, der sich hierzu bereits am 21. Februar 1974 in der ARD-Sendung »Kontraste« geäußert hatte, ging es im Folgenden zunächst um begriffliche Klärung: »Feindbild« könne nur als ideologischer Begriff verstanden werden, in den Vorschriften der Bundeswehr habe es ihn nie gegeben. Jedoch folgte direkt darauf die folgende Passage: »Anders [ist es] in der DDR. Dort gibt es ein ideologisch fest umrissenes und von Hass durchtränktes Feindbild, das den Soldaten der Nationalen Volksarmee unablässig eingehämmert wird: Es ist das propagandistisch mit allen Mitteln verzerrte und verteufelte Bild vom anderen Deutschland und seiner Armee, der Bundeswehr.« Dem eindeutigen »Nein« zu einem Feindbild folgte also ein deutlicher Hinweis, wer auf der anderen Seite stand.

Dieses ambivalente Selbstverständnis prägte die Bundeswehr während des gesamten Ost-West-Konflikts. Während die Innere Führung den »Staatsbürger in Uniform« aus persönlicher Einsicht zur Verteidigung der Bundesrepublik mit ihrer freiheitlich demokratischen Grundordnung motivieren sollte, gab es direkt hinter der innerdeutschen Grenze eben die Nationale Volksarmee und zeitweise eine halbe Million Angehörige der Sowjetarmee, auf die sich dieser Verteidigungsauftrag mal mehr, mal weniger deutlich bezog.

Neben der Gefechtsausbildung waren die Angehörigen der Bundeswehr aber auch in der politischen Bildung mit Inhalten konfrontiert, anhand derer trefflich zu diskutieren war, ob sie offen oder unterschwellig ein Feindbild propagierten. So lieferte die erwähnte »Information für die Truppe« zwar zunehmend ausgewogenere Berichte über Länder und Streitkräfte der Warschauer Vertragsorganisation, der Fokus lag aber eben auch eindeutig auf der Schilderung des potenziellen Feindes.

Wenig überraschend spielte es in der Ausgestaltung der Gefechtsausbildung und der politischen Bildung eine erhebliche Rolle, *wer* diese Maßnahmen plante und durchführte. Ehemalige Angehörige der Wehrmacht mit Erfahrung im Kampf gegen die Rote Armee, Vertriebene aus den ehemaligen Ostgebieten des Deutschen Reiches oder aus der DDR Geflüchtete hatten eine andere Sicht auf die Dinge als in der Bundesrepublik geborene und sozialisierte Angehörige der Bundeswehr. Entsprechend verwundert es auch nicht, dass sich bis in die 1960er-Jahre Inhalte in Ausbildungsunterlagen fanden, deren stereotypen Ton man sich eigentlich zu überwinden vorgenommen hatte. Eine Ausbildungsmappe der 1. Panzergrenadierdivision erläuterte 1962 beispielsweise, den Sowjetsoldaten mache seine »Härte« zu »einem äußerst gefährlichen Gegner«, der auch dann weiterkämpfe, wenn er der starken radioaktiven Strahlung einer Atomexplosion ausgesetzt sei: »Man darf ohne Weiteres unterstellen, dass der

Kampfwille des Sowjetkriegers, so stumpf und stoisch wie er nun einmal ist, davon wenig beeinflusst sein würde.«

Während derartige Stereotype aus den amtlichen Unterlagen der Bundeswehr Schritt für Schritt verschwanden, lebten sie in kommerziellen (Fach-)Zeitschriften noch lange Zeit fort. In Veröffentlichungen wie »Kampftruppen«, »Truppenpraxis«, »Soldat und Technik« oder »Wehrausbildung« veröffentlichte ein einziger Autor, Erich Sobik, ein Wehrmachtoffizier, der mehrere Jahre in der Sowjetunion in Kriegsgefangenschaft verbracht hatte, zwischen 1972 und 1988 knapp vierzig Artikel über die Sowjetarmee und ihre Soldaten, die den oben genannten Ton fortsetzten. So waren die erwähnten Kriegsteilnehmer auch nach dem Ausscheiden aus der Truppe in der Lage, in diese hineinzuwirken und den Diskurs zu prägen.

Während die Bundeswehr offiziell auf ein Feindbild verzichtete und sich auf einer diskursiven Ebene von diesem Begriff distanzierte, blieb im Truppenalltag der Gefechtsausbildung und in der politischen Bildung unmissverständlich, wen man während des Kalten Kriegs im Fall eines bewaffneten Konflikts als angreifenden Feind erwartete. Auf der anderen Seite der innerdeutschen Grenze verzichtete man auf diese Ambivalenz.

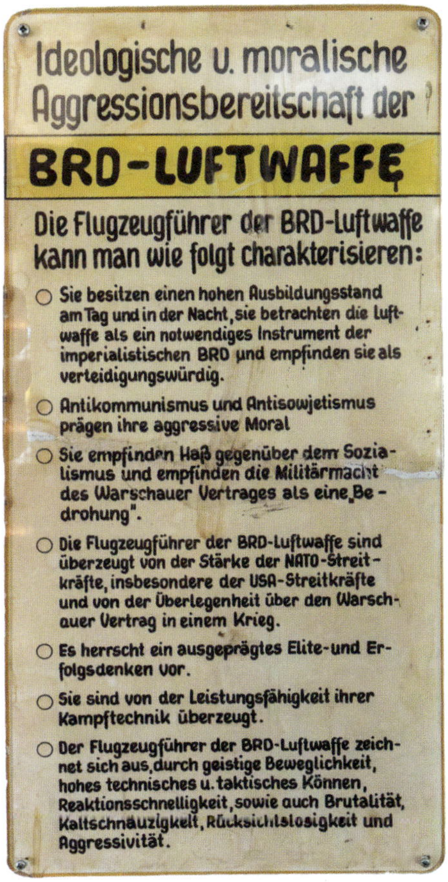


Agitationsschild aus einem Unterrichtsraum des Fliegerhorsts Laage aus Zeiten der Nationalen Volksarmee. Das Schild hängt heute noch in der Bar der 2. Staffel des Taktischen Luftwaffengeschwaders 73 »Steinhoff«.

So hatte Georg Leber 1974 richtig erkannt, was für die NVA Zeit ihres Bestehens galt. Die Bundeswehr, aber auch die anderen NATO-Streitkräfte, allen voran die der USA, waren eindeutig das militärische und ideologische Feindbild. Dies kam im offiziellen Sprachgebrauch und in den Ausbildungsmedien nahezu ständig zum Ausdruck, war aber auch in den Kasernen der Nationalen Volksarmee zu sehen, wie etwa auf dem hier abgebildeten Schild des Fliegerhorsts in Laage, auf dem bis 1990 das Jagdbombenfliegergeschwader 77 und das Marinefliegergeschwader 28 stationiert waren. Damit folgten die beiden deutschen Streitkräfte der politischen Ausrichtung ihrer jeweiligen Staaten. Mit der Fokussierung auf die Sowjetarmee richtete die Bundeswehr sich international aus. Der Fokus der NVA auf die Bundeswehr entsprach dem deutlich stärkeren deutsch-deutschen Denken des SED-Regimes.

*Klaus Schroeder*

49

# HILFE ÜBER GRENZEN HINWEG

## Humanitäre Einsätze im Ausland

Eine Nähmaschine für Lebensmittelsäcke, nicht für Hosen oder Hemden. Ein solches Gerät findet in der Luftwaffe dann Verwendung, wenn die Transportflieger, wie in den 1970er- und 1980er-Jahren, vermehrt die Vereinten Nationen bei der Versorgung der Bevölkerung in schwer zugänglichen Gegenden der Welt unterstützen.

Im militärischen Kontext denkt man bei einer »Nähmaschine« wohl zuerst an die Massenproduktion von Uniformen oder Fallschirmen, und nicht an das Verschließen von Säcken, die mit Hilfsgütern befüllt sind. Während der Hungersnot, die insbesondere 1984 und 1985 die Sahelzone heimsuchte, wurden im Rahmen des Äthiopien-Hilfseinsatzes der Bundeswehr hierfür Nähmaschinen genutzt.

Die damals dringend benötigten Lebensmittel gelangten in aller Regel bereits für den Lufttransport verpackt zum Luftwaffenpersonal im Einsatzgebiet, sodass die Güter grundsätzlich »nur noch« an die entsprechenden Verteilungspunkte geflogen werden mussten. Im weiträumigen Äthiopien, das überwiegend von felsigem Hochland geprägt ist, standen die Besatzungen der Transportflugzeuge jedoch vor dem Problem, dass Teile der vom Hunger betroffenen Gebiete in unzugänglichen Regionen ohne jegliche (Behelfs-)Flugplätze lagen. Dort konnte man also nicht einmal mit der diesbezüglich sehr robusten und anspruchslosen Transportmaschine Transall C-160 landen.

Um die Lebensmittel dennoch zu den Menschen bringen zu können, begann die Luftwaffe gemeinsam mit der britischen Royal Air Force rasch den Abwurf von Hilfsgütern im Tiefstflug zu testen. Das Abwerfen galt damals laut Pressereferat des Bundesministeriums der Verteidigung als »die einzige Möglichkeit, Tausende Menschen in abgelegenen Gebieten mit dem Nötigsten zu versorgen«. Geprobt wurde das Abwerfen schon seit Längerem. Darauf aufbauend entstand 1984/85 in Äthiopien, während der Hilfseinsatz schon in vollem Umfang lief, ein für die Flugzeugcrews fliegerisch höchst anspruchsvolles Verfahren. Es erhielt den Namen »Abwerfen von Lasten aus extrem niedriger Höhe, nicht stabilisiert« und wird in englischer Kurzform einfach als »Drop« bezeichnet. In der Luftwaffe ist dieser Vorgang umgangssprachlich – und in problematisch pauschalisierender Weise – auch als »Afrikaverfahren« bekannt.

Die Hilfsgüter befanden sich auf Rollunterlagen aus Pressspanplatten. Sie wurden ohne Fallschirm aus dem Flugzeug bei geringer Flughöhe von bis zu drei Metern über Grund über die Heckrampe abgeworfen. Um die Gefahr zu verringern, dass das Transportgut Schaden nahm, wurde es auf dem Flughafen der äthiopischen Hauptstadt Addis Abeba in einer Art Packstraße in bis zu vier weitere Säcke eingehüllt.

Das Lufttransportkommando betonte nach den Tests in einem Schreiben vom Februar 1985 dabei besonders, dass diese Säcke »nicht zugebunden, sondern [...] vernäht werden [müssen]!« Wegen technischer Störungen standen hierfür jedoch zeitweise keine Maschinen zur Verfügung und die Säcke mussten mühsam und zeitaufwändig mit der Hand zugenäht werden. Dies stellte nicht nur in puncto Zeiteffizienz ein Problem dar, sondern führte beim Aufprall auch zu häufigem Aufplatzen der Nahrungsmittelsäcke und zur Beschädigung der Lebensmittel.

Trotz der anfänglichen Schwierigkeiten bewährte sich das neu entwickelte Abwurfverfahren, mit dem in Äthiopien von der Luftwaffe insgesamt 5200 t Güter abgeworfen wurden; 1992 fand es Eingang in die Vorschriften der Bundeswehr, beispielsweise in die »Besondere Anweisung für den Lufttransport 403/301 (BesAnLTrsp 403/301) / Weisung für das Absetzen und Abwerfen von Lasten aus dem Luftfahrzeug C-160 Transall«. 1992/93 kamen im Zuge der Hilfe für Somalia erneut »Drops« zur Anwendung – und damit auch wieder die Nähmaschinen.

Die abgebildete leicht transportable Sack(zu)nähmaschine trägt die Bezeichnung »Bag Closer«. Sie ist also speziell für das Schließen derartiger Behältnisse vom US-Fabrikanten »Fischbein« produziert worden. Das 1999 hergestellte Gerät wurde in der Luftlande-/Lufttransportschule in Altenstadt genutzt. Dort hat man mit dieser Nähmaschine Übungslasten für die Ausbildung der Flugzeugbesatzungen und Verlaster angefertigt – sie diente also der Vorbereitung auf künftige Hilfseinsätze mit der inzwischen bei der Bundeswehr nicht mehr im Dienst befindlichen Transall C-160.

Obwohl humanitäre Hilfe in der Regel keine Kernaufgabe von Streitkräften ist und militärische Einsätze im Ausland seitens der Bundesrepublik Deutschland strengen verfassungsrechtlichen Regularien unterliegen, hat sich die Bundeswehr schon in ihrer Gründungs- und Aufbauphase vielfach an Hilfseinsätzen in anderen Staaten beteiligt. Dies galt neben dem Sanitätsdienst nicht zuletzt für die Transportflieger der Luftwaffe, die seit 1957 aufgebaut wurden. Das erst im September 1959 aufgestellte Lufttransportgeschwader 62 lieferte zwischen Dezember 1959 und Januar 1960 Medikamente nach Rabat in Marokko, wo gepanschtes Speiseöl in weiten Teilen des Landes zu Lebensmittelvergiftungen geführt hatte. Als die marokkanische Stadt Agadir im Februar 1960 von einem verheerenden Erdbeben verwüstet wurde, beteiligte sich die Bundeswehr nicht nur mit der Lieferung von Hilfsgütern, sondern stellte auch ein Feldlazarett mit 70 Betten sowie fünf Ärzten, einem Apotheker und 45 Sanitätssoldaten, um die Folgeversorgung für mehr als 1000 Verletzte zu gewährleisten. Nach diesem ersten großen Einsatz wurden gerade die Transportflieger und Kräfte des Sanitätsdienstes immer wieder mit Hilfeleistungen in Katastrophen- und Notstandsgebieten beauftragt.

Hilfseinsätze in Staaten Afrikas bildeten in den folgenden Jahrzehnten einen Schwerpunkt der humanitären Hilfe der Bundesrepublik, die ausdrücklich auch als ein Instrument westdeutscher Außenpolitik verstanden wurde. Nach dem Ende des Zweiten Weltkriegs hatten die europäischen Kolonialmächte schrittweise ihre Gebiete in Übersee aufgeben müssen und es entstanden Staaten, deren Grenzen oftmals ohne Rücksicht auf Ethnien und Völker auf Grundlage der kolonialen Aufteilung festgelegt wurden. Die daraus resultierende politische Instabilität vieler Länder Afrikas führte zu sezessionistischen Bewegungen und Bürgerkriegen. Auch Naturkatastrophen und Pandemien stellten diese Länder wiederholt vor gewaltige Herausforderungen.

C-160 Transall der Luftwaffe beim »Drop«-Verfahren in Äthiopien 1985

Zwischen 1960 und 2005 war die Bundeswehr an mehr als 150 humanitären Hilfseinsätzen beteiligt, davon mehr als 40 Prozent auf dem afrikanischen Kontinent. Vor allem in den 1970er-Jahren war das Engagement der Bundesrepublik dort hoch, zumal die afrikanischen Staaten während des Kalten Kriegs gleichermaßen vom »Osten« und vom »Westen« umworben wurden. Als 1973 eine langjährige Dürre in der Sahelzone eine Hungersnot verursacht hatte, half die Bundesregierung gleich in mehreren Staaten der Region. Die Luftwaffe unterstützte die Nahrungsmittelverteilung unter anderem im Kaiserreich Abessinien, dem heutigen Äthiopien, mit Lufttransporten. Damals brachten Bell UH-1D-Hubschrauber die Nahrungsmittel in schwer erreichbare Gebiete – ein Vorgehen, das sich aufgrund der Höhenlage nur mäßig bewährte. Rund zehn Jahre später flog die Luftwaffe, wie bereits eingangs dargelegt, erneut Einsätze in Äthiopien, um den notleidenden Menschen zu helfen. Diesmal kam die Transall C-160 zum Einsatz – und damit auch das beschriebene »Drop«-Verfahren mit den Nähmaschinen.

*Markus Evers und Stefan Kontra*

50

# VON GARNISONSSTÄDTEN UND PATENGEMEINDEN

## Regionale Verankerungen

Ortsschild der Stadt Frankenberg in Sachsen, Standort des Stabes der Panzergrenadierbrigade 37 »Freistaat Sachsen«

Das Ortsschild informiert Besucher, dass Frankenberg in Sachsen eine Garnisonsstadt ist. Nur wenige Städte in Deutschland führen solche Zusätze, Hansestädte etwa oder auch Universitätsstädte. Sie sind Ausdruck ihres Selbstverständnisses und auch des Stolzes. Insofern ist der Titel »Garnisonsstadt« etwas Besonderes. Dahinter verbirgt sich jedoch noch mehr, es ist eine wechselseitige Beziehung. In Frankenberg liegt der Stab der Panzergrenadierbrigade 37, die wiederum den Namen »Freistaat Sachsen« trägt. Auch die Bundeswehr drückt durch die Namensgebung die besondere Beziehung zu ihren Garnisonen aus. Die Namensgebung von Einheiten, Verbänden und Liegenschaften ist Teil der Inneren Führung der Bundeswehr und damit Ausdruck des Leitbildes vom Staatsbürger in Uniform. Einige Einheiten besitzen zudem Patengemeinden. Besuche in diesen Patengemeinden werden fast immer in Uniform durchgeführt und helfen dabei, die Verbindung zwischen Militär und Zivilgesellschaft zu pflegen und zu stärken.

Eine regionale Verankerung der Bundeswehr kann landauf und landab festgestellt werden. Für die gesamten Streitkräfte gilt, dass in den meisten Garnisonen eine gute Verbindung zwischen den Standorten und den Gemeinden besteht. Das kommt beispielsweise in Einladungen von Kommandeuren und Soldaten zu Neujahrsempfängen oder kulturellen Veranstaltungen zum Ausdruck. Oftmals laden Kommunalpolitiker sogar zu Veranstaltungen in die Kasernen ein. Über viele militärische Ereignisse und Angelegenheiten aus den Standorten berichten auch die lokalen Medien, weil es ein Teil der Stadtentwicklung und Geschichte ist. Ein anderer eng mit dem militärischen Zeremoniell verbundener Brauch ist das Verleihen von Fahnenbändern durch die Ministerpräsidenten der Bundesländer. Mit dieser besonderen Ehrung bekennt sich die Gesellschaft in besonderer Weise zu ihrem Militär.

Zu Zeiten der Wehrpflicht war die Bundeswehr gerade in den kleinen und abgeschiedenen Standorten auch dadurch in der Gesellschaft vertreten, dass die Soldaten ihre Freizeit vor Ort verbrachten. Kontakte zur lokalen Bevölkerung kamen dadurch zwangsläufig zustande. Ein anderes Beispiel waren die freitäglich und sonntäglich pendelnden Wehrpflichtigen in den Zügen des Nah- und Fernverkehrs. Das Verteidigungsministerium bewertete das in den 1970er-/80er-Jahren nicht nur positiv, da Auftreten und Verhalten der Soldaten nicht immer den Regeln militärischer Ordnung entsprachen. Einen überwiegend positiven Einfluss hat dagegen die Regelung »Bahnfahren in Uniform«, die wieder zu einer großen und offensichtlichen Anwesenheit von Soldaten in den Zügen führte. Seit dem 1. Januar 2020 dürfen Soldaten und Soldatinnen der Bundeswehr in Uniform mit einem kostenfreien Ticket und dem Truppenausweis bahnfahren. Dafür steht ein spezielles Buchungssystem zur Verfügung, über das die Bahntickets erworben werden können. Unter Bundesministerin Annegret Kramp-Karrenbauer wurde diese Regelung als Zeichen der Anerkennung und Wertschätzung für den Dienst in der Bundeswehr und auch als Beitrag für den Klimaschutz eingeführt. Bisher sind bereits mehrere Millionen kostenfreie Tickets ausgestellt worden. Gerade in Zeiten erhöhten Interesses der Gesellschaft an militärischen Themen werden die als Soldaten wahrnehmbaren Männer und Frauen oftmals zu Verteidigungsexperten im Gespräch mit anderen Fahrgästen.

In der Deutschen Marine sind mittlerweile fast alle »seegehenden Einheiten« nach Städten oder Bundesländern benannt. Schon in der kaiserlichen Marine war es üblich, mit der Benennung von Schiffen Landesteile und Städte zu ehren. Die Bundeswehr hält an diesem Brauch fest. Deutsche Marineschiffe tragen mit der Ausnahme des Segelschulschiffs »Gorch Fock« heute keine Personennamen mehr. Die letzten nach Personen benannten Schiffe waren die Zerstörer der Klasse 103 »Rommel«, »Mölders« und »Lütjens«. Große Schiffe führen die Namen von Bundesländern und kleinere Einheiten die von Städten. Damit repräsentieren die Namen der Einheiten der Deutschen Marine die föderale Struktur Deutschlands. Form und Systematik der Namensgebung gehören zu ihrer Traditions- und Brauchtumspflege.

Eine besondere Attraktion waren und sind die Flugplatzfeste der Bundeswehrstandorte mit fliegenden Verbänden. Vor allem wenn Flugshows angeboten werden, strömen oft Tausende oder gar Zehntausende Besucher auf die Fliegerhorste. In den 1970er- und 1980er-Jahren waren diese Orte zudem Plätze der gesellschaftlichen Auseinandersetzung mit den Streitkräften. Beispielsweise fanden Proteste gegen die nukleare Teilhabe, den NATO-Doppelbeschluss oder Tiefluglärm oft vor Kasernen statt. Aber auch andere Garnisonen haben durch Tage der offenen Tür oder ähnliche Veranstaltungen die lokale Bevölkerung angezogen. Eine besondere Version ist der alljährlich zentral organisierte Tag der Bundeswehr an wechselnden Standorten. Dort präsentiert sich die Truppe mit Großgerät und anderen Attraktionen. Diese Veranstaltung wurde erstmals 2015 angesichts des 25-jährigen Bestehens der »Armee der Einheit« durchgeführt, vier Jahre nach Aussetzen der Wehrpflicht. Sie kann als Kompensationsmaßnahme für den Verlust der Verankerung der Bundeswehr in der Gesellschaft infolge der nicht mehr vorhandenen Wehrpflicht angesehen werden.

In die Öffentlichkeit wirken aber auch die Museen der Bundeswehr oder temporäre Ausstellungen, die für den zivilen Besucherverkehr geöffnet sind. Herausragend ist in dieser Hinsicht das Militärhistorische Museum der Bundeswehr in Dresden. Es hat sich zu einem festen Bestandteil des kulturellen Lebens in der Stadt entwickelt und ist dort nicht mehr wegzudenken. Das Deutsche Marinemuseum in Wilhelmshaven und das Deutsche Panzermuseum in Munster stellen eine Sonderform dar, weil sie zivil betrieben werden, aber durch ihre Großexponate vor allem aus der Bundeswehr eine große Attraktivität besitzen. So manche Kaserne, wie zum Beispiel die Marineschule in Flensburg-Mürwik oder die Generaloberst-Beck-Kaserne in Sonthofen, ist ein einzigartiges architektonisches Ensemble, das unter Denkmal- oder Ensembleschutz steht und an Tagen des offenen Denkmals für ein interessiertes Publikum geöffnet wird.

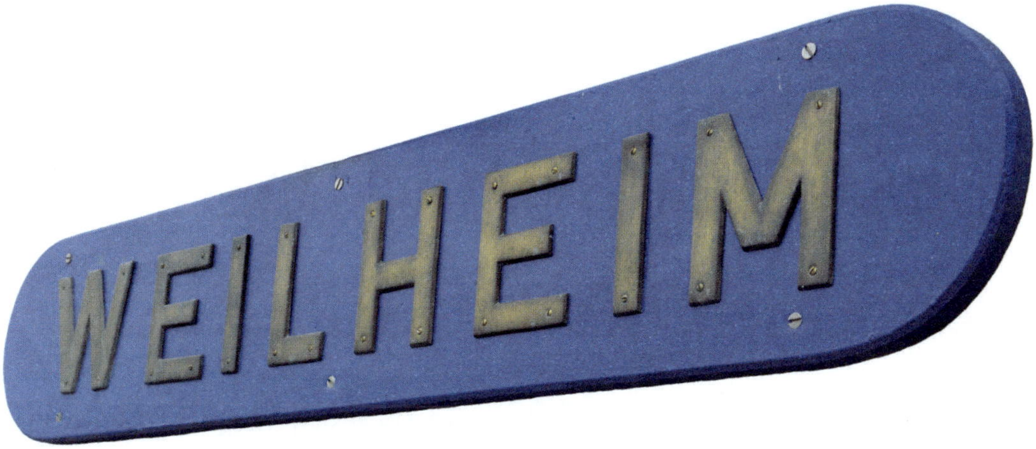


»Namensläppchen« des Minenjagdboots »Weilheim« der Lindau-Klasse M 1077. Das Boot stand von 1959 bis 1995 im Dienst der Deutschen Bundesmarine und liegt heute im Marinemuseum in Wilhelmshaven.

Ein weiterer Ausdruck der Verankerung der Bundeswehr in der Gesellschaft sind die Reservisten und Reservistenverbände. Die aktiv übenden Reservedienstleistenden sind zumeist berufstätig. Für ihre Wehrübungszeit werden sie entweder von ihrem Arbeitgeber freigestellt, oder sie verbringen sie sogar in ihrer Freizeit. Sie tragen ihre Erfahrungen und Eindrücke dann in die Unternehmen und zu den Arbeitgebern zurück und stellen dadurch ein Bindeglied zwischen Gesellschaft und Militär dar. Eine stärkere regionale Bindung wird gegenwärtig durch die Landeskommandos für die Reserve angestrebt. Die neu aufzustellenden Regimenter sind im Gegensatz zur Truppe auf Standorte in den jeweiligen Bundesländern begrenzt und zielen entsprechend auf Betätigung der lokalen Bevölkerung. Ob es mit dem 2022 eingeleiteten neuen Aufwuchs der Streitkräfte vielleicht bald noch mehr Orte neben Frankenberg gibt, die sich selbst stolz als Garnisonsstadt bezeichnen, bleibt abzuwarten.

*Christian Jentzsch*

51

# »GEWISSENS-TÜV« UND »ABSCHRECKUNGSDIENST«

## Kriegsdienstverweigerung in der Bundesrepublik Deutschland

Verweigert den Kriechdienst« steht auf dem abgebildeten Protestbanner vom »Netzwerk Friedensinitiative« aus den 1980er-Jahren. Die Kriegsdienstverweigerung erlebte unterschiedliche gesellschaftliche Konjunkturen. Bereits vor dem Aufbau der Bundeswehr und der Einführung der allgemeinen Wehrpflicht in der Bundesrepublik Deutschland Mitte der 1950er-Jahre hatten die Mütter und Väter des Grundgesetzes das individuelle Recht auf Kriegsdienstverweigerung (KDV) als unveränderliches Grundrecht in der westdeutschen Verfassung verankert. Seit 1949 heißt es dort in Artikel 4, Absatz 3: »Niemand darf gegen sein Gewissen zum Kriegsdienst mit der Waffe gezwungen werden.«

Gleichwohl hatte sich an der Frage, ob es ein Grundrecht auf Verweigerung des Kriegsdienstes geben solle, eine der schärfsten Debatten im gesamten Verfassungsgebungsprozess entzündet. Die Mitglieder des Parlamentarischen Rates waren sich damals uneins, ob die Angelegenheit durch ein einfaches Gesetz wie beispielsweise in Großbritannien oder durch eine Verfassungsgarantie zu regeln sei. Letztlich stimmten sie darin überein, dass ein einfaches Gesetz im Kriegsfall womöglich kurzerhand außer Kraft gesetzt werden könnte. Als Lehre aus der NS-Diktatur erklärte der Verfassungsgeber schließlich die Grundrechte für unveränderlich. Nach zwei Weltkriegen wurde das Recht auf Kriegsdienstverweigerung anderen Grundrechten wie der Glaubens- und Meinungsfreiheit gleichgestellt. Es unterliegt der »Ewigkeitsklausel«. Damit war die Bundesrepublik Deutschland der weltweit erste Staat, der das Recht auf Kriegsdienstverweigerung in seiner Verfassung festschrieb.

Einig war sich der verfassungsgebende Parlamentarische Rat hingegen darin, das Recht der Kriegsdienstverweigerung auf Bundesebene einzuschränken: Im Gegensatz zu den Landesgesetzen in Bayern, Hessen (1947), Baden-Württemberg und Berlin (1948) bezog sich die Rechtsgarantie nur auf Fälle »echter« Gewissensgründe. Unter den Vorzeichen des Kalten Kriegs sollte zum Erhalt der Verteidigungsfähigkeit gegen eine kommunistische Aggression das Recht nur jene schützen, die als »Grundsatzpazifisten« aus wahrhaft innerer Überzeugung den militärischen Dienst prinzipiell ablehnten. Vermeintliche »Drückeberger« – so die zeittypische Formel – sollten sich nicht auf das Recht auf Kriegsdienstverweigerung berufen dürfen. Tiefe und Wahrhaftigkeit der Gewissensentscheidung wurden laut Wehrpflichtgesetz (1956) in einem gerichtsähnlichen Anerkennungsverfahren festgestellt. Anerkannte Kriegsdienstverweigerer mussten dann in der Regel einen zivilen Ersatzdienst leisten.

Protestbanner gegen den Wehrdienst in der Bundeswehr aus den 1980er-Jahren.
Das Grundgesetz kennt als Begriff nur die Kriegsdienst-, nicht die Wehrdienstverweigerung.

Kritische Stimmen bezeichneten das staatliche Prüfungsverfahren mitunter als »Gewissens-TÜV« oder »Gewissensinquisition« und stellten prinzipiell die vorbehaltliche Einschränkung eines Grundrechts in Frage. Sie bezweifelten, ob man einen inneren Vorgang wie die Gewissensentscheidung überhaupt stichhaltig auf Wahrhaftigkeit überprüfen könne. Auch die anfangs politisch bewusst herbeigeführte Unattraktivität des Wehrersatzdienstes veranlasste sowohl Befürworter als auch Gegner der allgemeinen Wehrpflicht, den Zivildienst als »Abschreckungsdienst« im Sinne des gesetzlich vorangestellten Wehrdienstes wahrzunehmen.

Trotz Weltkrieg und Nationalsozialismus galt bis zum Ende der 1960er-Jahre das Militär in der breiten Bevölkerung Westdeutschlands als »Schule der Männlichkeit«, die gleichermaßen für traditionelle Werte wie Disziplin, Gehorsam und Ordnung stand. Zudem empfanden viele junge Männer die Tätigkeiten im zivilen Ersatzdienst als klassische Frauenaufgaben und lehnten sie nicht zuletzt aus diesem Grund ab. Auch gehörte die Kriegsdienstverweigerung zu den eher unbekannten und gesellschaftlich kaum geschätzten Grundrechten. Wer das KDV-Recht für sich einforderte, riskierte mitunter Auseinandersetzungen mit seinem Vermieter oder Arbeitgeber.

Das Epochenjahr 1968 brachte schließlich den Wandel: Studentenbewegung und Außerparlamentarische Opposition agitierten lautstark gegen die Bundeswehr, die Zahl der Verweigerer stieg sprunghaft von rund 6000 (1967) auf etwa 12.000 (1968) an und innerhalb der Truppe – insbesondere im personalintensiven Heer – herrschte Krisenstimmung. Die sogenannte Schnez-Studie (benannt nach dem damaligen Inspekteur des Heeres Generalleutnant Albert Schnez) forderte die Wehrdienstverweigerung zu erschweren und regte dazu eine Änderung des Grundgesetzes an, um die Gewissensfreiheit bei der Wehrdienstverweigerung einzuschränken.

In den 1970er-Jahren kulminierte schließlich der zivilgesellschaftliche Protest gegen das mündliche KDV-Prüfungsverfahren, das zunehmend aus standardisierten »Notwehrfragen« (»Man möchte Sie ausrauben. Sie haben eine Waffe in der Hand ...«) bestand. Der Ausgang der Überprüfung hing oftmals wegen fehlender Objektivierbarkeit der Gewissensentscheidung vom Ermessensspielraum der jeweiligen Beurteiler ab. Die Regierungspolitik war in jenen Jahren vor allem zur Entlastung der Verwaltungs- und Prüfungsinstanzen sowie aus sicherheitspolitischen Gründen bestrebt, die Verweigerungszahlen zu senken. Als aber 1977 kurzzeitig die Verweigerung mittels schriftlicher Erklärung (»Postkartenverfahren«) ausreichte, schnellten die KDV-Zahlen abermals in die Höhe.

Erst zu Beginn der 1980er-Jahre setzte ein Umschwung im politischen Mainstream ein: Die Kriegsdienstverweigerung und der damit einhergehende Zivildienst wurden in zunehmendem Maße als wohlfahrtsstaatliches Steuerungsinstrument verstanden, um kostengünstig Notstände im Pflege- und Sozialbereich zu mildern. Die »Zivis« mussten deutlich länger als Wehrdienstleistende dienen, konnten dafür aber später auch nicht als Reservisten zu Wehrübungen einberufen werden. 1984 wurde das bisherige Prüfungsverfahren für Ungediente endgültig durch ein einfaches schriftliches Feststellungsverfahren ersetzt. Das gesellschaftliche Ansehen der Zivildienstleistenden – ergo der Kriegsdienstverweiger – erhöhte sich immens, gleichzeitig sank gesamtgesellschaftlich die Attraktivität soldatischer Männlichkeitsvorstellungen. In dieser Zeit plädierten sogar manche Feministinnen im Sinne einer radikalen Gleichberechtigung für die Ausdehnung der Wehrpflicht auf Frauen.

Mit der drastischen Verkleinerung der Bundeswehr verschärfte sich ab den 1990er-Jahren das Problem der Wehrgerechtigkeit und auch die Kriegdienstverweigerung erlebte nochmals einen Aufschwung: Als Folge des Zweiten Golfkriegs verdoppelte sich die Zahl der KDV-Anträge von rund 75.000 (1990) auf über 150.000 (1991). Unter den Antragstellern waren sogar aktive Soldaten der Bundeswehr, die zum Schutz der NATO-Südflanke vor irakischen Angriffen in die Türkei verlegt werden sollten. Weil die Kriegsdienstverweigerung als Massenphänomen insbesondere die Gruppe der ungedienten Wehrpflichtigen betraf, nahm die Öffentlichkeit jedoch nur selten wahr, dass immer wieder auch Zeit- und Berufssoldaten und -soldatinnen den Dienst an der Waffe verweigerten.

Die Aussetzung der Wehrpflicht 2011 beendete zwar vorerst die Debatte um die Wehrgerechtigkeit, bedeutete aber keineswegs das Ende der Kriegsdienstverweigerung: Nach wie vor können aktive Soldatinnen und Soldaten, Reservistinnen und Reservisten sowie Ungediente – in diesem Fall nur männliche deutsche Staatsbürger, die laut Wehrpflichtgesetz zum Kriegsdienst herangezogen werden könnten – einen KDV-Antrag stellen. Infolge des russischen Angriffskriegs gegen die Ukraine verfünffachte sich 2022 im Vergleich zum Vorjahr die Zahl der Kriegsdienstverweigerer auf über 1100. Seit Gründung der Bundesrepublik haben insgesamt rund drei Millionen Menschen von ihrem verfassungsrechtlich verbürgten Grundrecht auf Kriegsdienstverweigerung Gebrauch gemacht – einem Grundrecht, das zu schützen auch Aufgabe der Bundeswehr ist.

*Stephan Horn*

52

# KAMPF DEM »PAPIERKRIEG«

## Bürokratie für und gegen Soldaten

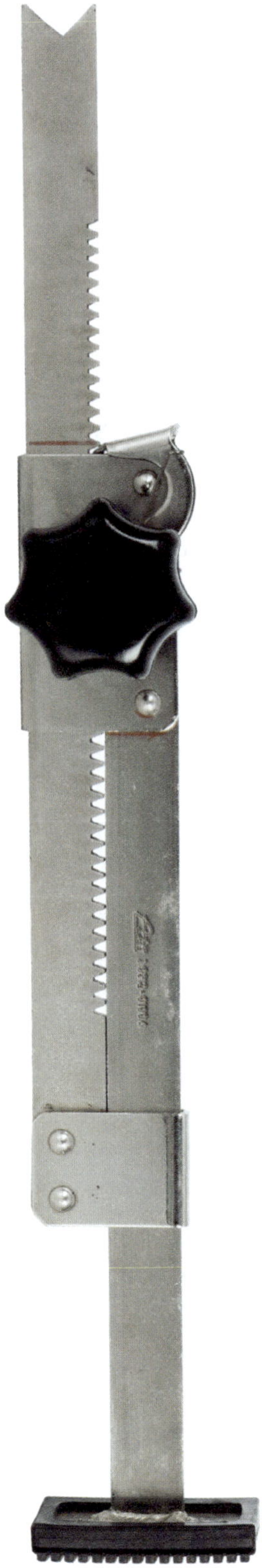

Der »Zahnstangenheber, Hubhöhe 235 mm (VersNr.: 5120-12-133-2462)« heißt in der Bundeswehr Pedalspreize oder Pedalstütze. Sie wird bei technischen Überprüfungen von Kraftfahrzeugen zur Kontrolle der Bremsfunktion genutzt.

Die Bundeswehr verfügt über ein Arsenal ausgefeilter Gerätschaften, mit denen sie die Funktionsfähigkeit ihres Materials überprüfen kann. Eines ist die »Pedalspreize«, ein Werkzeug zur Untersuchung der Bremspedale von Lastwagen. Mit Hilfe dieses und anderer Geräte lässt sich prüfen, ob Vorgaben aus Vorschriften und Regelungen eingehalten werden, die auf die Betriebssicherheit von Gerät, Waffen und Fahrzeugen abzielen. Im dienstlichen Alltag sind solche Prüfungen wenig beliebt – sie kosten Zeit und das zu überprüfende Gerät steht nicht zur Verfügung. Vor allem im Ernstfall sorgt die penible Einhaltung deutscher Vorschriften gelegentlich für Unverständnis. Warum sollen im Einsatz am Hindukusch deutsche Sicherheitsvorschriften oder Abgasnormen gelten? Oftmals wird dabei übersehen, dass als bürokratisch und lästig wahrgenommene Regelungen unmittelbar der Sicherheit dienen. Dazu zählt nicht zuletzt auch die Geschwindigkeitsüberwachung in Kasernen mit Radarpistolen durch die Feldjäger (siehe Bild). Schnell steht dann der Vorwurf einer unverhältnismäßigen Bürokratie im Raum.

Schon der Begriff verdeutlicht, wovon die Rede ist: Spricht man von Bürokratie statt von Verwaltung, ist meist das als ineffizient, umständlich und unnötig wahrgenommene Handeln öffentlicher Institutionen gemeint, mit denen Gesetze und Verordnungen umgesetzt werden. Bürokratie ist aber nicht nur ein negativ besetzter Ausdruck für eine verwaltende Organisation, sondern bezeichnet ganz allgemein Praktiken des Dokumentierens und Verzeichnens, wie sie auch im Alltag der Truppe vorkommen. Nicht wenige meinen, dass sie den Dienstalltag ganz maßgeblich prägen.

Während des Ost-West-Konflikts kritisierten sogar Verteidigungsminister den wachsenden »Papierkrieg« in der Bundeswehr. In der Truppe war der Eindruck verbreitet, dass die »Bundeswehr nicht durch Soldaten, sondern durch Juristen geführt« werde – eine Kritik, die nicht zuletzt auf das Bundesministerium der Verteidigung zielte. Das Thema ist auch heute aktuell. In den vergangenen Jahren attestierten die Berichte der Wehrbeauftragten der Bundeswehr einen Hang zum »Bürokratismus«. Der Begriff spitzt die Kritik an der Bürokratie nochmals zu und attestiert eine beinahe dogmatische Neigung zur Verrechtlichung und Verschriftlichung im Militär.

Allerdings wäre es falsch anzunehmen, dass Verwaltungsexpansion und Bürokratiekritik ein Alleinstellungsmerkmal der Bundeswehr seien. Sie sind vielmehr in allen Bereichen des öffentlichen Lebens anzutreffen. Es lässt sich sogar sagen, dass Bürokratiekritik die natürliche Kehrseite des staatlichen Verwaltungsausbaus ist. Im 19. Jahrhundert begannen die Staaten, das öffentliche Leben immer stärker zu regulieren. Diese Maßnahmen dienten auch dazu, Geld für die Aufstellung von Armeen erheben und die Wehrpflicht umsetzen zu können. Krieg und Streitkräfteausbau beschleunigten das Wachstum der modernen Staatsverwaltungen.

Ob es dabei im Militär eine besondere Neigung zur Bürokratisierung des Dienstalltags gibt, wie zuweilen behauptet wird, ist strittig. Sicher ist aber, dass es janusgleich zwei Gesichter hat. Im Krieg oder »Einsatz« dominieren Unsicherheit und ein rascher Wechsel von Situationen, auf die flexibel reagiert werden muss. Im Frieden ist der Dienst dagegen stärker von Beständigkeit geprägt. Er weist Parallelen zur zivilen Arbeitswelt auf, die ebenfalls von einer zunehmenden Verrechtlichung gekennzeichnet ist. Die Militärsoziologie hat für diese beiden Szenarien den Begriff der »heißen« und »kalten« Organisation geprägt. Es verwundert wenig, dass die Einhaltung von Vorschriften oder die Erledigung von »Papierkram« im »heißen« Einsatz wie in Afghanistan als besonders unnütz und sogar hinderlich wahrgenommen wurden.

Nicht nur für die Bundeswehr, sondern für die meisten westlichen Streitkräfte gilt, dass sie die längste Zeit ihres Bestehens wesentlich vom »kalten« Zustand geprägt waren. Die Zahl von Gesetzen und Verordnungen, von Befehlen und Erlassen wuchs beständig an. Allein das Soldatengesetz wurde bis 1969 nicht weniger als acht Mal geändert. Boote der Deutschen Marine führten in den 1970er-Jahren jeweils 300 bis 400 Vorschriften mit, hinzu kamen zahlreiche Bord- und Geschwaderbefehle. 1974 ergab eine Befragung, dass Kompaniechefs einen erheblichen Teil ihrer Wochenarbeitszeit für verwaltende Tätigkeiten aufbrachten. Im Heer waren es 54 Prozent, in der Luftwaffe sogar 70 Prozent. Als regelrechte Zeitfresser erwiesen sich Personalangelegenheiten (wie Disziplinarwesen und Beurteilungen) und Besprechungen.

So verwundert es wenig, dass sich immer wieder heftige Kritik an der Bürokratie regte. Aus der Außenperspektive deutete sie auf ein dysfunktional organisiertes Militär. Vor allem die Rüstungsgüterbeschaffung stand dabei im Fokus. Von Entwicklung und Ankauf des Schützenpanzers HS 30 oder des Kampfflugzeugs Tornado bis zur aufwändigen Sanierung des Segelschulschiffes »Gorch Fock« boten technische Fehlschläge und gigantische Preissteigerungen Stoff für Skandale, die in den 1960er-, 1980er- und 2010er-Jahren die mediale Berichterstattung monatelang prägten.

Klagen aus der Bundeswehr selbst, so vielfältig sie in Tonfall und Zielrichtung ausfielen, bewerteten Verwaltungstätigkeiten oft als eine Praxis, die dem Wesen des Militärs widerspräche. Kritiker monierten, dass Verwaltungstätigkeiten die Streitkräfte daran hinderten, sich auf ihren eigentlichen Wesenszweck vorzubereiten, nämlich den Kampf. Der Vorwurf lautete, die Verwaltung arbeite langsam, ineffektiv und an den Bedürfnissen der Truppe vorbei; Kommandeure seien gezwungen wertvolle Zeit mit der Lektüre nutzloser Vorschriften zu vergeuden. Vorbehalte gab es auch gegen die Anonymität der Verwaltungsorganisation, deren Entscheidungen nicht einer Person zugerechnet werden konnten. 1958 kritisierte der Inspekteur der Marine, Vizeadmiral Friedrich Ruge, dass im Bundesverteidigungsministerium zu viel verwaltet und zu wenig geführt werde. Im Militär müsse klar benennbar sein, wer die Verantwortung innehabe. »Verwaltungsjuristen«, so Ruge, regierten in die Bundeswehr

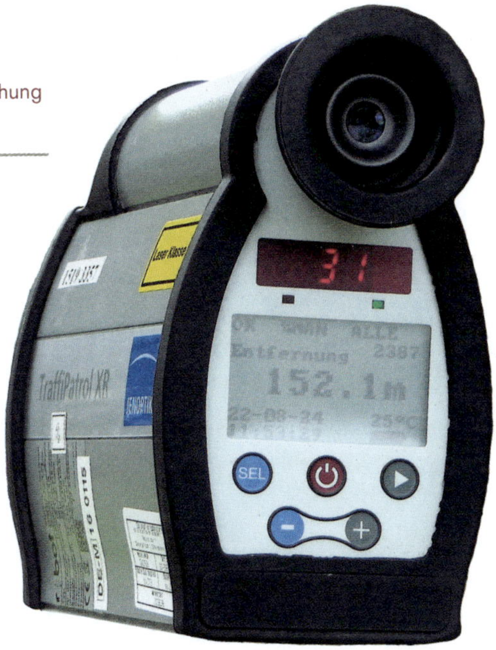


Mobile Laserpistole, wie sie von der Polizei, aber auch von den Feldjägern der Bundeswehr (Militärpolizei) zur Verkehrsüberwachung in Kasernen sowie im Auslandseinsatz verwendet wird

hinein. Vor dem Hintergrund des Ost-West-Konflikts konnte solchen Fragen eine erhebliche Relevanz zukommen. Ruge jedenfalls erkannte in der omnipräsenten Verwaltung eine politische Gefahr: »Wenn wir aber [...] zulassen, dass der Mensch verwaltet wird, leisten wir Vorarbeit für den Bolschewismus.« Eine Verdrängung persönlicher Führungs- zugunsten anonymer Verwaltungsprinzipien konnte, so wollte Ruge verstanden werden, sogar die Demokratie gefährden und die Bundesrepublik in das sozialistische Lager abgleiten lassen.

Die Kritik an der Bürokratie in der Bundeswehr war durchaus begründet. Der Truppe fiel es zunehmend schwer, angesichts einer wachsenden Zahl von Regelungen und Zuständigkeiten den Überblick zu behalten. 1979 empfahl eine Kommission unter Vorsitz des ehemaligen Generalinspekteurs General a. D. Ulrich de Maizière, eine Reihe »bürokratischer Fehlentwicklungen abzubauen« und »Kurskorrekturen« vorzunehmen, um Führung und Entscheidungsverantwortung in der Bundeswehr zu stärken. 1981 ordnete das Verteidigungsministerium daher an, schriftliche Anweisungen nur noch dann herauszugeben, wenn sie »unumgänglich notwendig« sind.

Diese Maßnahme rief Skeptiker auf den Plan, denn das Ministerium selbst galt als eigentlicher Quell und Hort der Bürokratie. Zahlreiche Kommissionen durchleuchteten Struktur und Organisationsabläufe des Ministeriums, ohne dass der »Dschungel auf der Hardthöhe«, wie Zeitungen das bürokratische Dickicht wiederholt bezeichneten, gelichtet werden konnte. Daher war auch zweifelhaft, ob ausgerechnet das Ministerium in der Lage war, die Bürokratie wirksam zu bekämpfen. Letztlich haben solche Maßnahmen das als Last empfundene Übermaß an Bürokratie nicht dauerhaft verringern können. Verwaltung war und ist eine Grundform der Organisation moderner Gesellschaften und damit auch des Militärs. Die Kritik an der Bürokratie ist der gesellschaftliche Modus, sich damit auseinanderzusetzen.

*Christoph Nübel*

53

# VERDECKTE BEDROHUNG

## Militärische Sicherheit der Bundeswehr

Behälter mit Schraubverschluss aus Plastik, ein sogenannter Steckdorn, ca. 10 cm lang, von Spionen der DDR genutzt und in der Bundesrepublik Deutschland durch den Militärischen Abschirmdienst im Kalten Krieg sichergestellt

Der Informationsaustausch ist das wohl wichtigste, aber auch schwierigste Feld nachrichtendienstlicher Tätigkeit. Ein einfaches und bewährtes Mittel ist der abgebildete »Steckdorn«, der als Behälter für Geheimmaterial diente. Als Behälter können alle unauffälligen Gegenstände genutzt werden, die einen Hohlraum aufweisen, etwa präparierte Haarbürsten, Schuhabsätze, Lebensmittelverpackungen mit doppeltem Boden, sogar ausgehöhlte Walnüsse.

Der Steckdorn steht für die Bedrohung der militärischen Sicherheit in der Bundeswehr. Sie ist gegeben, wenn die militärische Geheimhaltung gewährleistet und eine Beeinträchtigung der Bundeswehr durch Kräfte, die sich geheimdienstlicher Methoden und Mittel bedienen, ausgeschlossen ist. Dies soll durch Maßnahmen der Absicherung im personellen und materiellen Bereich, die in der Verantwortung der Dienststellenleiter liegt, aber auch durch Maßnahmen der Abschirmung und Vorbeugung durch den Militärischen Abschirmdienst (MAD) erzielt werden. Darüber hinaus soll der MAD die militärische Sicherheit gewährleisten: durch Sicherheitsüberprüfungen des Personals, durch die Absicherung wichtiger Objekte und nicht zuletzt durch das militärische Nachrichtenwesen, das für die politische Leitung und die militärische Führung die Sicherheitslage erstellt.

Während des Kalten Kriegs gab es neben den heißen Stellvertreterkriegen auch einen heißen Krieg der Geheimdienste. Diese sollten den Gegner ausspähen und nicht zuletzt die politischen Entwicklungen mit konspirativen Mitteln und Methoden beeinflussen. Westdeutschland als Frontstaat stand nach 1945 im Zentrum der Aufmerksamkeit östlicher Geheimdienste. Entsprechend wurden beim Aufbau westdeutscher Streitkräfte auch ein aufklärender und ein abwehrender Dienst geplant. Bei Ersterem setzte sich Reinhard Gehlen durch. Er war im Weltkrieg Leiter der Abteilung Fremde Heere Ost des Oberkommandos des Heeres gewesen und hatte seine Unterlagen über die Rote Armee über das Kriegsende retten können. Seine Organisation war Vorläufer des späteren Bundesnachrichtendienstes. Auch auf die Planung des abwehrenden Dienstes nahm Gehlen Einfluss. Nicht umsonst wurde sein engster Mitarbeiter in der Abteilung Fremde Heere Ost, Gerhard Wessel, mit der Aufstellung eines »Militärischen Abwehrdienstes« beauftragt.

Der erste Schritt dazu war die Bildung einer Unterabteilung im Verteidigungsministerium Ende Januar 1956. Ein Jahr später war mit der »Zentralstelle Sicherheit« die erste Führungszentrale des MAD geschaffen, die wenig später in Amt für Sicherheit der Bundeswehr, ab 1984 in Amt für den Militärischen Abschirmdienst und schließlich 2017 in Bundesamt für den Militärischen Abschirmdienst umbenannt wurde.

Die bis 1992 gültige dreistufige Aufbauorganisation des MAD war vom Regionalprinzip geleitet. Die künftigen MAD-Dienststellen wurden zuerst als »Abteilungen MAD« in die sechs Wehrbereichskommandos integriert, ab 1971 als selbstständige MAD-Gruppen I bis VI geführt. Eine Sonderstellung hatte die MAD-Gruppe S im Bundesministerium der Verteidigung, die vor allem für die Absicherung des Ministeriums und ab 1968 auch für die bei der NATO tätigen Angehörigen der Bundeswehr zuständig war. Unter der Losung »Kenntnis im Revier« waren die MAD-Stellen für die Fläche, die MAD-Trupps hingegen für Spezialaufgaben gedacht. Die MAD-Stellen arbeiteten mit Behörden außerhalb der Streitkräfte zusammen, etwa den Landesämtern für Verfassungsschutz. Ende der 1960er-Jahre gab es sieben MAD-Gruppen, 13 MAD-Stellen und 43 MAD-Trupps, die für Observierungen, für Sicherheitsüberprüfungen oder andere Aufgaben eingesetzt wurden.

Während des Kalten Kriegs galt es, rund 500.000 Soldaten sowie 180.000 Zivilbedienstete im Blick zu behalten. Darüber hinaus waren rund 7000 Infrastrukturobjekte zu betreuen. Allerdings hatte der MAD im Bereich des personellen und materiellen Geheimschutzes nur Mitwirkungsaufgaben, lag doch die Verantwortung für die militärische Sicherheit bei den jeweiligen Dienstvorgesetzten. Der MAD unterstützte, beriet und schulte diesen Personenkreis. Für die Bereiche Spionage- und Sabotageabwehr bildete eine Sammlung von über 1,5 Millionen Karteikarten die Grundlage der Auswertung. In den ersten zehn Jahren konnten damit über 500 Fälle abgeschlossen werden, darunter die Enttarnung hochwertiger Agenten. Mitte der 1980er-Jahre gingen Schätzungen allein von über 3000 inoffiziellen Mitarbeitern (IM) des Ministeriums für Staatssicherheit der DDR aus, die in der Bundesrepublik tätig waren. Die Aufgabenfelder Extremismus, Zersetzung und Sabotage standen in den ersten zehn Jahren nicht im Schwerpunkt, was sich aber in den 1970er-Jahren grundlegend änderte.

Die 1970er- und 1980er-Jahre können als die Reformphase des MAD bezeichnet werden. Die internen Reformansätze gingen häufig auf Empfehlungen von Untersuchungsausschüssen des Bundestags zurück. Diese hatten sich nach diversen politischen Skandalen wie der Guillaume-Affäre, die zum Rücktritt von Bundeskanzler Willy Brandt geführt hatte, oder nach dem Spionagefall Lutze/Wiegel mit den Nachrichtendiensten zu beschäftigen. Immerhin trugen einige Ergebnisse zur Modernisierung des Dienstes bei, wie die Einführung der elektronischen Datenverarbeitung und das für alle Dienste nutzbare Datenspeichersystem NADIS zu Beginn der 1970er-Jahre. Nach einer zweiten internen Reformphase erschien 1981 eine neue zentrale Weisung. Die Folge waren Änderungen vor allem bei der Dokumentation und der Abwehr verfassungsfeindlicher Kräfte, insbesondere beim Kampf gegen politischen Extremismus und Terrorismus der Rote-Armee-Fraktion. Aber auch die »Agentenjäger« vermeldeten weitere Erfolge, die sich aufgrund eines modernen Profiling-Verfahrens und innovativer Offensivierungsmaßnahmen, wie die Rasterfahndung durch Nutzung der EDV-Technik, einstellten. Im Bereich der Vorbeugung gelang es dem MAD, vor allem durch die Aktion »MAD – Der bessere Weg«, sich als Partner der Soldaten darzustellen. In den Medien war der MAD bis Mitte der 1970er-Jahre im Gegensatz zum Bundesnachrichtendienst als ein »Ge-

Verschwiegenheit als Voraussetzung für militärische Sicherheit: MAD-Plakat von 1960

heimdienst ohne Skandale« bekannt. Das änderte sich spätestens Ende des Jahrzehnts. Vor allem öffentlichkeitswirksame und politisch instrumentalisierte Skandale, beispielsweise der Rücktritt von Verteidigungsminister Georg Leber (1978) im Zuge einer Abhöraffäre oder die Affäre um General Günter Kießling (1984), brachten schlechte Presse und führten zu zahlreichen Umstrukturierungen im MAD. Einen wichtigen Beitrag zum positiven Grundverständnis der Öffentlichkeit für die Arbeit des MAD leisteten dagegen vier »Tatort«-Folgen des NDR, die zwischen 1977 und 1985 ausgestrahlt wurden und ein Millionenpublikum erreichten.

Unbemerkt wurde der Dienst während dieser unruhigen Zeiten durch den Spionagefall des Oberst Joachim Krase belastet. Krase bot sich 1969 der Stasi an und wurde ab 1977 als Leiter der Spionageabwehrabteilung im Amt für Sicherheit der Bundeswehr, zuletzt als stellvertretender Amtschef, zu einer Spitzenquelle Ostberlins. Krase verstarb 1988 und blieb bis zum Ende des Kalten Kriegs unentdeckt.

Eine große Herausforderung für den MAD nach 1990 war die »Armee der Einheit«. Rund 13.000 in die Bundeswehr übernommene Offiziere und Unteroffiziere der aufgelösten Nationalen Volksarmee der DDR mussten überprüft werden. Seit 2002 wird ein Beitrag zur Abwehr des internationalen Extremismus und Terrorismus geleistet, zudem werden die im Ausland eingesetzten Bundeswehrsoldaten und -soldatinnen geschützt.

Mit Blick auf die aktuellen geheimdienstlichen und hybriden Bedrohungen durch Russland und China erscheint der MAD heute für die militärische Sicherheit der Bundeswehr wichtiger denn je.

*Helmut R. Hammerich*

54

# FREIWILLIGE BRAUCHT DAS LAND

## Werbung für den »Bund«

»Meer.Für Dich.«-Nagellack, natürlich in »Marineblau«, für Bewerberinnen und Bewerber der Deutschen Marine

Man glaubt es kaum: Ein Hauptbootsmann drückt einer jungen Frau eine kleine Flasche Nagellack in die Hand. Nicht irgendeinen Nagellack – es ist ein tiefes kräftiges Blau, das sofort an eine aufgewühlte See erinnert. Marineblauer Nagellack? Wirklich? Hat die Truppe den Verstand verloren? Gewiss nicht! Denn diese Szene spielt sich nicht bei einer Einkleidung von Rekruten und Rekrutinnen irgendwo in Deutschland ab, sondern am Infotruck der Bundeswehr. Hier geht es nicht um persönliche Ausrüstung für Soldatinnen und Soldaten. Nein, es geht um Werbung! Und die ungewöhnliche Idee mit dem Nagellack ist Teil der »Ich.Will.Meer.«-Kampagne der Deutschen Marine. Der Nagellack steht für einen innovativen, teils selbstironischen, zielgruppenorientierten Ansatz, den die Bundeswehr gemeinsam mit führenden Werbeagenturen entwickelt hat. Und ja, das ist nichts Neues. Ein Blick zurück in die Geschichte der Bundeswehr zeigt, dass ihre Werbestrategien immer auch ein Stück Zeitgeschichte der Bundesrepublik widerspiegeln und dabei auch alle Zielgruppen erfassen müssen.

Noch zu Zeiten der Wehrmacht hatte die Truppe die Aufgabe, ihre Freiwilligen selbst anzuwerben. Doch mit der Gründung der Bundeswehr änderte sich das. Sie war die erste Armee in der deutschen Militärgeschichte, die ihre Werbung für freiwillige Soldaten auf Zeit – Mannschaften, Unteroffiziere und Offiziere – zentral im Bundesverteidigungsministerium organisierte. Ein zersplittertes Personalwesen wurde so durch eine effektive, teilstreitkräfteübergreifende Organisation ersetzt. Auch im Militär zeigte das massenmediale 20. Jahrhundert seine Wirkung. Aus Anwerbung wurde Werbung. Von Anfang an griffen die ministeriellen Werber der Bonner Hardthöhe auf die Fachkompetenz professioneller Werbeagenturen zurück. Damit kompensierten sie zunächst nicht nur mangelnde eigene Fähigkeiten, sondern nahmen den seit den 1970er-Jahren in allen Ressorts gängigen Rückgriff auf externe Beratungsleistungen vorweg.

Während der Wiederbewaffnung war die Erfahrung des Zweiten Weltkriegs und der NS-Mobilisierungsgesellschaft eine Belastung für die junge Bundeswehr. Irgendwo zwischen Landser-Romantik und »Ohne mich!« changierte der Gemütszustand der Westdeutschen. Deswegen betonte die Werbung der Bundeswehr von Anfang an das Neue. Leitend war die einfache Formel: Die Bundeswehr ist nicht die Wehrmacht. Soldaten der Bundeswehr waren in der Werbung zu sehen, die zwar die traditionelle militärische Formensprache aufgriff, jedoch auf eine pathetische Darstellung verzichtete und auch vom Fehlen von Waffen oder Kampffahrzeugen gekennzeichnet war. In den frühen 1960er-Jahren betonten die Werbelinien das Ethos des Soldatenberufs. Die Werbung versuchte nun, die staatstragende Rolle der Bundeswehr zu betonen und junge Männer dadurch zu ermuntern, sich freiwillig für den Dienst »zum Schutz der Heimat« zu verpflichten. Viele Menschen empfanden die sicherheitspolitische Lage im Kalten Krieg als bedrohlich. Nur wenige konnten sich deswegen für den

Soldatenberuf begeistern. In Zeiten der Vollbeschäftigung der Wirtschaftswunderjahre überwog der Wunsch nach sozialer Sicherheit und finanziellem Auskommen bei der Berufswahl. Das eigene Haus und Auto standen im Vordergrund, und vielleicht auch ein Urlaub in Italien. Die Entscheidung, auf ethische Argumente beim jungen Bundesbürger zu setzen, wirkte so mehr wie eine Selbstvergewisserung der Bundeswehr über ihre Rolle in der Demokratie, als dass sie in der Öffentlichkeit die erhoffte Wirkung entwickelte.

Ende der 1960er-Jahre rückte das Motiv des Dienstes am Vaterland daher wieder in den Hintergrund. Die Bundeswehr begann, sich über etablierte Wege und Zugänge, wie sie auch die Wirtschaft nutzte, möglichen Freiwilligen anzunähern. Unter dem Spitznamen »Bundeswehr-Bravo« flatterte ab 1977 die »Infopost« in die Jugendzimmer in Westdeutschland. Als eine Art Militär-Fanzine spiegelten »Infopost« und »Bundeswehr-Fanclubs« Elemente der Jugendkultur wider. Entscheidend für den in den 1970ern einsetzenden Werbeerfolg war eine sozialwissenschaftlich begleitete Werbung, die auf verbesserte wirtschaftliche Anreize setzte. Dass die Eintrittszahlen stiegen, hatte natürlich auch mit der Generation der »Babyboomer« zu tun. Von besonderer Bedeutung aber war, dass sich die Bundeswehr mit Maßnahmen für ein Leben »nach dem Bund« attraktiv machte. Die Reform der Aus- und Weiterbildung eröffnete dem Unteroffizier die Möglichkeit, sich zum Handwerksmeister ausbilden zu lassen, und dem Offizier ein Hochschulstudium. Inhaltlich konnte die Bundeswehr also mit sozialen Aufstiegschancen werben und sich »als den einzig funktionierenden zweiten Bildungsweg in der Bundesrepublik Deutschland« im Bewusstsein der Bundesbürger verankern. Beinahe schien es in der Werbung so, als wäre das Militärische nur noch ein untergeordneter Aspekt des Dienstes neben Ausbildung, Technik, Abenteuer und Kameradschaft. In den 1980er-Jahren setzte sich dieser Ansatz fort. Hinzu kam unter dem Eindruck des NATO-Doppelbeschlusses und der Friedensbewegung eine thematische Orientierung hin zur Betonung der Friedenssicherung. Die noch in den 1960er-Jahren äußerst kritische Bewerberlage – bis zu einem Drittel der Stellen für Längerdienende konnte zeitweise nicht besetzt werden – gehörte seit den frühen 1970er-Jahren der Vergangenheit an.

Die Orientierung an der Zielgruppe und die Nutzung jeweils neuer Medien war auch das Leitkonzept über die Epochenschwelle der Jahre 1989/91 hinweg. Inhaltlich war die Zeit nach 1990 von den Auslandseinsätzen der Bundeswehr geprägt. Sogenannte humanitäre Interventionen, Stabilisierungseinsätze und Friedenssicherung waren Themen, die in der Werbung mit Motiven von Abenteuer- und Reiselust verwoben wurden. Die »Kampfeinsätze« über Serbien und dem Kosovo oder später in Afghanistan und anderswo spielten in der Nachwuchswerbung hingegen nahezu keine Rolle.

Mit dem Aufkommen des Internets und der sozialen Medien passte die Bundeswehr ihre Rekrutierungsstrategien an. Ein Großteil der Werbekampagnen findet sich heute weniger an Plakatwänden, sondern mehr und mehr online. Ein Beispiel für die kreative Nutzung moderner Medien und Marketingstrategien sind die Videos und Social-Media-Kampagnen der Bundeswehr, die Neuigkeiten mit Bildern, flotter Musik und guten Vibes verbreiten. Unverändert gilt es, einen Erstkontakt zum Bewerber oder der Bewerberin herzustellen und sich als attraktiver Arbeitgeber auf einem umkämpften Arbeitsmarkt zu präsentieren. Und nach wie vor soll die Werbung, wie schon in den 1970er-Jahren, den potenziellen Bewerber ansprechen und auf dessen Wünsche und Vorstellungen eingehen. Das Bild der Bundeswehr entfaltet sich hier zwischen einem Arbeitgeber, der einem Wirtschaftsunternehmen gleicht

Keine Waffe! Nur ein Freizeitspaß! Mini-Frisbee (Durchmesser 15 cm) aus der Nachwuchswerbung der Bundeswehr im Jahr 2021

und etwa mit der Vereinbarkeit von Familie und Beruf wirbt, und dem Sonderstatus der Bundeswehr als staatliche Gewaltorganisation, die Gewaltmittel nicht in ihren Depots parkt, sondern auch bereit sein muss, sie anzuwenden.

Trotz oder gerade wegen der kreativen Ansätze bleiben die Werbekampagnen der Bundeswehr nicht ohne Kritik. Neben einer fundamentalen Ablehnung der Streitkräfte und der Furcht vor einer »Militarisierung der Gesellschaft« bemängeln andere Stimmen, dass die Kampagnen die Ernsthaftigkeit des Militärdienstes verschleiern und ein verharmlosendes, ja realitätsfremdes Bild vom Militärdienst zeichnen. So sind sicher auch die Nutzerinnen und Nutzer des blauen Nagellacks enttäuscht gewesen, dass eine Vorschrift das Tragen von bunten Fingernägeln im Dienst untersagt. Auch ist die Aufschrift »Wurfgeschoss« auf einem Mini-Frisbee ein lustiges Sprachspiel, das zunächst zum Schmunzeln anregen mag. Bei allem Spaß sollte man nicht vergessen: Geschosse töten. Krieg ist weder Sport noch Freizeitspaß.

Auch bleibt offen, wie viele Freiwillige aufgrund von Nagellack, staatsbürgerlichem Ethos, der Möglichkeiten für sozialen Aufstieg, eines flotten Spruchs an einer Bushaltestelle oder eines YouTube-Videos in die Bundeswehr eingetreten sind. Doch über die Nachwuchswerbung hinaus machen die Werbemittel die Bundeswehr präsent und prägen ihr Image. Die Werbung steht für die Verbindung von Militär und Gesellschaft und spiegelt die jeweiligen Zeitumstände wider.

*Frank Reichherzer*

55

# EIN KOMPLEXES GEFLECHT AUS KOMMUNIKATIONS-PROZESSEN

## Menschenführung für Staatsbürger in Uniform

Taschenkarten »Leitsätze für Vorgesetzte« und »Erlass Erzieherische Maßnahmen« aus der Bundeswehr der 1980er-Jahre. Üblicherweise trugen vor allem junge Vorgesetzte diese Hilfen in der Hülle eines großen Verbandpäckchens in einer Beintasche der Feldanzughose.

Der Feldanzug der Soldatinnen und Soldaten (siehe Beitrag 67) hat auf Höhe der Oberschenkel zwei großformatige Beintaschen. In einer der beiden Taschen wird das »Verbandpäckchen« getragen, um jederzeit bei Verletzungen Erste Hilfe leisten zu können. In der zweiten Beintasche wurde von vielen Vorgesetzten ein weiteres Verbandpäckchen getragen, allerdings war es aufgeschnitten und seines ursprünglichen Inhalts beraubt. Stattdessen enthielt die nun zwar offene, aber unverändert wasserabweisende Hülle üblicherweise ein Notizbüchlein und mehrere »Taschenkarten« oder sonstige Führungshilfen und Informationsbroschüren, die für den alltäglichen Dienst nützlich waren. Speziell bei jüngeren Vorgesetzten war es üblich, die vom Dienstherrn zur Verfügung gestellten »Leitsätze für Vorgesetzte« sowie den »Erlass erzieherische Maßnahmen« bei sich zu haben – das wurde von dienstgradhöheren Vorgesetzten gerne kontrolliert. Diese beiden knapp gehaltenen Hilfen für die Führung sollten es den Vorgesetzten im Alltag erleichtern, die ihnen unterstellten Soldatinnen und Soldaten auszubilden, zu führen und zu erziehen.

Neben der unmittelbaren *persönlichen Führung* einzelner oder nur weniger Soldatinnen oder Soldaten, sprich: der Führung auf der zwischenmenschlichen Ebene beispielsweise in Gruppen, ist in der Bundeswehr die *Truppenführung*, das Führen von Einheiten und Verbänden, ein weiterer operativer Führungsbegriff, der über die direkte persönliche Führung hinaus geht. Bei der Truppenführung geht es um die Steuerung organisatorischer Teileinheiten, bis hin zu großen Truppenverbänden, und um das Erreichen von Zielen unter Wahrung eines günstigen Ziel-Mittel-Verhältnisses. Der dritte Führungsbegriff bezieht sich auf die strategische Ebene: Die *politische Führung* dient der Durchsetzung kollektiver Interessen; sie findet auf den obersten Ebenen des Bundesministeriums der Verteidigung (Minister, Staatssekretäre, Generalinspekteur) sowie bei parlamentarischen Entscheidungen über den Haushalt und spezifische Projekte bis hin zum Einsatz der Bundeswehr statt.

Führung ist in der Bundeswehr also ein komplexes Geflecht aus Kommunikationsprozessen zwischen Personen, Gruppen und Instanzen, um spezifische Handlungen zu veranlassen, Entscheidungen herbeizuführen und sie zu kommunizieren. Es umfasst die Steuerung von Ressourcen (Personal und Material) sowie deren Einsatz in räumlicher und zeitlicher Hinsicht, sodass ein vorgegebenes Ziel erreicht wird.

Im militärischen Kontext besteht meist eine klare hierarchische Struktur, die mit Befehl (einer übergeordneten Instanz) und Gehorsam (einer nachgeordneten Stelle) einerseits und Information (durch die nachgeordnete Stelle) und Entscheidung (durch die Instanz) andererseits kommuniziert. Die Vorstellung eines einfachen Über-/Unterordnungsverhältnisses wird der Komplexität sozialer Beziehungen jedoch nicht gerecht. Die historische Erfahrung des möglichen Missbrauchs (»Kadavergehorsam«) sowie von dessen Folgen, speziell in der Zeit des Nationalsozialismus, machten deutlich, dass militärische Führung eines Korrektivs bedurfte. In der Bundeswehr bildet die Konzeption der Inneren Führung mit ihrem Leitbild des Staatsbürgers in Uniform dieses Korrektiv (siehe Beitrag 6). Aus der Verfassung der Bundesrepublik Deutschland ergibt sich zwingend, dass Grundlage eines jeden Führungshandelns die unbedingte Achtung der Menschenwürde sein muss. Einen unbedingten Gehorsam darf es nicht geben. Das Soldatengesetz und die Vorgesetztenverordnung konkretisieren das Vorgesetzten-Untergebenen-Verhältnis: wann und wozu ein Befehl erteilt werden darf (nur zu dienstlichen Zwecken), wann Befehle nicht befolgt werden müssen oder sogar: wann sie nicht befolgt werden dürfen (etwa wenn dadurch die Menschenwürde verletzt oder eine Straftat begangen würde). Auf die Grundlagen und deren konkrete Umsetzung angewendet, wurden diese komplexen Zusammenhänge in der kleinen Führungshilfe »Leitsätze für Vorgesetzte« den Vorgesetzten für den alltäglichen Gebrauch an die Hand gegeben.

Die Werteorientierung der Inneren Führung bezieht sich auch auf den Erziehungsauftrag, den Vorgesetzte in der Bundeswehr haben. Die Ausbildung militärischer Fähigkeiten und Fertigkeiten auf individueller und auf Gruppenebene ist eine wichtige Grundlage für die Einsatzfähigkeit. Dem Aspekt der Motivation kommt dabei große Bedeutung zu. Die Soldaten und Soldatinnen sollen sowohl die Werte und Normen verinnerlichen, die der Inneren Führung zugrunde liegen, als auch den Willen herausbilden, sich in die soldatische Ordnung einzufügen und die Anforderungen des Dienstes als sinnvoll anzuerkennen. Hierauf ist die Erziehung in der Bundeswehr gerichtet. Erziehung ist unauflösbar mit der Menschenführung verbunden und wird durch Erziehungsmaßnahmen umgesetzt: durch Fördern, Loben, Bestärken oder durch Tadeln, Disziplinieren, Strafen. Im Sinne der Inneren Führung sind zwar die positiven Maßnahmen bevorzugt einzusetzen, Vorgesetzte dürfen aber im Zweifelsfall nicht vor dem Einsatz von Sanktionen zurückschrecken, um ihren Führungsanspruch durchzusetzen. Dies wurde im »Erlass erzieherische Maßnahmen« pointiert zusammengefasst und für den Dienstalltag in der gleichnamigen Führungshilfe den Vorgesetzten zur Verfügung gestellt.

Die Anwendung positiver Maßnahmen ist nicht auf unmittelbare Vorgesetzte beschränkt. Sie können beispielsweise auch in Form von Bestpreisen als Buchgeschenke oder durch Auszeichnungen, die keine offiziellen Orden oder Ehrenabzeichen darstellen, durch Vorgesetzte ausgesprochen werden, wie etwa durch den abgebildeten Schlüsselanhänger des Kommandierenden Generals des II. Korps (1988).

Der Führungsprozess in der Bundeswehr greift auf die Erfahrungen, die in früheren deutschen Armeen gemacht wurden, zurück und wurde in den 1950er-Jahren durch den Führungsstab des Heeres in den Heeresdienstvorschriften »100/1 Truppenführung« und »100/100 Führung im Gefecht« ausgearbeitet: Vorgesetze sollen Befehle so erteilen, dass diese aufgrund ihrer Einheitlichkeit alle wichtigen Aspekte ansprechen und darüber hinaus, aufgrund entsprechender Erwartungen »von oben«, von den Befehlsempfängern »unten« im Sinne der

Der Kommandierende General des II. Korps in Ulm zeichnete in den 1980er-Jahren gute Leistungen in seinem Verantwortungsbereich mit einem Schlüsselanhänger aus. Besondere Prämien oder Gratifikationen sah die Bundeswehr damals noch nicht vor. Im besten Fall gab es eine Förmliche Anerkennung und ein paar Tage Sonderurlaub.

»übergeordneten Führung« richtig verstanden werden. Das bedeutet gleichzeitig, dass die Befehlsempfänger die Lage und das Ziel der übergeordneten Instanz so gut kennen müssen, dass sie auch dann in deren Absicht weiter zu handeln vermögen, wenn eine konkrete Befehlsgebung gerade nicht besteht bzw. noch nicht angeordnet war. Hierfür bedarf es eines erhöhten Maßes an Selbstständigkeit im Sinne der Auftragstaktik.

Selbstständigkeit ist insofern ein wichtiger Aspekt der Führung, als dass diese in Gruppen immer stattfindet – auch außerhalb der hierarchischen Über- und Unterordnungsverhältnisse. Gruppen sind auf Zusammenhalt (Kohäsion) angewiesen, die wiederum daran gebunden ist, dass gemeinsame Werte und Normen in der Gruppe gelebt werden und einzelne Gruppenmitglieder hierbei herausgehobene Rollen einnehmen und Führungsleistungen in der Gruppe erbringen. Diese informellen Führungsprozesse sind ein wichtiger Aspekt der Führung in (militärischen) Organisationen und im formellen Führungsprozess zu berücksichtigen. In diesem Sinn gilt die Anforderung an die Truppenführung, sie sei »eine Kunst, eine auf Charakter, Können und geistiger Kraft beruhende schöpferische Tätigkeit«, die auf einer systematischen Vorgehensweise beruht (Bereichsvorschrift Truppenführung, C1-160/0-1001), auch für die Menschenführung – wobei hier die Kunst darin besteht, alle Beteiligten einzubinden und nicht nur selbst zu führen, sondern auch Führung durch andere zuzulassen und dies sogar zu fördern.

*Martin Elbe*

56

# KONTROLLE SCHAFFT VERTRAUEN

## Manöverbeobachter und Inspektionen im KSZE-Prozess

Stoffaufnäher der Nationalen Volksarmee der DDR: Sie kennzeichneten die von der NVA entsandten Manöverbeobachter im Rahmen der KSZE-Maßnahmen zur Vertrauensbildung in den 1980er-Jahren.

Die abgebildete Deutschlandflagge mit Hammer und Zirkel im Ährenkranz trugen Soldaten der Nationalen Volksarmee der DDR, die von 1987 bis 1990 an Manöverbeobachtungen und Militärinspektionen im Ausland teilnahmen. Das Stoffabzeichen gab es in verschiedenen Ausfertigungen für Generale, Offiziere und Soldaten. Es wurde, wie einst das Hoheitsabzeichen an der Wehrmachtuniform, über der rechten Brusttasche der Felddienstuniform angebracht.

Der Kalte Krieg der Supermächte USA und Sowjetunion, die 1945 noch gemeinsam mit anderen Mächten die Niederlage des Deutschen Reiches herbeigeführt hatten, war geprägt durch die Rüstungsspirale. Ausgelöst worden war sie durch die Waffenentwicklung und das Streben beider Seiten nach Überlegenheit. Protagonisten in diesem Wettlauf waren die antagonistischen Militärbündnisse NATO und Warschauer Pakt (im östlichen Sprachgebrauch Warschauer Vertragsorganisation). Die Kuba-Krise 1962 machte frühzeitig deutlich, wie schnell die Welt an den Rand eines nuklearen Infernos geraten konnte. Die Supermächte legten deshalb in den 1970er-Jahren in bilateralen Verhandlungen für ihre Nuklearwaffenarsenale Höchstgrenzen fest, die jedoch weiterhin die gegenseitige Zerstörung erlaubten (*Mutual assured destruction*). Rüstung und Abrüstung bildeten so zwei gleichermaßen prägende Faktoren im Kalten Krieg.

Initiativen für Abrüstungsgespräche in Mitteleuropa kamen in den 1960er-Jahren auch wegen der weiterhin offenen deutschen Frage kaum voran: Auf der einen Seite betonte die DDR die Zwei-Staaten-Theorie, die Wiedervereinigung lehnte sie ab. Die Bundesrepublik Deutschland erhob auf der anderen Seite den Alleinvertretungsanspruch, hielt formal an den Grenzen von 1937 fest und strebte nach einem Gesamtdeutschland, wie es bis 1990 im Grundgesetz verankert war. Erst die von Bundeskanzler Willy Brandt initiierte neue Ostpolitik machte Ende der 1960er-Jahre den Weg frei für eine Entspannung in der territorialen Frage. Sieben Mitgliedsstaaten des Warschauer Vertrags, 15 NATO-Staaten sowie 13 neutrale Länder unterzeichneten schließlich 1975 die Schlussakte von Helsinki. Sie war das Ergebnis der Konferenz über Sicherheit und Zusammenarbeit in Europa (KSZE). Die Akte hatte zwar keinen verbindlichen Vertragscharakter, aber sie sicherte die Unverletzlichkeit der Grenzen in Osteuropa zu. Darüber hinaus regelte sie die Zusammenarbeit von Ost und West auf den Gebieten Wirtschaft, Wissenschaft, Technik, Umwelt und in humanitären Belangen. Im »Dokument über vertrauensbildende Maßnahmen und bestimmte Aspekte der Sicherheit und Abrüstung« legte sie fest, dass Manöver mit mehr als 25.000 Soldaten 21 Tage im Voraus anzumelden seien und die Staaten dazu Beobachter einladen könnten. Selbst wenn das alles sehr vage formuliert war, stellte es einen Durchbruch dar, wurden doch Manöverbeobachter nach wie vor zum Teil als Spione verdächtigt.

Bis Ende 1984 meldeten die 35 KSZE-Teilnehmerstaaten 55 solcher Manöver an und sprachen für 36 Einladungen dazu aus. Kleinere Manöver wurden immerhin 53 Mal angekündigt. Die Staaten der NATO waren dabei offener als die Warschauer-Pakt-Staaten. Im Regelfall kamen die Militärattachés als Beobachter. Die Bundesrepublik Deutschland verschickte ihre Einladungsnoten an die akkreditierten Botschaften und an die Ständige Vertretung der DDR. Diese hatte aufgrund des besonderen deutsch-deutschen Verhältnisses allerdings keinen Militärattaché in der Bundesrepublik und verzichtete deshalb anfänglich auf Beobachter. Obwohl die DDR gleichberechtigte deutsch-deutsche Beziehungen einforderte, hielt die Bundesrepublik an den besonderen innerdeutschen Regelungen fest: Offiziere der DDR *konnten* daher Manöver in der Bundesrepublik zunächst nicht beobachten. Das Gleiche galt umgekehrt für westdeutsche Offiziere. Bis zum Ende des Kalten Kriegs gab es schlicht keinen Austausch von Militärattachés zwischen den beiden Staaten, auch wenn dies DDR-Staatschef Erich Honecker bereits in den Geraer Forderungen verlangt oder auch einzelne Parteien in Westdeutschland 1989 gefordert hatten.

Die Konferenz über vertrauens- und sicherheitsbildende Maßnahmen und Abrüstung in Europa, die im Januar 1984 in Stockholm begann und den Raum Europa vom Atlantik bis zum Ural abdeckte, sollte die vertrauens- und sicherheitsbildenden Maßnahmen weiter ausbauen. Tatsächlich kam nach dem Regierungsantritt Michail S. Gorbatschows Schwung in die Gespräche, vielleicht auch infolge der Katastrophe von Tschernobyl im April 1986. Offenheit und Transparenz erlangten eine neue Qualität. Nach Jahren des Misstrauens, auch begründet durch den sowjetischen Einmarsch in Afghanistan 1979, brachte das Stockholmer Abkommen vom 19. September 1986 verbindliche Regelungen. Als militärisches Ziel solcher Manöverbeobachtung blieb, einen Überraschungsangriff aus einer Manöversituation heraus unmöglich zu machen. Alle militärischen Aktivitäten ab einer Stärke von 13.000 Soldaten waren anzukündigen, entsprechende Jahresübersichten mussten bis zum 15. November für das Folgejahr ausgetauscht sein, für besonders große Manöver sogar zwei Jahre im Voraus. Zu Manövern ab 17.000 Soldaten waren pro Teilnehmerstaat zwei Beobachter einzuladen; dasselbe galt für Manöver mit amphibischen Landungen oder Fallschirmlandungen ab einer Stärke von 5.000 Soldaten. Jeder Unterzeichnerstaat hatte jährlich bis zu drei Inspektionen zur Verifikation vor Ort (*on-site-inspection*) zu tolerieren, auch kurzfristig. Für die Beobachter galt das Wiener Übereinkommen über diplomatische Beziehungen von 1961. NVA-Offiziere genossen damit in der Bundesrepublik Deutschland diplomatische Immunität und waren nicht länger der Strafverfolgung ausgesetzt, falls der Zentralen Erfassungsstelle der Landesjustizverwaltungen in Salzgitter entsprechende Straftaten vorlagen.

Von 1987 bis 1990 gab es 88 Manöverbeobachtungen und Inspektionen nach dem Stockholmer Dokument; von 48 Manöverbeobachtungen in Mitteleuropa fanden 15 in der Bundesrepublik und acht in der DDR statt. Zum ersten Mal trafen sich ost- und westdeutsche Offiziere als Beobachter im Februar 1987 bei einem Manöver in der Tschechoslowakei, im März 1987 hielten sich die ersten Bundeswehroffiziere in der DDR auf. Wichtig an den Manöverbeobachtungen waren neben der Feststellung, ob die Manöver in Größe, Ausdehnung und Zielsetzung

Manöverbeobachtung: Ein Oberstleutnant der Bundeswehr und zwei Oberste der NVA bei einer Vorführung während der Übung »Kecker Spatz« 1987

den Ankündigungen entsprachen, auch die zwischenmenschlichen Beziehungen. Da der Kreis der Beobachter relativ klein blieb, trafen sich dieselben Offiziere – zumeist im Rang Oberstleutnant oder Oberst – immer wieder, sodass der Gegner ein Gesicht bekam und sich allmählich Vertrauen aufbauen konnte. Für die DDR waren die Manöverbeobachtungen und Inspektionen eine Plattform, sich in internationaler Atmosphäre in ihrer Staatlichkeit darzustellen.

Im Herbst 1987 nutzte die DDR alle Möglichkeiten des Stockholmer Dokuments. Wenige Tage nach dem Besuch Honeckers in der Bundesrepublik entsandte sie zu mehreren Manövern Beobachter in den Westen und führte Inspektionen durch. Das Foto, entstanden während des Manövers »Kecker Spatz/Moineau Hardi«, zeigt zwei NVA-Oberste in der »Uniformtrageversuch-Uniform 85-90« mit dem zuvor erwähnten auffälligen Nationalitätsabzeichen der DDR sowie ihren Begleiter von der Bundeswehr, einen Oberstleutnant. Das Manöver in Bayern und Baden-Württemberg umfasste etwa 75.000 Beteiligte und verdeutlichte die intensivierte deutsch-französische Zusammenarbeit. Es war insofern besonders interessant, auch für Manöverbeobachter, als erstmals einem Bundeswehrgeneral ein französisches Korps unterstellt war.

Als Quintessenz der Manöverbeobachtungen kann gelten, dass die beteiligten Offiziere neben den rein militärfachlichen Erkenntnissen auch Einblicke in die Lebenswelt der anderen Seite erlangten. Infolge der medialen Berichterstattung gewann das Thema Militär in der grenzüberschreitenden Öffentlichkeit an Bedeutung. Das vertragskonforme Handeln der beteiligten Staaten ebnete den Weg für umfassende Abrüstungsverhandlungen, was sich aber erst ein paar Jahre später beweisen sollte.

*Karl-Heinz Lutz*

57

# RESERVE HAT RUH!

## Wenn der Wehrdienst zu Ende geht

Reservistenhut und -stock aus der Bundeswehr, ca. 1975

Reservistenhut und -stock – sie sind keine offiziellen Bestandteile der Uniform, aber doch fester Teil der Bundeswehr-Kultur. Der zivile Strohhut und der Spazierstock sind der Garderobe von vor 1914 entlehnt; sie machen deutlich, dass der junge Mann aus der Armee in das Zivilleben zurückkehrt.

Der Vorteil einer Wehrpflichtarmee besteht darin, dass sich eine hohe Präsenzstärke leichter halten lässt: Bis 1989 hatte die Bundeswehr eine Friedensstärke von rund 495.000 Mann. Ein weiterer Vorteil der Wehrpflicht besteht zudem darin, dass jedes Jahr eine große Anzahl voll ausgebildeter Wehrpflichtiger ausscheidet, die dann als Personalreserve zur Verfügung stehen und die Armee auf die vorgesehene Kriegsstärke bringen können. Der Grundwehrdienst von 15 Monaten war also zugleich Präsenzdienst und auch Vorbereitung auf die darauffolgenden Jahre als Reservist.

Wobei das Wort »Reservist« zwei Bedeutungen hatte, eine offizielle und eine inoffizielle. Schon die Wehrpflichtigen im letzten Dienstquartal bezeichneten sich als »Resi« – im Vorgriff auf die Entlassung. Zum »Resi«-Dasein gehörte vor allem das Maßband, von dem morgens in feierlicher Zeremonie Zentimeter um Zentimeter abgeschnitten wurde (siehe Beitrag 18). Säuberlich aufgerollt und mit einer kleinen Kette um den Zeigefinger geschlungen, zeigte es an, wie die verbleibenden Tage immer weniger wurden. Stolz präsentierte der vor der Entlassung stehende altgediente Soldat dem jungen, gerade eingezogenen Rekruten sein Maßband, meist garniert mit ein oder zwei nicht druckfähigen Bezeichnungen.

Allerdings muss man hinzufügen, dass solche soziale Überheblichkeit in der Bundeswehr nicht annähernd so ausgeprägt war wie das »EK«-Wesen – EK steht für Entlassungskandidat – in der Nationalen Volksarmee der DDR. Dort durchdrangen systematische Schikane und informelle Hierarchien auch den eigentlichen Dienstbetrieb; das war in der Bundeswehr in dieser Schärfe unbekannt. Die Unteroffiziere im Westen hatten in aller Regel keine Schwierigkeiten, sich auch gegenüber »Resis« durchzusetzen.

Schließlich kam der lang ersehnte Tag der Auskleidung. Dienstanzug, »Grünzeug«, die verhasste und vielverspottete Dienstbadehose – sie alle fanden den Weg zurück in die Standortbekleidungskammer und wurden durch den Strohhut und den Reservistenstock ersetzt. Damit begannen die »tollen Tage«, der Alkohol floss dann in vielen Kasernen in Strömen. Vorsichtshalber, aber leider oft vergeblich, wiesen die Disziplinarvorgesetzten auf eine wenig bekannte Bestimmung der Wehrdisziplinarordnung hin, wonach am Tage der »Inmarschsetzung« begangene Dienstvergehen noch am selben Tag geahndet werden konnten. Wurde sogar Arrest verhängt, verlängerte sich die Wehrdienstzeit entsprechend. Gewiss, das waren die Ausnahmen, aber Exzesse kamen vor.

Die Inmarschsetzung beendete also den Grundwehrdienst, und der junge Mann war nun tatsächlich »Reservist«. Damit waren eine Reihe von Pflichten verbunden: Er unterlag der

Wehrüberwachung, musste sich im Falle eines Umzugs auch beim Kreiswehrersatzamt ummelden und, wenn er etwa im Ausland studieren wollte, sich das vorher genehmigen lassen. Nicht einmal nach West-Berlin konnte er umziehen, ohne eine solche Genehmigung einzuholen, denn dort unterlag er wegen des Vier-Mächte-Status ganz Berlins ebenfalls nicht mehr der Wehrüberwachung. Die Verpflichtung, auf Jahre hinaus seinen Kampfanzug aufzubewahren, hatte für viele auch ihr Gutes: Den Bundeswehr-Parka, beste Qualität, konnte man für Arbeit im Freien, für Wanderungen oder Zeltlager bestens gebrauchen, und auch ihre Kampfstiefel fanden manche Reservisten durchaus praktisch.

Einige Monate nach der Entlassung brachte der Postbote ein dickes Einschreiben: den roten Einberufungsbefehl. Das irritierte den einen oder anderen – »schon wieder?« Aber wer genauer las, sah, dass es sich um den Einberufungsbescheid für den Ernstfall handelte: Bei Eintritt des Verteidigungsfalls oder nach öffentlichem Aufruf eines bestimmten Kennworts hatte sich der junge Mann an einem im Bescheid angegebenen Ort bei seiner Einheit einzufinden; der Einberufungsbescheid diente als Fahrkarte, und die daheim aufbewahrte Bekleidung war natürlich mitzubringen. Dazu ist es bekanntlich nie gekommen.

Allerdings konnte der junge Mann zu einer Wehrübung einberufen werden. Ganze Bataillone, vor allem in der Logistik und der rückwärtigen Sicherung (»Geräteeinheiten«), bestanden fast ausschließlich aus Reservisten, bis hin zum Kommandeur. Ab und zu wurde ein solcher Verband »beübt«, musste zeigen, was man in Einzelwehrübungen und »Dienstlichen Veranstaltungen« am Wochenende gelernt hatte.

Skeptiker zweifelten oft, ob im Ernstfall tatsächlich genügend Männer der Aufforderung zum Wehrdienst nachkommen würden. Aber bei Wehrübungen zeigte sich eine durchaus beeindruckende Dienst- und Leistungsbereitschaft. Auch der mögliche Gegner scheint das Reservistenpotenzial der Bundeswehr ernst genommen zu haben.

Gleichwohl fielen die zu Wehrübungen einberufenen Reservisten auf. Galten für die aktiven Soldaten, Freiwillige wie Grundwehrdienstleistende, strenge Vorschriften hinsichtlich des Haarschnitts (siehe Beitrag 33), so galt dies nicht für einberufene Reservisten. Die langen Haare und der Rauschebart des einen oder anderen Studenten schmückten dann eine Woche lang eine Uniform, oft zum Neid der tadellos rasierten und frisierten Grundwehrdienstleistenden.

Die Bundeswehr bildete gezielt Reserveoffiziere und -unteroffiziere aus. Zumeist warb der Kompaniechef unter seinen Grundwehrdienstleistenden oder auch unter den auf zwei Jahre verpflichteten Zeitsoldaten geeignete Kandidaten an. In Lehrgängen während des Grundwehrdienstes und dann später in Wehrübungen qualifizierten sie sich und konnten dann befördert werden. So manche Studenten zogen einen »Ferienjob« als Oberleutnant und Urlaubsvertretung eines Zugführers vielen anderen Möglichkeiten des Hinzuverdienstes vor, und die Truppe war für die personelle Reserve schon im Frieden dankbar. Die Bundeswehr plante Reservisten ihren zivilen Qualifikationen gemäß ein. Dadurch stand ihr ein hochqualifiziertes Potenzial von Fachleuten zur Verfügung. Eine Umschlagübung, also das Be- und Entladen ganzer Eisenbahnwaggons etwa mit Munition, beobachten und auswerten? Warum nicht dafür einen Stabsoffizier der Reserve einberufen, der im Zivilberuf Unternehmensberater war?

Die Erfassung, Musterung und Einberufung von Wehrpflichtigen, später ihre Wehrüberwachung, erforderten erheblichen Verwaltungsaufwand. Aber das System der allgemeinen Wehrpflicht für Männer sicherte der Bundeswehr mehr als nur eine numerische Stärke. Es verband die Gesellschaft mit ihren Streitkräften: Die Reservistenkameradschaft spielte in manch einem Dorf eine erhebliche gesellschaftliche Rolle. Die vorübergehend einberufenen Reservisten sahen die Streitkräfte mit einem anderen Blick – mit dem des beruflich erfahrenen Familienvaters, der manche Missstände nicht als selbstverständlich hinnahm, sondern aufmüpfig ansprach. Die Kultur der Reservisten war eben mehr als Hut und Stock – sie war ein wichtiger Teil der Inneren Führung.

»Reserve hat Ruh – Parole Heimat« – mit solchen Kokarden schmückten sich Soldaten der Bundeswehr zum Ende ihrer Wehrpflicht in den 1960er-Jahren.

Natürlich gibt es nach wie vor Reservisten. Neben manchen, die nach ihrer Zeit »bei der Fahne« mit dem Militär nichts mehr zu tun haben wollen, gibt es viele, die neben einem zivilen Beruf auch eine militärische Karriere anstreben. Allerdings sind die Möglichkeiten einer Beorderung für den Ernstfall geringer geworden; ein Aufwuchs der Streitkräfte auf über eine Million Mann, wie ihn die Bundeswehr im Kalten Krieg vorbereitet hatte, ist derzeit unvorstellbar. Umso wichtiger sind heute die Reservistenkameradschaften, die auch solchen Soldaten der Reserve ein Aus- und Weiterbildungsangebot machen, die nirgendwo konkret beordert sind. Sie können am Wochenende oder für eine Woche schießen, marschieren oder andere militärische Ausbildungen absolvieren.

*Winfried Heinemann*

58

# STUDIEREN IN UNIFORM

## Die Universitäten der Bundeswehr

Büste der griechischen Göttin Athene, die die Universität der Bundeswehr in München in ihrem Wappen führt. Athene ist in der griechischen Mythologie die Göttin der Weisheit, der Strategie, des Kampfes und der Künste.

Manchmal sagt ein Kopf mehr als tausend Worte. Athene gilt in der griechischen Mythologie als Göttin der Weisheit, der Strategie und des Kampfes, der Künste, des Handwerks und der Handarbeit. Damit steht sie symbolisch für die verschiedenen Dimensionen, die der Offizierberuf in sich vereint. Nicht ohne Grund hat sich daher die Universität der Bundeswehr in München die Göttin Athene als Signet ausgewählt. Ende der 1980er-Jahre entstand dort der Wunsch, den mittlerweile erfolgten förmlichen Anschluss an die Universitätslandschaft der Bundesrepublik auch äußerlich sichtbar zu machen. Die Wahl fiel 1988 auf Athene, die fortan als zentrales Element des Corporate Designs der Universität diente. Die abgebildete Büste der Athene steht im Büro der Universitätspräsidentin der Bundeswehr in München. Sinnbildlich zeigt sie, worum es bei der Ausbildungsreform ging, die Verteidigungsminister Helmut Schmidt zu Beginn der 1970er-Jahre in der Bundeswehr angestoßen hatte: die Köpfe der Offiziere der Bundeswehr zu erreichen und die Tätigkeit des Offiziers als geistigen Beruf zu begreifen.

Die Geschichte dieser Reformbemühungen begann mit einem Ruck, der damals durch Westdeutschland ging. Das erste Mal in der Geschichte der Bundesrepublik bekam die SPD 1969 in einer Bundestagswahl so viele Stimmen, dass sie einen Anspruch auf die Regierungsbildung erheben konnte. Gemeinsam mit der FDP einigte sie sich auf eine Regierungskoalition, die Willy Brandt zum ersten sozialdemokratischen Bundeskanzler wählte. Von der neuen Regierung gingen maßgebliche Reformimpulse aus, denen der Glaube an die Planbarkeit künftiger Entwicklungen zugrunde lag.

Die Koalition setzte ein umfassendes Reformpaket auf, das sich auf fast alle Bereiche der Gesellschaft erstreckte und insbesondere den Bildungssektor in den Blick nahm. In seiner ersten Regierungserklärung stellte Brandt hierzu fest, dass »Bildung und Ausbildung, Wissenschaft und Forschung [...] an der Spitze der Reformen [stehen]«. Dies war die Konsequenz aus einer »Bildungskatastrophe«, die der Pädagoge Georg Picht Mitte der 1960er-Jahre für die Bundesrepublik konstatiert hatte. Es mangelte demnach quantitativ und qualitativ an Ausbildungsmöglichkeiten. In einem zeitgenössischen internationalen Bildungsvergleich rangierte die Bundesrepublik auf einer Stufe mit dem zentralafrikanischen Staat Uganda. Dieser Zustand sollte nun gesamtgesellschaftlich mit zielgerichteten Reformen verbessert werden.

In der Bundeswehr übernahm diese Aufgabe der neue Verteidigungsminister Schmidt. Er leitete eine Bestandsaufnahme ein und brachte zahlreiche Reformen auf den Weg. Schmidt setzte 1970 die »Kommission zur Neuordnung von Ausbildung und Bildung in der Bundeswehr« ein, deren Vorsitz der Politikwissenschaftler Thomas Ellwein übernahm. Das Ergebnis dieses Prozesses war die grundlegende Neuordnung der Offizierausbildung: Für Offiziere sollte die Ausbildung künftig fünf Jahre dauern, wovon zwei für die militärfachliche und drei für die wissenschaftliche Ausbildung vorgesehen waren. Ein weitreichender und völlig neuer

Schritt war die Integration eines wissenschaftlichen Hochschulstudiums in die Offizierlaufbahn. Zwar hatten manche Offiziere bereits zuvor an zivilen Universitäten studieren können, nun aber wurde dieses bislang als Einzelmaßnahme genehmigte Studium für alle Offiziere mit einer Mindestverpflichtungszeit von zwölf Jahren zur Norm.

Da die Bundeswehr spezifische Anforderungen an ein Hochschulstudium stellte, die sich als inkompatibel mit dem bestehenden öffentlichen Hochschulsystem herausstellten, beispielsweise eine Regelstudienzeit von drei Jahren oder eine garantierte Anzahl verfügbarer Studienplätze, richtete sie eigene Hochschulen ein. Erst seit 1985 werden diese als *Universitäten* der Bundeswehr bezeichnet. Die Hochschulen der Bundeswehr wurden in erster Linie als »Bedarfshochschulen« konzipiert, ohne allgemeinen Bildungsauftrag. Entsprechend boten sie anfänglich überwiegend Studiengänge an, die dem naturwissenschaftlich-technischen Feld entstammten und somit als besonders »nützlich« für die Bundeswehr bewertet wurden. Das Studienangebot umfasste Betriebs- und Organisationswissenschaften, Informatik, Luft- und Raumfahrttechnik, Maschinenbau, Elektrotechnik und Bauingenieurwesen. Als einziger nicht betriebs- oder naturwissenschaftlicher Studiengang wurde zunächst nur Pädagogik angeboten – auch hier sah die Bundeswehr praktische Anwendungsmöglichkeiten in der Truppe und einen Bedarf. Erst 15 Jahre später kamen weitere Studiengänge wie Geschichts-, Politik- oder Staatswissenschaften hinzu.

Die Reform der Offizierausbildung und die Gründung der Hochschulen machten das doppelte Anliegen des Ministers deutlich: Die Bundeswehr sollte stärker in die Gesellschaft integriert und zugleich eine Lösung für die drängende Personalknappheit in den Streitkräften gefunden werden. Diese Zielsetzungen fanden ihren ersten Widerhall im »Weißbuch 1970«: »Die Anforderungen der Ausbildung und Bildung in der Bundeswehr müssen, soweit dies möglich ist, mit denen des zivilen Bereichs abgestimmt und verknüpft werden.« Zugleich wollten immer mehr Menschen studieren. Diesen Trend griff die Bundeswehr nun auf. Zeitsoldaten, selbst in der Unteroffizierlaufbahn, sollten jetzt Möglichkeiten erhalten, eine berufliche Qualifikation zu erwerben, die neben dem fachlichen Nutzen für die Truppe auch den Einstieg in eine spätere zivile Tätigkeit erleichtern sollte. Fraglos verfolgte diese Bildungsoffensive auch das Ziel, die Entscheidung für eine Bewerbung bei der Bundeswehr attraktiver zu machen – was tatsächlich auch geschah. In gewisser Weise war die Bildungsreform in der Bundeswehr somit eine Art »Agenda Attraktivität 1.0«. Es darf zudem nicht übersehen werden, dass die zunehmende Technisierung der Streitkräfte ein weiterer wesentlicher Treiber für die Reform war, die ebenso die Kampfkraft der Bundeswehr erhöhen sollte. Anspruchsvolle technische Ausrüstung und immer komplexere (Waffen-)Systeme sowie gewachsene Ansprüche an Führungsaufgaben erforderten einen veränderten Soldatentypus, der eher dem gebildeten Techniker als dem archaischen Kämpfer entsprach.

Die Universität in Hamburg (heute: Helmut-Schmidt-Universität) und die Universität der Bundeswehr in München nahmen schließlich am 1. Oktober 1973 ihren Lehrbetrieb auf. Schmidt hatte damit in wenigen Jahren umgesetzt, was in den Jahrzehnten zuvor im Sande verlaufen war: eine grundlegende Reform der Offizierausbildung. Die Diskussionen, die seit Aufstellung der Bundeswehr um das notwendige Maß an Bildung für den Offizier geführt worden waren, verstummten in der Folge zwar nicht; politisch war mit der Integration des Studiums aber eine eindeutige Entscheidung getroffen worden. Im Zuge der Gründung der Hochschulen setzte die Bundeswehr zugleich Ideen um, die parallel die Reformen in der zivilen Hochschullandschaft prägten; sie leistete somit einen Beitrag zu den nationalen Bildungsreformen der Regierung Brandt.

Seither haben die Universitäten der Bundeswehr sich stets weiterentwickelt. Hinzugekommen sind im Laufe der Jahre zahlreiche neue Studiengänge wie Mathematical Engineering, Cybersicherheit oder erst 2022 der Studiengang Kulturwissenschaften. Für die letzte verbliebene Gruppe nichtstudierter Offiziere in der Bundeswehr, die Piloten der Luftwaffe, wurde 2015 ein Bachelor-Studiengang Aeronautical Engineering eingeführt.

Seit Ende der 1990er-Jahre können auch zivile Führungskräfte von Wirtschaftsunternehmen an den Universitäten der Bundeswehr ein Studium als »Industriestudenten« aufnehmen. Auch die Universitäten der Bundeswehr sind permanenten Reformzwängen unterworfen, etwa die Umsetzung des Bologna-Prozesses oder die Auswirkungen der »Zeitenwende«. Diese Reformprozesse setzen indes auch Innovationspotenziale frei. Heute sind die Universitäten der Bundeswehr etablierter Teil der Universitätslandschaft in Deutschland.

*Cornelia Juliane Grosse*

59

# »DER MENSCHLICHKEIT VERPFLICHTET!«

## Der Sanitätsdienst

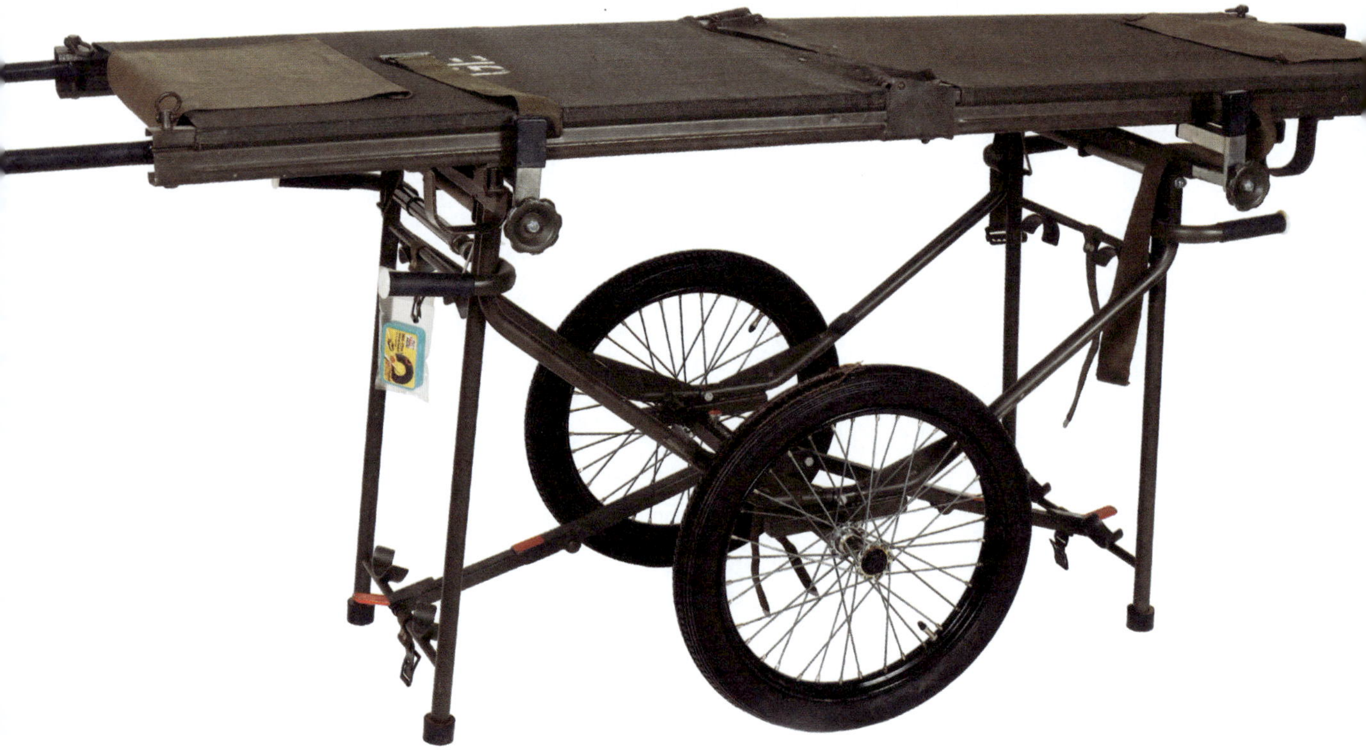

Eine Gerätschaft, die den meisten Angehörigen des Sanitätsdienstes und vielen anderen Soldatinnen und Soldaten aus den Sanitätsbereichen der Truppe wohlbekannt sein dürfte, ist das zweirädrige »Feldtragenfahrgerät« zum Transport von Kranken und Verwundeten – landläufig bekannt als Krankentrage »Ho-Chi-Minh«. 1971 entwickelt, führt sie in ihrer etwas altertümlichen Anmutung plastisch vor Augen, dass Streitkräfte auf eine jederzeit verfügbare sanitätsdienstliche Versorgung seit jeher angewiesen waren. Das fand auch bei den Planungen der Bundeswehr in den frühen 1950er-Jahren seinen Niederschlag. Der Aufbau des Sanitätsdienstes der Bundeswehr wurde von Anfang an sehr eng von den zivilen ärztlichen Standesvertretungen begleitet, die ein leistungsfähiges Sanitätswesen mit einer angemessenen Verankerung innerhalb der Führungsstruktur der Bundeswehr forderten.

Neben den Führungsstäben der Teilstreitkräfte Heer, Luftwaffe und Marine wurde 1957 im Bundesministerium für Verteidigung die sogenannte Inspektion des Sanitäts- und Gesundheitswesens mit einem eigenen Inspekteur etabliert. Obwohl die Sanitätseinrichtungen überwiegend in die drei Teilstreitkräfte integriert waren, wurde dem Sanitäts- und Gesundheitswesen damit von Anfang an eine starke Stellung zugestanden. Höhepunkt dieser Entwicklung stellte zweifellos die Aufstellung des eigenständigen Organisationsbereichs »Zentraler Sanitätsdienst der Bundeswehr« im Jahr 2001 dar, der nun »die Führung des Sanitätsdienstes aus einer Hand« ermöglichte. Diese Eigenständigkeit wurde 2024 mit dem sogenannten Osnabrücker Erlass durch die Eingliederung des Sanitätsdienstes in einen neuen Unterstützungsbereich aufgegeben.

Die Strukturen des Sanitätsdienstes waren sowohl während ihrer Integration in die einzelnen Teilstreitkräfte als auch im Organisationsbereich Zentraler Sanitätsdienst der Bundeswehr vielfachen Veränderungen unterworfen. So war die Aufbau- und Ausbauphase der späten 1950er- und der 1960er-Jahre von der Aufstellung der sanitätsdienstlichen Strukturen geprägt, etwa der Bundeswehrlazarette, der Sanitätsschule der Bundeswehr, des Wehrmedizinalamtes der Bundeswehr in Bonn und verschiedener Institute, der Reservelazarettorganisation und anderer mehr. Dies bedeutete eine gewaltige Kraftanstrengung, wurde doch eine eigene, zumindest in der Zielvorstellung vom zivilen Gesundheitssystem weitgehend autarke Gesundheitsversorgung für die Soldaten der Bundeswehr geschaffen. In den 1970er- und 1980er-Jahren wurden die Sanitätsdienste der Teilstreitkräfte – insbesondere aber des Hee-

»Feldtragenfahrgerät« der Bundeswehr, verwendet seit 1971, das möglicherweise wegen ähnlicher, von den nordvietnamesischen Streitkräften genutzter Geräte im Vietnamkrieg umgangssprachlich als »Ho-Chi-Minh« bezeichnet wird res – immer wieder umgegliedert und den jeweiligen Herausforderungen und Erfordernissen der Zeit wie auch den zugrunde liegenden militärischen Konzeptionen angepasst. So zielten die Strukturen des Sanitätsdienstes während des Kalten Kriegs neben der Realversorgung der Truppe vorwiegend auf die sanitätsdienstliche Versorgung im »Verteidigungsfall« ab, also in einem Verteidigungskrieg auf dem Boden der Bundesrepublik Deutschland. Neben dieser Hauptaufgabe hat der Sanitätsdienst aber wie kaum ein anderer Teilbereich der Bundeswehr seine Einsatzbereitschaft und Leistungsfähigkeit auch im Ernstfall unter Beweis stellen können: Beginnend mit der Erdbebenhilfe in Agadir/Marokko im Jahre 1960 bewährte er sich in zahlreichen humanitären Einsätzen.

Eines der Hauptprobleme in dieser frühen Phase des Sanitätsdienstes stellte die Personalsituation dar; besonders bei den Sanitätsoffizieren herrschte ein eklatanter Mangel. Lange Zeit stellten deshalb grundwehrdienstleistende Ärzte, Zahnärzte und Apotheker die sanitätsdienstliche Versorgung der Soldaten sicher. Nachhaltige Entspannung brachte schließlich die Einführung der Laufbahn der Sanitätsoffizieranwärter, die für eine kontinuierliche Regeneration sorgte. Zudem kam dem Sanitätsdienst bei der Öffnung der Streitkräfte für Frauen eine Vorreiterrolle zu: Seit Oktober 1975 wurden weibliche Sanitätsoffiziere eingestellt; ab Juni 1989 folgten die ersten weiblichen Sanitätsoffizieranwärter und ab Januar 1991 wurden die Laufbahnen der Mannschaften und Unteroffiziere im Sanitäts- und im Militärmusikdienst für Frauen geöffnet.

Mit der deutschen Wiedervereinigung im Jahr 1990, dem Zerfall des Warschauer Pakts und der darauf folgenden Verkleinerung und Neustrukturierung der Bundeswehr zur »Armee der Einheit« (siehe Beitrag 64) bei einem gleichzeitig neuen Aufgabenspektrum musste auch der Sanitätsdienst neu geordnet werden. Neben die Versorgung der Soldaten im Frieden trat nun – nach der Klärung der verfassungsrechtlichen Grundlagen – die Beteiligung und medizinische Versorgung im Rahmen von multinationalen »Out-of-area«-Einsätzen der NATO und internationalen militärischen Missionen der Vereinten Nationen. Eine einsatzorientierte Umstrukturierung der Streitkräfte war notwendig und hatte auch für den Sanitätsdienst Konsequenzen: Die sanitätsdienstlichen Kräfte und Mittel aller Teilstreitkräfte und Organisationsbereiche der Bundeswehr wurden 2001 mit einigen teilstreitkraftspezifischen Ausnahmen unter einer einheitlichen fachlichen, truppen- und fachdienstlichen Führung im Zentralen Sanitätsdienst der Bundeswehr gebündelt, um den neuen Herausforderungen effizient und situativ flexibel begegnen zu können.

Einen weiteren Markstein für den Sanitätsdienst der Bundeswehr bildete der Anschlag auf das World Trade Center in New York am 11. September 2001 mit dem daraus resultierenden Kampf gegen den internationalen Terrorismus. Dominierte bis dahin die Versorgung in Stabilisierungs- und humanitären Missionen, begann 2002 in Afghanistan für die Bundeswehr der erste Kampfeinsatz, damit verbunden ein verändertes Verletzungsspektrum und neue fachliche, ethische und sanitätstaktische Herausforderungen.

Mittlerweile steht aufgrund gewandelter sicherheitspolitischer Rahmenbedingungen und insbesondere seit der Krimkrise des Jahres 2014 die Landes- und Bündnisverteidigung wieder im Fokus der Bundeswehr – abermals mit Konsequenzen für den Sanitätsdienst, der nun für den Ernstfall wieder mit deutlich höheren Verwundetenzahlen rechnen und sich erneut auf eine Massenversorgung vorbereiten muss.

Der hohe Anspruch, den der Sanitätsdienst in allen Szenarien an sich selbst stellte und der auch heute unvermindert gilt, ist im Interesse aller Soldatinnen und Soldaten unabdingbar: In der 1995 erlassenen »Fachlichen Leitlinie für die sanitätsdienstliche Versorgung von Soldaten der Bundeswehr im Auslandseinsatz« wurde festgelegt, dass die medizinische Versorgung jedes deutschen Soldaten im Auslandseinsatz *im Ergebnis* dem Standard der medizinischen Versorgung in Deutschland entsprechen muss. Der starke humanitäre Bezug kommt auch im Leitbild des Sanitätsdienstes der Bundeswehr zum Ausdruck, das mit dem Untertitel »Der Menschlichkeit verpflichtet!« versehen ist.

Seit seinem Bestehen ist es dem Sanitätsdienst gelungen, sich mehrfach an verschiedene Einsatzszenarien von den humanitären Einsätzen über die Auslandseinsätze der Bundeswehr bis hin zur Refokussierung auf die Landes- und Bündnisverteidigung sowohl sanitätsdienstlich-organisatorisch als auch medizinisch anzupassen. Eine besondere Herausforderung stellte sicherlich der medizinische Fortschritt der letzten Jahrzehnte dar, der nicht nur in die Sanitätseinrichtungen Einzug hielt, sondern in der wehrmedizinischen Forschung in den verschiedenen Instituten des Sanitätsdienstes und in den Bundeswehrkrankenhäusern teilweise auch maßgeblich vorangetrieben wurde.

Die Bundeswehr verfügt neben anderen Transportsystemen zur Air Medical Evacuation (AirMedEvac) über spezielle Flugzeuge, die als »fliegende Intensivstationen« den medizinisch begleiteten Transport von Schwerstverletzten ermöglichen. Und mittlerweile werden bereits Drohnensysteme entwickelt, um Verletzte aus dem Kampfgebiet ausfliegen zu können. Aber trotz dieser innovativen Entwicklungen und der Hightech-Geräte hat sie immer noch ihre Berechtigung – die archaisch wirkende Krankentrage »Ho-Chi-Minh«, die nach wie vor in den Sanitätseinrichtungen der Bundeswehr Verwendung findet.

*Ralf Vollmuth*

# VON EGO-SHOOTERN UND FLUGSIMULATOREN

## Simulatorgestützte Ausbildung

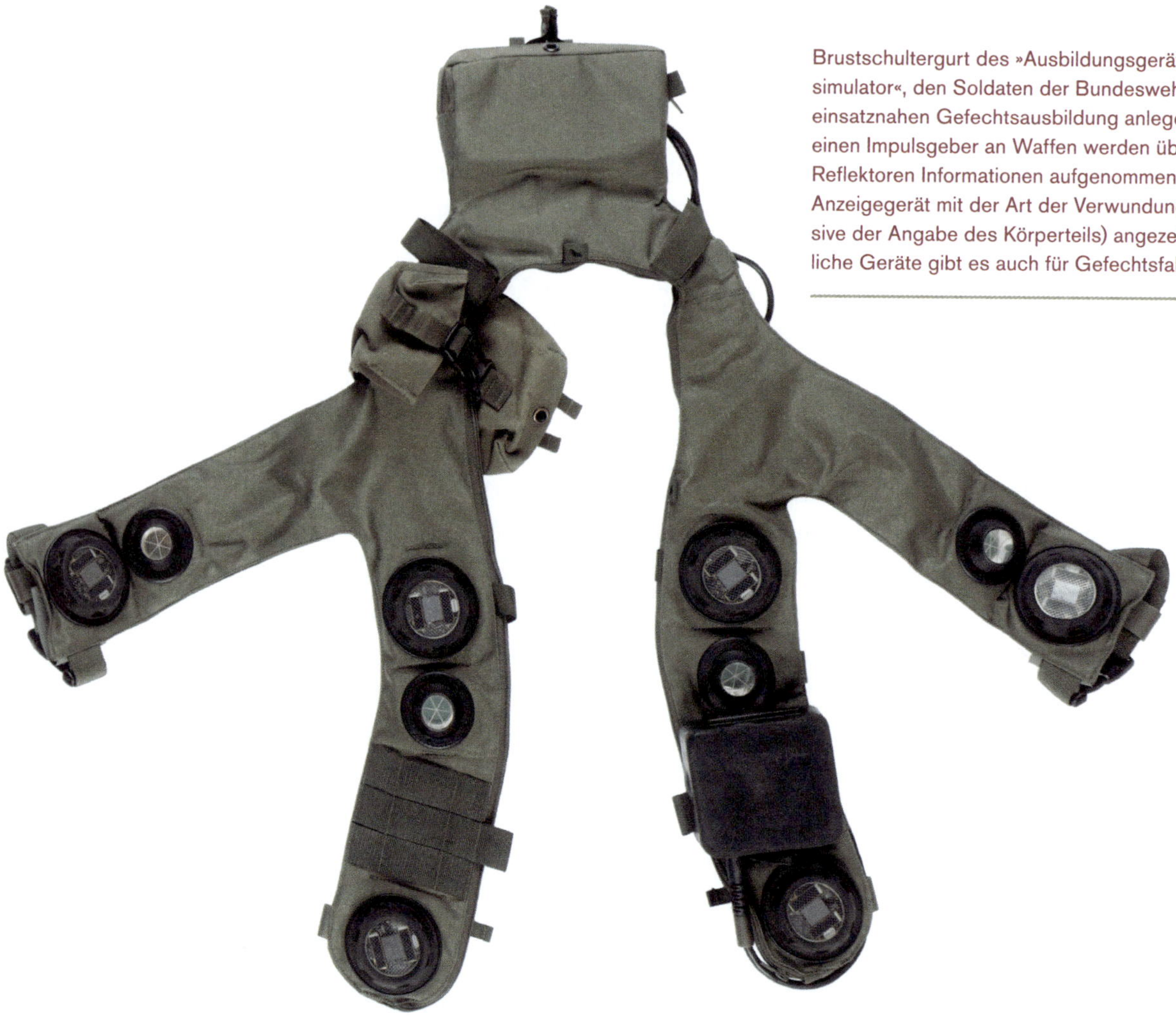

Brustschultergurt des »Ausbildungsgeräts Duellsimulator«, den Soldaten der Bundeswehr in der einsatznahen Gefechtsausbildung anlegen. Über einen Impulsgeber an Waffen werden über die Reflektoren Informationen aufgenommen und im Anzeigegerät mit der Art der Verwundung (inklusive der Angabe des Körperteils) angezeigt. Ähnliche Geräte gibt es auch für Gefechtsfahrzeuge.

Viele Soldaten kennen die Übungsanlagen für das Gewehr 36 im sogenannten Schießkino. Dort kann in aller Ruhe das infanteristische Gefecht für den Einzelschützen simuliert und geübt werden. Aber es ist etwas anderes, wenn der Soldat über Stunden und Tage im Gelände mit seiner schweren Ausrüstung unterwegs ist und dabei physischer und psychischer Erschöpfung unterliegt. Diese Situation kann zum Beispiel seit 1997 im Gefechtsübungszentrum des Heeres in Gardelegen für unterschiedliche Waffensysteme und auch waffensystemübergreifend simuliert werden. Dafür tragen die Soldaten zusätzlich zu ihrer Ausrüstung das abgebildete Ausbildungsgerät Duellsimulator (AGDUS), und auch Fahrzeuge führen es mit sich. Der Simulator registriert Waffentreffer auf Basis von Lasern und teilt dies dem Einzelschützen oder der Fahrzeugbesatzung unvermittelt durch Geräusche und Lichteffekte mit. Mit dieser hybriden Form aus realem Einsatz im Gelände und einem integrierten Simulationssystem ist ein noch größerer Mehrwert an Ausbildungserfahrung möglich als in der reinen Simulation. Möglich wird dies auf dem 23.000 Hektar großen Gelände des Truppenübungsplatzes Altmark auf dem Gebiet der Hansestadt Gardelegen. Die ermittelten Daten werden zudem in einem Server zusammengetragen, so kann das Gefechtsgeschehen an 64 Arbeitsplätzen in Echtzeit nachverfolgt werden. Die militärischen Führer können dort direkt die Umsetzung ihrer Befehle beobachten und daraus lernen. Damit verfügt die Bundeswehr in Gardelegen über eines der weltweit modernsten Übungszentren, das Simulation und Realität miteinander verbindet. Auch in Zukunft wird die Simulation ein fester Bestandteil der militärischen Ausbildung in Deutschland sein.

Eltern kennen das Phänomen: Ihre Kinder verbringen tagtäglich Stunden mit dem Spielen unterschiedlicher Simulationen in virtuellen Welten. Aber nur wenig ist so faszinierend für technikaffine Menschen wie die hochkomplexen, anspruchsvollen und sich bewegenden Simulatoren für Luftfahrzeuge. Diese bestehen aus einer mechanisch gesteuerten beweglichen Kapsel, in der das Cockpit des simulierten Luftfahrzeugs mit originalen Teilen nachgebaut wurde. All die vielen Hebel und Knöpfe sind mit einer Funktion versehen und verhalten sich wie im Original. Das trifft auch auf den Steuerknüppel, die Pedale und die Triebwerksteuerung zu. Außerdem wird die Umgebung so fotorealistisch wie möglich optisch projiziert und es werden Geräusche eingespielt, damit Piloten alle Sinneseindrücke möglichst realitätsnah wahrnehmen können. Das Ziel eines Simulators ist mithin die Abbildung der Realität in ihrer ganzen Komplexität. Dazu gehört auch, Situationen zu schaffen, die von den Flugschülern Reaktionen erfordern. Die Fiktion soll im Kopf schließlich zur Realität werden. Und das gelingt zumeist, denn viele Tausend Piloten und Operateure haben schweißdurchnässt ihre Simulatoren verlassen.

Durch diese hochkomplexen und im Betrieb teuren Anlagen können Situationen simuliert werden, die in der Realität zu gefährlich wären. Zudem ist trotz der hohen Kosten eine Simulatorbetriebsstunde weit günstiger als eine reale Flugstunde im Luftfahrzeug. Deshalb sind Simulationen ein inhärenter Teil des Trainings von fliegendem Personal in den Streitkräften. Das beinhaltet einfache Verfahren, Sicherheitstrainings, aerodynamische und mechanische Grenzsituationen sowie den Luftkampf in allen seinen Facetten. Die Piloten steigen aber nicht einfach nur in den Simulator und schauen, was da kommen mag, sondern sie bereiten sich darauf genauso gewissenhaft vor wie auf einen realen Flug. Das ist Teil der Ausbildung. Auch für den Simulatorflug tragen sie den Flugdienstanzug und nutzen ihre persönlichen Unterlagen wie im Luftfahrzeug selbst. Genauso wichtig wie die Vorbereitung ist die Nachbereitung in Form eines Debriefings. Dort wird das Erlebte durchgesprochen und analysiert.

Durch den Simulatoreinsatz können die Piloten gezielt an ihre kognitiven und physischen Grenzen herangeführt werden, ohne dass eine Gefahr für das Individuum, das Fluggerät und die Umgebung besteht. So werden Handlungssicherheit und ein Gespür für die jeweils individuellen Grenzen geschaffen. Die Ausbilder können auch erkennen, wo die Grenzen ihrer Schüler liegen, und gezielt daran arbeiten. In der Ausbildung der Piloten und Operateure haben Simulatorstunden die gleiche Wertigkeit wie reale Flugstunden und so manche hoffnungsfrohe fliegende Karriere hat hier ihr frühes Ende gefunden.

Das Militär simuliert schon sehr lange unterschiedliche Abläufe von hochkomplexen Handlungen oder gefährliche Gefechtshandlungen. Mit hölzernen Pferden und Übungswaffen wurden das Reiten und das Fechten erlernt, ohne dass bleibende körperliche Schäden bei den Soldaten zu erwarten waren. In der Artillerie wurden schon frühzeitig Übungsmunition und Übungsgeschütze verwandt, um in sicherer Umgebung deren Handhabung einzustudieren. Auch dabei handelte es sich bereits um einfache Formen der Simulation.

Je komplexer die Waffensysteme wurden, desto ausgefeilter und leistungsfähiger wurden auch die für die Ausbildung verwendeten Simulationsgeräte. Flugsimulatoren mit ihrer dreidimensionalen Bewegung zählen hier sicher zu den anspruchsvollsten Gerätschaften. Viel mehr Soldaten konnten aber mit den Simulatoren für Gefechtsfahrzeuge der Bundeswehr üben, die einerseits das Fahren selbst, aber auch das Gefecht nachbilden. Neben dem individuellen Training ist dort auch das Kleingruppentraining einer ganzen Besatzung eines Gefechtsfahrzeugs möglich, die in der Simulation unterschiedliche, hochanspruchsvolle Gefechtssituationen durchläuft, die in der Realität auf den Truppenübungsplätzen entweder gar nicht oder nur unter großem logistischem und materiellem Aufwand möglich sind. Damit sind Simulatoren auch ein wichtiger ökonomischer Faktor um Ausbildungskosten zu begrenzen.

Gegenwärtig kann festgestellt werden, dass der Anteil an Simulatoren dort am größten ist, wo der Technisierungsgrad am höchsten ist. In der Marine gibt es etwa an der Marineschule in Flensburg-Mürwik eine Ausbildungsanlage Nautische Sicherheit. Dort werden ganze Brückenbesatzungen in Alltagsituationen geschult und auch an Grenzsituationen he-

Kampfflugzeugsimulator für den Eurofighter der Luftwaffe beim Taktischen Luftwaffengeschwader 73 »Steinhoff« in Laage. Während das Cockpit des Ausbildungsgerätes auf dem Boden fest verankert ist, sorgt der 360-Grad-Dome mit seinem dynamischen Bild für eine sehr realistische Ausbildungsumgebung.

rangeführt. Eine komplett ausgestattete und sich bewegende Schiffsbrücke mit Sichtsimulation erzeugt die gewünschte Illusion der Realität. Ein weiteres Beispiel ist das Ausbildungszentrum Uboote – so die bundeswehramtliche Schreibweise – in Eckernförde, wo Segmente eines U-Boots beweglich nachgebaut wurden. In der Luftwaffe werden auch für das technische Personal der fliegenden Verbände in den Technischen Ausbildungszentren in Kaufbeuren und Faßberg umfangreich auf unterschiedlichen Ebenen Simulatoren eingesetzt. Das Heer setzt zunehmend auf Schieß- und Gefechtssimulatoren – vom Einzelpanzer und Einzelschützen bis zur Verbandsebene. Auch wenn die in diesen Einrichtungen geschaffene virtuelle Realität beeindruckt, bleibt sie künstlich und kann die Ausbildung am eigentlichen Gerät und Waffensystem nur hervorragend ergänzen, jedoch nicht ersetzen.

*Christian Jentzsch*

# SOLDATENTOD IM FRIEDEN

## Unfälle und Unglücke

Rettungsring aus dem U-Boot »U Hai« der Bundesmarine

Der abgebildete Rettungsring gehörte zu »U Hai«, einem Schulungsunterseeboot der Bundesmarine, das am 14. September 1966 in der Nordsee sank. 19 Seeleute der 20 Mann starken Besatzung fanden dabei den Tod. Die Havarie des 1945 noch von der Kriegsmarine in Dienst gestellten Bootes gilt als der schwerste Unfall in der Geschichte der Marine. »Soldatsein ist immer mit Gefahren verbunden, ob im Frieden oder im Krieg«, bilanzierte die *Frankfurter Allgemeine Zeitung* bereits 1957, keine zwei Jahre nach Aufstellung der Bundeswehr. »Man wird Unfälle bei der Bundeswehr, wie in jedem Betrieb, durch Sorgfalt auf ein Mindestmaß beschränken können. Vermeiden lassen sie sich nie.« Die im Verteidigungsministerium erfassten zahlreichen »Schadensfälle« mit Tausenden Betroffenen in der jungen Bundeswehr gaben dieser fatalistischen Einschätzung recht. Auch im Frieden war der Dienst in den Streitkräften niemals ungefährlich. Allein in den ersten zehn Jahren verloren 982 Angehörige der Bundeswehr im Dienst ihr Leben.

Verantwortlich für die hohe Zahl von Unfällen und Schadensfällen waren insbesondere der eilige, ja überhastete Truppenaufbau und der mit ihm verbundene allgegenwärtige Mangel an erfahrenen Vorgesetzten aller Dienstgrade sowie die beständig hohe personelle Fluktuation. So wuchs etwa das Heer, das ohnehin schon zahlreiche Personalbewegungen zu verzeichnen hatte, innerhalb nur eines Jahres von 106.784 auf 143.630 Soldaten (7. November 1959); zudem wurden eine neue Brigadeorganisation eingeführt und 17 Waffengattungen in sieben Truppengattungen zusammengeführt. Beständigkeit und Nachhaltigkeit in Führung und Ausbildung waren unter diesen Umständen kaum zu erzielen. So kann es nicht verwundern, dass es im Flugbetrieb, bei der Nutzung von Kraft- und Kettenfahrzeugen, beim Umgang mit Waffen, Munition oder Sprengmitteln, aber auch beim Sport und anderen Dienstverrichtungen immer wieder zu schweren Unfällen mit Verletzten und auch Toten kam. Allein im Jahr 1965 kamen 102 Soldaten im Dienst ums Leben, davon 48 bei Verkehrsunfällen. Einige kriegsgediente Vorgesetzte bewiesen zudem ein nur ungenügendes Verständnis für die Bedeutung von Vorschriften in einer Friedensarmee, so etwa beim Iller-Unglück (siehe Beitrag 17). Mängel in Ausbildung und Dienstaufsicht, aber auch Fahrlässigkeit und das häufige Ignorieren von Sicherheitsbestimmungen sowie grober Leichtsinn konnten nur sukzessive behoben bzw. gemildert werden.

Schwere Unglücke, von denen Heer, Marine und Luftwaffe gleichermaßen betroffen waren, blieben die Ausnahme. Unfälle, auch mit Toten, waren jedoch keine Seltenheit. Dazu trug auch die rasante und alle Bereiche durchdringende technische Modernisierung der Truppe im Schatten des Kalten Kriegs bei. Die komplizierte Militärtechnik war in der Handhabung anspruchsvoll und oft nur unzureichend erprobt, bisweilen sogar experimentell, oder sie wies baubedingte Fehler auf, wie etwa der Schützenpanzer HS-30. Am 25. Februar 1969 kam es aufgrund eines Konstruktionsfehlers der Seitenrichtmaschine des Schützenpanzers zu einem folgenreichen Schießunfall auf dem Truppenübungsplatz Munster-Nord mit einem Toten. Das Kampfflugzeug Lockheed F-104 Starfighter erwies sich bei der Einführung in die Luftwaffe ebenfalls als für seine Aufgaben unausgereift und konstruktionsbedingt fehlerhaft, was zu seiner hohen Absturzrate führte (siehe Beitrag 34). Auch die technische Untersuchung von »U Hai« ergab, dass wohl letztlich ein Konstruktionsfehler, konkret ein im Zuge der Modernisierung montierter Ansaugstutzen, der zu einem raschen Wassereinbruch im Boot führte, für den Untergang verantwortlich gewesen war.

Der Tod eines Soldaten oder einer Soldatin ist neben der privaten und dienstlichen Tragödie immer auch eine öffentliche Angelegenheit. Unfälle werfen ein Schlaglicht auf Ausbildungsstand, Ausrüstung, Disziplin und Führung – oder auf deren Fehlen – und auf die innere Verfasstheit der Truppe. Oft sind sie ein Hinweis auf Missstände. Es verwundert daher nicht, dass Meldungen über Unglücke in der Bundeswehr regelmäßig große Aufmerksamkeit in Politik, Medien und Öffentlichkeit hervorriefen. In besonderem Maße galt dies, wenn sich trotz aller Bemühungen die genauen Umstände nicht restlos klären ließen. So nahm die Öffentlichkeit großen Anteil am Tod der Sanitätsoffizieranwärterin Jenny Böken, die im September 2008 unter ungeklärten Umständen nachts von der »Gorch Fock«, dem Segelschulschiff der Marine, über Bord ging und deren Leichnam erst elf Tage später vor Helgoland geborgen wurde. Ein Spielfilm und eine Fernsehdokumentation griffen das tragische Unglück auf. Auch die genauen Unfallursachen des schwersten Unglücks der Luftwaffe, dem Absturz eines Transportflugzeugs Transall C-160 über Kreta am 9. Februar 1975, bei dem alle 42 Insassen ihr Leben verloren, blieben trotz einer akribischen Untersuchung des Unfallhergangs letztlich unklar.

Sensibel reagierten Politik, Medien und Öffentlichkeit insbesondere dann, wenn nicht verhängnisvolle Umstände, sondern bedingt oder sogar vorrangig Vorgesetztenversagen und mangelnde Fürsorge in der Ausbildung für Unfälle verantwortlich zu machen waren. Schon beim erwähnten Iller-Unglück 1957 war dies der Fall gewesen. 15 Rekruten ertranken durch den befehlswidrigen Auftrag, das hochwasserführende Gewässer zu durchqueren. 2017 brachen vier Offizieranwärter bei einem Fußmarsch bei sommerlich warmen Temperaturen zusammen, einer von ihnen verstarb wenige Tage später. Das Geschehen erinnerte an die sogenannte Nagold-Affäre. Dort war 1963 ebenfalls ein junger Soldat bei einem Eingewöhnungsmarsch unter vergleichbaren Witterungsbedingungen mit einem Hitzekollaps zusammengebrochen und eine Woche später an dessen Folgen verstorben. Die Staatsanwaltschaft sowie der Wehrbeauftragte förderten Belege für »menschenunwürdige Zustände« und schikanöses Verhalten der Vorgesetzen bis hin zum Kompaniechef zutage. Zeitgenössische Umfragen belegen, wie stark die Bevölkerung sich für die Umstände der Todesfälle interessierte. 97 Prozent der Befragten, also nahezu jeder, wusste im Juli 1957 von dem Iller-Unglück. Auch von den Umständen der Nagold-Affäre hatten im Juli 1964 86 Prozent der Befragten gehört.

Bei einem Vorführungsschießen der Heimatschutzbrigade 56 auf dem Truppenübungsplatz Münsingen kamen im Oktober 1983 bei einem Fehlschuss eines 120mm-Mörsers, der eine aus LKWs errichtete provisorische Tribüne traf, zwei Menschen zu Tode, 13 wurden teilweise schwer verletzt. Ursächlich für diesen Unfall war, dass für diesen Teil der Vorführung Spreng- anstelle von Nebelgranaten verwendet wurden und der eingeteilte Sicherheitsoffizier in der Mörserfeuerstellung quasi alle Führungsaufgaben auf sich vereinte. Eine notwendige Sicherheitskontrolle konnte so nicht mehr gewährleistet werden – mit tödlichen Folgen.

Die Unglücke an der Iller und in Nagold offenbarten, wie leicht eine körperlich fordernde, einsatz- und gefechtsorientierte Ausbildung, die Soldaten mit Härten konfrontiert und an Belastungsgrenzen führt, in Schikane und menschenunwürdiges Schinden umschlagen kann. Werden kriegs- und einsatznahe Ausbildungsszenarien zudem im scharfen Schuss geübt, birgt das noch besondere Gefahren. Mehrere schwere Schießunfälle der Bundeswehr belegen dies. Am 9. April 1964 kamen bei einer Lehrvorführung auf dem Schießplatz Bergen-Hohne zehn Soldaten, darunter auch Soldaten verbündeter Streitkräfte, bei einem Gefechtsschießen verbundener Waffen ums Leben, neun weitere wurden verletzt. Fehler bei den Sicherheitsvorkehrungen und falsche Beobachtungen beim Einschießen waren für das Unglück mitverantwortlich.

Ein weiteres schweres Schießunglück ereignete sich auf dem Truppenübungsplatz Münsingen. Dort explodierte am 3. Oktober 1983 eine Mörsergranate neben einem als Zuschauertribüne genutzten LKW. Zwei Offiziere wurde getötet, 25 weitere Zuschauer, darunter auch zivile Gäste, zum Teil schwer verletzt.

Die Bundeswehr tat sich lange schwer, ihrer bei Unfällen und Unglücken ums Leben gekommenen Toten an einem zentralen Ort zu gedenken. Das Erinnern erfolgte stattdessen lokal und für die Öffentlichkeit kaum sichtbar in den betroffenen Dienststellen und Verbänden. Erst mit der Errichtung des Ehrenmals der Bundeswehr im Jahr 2009 besteht eine zentrale Trauer- und Erinnerungsstätte, an der aller militärischen und zivilen Angehörigen der Bundeswehr gedacht wird, die in Folge der Ausübung ihrer Dienstpflichten ihr Leben verloren haben (siehe Beitrag 82).

*Sven Lange*

62

# »THE LOVELY SOUND OF FREEDOM«?

## Fluglärmbelastung durch die Bundeswehr

Das allwettertaugliche Feuerleit- und Überwachungsradar »Skyguard« (Himmelswächter). Die Luftwaffe der Bundeswehr setzte es bis 2006 zur Tieffliegerüberwachung ein. Mittels der Kamera mit einer Brennweite von 645 Millimetern sowie einem Laserentfernungsmesser konnten Tiefflugverstöße dokumentiert werden.

Vieles, was die Bundeswehr in Deutschland tut, wird leicht als Belästigung empfunden, wenn es nicht fern jeder Bebauung auf Truppenübungsplätzen stattfindet. Dazu zählt auch der militärische Übungsflugbetrieb, der in der Bundesrepublik bis 1990 in einigen Tieffluggebieten bis auf 100 Meter über Grund stattfinden durfte. Für damalige »Sonder-Tieffluggebiete« wie das »Westliche Münsterland« bedeutete dies, dass man von seiner Terrasse aus gefühlt in die Augen der Piloten blicken konnte. Da bedurfte es auch nicht des Überschallflugs, damit die Bewohner solcher Landstriche die Kampfflieger als Belästigung, ja gar als gesundheitsgefährdend empfanden.

Das Dilemma, militärisch zweckmäßig auch im Tiefflug üben zu müssen, dabei aber die für die Zivilbevölkerung zumutbare Belastung in Grenzen zu halten, steigerte sich noch, wenn es zu Unglücken kam. Der Absturz einer A-10 Thunderbolt II der U.S. Air Force in Remscheid mit sieben Toten und 50 Verletzten im Dezember 1988 zeigte die Brisanz des militärischen Übungsflugbetriebs über dichtbesiedeltem Gebiet und erklärt die nie nachlassende Kritik daran. Kam es zu Unfällen und Abstürzen, war die Reaktion der Medien und der Öffentlichkeit heftig, oft sogar polemisch. *Der Spiegel* kritisierte nach einem Unfall 1990, bei dem zwei Düsenjäger bei Karlsruhe abgestürzt waren, voreilig und, wie sich später herausstellte, unzutreffend, die Piloten hätten »die Sau rausgelassen«.

Damit die Belastungen für die Zivilbevölkerung durch Fluglärm begrenzt blieben, hatte die Bundeswehr in Abstimmung mit zivilen Behörden und den Alliierten bereits 1976 mehrere »Temporary Reserved Airspaces« festgelegt, meist über weniger dicht besiedeltem Gebiet, auch über der Nordsee. Nach dem Unfall in Remscheid verkündete das Bundesverteidigungsministerium zusätzlich, den Tiefflug vermehrt ins Ausland und über See verlegen zu wollen. Dennoch wurde und wird weiter in Deutschland geflogen und es kommt auch immer wieder zu Flugunfällen. Dabei gelten strenge Regeln und Vorschriften, insbesondere was die einzuhaltenden Flughöhen angeht. Damit diesen Regeln Geltung verschafft wird, müssen sie überwacht werden und normalerweise werden Verstöße gegen die »Limits« scharf sanktioniert.

Zu dieser Kontrolle setzte die Luftwaffe bis 2006 den »Skyguard« ein, um die Einhaltung von Mindestflughöhen in Tieffluggebieten zu überwachen. Dabei handelte es sich um ein 1960 entwickeltes Feuerleit- und Zielfolgeradarsystem für Flugabwehrgeschütze, mit dem tieffliegende Ziele erfasst und identifiziert werden konnten. Der Anhänger mit seinen hydraulischen Anlagen für Antennenaufbau und Horizontierung war nach seiner Aufstellung oder Verlegung schnell einsatzbereit – auf eine Anbindung an Geschütze konnte ja verzichtet werden. Zusätzlich zur üblichen Ausstattung erhielt das Gerät allerdings einen Laserentfernungsmesser sowie eine hochauflösende optische Kamera mit einer hohen Brennweite. Damit ließen sich Flugzeuge im Flug verfolgen und filmen, sodass später die taktischen Kennzeichen der Jets, quasi deren Nummernschilder, identifiziert werden konnten. War das der Fall, war der verantwortliche Flugzeugführer bei Verstößen für eine Bestrafung »fällig«. Ausreden blieben zwecklos, Radarbilder lügen nicht (wie jeder Straßenverkehrsteilnehmer weiß).

Dass der Fluglärm indes kein ausschließlich westdeutsches Problem war, belegen Zahlen aus einer Informationsbroschüre der Luftwaffe aus dem Jahr 2020: In beiden deutschen Staaten bestanden bis 1990 rund 100 kleinere oder größere militärische Flugplätze und Hubschrauberlandeplätze. Die rund 2300 in der Bundesrepublik und der DDR stationierten Kampfflugzeuge führten jährlich Hunderttausende Stunden Einsatz-, Ausbildungs-, Trainings-, Schul- und Testflüge durch. Sie bewegten sich dabei in allen Höhenbändern, vom taktischen Tief- und Tiefstflug bis zu Abfangeinsätzen in mehreren Tausend Metern Höhe. Allein im »Tiefflughöhenband«, also den Flughöhen bis 500 Metern, erflogen Kampfflugzeuge noch 1990 ca. 60.000 Flugstunden. Im Gegensatz zur bundesweit vielfachen und heftigen Kritik an diesem Betrieb sind Flugbewegungen an zivilen Airports weniger Gegenstand langer politischer Erörterungen, da geht es vor allem um die Lärmbelästigung in den Einflugschneisen – und um den Wirtschaftsfaktor Flughafen.

Freilich stellt der militärische Fluglärm nur eine Belastung von vielen dar, die die Verteidigungsbereitschaft den Bewohnern in der Bundesrepublik Deutschland aufbürdet. Der Übungsbetrieb der Landstreitkräfte im öffentlichen Raum, das Schießen auf Übungsplätzen oder beispielsweise in Putlos und Todendorf auf die Ostsee hinaus beeinträchtigen eben nicht nur den zivilen Straßen- und Schiffsverkehr, sondern sorgen auch regelmäßig für Schäden (siehe Beitrag 46). Bei den großen Manövern abseits der Übungsplätze, Soldaten nennen das »freilaufende Übungen«, wurden bis in die 1990er-Jahre Offiziere eigens zur Schadensabwicklung und -reparatur eingesetzt (siehe Beitrag 38). Im Luftraum ist das so nicht möglich. Der Lärm ist zwar schnell abgeklungen, wiederholt sich aber in manchen Landstrichen regelmäßig. Daher ist es nicht verwunderlich, dass sich örtlich Protestbewegungen zusammenfinden, besonders im Umfeld von Militärflugplätzen. Die Politik nimmt an solchen Debatten teil, selten jedoch über die Kommune hinaus, und die Bundeswehr hat mit Lärmschutzkommissionen an den Standorten ihrer fliegenden Verbände auf die Sorgen der Bevölkerung längst reagiert. Man arrangiert sich, auch weil die Kommune die Soldaten als Einwohner, Steuerzahler und Konsumenten begreift.

Nach der Wiedervereinigung 1990 wurde allerorten der Ruf nach einem weitgehenden Ende des militärischen Flug- und Übungsbetriebes laut – das war scheinbar logisch –, wohingegen seit dem Beginn des verbrecherischen Kriegs Russlands gegen die Ukraine der Übungsbetrieb wieder spürbar zunimmt, ohne dass das jetzt lautstark infrage gestellt wird. Es ist ein Paradoxon unserer Zeit, dass heute solche Belästigungen und Störungen völlig anders bewertet werden als beispielsweise zur Hochzeit der Blockkonfrontation (bis 1989). Der abgebildete Aufkleber einer Initiative gegen Fluglärm in den späten 1980er-Jahren war eine

In Zeiten der Opposition positionierte sich die SPD als bundeswehrkritische Partei, die Kampagnen gegen den als unnötig empfundenen militärischen Tiefflug betrieb. Nach den Unfällen in Ramstein und Remscheid im Jahr 1988 traf sie damit den Nerv weiter Teile der Bevölkerung, während die Sachdebatte um den notwendigen militärischen Ausbildungsflugbetrieb darunter litt.

Reaktion auf den Unfall in Remscheid 1988 und er spiegelte ebenso die schrecklichen Bilder des Unfalls der »Frecce Tricolori« wider, der Kunstflugstaffel der italienischen Luftwaffe, beim Flugtag auf der U.S. Air Force Base im pfälzischen Ramstein im August 1988 mit mehr als 100 Toten. Obwohl es auch bei den Manövern der Landstreitkräfte immer wieder Tote bei Verkehrsunfällen gab, sind es gerade die Unfälle mit Militärflugzeugen, die angesichts der Bilder von Zerstörung und Leid besondere Emotionen auslösen. Und es scheinen stets die Kampfflugzeugführer zu sein, die als »Rowdies in der Luft« für dieses Leid verantwortlich gemacht werden.

Der Begriff »Rowdies« ist dem Untersuchungsbericht der Luftwaffe zur Ramstein-Katastrophe entnommen: Der Leiter der Untersuchungskommission, der frühere General Johannes Steinhoff, hielt darin militärischen Kunstflug für unnötig und meinte, solches »Rowdytum« sei militärisch sinnlos. Nicht unnötig hingegen sei der Ausbildungsflugbetrieb, der auf die Erfordernisse des Einsatzes von Kampfflugzeugen abgestimmt sei. Dabei würden körperliche wie geistige Anforderungen gestellt, die denen des Kunstflugs ähnlich seien. Damit wird das Dilemma erkennbar, das militärischer Flugbetrieb beinhaltet: Wenn Piloten richtig trainiert werden sollen, geht dies nicht ohne Belastungen, auch für diejenigen, die zeitweilig unter dem Lärm leiden müssen. Und nicht immer ist es möglich, über menschenleeres Seegebiet zu fliegen.

*Heiner Möllers*

63

# ALS DER »KALTE KRIEG« HEISS WURDE

## Zwischenfälle während der Blockkonfrontation

Ausschnitt der Geschützturm-Außenhaut des Tenders »Neckar« der Bundesmarine

Das abgebildete Teil der Bordwand des westdeutschen Tenders »Neckar« straft den Begriff »Kalter Krieg« Lügen. Deutlich sind darauf die Folgen des Beschusses durch ein polnisches Kriegsschiff zu erkennen. Fünf Granaten trafen das Marineversorgungsschiff achtern, 220 Splittereinschläge wurden später in den Aufbauten des Tenders gezählt. Neben den erheblichen Schäden am Schiffskörper in Höhe von einer halben Million DM wurden auch drei Seeleute der Besatzung verletzt. Der Tender des 7. Schnellbootgeschwaders hatte am 15. Juni 1987 in internationalen Gewässern der Ostsee ein Übungsschießen von Schiffen aus verschiedenen Marinen der Warschauer-Pakt-Staaten beobachtet und deren Warnsignale routinemäßig ignoriert. Beide Seiten setzten im Kalten Krieg solche nicht eingeladenen Manöverbeobachter zur Überwachung der Ausbildungstätigkeit der jeweils anderen Seite in internationalen Gewässern ein. Das sogenannte Clear-Range-Verfahren verpflichtete dabei die Übungsteilnehmer, ein Schießen sofort einzustellen, wenn die Gefahr bestand, dass ein anderes Schiff in das Schussfeld einlaufen könnte. Das bloße Ausrufen eines Warngebiets enthob von dieser Verpflichtung nicht. Als eine Styx-Übungsrakete hinter der »Neckar« in 80 Meter Höhe auftauchte, geriet das Schiff in die Schusslinie der polnischen Korvetten »Górnik« und »Hutnik« sowie von vier Schnellbooten der »Osa-Klasse«. Mindestens ein Schiff traf beim Bekämpfungsversuch die »Neckar«.

Das Flottenkommando der Bundesmarine stellte kein Fehlverhalten bei der Besatzung des Tenders fest (»Verhalten untadelig«). Die polnische Seite lehnte die Übernahme der Verantwortung für diesen Zwischenfall ab. Warschau sprach lediglich sein Bedauern und sein Mitgefühl für die Verletzten aus, machte aber die »Neckar« für den Vorfall verantwortlich. Der Tender habe gefährlich nahe bei den übenden Schiffen manövriert und weder auf Flaggen- noch auf Funksignale reagiert.

Der Vorfall warf ein Schlaglicht auf eine der Öffentlichkeit in West und Ost zumeist verborgene Praxis. Beide Seiten belauerten sich während des Kalten Kriegs unaufhörlich. Vor allem kleinere und wendige Schiffe, wie Schnellboote, versuchten möglichst dicht an die übenden Einheiten der anderen Seite zu gelangen, um aus der Nähe Erkenntnisse über deren taktisches Vorgehen, Bewaffnung und Ausbildungsstand zu erlangen. Auch zu riskanten Schiffsmanövern und sogar offenen Provokationen ließen sich beide Seiten hinreißen.

Aber nicht nur auf See, sondern auch in der Luft kam es zu einer Reihe von Zusammenstößen und Beinahe-Kollisionen. Die Supermächte schlossen deshalb im Mai 1972 erstmals ein »Abkommen zur Vermeidung von Zwischenfällen auf hoher See«. Der Vertrag untersagte beiden Seiten, unter anderem Angriffe zu simulieren, »indem sie Geschütze auf ein vorbeifahrendes Schiff des Vertragspartners richten«. Dennoch blieb das Problem bis zum Ende des Kalten Kriegs bestehen, wie der Zwischenfall mit der »Neckar« zeigt. Kampfbomber flogen noch in den 1980er-Jahren auf beiden Seiten regelmäßig Manöver in den Grenzgebieten, um die gegnerische Luftabwehr herauszufordern und nach Schwachstellen in der Luftraumüberwachung zu suchen.

Schlagzeilen machte am 14. September 1961, also nur vier Wochen nach dem Mauerbau und eine Woche vor der Bundestagswahl, die Landung von zwei Jagdbombern des Typs F-84 F »Thunderstreak« der Bundesluftwaffe in Berlin-Tegel. Dabei sorgte nicht allein die Landung in Berlin selbst für Aufsehen, war doch westdeutschen Flugzeugen, auch der Lufthansa, der Anflug von Berlin verboten. Nur militärische und zivile Maschinen der West-Alliierten durften auf festgelegten Korridoren zwischen Westdeutschland und Berlin pendeln; allein die bloße Anwesenheit der beiden Bundeswehrjets in West-Berlin stellte damit einen schweren Verstoß gegen die Vier-Mächte-Regeln dar. Die eigentliche Brisanz des Vorgangs lag jedoch darin, dass die beiden Jagdbomber, die noch keine Schallgeschwindigkeit erreichten, zuvor mindestens 20 Minuten durch den Luftraum der DDR geflogen und auch sowjetische Abfangjäger aufgestiegen waren. Gestartet vom westdeutschen Fliegerhorst Lechfeld, sollten die beiden Bomber im laufenden NATO-Manöver »Check-mate« Feindflugzeuge darstellen. Bedingt durch den Ausfall der bei diesem Typ notorisch unzuverlässigen Kompassanlage und die obendrein schlechten Wetterbedingungen hatten sie sich schlicht verflogen. Als der Rottenführer einen Notruf absetzte, befanden sich die Bundeswehrjets schon östlich von Leipzig. Die amerikanische Flugkontrolle in West-Berlin lotste beide Maschinen nach Tegel im französischen Sektor. Die DDR und die Sowjetunion gingen von einem Spionageflug aus und protestierten gegen diesen »gewaltigen Angriffsakt«.

Solche Vorfälle offenbarten ein Dilemma: Der Kalte Krieg, per definitionem ein Konflikt, in dem die Waffen schweigen und »kalt« bleiben (sollten), drohte beständig, auch aufgrund geringfügiger Zwischenfälle oder bloßer Missverständnisse, abrupt in einen heißen Krieg überzugehen. Die beiderseitige Geheimhaltung sowie die beständige Sorge vor Spionage, vor allem aber das tiefe gegenseitige Misstrauen, das durch mangelnde Transparenz und aggressive Rhetorik noch verstärkt wurde, bedeuteten eine kaum beherrschbare Eskalationsgefahr. Das tägliche Katz-und-Maus-Spiel der beiden Militärblöcke im Kalten Krieg war riskant, weil auch geringfügige Fehlkalkulationen ungeheure Konsequenzen hervorrufen konnten. Am 1. September 1983 hatte eine solche Fehleinschätzung tragische Folgen. Westlich der Insel Sachalin schossen zwei sowjetische Abfangjäger eine koreanische Boeing 747 des Fluges KAL 007 ab. Das Passagierflugzeug war rund 600 Kilometer von seinem eigentlichen Kurs abgekommen und flog ohne Positionslichter. Die Sowjets hielten es irrtümlich für ein amerikanisches Spionageflugzeug. Alle 269 Personen an Bord kamen zu Tode.

Wenige Wochen später, am 26. September 1983, löste das sowjetische Abwehrsystem einen Fehlalarm aus. Fälschlicherweise meldete die sowjetische Satellitenüberwachung den Anflug einiger amerikanischer Interkontinentalraketen über dem Nordpol. Der aufmerksame

Der Karikaturist Horst Haitzinger zeichnete den Vorfall um den Tender »Neckar« wenige Tage später für zahlreiche deutsche Tageszeitungen.

diensthabende Offizier, Stanislaw Jewgrafowitsch Petrow, behielt die Nerven, ignorierte seine Vorschriften und verhinderte so eine Katastrophe, als er von einer technischen Störung ausging und keinen unverzüglichen Gegenschlag einleitete. Auch der Westen war vor solchem technischen Versagen nicht gefeit. So alarmierte am 5. Oktober 1960 das US-Frühwarnsystem in Thule auf Grönland vor anfliegenden sowjetischen Atomraketen. Auch dieser Fehlalarm blieb folgenlos, weil der technische Fehler noch rechtzeitig erkannt werden konnte.

Aber nicht nur menschliches und technisches Versagen hatte das Potenzial, zur Katastrophe auszuwachsen. Von der Öffentlichkeit ebenfalls zunächst unbemerkt, rief beispielsweise auch das NATO-Stabsmanöver »Able Archer« Ende 1983 potenziell höchst folgenreiche Missverständnisse hervor. Bei diesen jährlich stattfindenden Stabsrahmenübungen (Command Post Exercises) überprüften die NATO-Staaten Befehlswege für die Mobilisierung im Ernstfall sowie Verfahren für den Einsatz von Atomwaffen. Vom 7. bis 11. November sollte erneut der politische Abstimmungsprozess unter den Mitgliedsstaaten der Allianz vor dem Einsatz von Atombomben in einem Konflikt zwischen NATO und Warschauer Pakt simuliert und geprobt werden. Bis heute ist umstritten, ob und in welchem Ausmaß »Able Archer« im sowjetischen Geheimdienst und im Militär tatsächlich zu einer realen Kriegsfurcht führte. Doch schon die Möglichkeit, dass die Sowjetunion die Übung als Tarnung für eine echte Angriffsabsicht missinterpretiert haben könnte, führte zu einem Umdenken. Fortan bemühten sich beide Seiten vor allem ab 1985 mit dem neuen Generalsekretär der sowjetischen Staatspartei, Michail Gorbatschow, um größere Transparenz. Bis zum Ende des Kalten Kriegs drohte jedoch stets die Gefahr, dass aus ihm schnell auch ein heißer Krieg werden könnte.

*Sven Lange*

64

# »WIR KOMMEN ALS DEUTSCHE ZU DEUTSCHEN«

## Die Bundeswehr in den neuen Bundesländern

Wandmosaik »Frieden – Unsere Erde ist schön, wir wollen sie sicher behüten« von einem Gestalterkollektiv der Staatlichen Porzellanmanufaktur Meißen unter der Leitung von Heinz Werner und Volkmar Bretschneider, Mitarbeit: Walter Womacka, DDR 1984/85

Wer den Bundeswehr-Campus in Strausberg betritt, den begrüßen Karl Marx, Friedrich Engels und Wladimir Iljitsch Lenin. Im Eingangsfoyer des Zentrums für Informationsarbeit der Bundeswehr ist ein Wandmosaik der drei Männer im Halbprofil vor der Erdkugel mit leuchtend rotem Band zu sehen. Das Mosaik aus feinstem Meißner Porzellan ist mit einer Größe von neun mal drei Metern kaum zu übersehen. Marx und Engels gelten als Vordenker der kommunistischen Arbeiterbewegung, Lenin hatte 1917 in Russland die erste kommunistische Diktatur aufgebaut, aus der 1922 die Sowjetunion entstand. Rot war und ist die traditionelle Farbe der Arbeiterklasse.

Ihrem Mosaik gaben die ostdeutschen Porzellankünstler Heinz Werner (1928–2019) und Volkmar Bretschneider (*1930) 1985 den pathetischen Titel »Frieden – Unsere Erde ist schön, wir wollen sie sicher behüten«. Nach dem Einzug der Bundeswehr wurde das Porzellanmosaik für fast zwei Jahrzehnte von einer Wand verdeckt. Mitarbeiter und Besucher einer Einrichtung der Bundeswehr sollten nicht länger von Marx, Engels und Lenin begrüßt werden. Das Verstecken des Wandmosaiks war nicht untypisch für den Umgang mit der Geschichte der DDR und ihrer Streitkräfte in der Bundeswehr wie auch in der Bundesrepublik unmittelbar nach 1990.

Der heutige Bundeswehr-Campus in Strausberg nutzt das Mitte der 1980er-Jahre erbaute Tagungszentrum des Ministeriums für Nationale Verteidigung der DDR, das sich bis 1990 gleich gegenüber auf der anderen Straßenseite befand. Hier tagten Generale, Admirale und Offiziere der NVA und der »Bruderstreitkräfte« der Warschauer Vertragsorganisation. Hier fanden am 12. September 1990 die letzte Kommandeurtagung der NVA und bereits am 10. Oktober 1990 die erste Kommandeurtagung des gerade neu entstandenen Bundeswehrkommandos Ost statt. Das Gebäude mit dem Wandmosaik erzählt allen, die das Tagungszentrum betreten, ein Stück jüngster deutscher Militärgeschichte: die des Endes der DDR-Armee und der Ausweitung der Bundeswehr in den Osten Deutschlands nach der Wiedervereinigung. Formal war es keine Vereinigung oder Wiedervereinigung zweier Staaten, sondern der Beitritt des ehemaligen Staatsgebiets der DDR zur Bundesrepublik, genauer gesagt zum Geltungsbereich des Grundgesetzes. Dies ist weit mehr als ein Detail für Juristen und Staatsrechtler. Der rechtliche Rahmen des Beitritts bestimmte alles, was mit und nach der Vereinigung zu regeln war. Er entschied auch über die Zukunft der DDR-Streitkräfte: Sie hatten keine.

Noch bis zum Sommer 1990 glaubte jedoch sogar der DDR-Minister für Abrüstung und Verteidigung Rainer Eppelmann, dass auch nach der »Wiedervereinigung« zunächst auf unbestimmte Zeit zwei Armeen in Deutschland nebeneinander existieren könnten: die Bundeswehr im Westen als Teil der NATO und im Osten eine aus der NVA hervorgegangene Territorialverteidigung ohne Bündniszugehörigkeit.

Diese Erwartung vieler NVA-Angehöriger drückte auch der abgebildete Titel der NVA-eigenen »Armeerundschau« vom Juli 1990 aus: Zu sehen sind ein Bundeswehr- und ein Volksarmee-Soldat, eine Fotomontage aus beiden Soldaten und die Wortschöpfung »Bundesarmee«. Alle diese Gedankenspiele wurden jedoch mit der Zustimmung des sowjetischen Präsidenten Michail Gorbatschow zur NATO-Mitgliedschaft des vereinigten Deutschlands noch im selben Monat obsolet. Die DDR-Streitkräfte wurden mit Ablauf des 2. Oktober 1990 aufgelöst. An der Spitze der Bundeswehr in den so bezeichneten fünf »neuen Bundesländern« stand Generalleutnant Jörg Schönbohm, bis dato Leiter des Planungsstabs im Bundesverteidigungsministerium unter Minister Gerhard Stoltenberg. Von ihm stammt das Zitat in der Überschrift dieses Artikels. Nun führte er das neue Bundeswehrkommando Ost im bisherigen DDR-Verteidigungsministerium in Strausberg. Das Mosaik mit Marx, Engels und Lenin wird General Schönbohm oft gesehen haben, bevor es hinter einer Wand verschwand. Im Tagungszentrum wurden die Besprechungen geführt, die die praktische »Abwicklung«, wie es damals hieß, der ehemaligen DDR-Streitkräfte und den Aufbau von Bundeswehrstrukturen zum Inhalt hatten.

Die Divisionen der früheren NVA-Landstreitkräfte sollten nach westdeutschem Vorbild in Brigaden umstrukturiert werden. Unterhalb der Divisionsebene mussten die Regimenter und Bataillone aufgelöst oder umgegliedert werden. Mehr als 50 Prozent der Regimentskommandeure kamen aus dem Westen, ebenso 40 Prozent der Bataillonskommandeure. So löste der Bundeswehr-Oberst Hans Peter von Kirchbach am 4. Oktober 1990 NVA-Oberst Karl-Heinz Marschner als Kommandeur der 9. Panzerdivision in Eggesin ab. Der spätere General von Kirchbach erinnerte sich: »Harmonisch war die Übernahme der Volksarmee beileibe nicht. Von der Freude, die die Menschen im Osten weithin bewegte, war unter den Soldaten der Division wenig zu spüren. Unsicherheit beherrschte die Gefühle. Was wird aus mir? Werde ich meine Familie ernähren können?« Marschner äußerte sich als Zeitzeuge über die letzten Tage der NVA: »Wer das Geld gibt, bestimmt. Und ab dem 3. Oktober kommt das Geld [...] von einer anderen Regierung. Und logischerweise werden die bestimmen.«

Mit dem Ablauf des 2. Oktober 1990 hörte die NVA juristisch auf zu bestehen. Ihre Strukturen ließen sich freilich nicht über Nacht auflösen. Aus jeder der sechs Divisionen wurde eine Heimatschutzbrigade geschaffen, die später in Panzergrenadierbrigaden umbenannt wurden. Bis Februar 1992 wurden die letzten Regimenter und Bataillone alter Struktur sowie der Auflösungsstab der 11. Motorisierten Schützendivision in Halle/Saale »abgewickelt« und Personal und Material teilweise in die neu aufgestellte Heimatschutzbrigade 38 übernommen. Aus den zwei Kommandos der NVA-Militärbezirke in Leipzig und Neubrandenburg baute die Bundeswehr die 13. und 14. Panzergrenadierdivision sowie die Wehrbereichskommandos VII und VIII auf. In die Gebäude des ehemaligen Kommandos Landstreitkräfte der NVA in Geltow vor den Toren Potsdams zog das Heereskommando Ost ein. Die alten und neuen Divisionen unterstanden aber zunächst direkt dem Bundeswehrkommando Ost in Strausberg. Im April 1991 wurde das Heereskommando Ost zum Korps- und Territorialkommando Ost umgegliedert und übernahm die Führung des Heeres in den neuen Bundesländern. Der Aufstellungsstab 5. Luftwaffendivision saß in Strausberg-Eggersdorf Tür an Tür mit dem aufzulösenden Kommando der DDR-Luftstreitkräfte/Luftverteidigung. Deren letzter Chef, Generalleutnant Rolf Berger, arbeitete nach dem 3. Oktober 1990 dort weiter, nun als ziviler Berater der Luftwaffe. Die Übergangszeit mit Parallelstukturen endete im April 1991 mit der Indienststellung der 5. Luftwaffendivision. Auch das neue Marinekommando zog in die Gebäude des bisherigen Kommandos der Volksmarine in Rostock.

Die *Armeerundschau* der Nationalen Volksarmee schlingerte in den Monaten vor der Wiedervereinigung beider deutschen Staaten am 3. Oktober 1990. Offenkundig hofften Angehörige der NVA, dass ihre Armee neben der Bundeswehr erst einmal fortbestehen oder wenigstens mit ihr fusioniert würde. An eine vollständige Auflösung dachte noch niemand.

Der Aufbau der Bundeswehr in den neuen Ländern lässt sich vereinfacht so zusammenfassen: Die neuen Organisationsstrukturen folgten fast immer denen der alten NVA unter neuen Namen und oftmals jeweils eine Führungsebene niedriger. Diese pragmatische Lösung kann aber nicht darüber hinwegtäuschen, dass es einen Vereinigungsprozess der beiden Armeen nicht gab. Die DDR-Streitkräfte wurden vollständig aufgelöst. Es gab keine Pläne, die Volksarmee mit ihren Strukturen in die Bundeswehr zu integrieren. Was blieb, waren die Menschen und ihre Waffen, Ausrüstung und Kasernen. Die Bundeswehr war für dieses personelle und materielle Erbe ihres ehemaligen Gegners nun verantwortlich und musste sich verändern. Aus westdeutschen Streitkräften mussten Streitkräfte des vereinigten Deutschlands werden, aus einer Armee in der deutschen Teilung die Armee der Einheit.

*Klaus Storkmann*

65

# ARMEE DER EINHEIT

## Die Übernahme von Personal und Material der NVA

Trainingsanzugjacke der ehemaligen Nationalen Volksarmee in der damals klassischen Farbgebung der Armeesportvereine der DDR. Die Bundeswehr nutzte diese Trainingsanzüge nach der Wiedervereinigung übergangsweise weiter und passte sie mit dem Aufnähen des Bundesadlers für die Nutzung in der Truppe an. Das »Wäschefähnchen« verriet trotz Bundesadler auf der Brust, woher diese Jacken stammten.

Sport ist soldatische Pflicht. Die meisten Armeen haben zudem professionelle Spitzensportler in ihren Reihen. In der Bundeswehr dienen sie in den Sportfördergruppen (siehe Beitrag 44). In der DDR-Volksarmee trainierten die Spitzensportler in Uniform unter dem Dach der Armeesportvereinigung Vorwärts (ASV) in eigenen Armeesportklubs. Jeder und jedem in der DDR waren die prominenten Armeesportlerinnen und -sportler bekannt. Seit Mitte der 1970er-Jahre bestimmte der NVA-einheitliche braune Trainingsanzug mit gelbroten Seitenstreifen und dem ovalen schwarz-roten ASV-Emblem auf der linken Brustseite das einheitliche »Sportbild« der NVA.

Auch nach dem Ende der NVA und der ASV blieb der in großer Zahl vorhandene braune Trainingsanzug vorerst im Bestand der Einheiten. An Stelle des ASV-Emblems schmückte ihn jetzt allerdings der Bundesadler. Der Traininganzug mit NVA-Schriftzug im Wäschelabel und Bundesadler auf der Brust steht damit für ein Stück besonderer deutscher Militärgeschichte: die friedliche Übernahme von Personal und Material aus der aufgelösten NVA in die Bundeswehr.

Mit Ablauf des 2. Oktober 1990 hörte die NVA auf zu bestehen, ab dem 3. Oktober gehörten ihre Soldaten, deren Waffen und Ausrüstung, die Liegenschaften und alles andere zur Bundeswehr. Die Gesamtpersonalstärke der NVA hatte sich bereits bis Ende September 1990 von ursprüglich 173.000 Soldatinnen und Soldaten auf rund 90.000 reduziert. Knapp 39.000 Grundwehrdienstleistende, 51.000 Zeit- und Berufssoldaten und 47.000 Zivilangestellte wurden vorläufig in die Bundeswehr übernommen. Diese Zahlen verringerten sich rasch noch weiter, wenn Wehrpflichtige und freiwillig Längerdienende ihren Dienst beendeten. Wer als Berufssoldat freiwillig aus der Bundeswehr ausschied, erhielt eine Prämie von 5000 DM, umgerechnet heute rund 2500 Euro. Bereits Ende 1990 hatte die Bundeswehr nur noch 36.000 ehemalige NVA-Soldaten in ihren Reihen. Mit deren Weiterbeschäftigung für zunächst zwei Jahre und für 11.000 von ihnen dann dauerhaft leistete die Bundeswehr einen wichtigen Beitrag zur Entlastung des Arbeitsmarktes und damit zur Stabilisierung des damals fragilen sozialen Friedens in den ostdeutschen Bundesländern.

Wo aber blieben die Waffensysteme und das Gerät, das diese Soldaten einst bedienten? Am 2. Oktober 1990 wiesen die DDR-Luftstreitkräfte ihren Bestand wie folgt aus: 392 Kampfflugzeuge (251 MiG-21, 24 MiG-29, 63 MiG-23, 54 Su-22), 29 Transportflugzeuge, 8 Verkehrsflugzeuge, 52 Schulflugzeuge sowie 84 Transporthubschrauber. Die Luftwaffe der Bundeswehr behielt davon nur die 24 Exemplare des damals modernsten sowjetischen Kampfflugzeugs MiG-29 bis 2004 in Nutzung. Seit 1988 waren sie im Jagdfliegergeschwader-3 der NVA in Preschen bei Cottbus im Einsatz gewesen. Ab 1994 flogen sie im neuen Jagdgeschwader 73 »Steinhoff« der Luftwaffe in Laage bei Rostock. Eine Maschine stürzte 1996 ab. Im Jahr 2003/2004 verkaufte die Luftwaffe 22 der verbliebenen Fluzgzeuge an die polnischen Luftstreitkräfte, zum symbolischen Preis von einem Euro. Lediglich eine Maschine ist bis heute noch in der Bundeswehr zu finden – als Ausstellungsstück im Luftwaffenmuseum in Berlin-Gatow. Im April 2023 gab die Bundesregierung Polen grünes Licht, fünf MiG-29 aus ehemaligen NVA-Beständen an die Ukraine weiterzugeben.

Was geschah mit den Schiffen und Booten der Volksmarine? An der Übernahme der meisten Schiffe und Boote war die Bundesmarine wenig interessiert, so auch nicht an den zwölf Raketenschnellbooten der »Osa-Klasse«. 1993 und 1995 wurden insgesamt fünf dieser Boote an die neue lettische Marine abgegeben, die übrigen Einheiten wurden verschrottet. Von den 16 U-Boot-Abwehrschiffen der »Parchim-Klasse« standen zunächst fünf bis 1991 weiter im Dienst der Bundesmarine, um dann wie auch die übrigen elf ihrer Klasse an die indonesische Marine verkauft zu werden. Die drei großen Küstenschutzschiffe der »Koni-Klasse« wurden ebenfalls abgewrackt. Auch für die modernen Flugkörperkorvetten der »Tarantul-Klasse« hatte die Bundesmarine keine Verwendung, die U.S. Navy dagegen schon. Die Korvette »Rudolf Egelhofer« wurde 1991 jedoch zunächst als »Hiddensee« von der Bundesmarine wieder aktiviert, um dann (samt 20 Mann der ehemaligen Besatzung) in die USA transportiert zu werden, wo ihre Leistungsfähigkeit untersucht wurde. 1996 wurde die »Hiddensee« außer Dienst gestellt. Heute liegt sie als Museumsschiff »Soviet missile corvette Hiddensee« in der Battleship Cove in Fall River, Massachusetts.

Von den 48 Minensuch- und Räumbooten hatte keines eine Zukunft in der Deutschen Marine. Drei Boote wurden an die maltesische Marine, neun Boote nach Indonesien, vier nach Uruguay und zwei nach Lettland verkauft. Indonesien erhielt zudem alle zwölf Landungsschiffe der »Frosch-Klasse« und zwei Hochseeversorger.

Was für die Bundeswehr der »Marder« war, war in die NVA der sowjetische schwimmfähige Schützenpanzer BMP-1. Die NVA bekam ihn ab 1968 zur Erprobung und ab 1972 aus tschechoslowakischer Lizenzproduktion flächendeckend in je einem motorisierten Schützenregiment pro Division. Ab Oktober 1990 befanden sich etwa 1100 BMP-1 im Besitz der Bundeswehr. Rund 500 wurden ins Ausland abgegeben: nach Griechenland, Finnland und Schweden. 2022 genehmigte die Bundesregierung der schwedischen Regierung, 56 Ex-NVA-BMP an die Ukraine weiterzuverkaufen. Auch 24 BMP-2 der NVA gehörten ab 1990 der Bundeswehr. Zwei BMP-2 wurden an Frankreich und 15 an die USA verkauft; ein BMP-2 steht heute im Militärhistorischen Museum der Bundeswehr in Dresden.

Die Abgabe von NVA-Waffen ins Ausland war in den 1990er-Jahren mehrfach Ursache für Skandale. In der Nacht auf den 26. Oktober 1991 inspizierte die Wasserschutzpolizei im Hamburger Hafen die Ladung des israelischen Schiffs »Palmah II«. Es hatte, so die Schiffspapiere, »landwirtschaftliches Gerät« geladen. In den Containern fanden die Beamten jedoch keine Traktoren, dafür aber zwei Flugabwehr-Selbstfahrlafetten des Typs ZSU-23-4 »Schilka«,

Übergabe der ersten drei auf Bundeswehr-Standard umgerüsteten Schützenpanzer vom Typ BMP-1 am 15. Mai 1991 in Neubrandenburg. Insgesamt wurden 100 dieser Panzer umgerüstet, später aber weiterverkauft.

zwei Flugabwehr-Raketensysteme des Typs 2K12 »Kub« und vier Brückenleger-LKW, alle aus ehemaligen NVA-Beständen. Die Staatsanwaltschaft in Hamburg erhob Anklage wegen Verstoßes gegen das Kriegswaffenkontrollgesetz gegen zwei Mitarbeiter des Bundesnachrichtendienstes. Der Prozess endete unter Ausschluss der Öffentlichkeit mit Freisprüchen.

In den folgenden Jahren sorgten Radpanzer des Typs BTR-60 in der Türkei, die vermutlich ehemaligen NVA-Beständen entstammten, erneut für mediales Aufsehen. Tatsächlich hatte die Bundesrepublik nach 1990 mehr als 300 BTR-60 an den NATO-Partner Türkei abgegeben. Schon Anfang 1992 gab es erste Berichte und Bilder vom Einsatz dieser Fahrzeuge im Bestand der türkischen Armee gegen Kurden im eigenen Land. Das stellte eine Verletzung der Lieferabkommens durch die Türkei dar. Denn die Verträge sahen vor, dass die Türkei die NVA-Waffen ausschließlich zur Abwehr eines Angriffs von außen verwenden durfte.

Rund 600 NVA-BMP blieben übergangsweise und ganz skandalfrei in Nutzung durch die Bundeswehr. Nach Umbau und Ertüchtigung blieben sie bis 1993 in den Panzergrenadierbataillonen im Osten Deutschlands im Einsatz.

*Klaus Storkmann*

# FRIEDENSDIVIDENDE

## Die Streitkräftereduzierung nach dem Ende der deutschen Teilung

Die Auflösung zahlreicher Verbände der Bundeswehr nach 1990 führte zur Rückgabe der wiederverwendbaren Truppenfahnen an die Depots und Schulen sowie der nicht wiederverwendbaren Fahnenbänder und Fahnenringe an das Militärhistorische Museum der Bundeswehr in Dresden. Diese Erinnerungsstücke sind Beleg für eine drastisch reduzierte Bundeswehr, die unter anderem die komplette Reserveorganisation des Territorialheeres ersatzlos auflöste.

Truppenfahnen symbolisieren die Truppenverbände und Dienststellen, denen sie gehören. Sie haben besondere Bedeutung für deren Tradition (siehe Beitrag 28). Werden Verbände aufgelöst, wird ihre Truppenfahne nicht vernichtet. Benötigen die Dimensionen (Teilstreitkräfte) diese nicht mehr, werden sie dem Militärhistorischen Museum der Bundeswehr zur Aufbewahrung übergeben. Die abgebildete Truppenfahne schmücken die Fahnenbänder zahlreicher heute nicht mehr aktiver Truppenverbände und Dienststellen. Sie stehen sinnbildlich für die ehemaligen Verbände einer Armee, die mit 12 Heeresdivisionen sowie einer starken Luftwaffe und Marine mit insgesamt etwa 500.000 Soldaten an der Seite ihrer Alliierten erfolgreich den Frieden bewahrte und in ihrer Selbstwahrnehmung den Kalten Krieg gewann.

Mit dem Fall der Mauer am 9. November 1989, der deutschen Einheit am 3. Oktober 1990, der Auflösung des Warschauer Pakts zum 1. Juli 1991 und dem Kollaps der Sowjetunion Ende 1991 erschien der Kernauftrag der Bundeswehr, die Landes- und Bündnisverteidigung, zusehends als obsolet. Deutschland, so schien es, war von nun an ausschließlich von Freunden umgeben. Damit war ein neuer gesellschaftlicher Konsens über die Aufgabe der Streitkräfte nötig, war die Bundeswehr doch unter dem Eindruck des Kalten Kriegs zur Abwehr der Sowjetunion und ihrer Verbündeten im Warschauer Pakt aufgestellt worden. Eine Konstante in den folgenden 30 Jahren von 1991 bis 2022 war der politische und gesellschaftliche Konsens, dass die dramatisch verbesserte Sicherheitslage eine »Friedensdividende« erlaube. Während des Aufbaus der Bundeswehr sowie ihrer Konsolidierung und Modernisierung am Ende des Kalten Kriegs waren große Ressourcen in die Streitkräfte investiert worden. Drei Prozent des Bruttoinlandprodukts als Verteidigungsausgaben umfasste die Zusage an die NATO bis zum Ende der 1980er-Jahre. In den Jahrzehnten davor machte der Verteidigungsetat etwa 20 Prozent des Bundeshaushaltes aus. Nach dem Wegfall der alten Blockkonfrontation mussten die Aufgaben der Bundeswehr neu definiert werden. Mit Blick auf die immensen Kosten der deutschen Einheit und die sozialen Lasten infolge der hohen Arbeitslosigkeit waren hohe Ausgaben für »Streitkräfte ohne Feindbild« augenscheinlich nicht zu begründen. Die Dividende der Investitionen des Kalten Kriegs sollte also sprichwörtlich ausgezahlt werden. Von einer halben Million Soldaten schrumpften die Streitkräfte bis 2016 auf 177.800 Soldaten. Viele Einheiten und Verbände wurden aufgelöst, wovon eben jene Fahnenbänder künden.

Ein genauerer Blick offenbart, dass die Friedensdividende zwar ein wichtiger Treiber dieser Entwicklung war, aber keineswegs der einzige. Die erste Reduzierung des Streitkräfteumfangs war eine direkte Folge der deutschen Einheit: Im Sommer 1990 hatte die deutsche Regierung der Sowjetunion und der Konferenz über Sicherheit und Zusammenarbeit in Europa einen maximalen Umfang der Bundeswehr von 370.000 Soldaten zugesagt. Das bedeutete einen Abbau von 130.000 Soldaten bis 1994, obgleich am 3. Oktober 1990 90.000

zusätzliche Wehrpflichtige sowie Zeit- und Berufssoldaten aus der NVA übernommen wurden. Der weitaus größte Teil des ehemaligen NVA-Personals wurde jedoch schnell entlassen. Etwa 17.800 von ihnen wurde als Zeitsoldaten mit einer Verpflichtungsdauer von maximal zwei Jahren übernommen, und von diesen später dauerhaft 11.000. Aber auch die Bundeswehr selbst musste verkleinert werden. Die frühen 1990er-Jahre waren von der Übernahme und Abwicklung des Geräts der Volksarmee geprägt. Bis zum vollständigen Abzug der Sowjettruppen aus den neuen Bundesländern 1994 durften dort ausschließlich Verbände der Territorialverteidigung dauerhaft stationiert sein. 1994 war das Ziel von 370.000 Soldaten erreicht, von denen circa 60.000 in den neuen Bundesländern stationiert waren. In der Bundeswehr wuchs sinnbildlich Deutschland schneller zusammen als in anderen Bereichen. Deshalb trägt sie auch den Titel »Armee der Einheit«, ein Ausdruck, der die Integrationsleistung ihres Personals aus Ost und West würdigt (siehe Beitrag 65).

Das Reduktionskarussell drehte sich indessen weiter. Neue politische Vorgaben zwangen zum unausgesetzten Sparen, weshalb die Personalstärke weiter auf 350.000 reduziert wurde. Auch die Verkürzung des Wehrdienstes auf zehn Monate folgte dem Spardiktat. In der Zwischenzeit zeichneten sich neue Aufgaben für die Bundeswehr im Internationalen Krisenmanagement ab. Das wiedervereinigte Deutschland erklärte sich bereit, international mehr Verantwortung zu übernehmen. Dieser Bereitschaft und vor allem den begrenzten Haushaltsmitteln trug die strukturelle Unterteilung in Krisenreaktions-, Hauptverteidigungs- und Unterstützungskräfte Rechnung. Infolge der Verkleinerung konnte die Truppe aus der Substanz und von dem noch im Überfluss vorhandenen Material zehren. Schon 1998 initiierte die Regierung Gerhard Schröder eine neue Sparrunde, die eine weitere Bundeswehrreform nach sich zog. Outsourcing und Privatisierung sollten die Streitkräfte nach US-amerikanischem Muster effizienter und preiswerter machen.

Betriebswirtschaftliche Konzepte hielten Einzug und dirigierten maßgeblich auch die nächste, im Jahr 2000 beschlossene Bundeswehrreform. Effizienz sollte durch die Zentralisierung von Dienstleistungen in der 2001 aufgestellten Streitkräftebasis gefördert werden. Zusammen mit dem neuen Zentralen Sanitätsdienst wurde sie den drei bisherigen Teilstreitkräften gleichgestellt. Ungeachtet der zunehmenden Einsätze auf dem Balkan (Implementation Force, IFOR, und Stabilization Force, SFOR) sollte die Truppe bis 2010 auf nur noch 282.000 Soldaten schrumpfen.

Selbst die Schockwellen von 9/11 und die Einsätze OEF (Operation Enduring Freedom) und ISAF (International Security Assistance Force) vermochten es nicht, diese Entwicklung aufzuhalten. Das Gegenteil war der Fall: 2005 folgte eine neue Spitzengliederung durch den »Berliner Erlass«; die Streitkräfte zählten zu diesem Zeitpunkt 251.000 Soldaten. Doch anhaltende Haushaltsnöte zwangen zu weiteren Einsparungen. 2009 wurde die Wehrpflicht

Karikatur von Jupp Wolter zur »Friedensdividende« der Bundeswehr: Wenn sich der Feind auflöst, braucht man keine Streitkräfte. Scheinbar benötigt man ja auch keine Feuerwehr mehr, wenn es nicht brennt. Beide Ansichten belegen die Kurzsichtigkeit politischen Handelns bei der Sicherheitsvorsorge für den Staat.

auf sechs Monate reduziert. Damit erreichte sie eine Dauer, die militärisch kaum noch Sinn machte, zumal nur noch wenige junge Männer eines Jahrgangs eingezogen wurden. Im Rahmen der öffentlich geführten Debatte über die Wehrgerechtigkeit wurde die Wehrpflicht 2011 vom Bundestag schließlich ausgesetzt. Bereits seit 1996 aber können junge Männer bis zu 23 Monate als freiwillig Wehrdienstleistende in die Bundeswehr eintreten (siehe Beitrag 91). Auch der Begriff »Transformation«, der zwischenzeitlich den inflationär gebrauchten Begriff »Reform« abgelöst hatte, war nach einer Dekade verbraucht. 2011 erfolgte eine grundlegende Neuausrichtung der Bundeswehr. Sie zielte auf die konsequente Ausrichtung auf den Auslandseinsatz und sah eine Größe der Truppe von 185.000 Soldaten vor. Dabei wurde auch die Spitzengliederung im »Dresdner Erlass« neu geregelt und die Stellung des Generalinspekteurs gestärkt, während die Inspekteure der Teilstreitkräfte an Macht verloren.

2016 war die Talsohle der Friedensdividende mit 177.800 Soldaten vorerst erreicht. Infolge der Annexion der Krim 2014 und des NATO-Gipfels von Wales rückte die Landes- und Bündnisverteidigung wieder in den Vordergrund. Das dort beschlossene Ziel von zwei Prozent des Bruttoinlandsprodukts (BIP) für Verteidigungsausgaben erreichte Deutschland erst 2024, wohl wegen der 2022 verkündeten »Zeitenwende« infolge des russischen Angriffskriegs auf die Ukraine. Nach Jahrzehnten des Sparens soll die Bundeswehr wieder »kriegstüchtig« werden. Der dazu eingeleitete Mentalitätswandel dürfte genauso groß sein wie der nach 1990. Die gegenwärtige Generation aktiver Soldaten kannte bisher nur das Schrumpfen. Aber auch ein Wachsen muss gemeistert werden. Seit 2022 stehen für die Bundeswehr vor allem Personalgewinnung und materielle Vollausstattung im Vordergrund.

*Christian Jentzsch*

67

# SPLITTERTARN, GELBOLIV UND FLECKTARN

## Die Feldanzüge der Bundeswehr

Kampf-, Gefechts- und Feldanzüge der Bundeswehr im Wandel: von der Feldjacke »Splittertarn, M31« über den Feldanzug Moleskin aus Lodenstoff, der »Filzlaus«, und den »Feldanzug gelboliv« aus Baumwolle bis zu den seit den 1990er-Jahren getragenen »Feldanzügen, Tarndruck« und »Tarndruck Wüste« (von links nach rechts)

Vordergründig ist die militärische Uniform eine Berufsbekleidung. Sie ist aber auch ein kulturelles Produkt. Dahinter stehen zwei evolutionsgeschichtliche Prinzipien, die sich bereits in der Pflanzen- und Tierwelt zuhauf finden. Diese beiden Prinzipien sind auf Täuschung angelegt, wenn auch in einem jeweils konträren Sinn: abschrecken bzw. beeindrucken auf der einen, verstecken bzw. tarnen auf der anderen Seite. Die lange Geschichte der militärischen Uniformierung verläuft in exakt diesem Spannungsfeld.

Solange auf kurze Distanz gekämpft wurde, dominierte das erste Prinzip. Erst die enorm gesteigerte Vernichtungskraft der modernen Waffentechnik sorgte für einen tiefgreifenden Paradigmenwechsel. In den mörderischen Kriegen des 20. Jahrhunderts erwiesen sich die Signalfarben der traditionellen Uniformen und ihr dekorativer wie unpraktischer Zierrat als tödlich. Der »bunte Rock« mit all seinem Schmuck wurde zur Ausgehuniform im Frieden. Im Ernstfall aber galt nur noch das zweite Prinzip: je perfekter die Tarnung, je praktischer die persönliche Ausrüstung, desto höher die Überlebenschancen.

Gerade die Deutschen hatten dies verinnerlicht. Der alliierten Luft- und Materialüberlegenheit während beider Weltkriege ließ sich oft nur mit den Mitteln von Tarnung oder Täuschung begegnen. Auch sonst änderte sich damals viel an der persönlichen Ausstattung der Soldaten. Warum also nicht nach 1945 auf dieser Expertise aufbauen? Auf jenem Feld, auf das es im wirklichen wie im gedachten Krieg eigentlich ankommt, dem Schlachtfeld, zählten allein die unerbittlichen Regeln der Physik und der militärischen Praxis, nicht die von Ästhetik oder weltanschaulicher Ikonografie. Auf beiden Seiten des »Eisernen Vorhangs« nutzte man daher zunächst im Krieg bewährte Muster, von denen man wusste, dass sie sich gut zur Tarnung eigneten: bei der Bundeswehr das »Splittertarn« M31, das die Reichswehr 1931 eingeführt und das auch die Wehrmacht verwandt hatte; bei der NVA wiederum den groß gemusterten »Flächentarndruck«, auch bekannt als »Blumentarn« oder »Kartoffelmuster«, der an die verschiedenen Tarnmuster erinnerte, die einst die Waffen-SS getragen hatte.

Für die Bundeswehr war ihr erster Kampfanzug keine schlechte Lösung. Aus Sicht der damaligen Mode wirkte er durchaus schick: weitgeschnittene, aber taillierte Blusen und Hosen, ausgestattet mit modernen Reißverschlüssen und geräumigen Taschen auf der Basis eines Tarnmusters, das nicht mehr – wie früher – nur teilweise, sondern das nun flächendeckend von der gesamten Armee getragen wurde. Problematisch war indes der steife Stoff, der sich anfühlte wie eine Zeltplane, wenig nachgiebig und daher auch wenig geräuscharm, kaum luftdurchlässig und noch weniger geeignet gegen Kälte war. Auch der Unteranzug aus Webpelz, der sich nicht mit dem Anzug verbinden ließ, half da wenig.

Seit 1959 setzte die Bundeswehr daher auf einen Gegenentwurf. Der knapper geschnittene Kampfanzug, »jagdmeliert«, bestand aus einem lodenähnlichen Wollstoff. Dieser »Ganzjahresanzug« war warm, durch Zutaten aus Kunstfaser und einer Kunstfolie einigermaßen wasserdicht, schwer entflammbar und geschützt gegen eine Infrarot-Aufklärung – und dennoch bei der Truppe unbeliebt. Die »Filzlaus« kratzte, war für wärmere Temperaturen denkbar ungeeignet und wirkte überhaupt wenig kleidsam. Auch diese Uniform blieb daher ein Intermezzo; eine Zeitlang diente sie noch als Zweit-Uniform, dann landeten die Bestände bei den pakistanischen Streitkräften. Eines hatte freilich Bestand, zumindest vorerst: die Entscheidung zur Einfarbigkeit. Das neue »Gelboliv« lässt sich als eine Referenz gegenüber der U.S. Army deuten, erklärt sich aber auch aus der damaligen strategischen Gesamtlage: Im Falle eines nuklearen Overkills war eine detailreiche Tarnung sekundär.

Besser bewährt hatte sich nicht der Kampf-, sondern der Arbeitsanzug. Auf der Grundlage seines Stoffs entwickelte man einen neuen »Feldanzug«, den die Truppe seit Mitte der 1960er-Jahre bekam. In seinem knappen, körperbetonten Schnitt ähnelte der Feldanzug seinem Vorgänger. Anders waren indes die Farbgebung in »steingrau-oliv« und vor allem der Stoff aus Moleskin (englisch: Maulwurfsfell), einem besonders dicht gewebten Baumwollstoff. Diese Uniform – robust, atmungsaktiv, aber dennoch weich – war nicht nur bei der Truppe beliebt, sondern schon bald auch außerhalb der Kasernen, oft ausgerechnet bei jenen, die sonst nur wenig vom Militär hielten. Kultstatus besaßen etwa der »Parka«, aber ebenso anderes wie etwa die »Kampftasche, klein«. Das hatte nicht nur praktische Gründe in einer Zeit, in der man sich als alles Mögliche inszenierte, nur nicht als (Spieß-)Bürger. Die US-Veteranen hatten – höchst eindrucksvoll – auf den zahlreichen Antikriegsdemonstrationen mit ihren alten Uniformen signalisiert, dass sie das kannten, wogegen sie protestierten.

Seit 1991 begann die Bundeswehr ein ganz neues Tarnmuster einzuführen, das sogenannte Flecktarn. Bei diesem Muster handelte es sich um eine eigene Kreation, einen sauber abgesetzten Fünffarbdruck (helloliv, hell- und dunkelgrün, braun und schwarz) im »Landkarten-Design«. Die Motive für diesen Paradigmenwechsel – auch die Fahrzeuge erhielten einen neuen, wenngleich anders gestalteten dreifarbigen Tarnanstrich – dürften vielfältig gewesen sein: die amerikanischen Erfahrungen im Vietnam-Krieg, der Wunsch nach einer attraktiveren wie moderneren Uniform und vielleicht auch deren Abgrenzung von der ubiquitären Präsenz des Vorgängermodells in der zivilen Mode. *Der Spiegel* fand das neue Muster »martialischer«, bösartigere Kritiker witterten gar ein Remake des ehemaligen »Erbsen-Tarn« der Waffen-SS, was es jedoch definitiv nicht ist. In Verbindung mit vielen Verbesserungen beim Schnitt und beim Stoff wurde dieser Feldanzug noch einmal deutlich komplexer und professioneller. Die Sonderausrüstung »Kampfbekleidung Einsatz/Übung« schützt deren Träger mit Hilfe spezieller Textilien ganz besonders vor Wasser, Kälte und Feuer und kann noch zusätzlich durch Vektoren verstärkt werden.

Die Zustimmung bei der Truppe war jedenfalls von Beginn an groß, und ist es auch noch, selbst wenn die Bundeswehr seit 2004 mit neuen Tarnmustern experimentiert. Seit 2016

Die »Feldjacke, gefüttert, Teddy« der Bundeswehr in Gelboliv, oftmals einfach als »Parka« bezeichnet, war bis in die 1990er-Jahre der Standardmantel zum Feldanzug – und ein außerhalb der Bundeswehr weit verbreitetes Modestück.

sind die deutschen Spezialkräfte mit Uniformen in einem etwas helleren Multitarndruck ausgerüstet, der allerdings nicht im Handel angeboten werden soll. Ob die gesamte Bundeswehr künftig damit eingekleidet werden wird, ist vorerst – wie so manches – noch offen. 1984 hatte der damalige »Sonderbeauftragte für Bekleidung« im Ministerium, Oberst Heinz Möllers, gehofft, man werde sich mit dem neuen Feldanzug international »an die Spitze der Bekleidung und Ausrüstung« setzen. Rückblickend scheint das nicht übertrieben. Sicher ist, dass der neue Feldanzug noch aus einem anderen Grund zum richtigen Zeitpunkt kam. Sein Flecktarn ist auch zum Symbol einer neuen Armee geworden, der »Armee der Einheit«, deren Vorgängerinstitutionen beide ihre alten Uniformen abgeben mussten, in denen sie gegeneinander hätten kämpfen müssen. Und noch etwas verkörpert das Flecktarn: Es wurde, meist in der Version des dreifarbigen Tropentarn (beige, braun und dunkelgrün), zum Kennzeichen eines neuen Kapitels in der Geschichte der Bundeswehr: des Beginns der Auslandseinsätze.

*Christian Hartmann*

# »SOLDATEN SIND MÖRDER«

## Ein Schmähruf und die öffentliche Debatte über ihn

Dieser Button trägt einen Ausspruch von Kurt Tucholsky. Ein Autoaufkleber mit gleichem Design und Inhalt führte zu einer Verurteilung wegen Volksverhetzung, die aber später durch das Bundesverfassungsgericht aufgehoben wurde.

Kurt Tucholsky und Carl von Ossietzky – zwei berühmte Namen, die den Schmähruf »Soldaten sind Mörder« bekannt machten, auch wenn ähnliche Aussagen bis in die Antike zurückreichen. Seit der Veröffentlichung eines Artikels von Tucholsky in der von Ossietzky herausgegebenen Zeitschrift *Die Weltbühne* 1931 wurden zahlreiche Prozesse um diese Aussage geführt, obwohl schon 1932 Ossietzky von einem Berliner Gericht vom Vorwurf der Beleidigung freigesprochen worden war.

Auch in der frühen Phase der Bundesrepublik Deutschland und nach der Gründung der Bundeswehr wurden ähnliche Aussagen immer wieder Gegenstand lebhafter Diskussionen und auch gerichtlicher Auseinandersetzungen. So zeigte 1959 Franz Josef Strauß als Verteidigungsminister den Theologen Martin Niemöller, der ähnliche Aussagen in einer Rede verwendet hatte, wegen Beleidigung an. Die Bundeswehr selbst erreichte die Diskussion im Jahr 1984, als der Arzt Dr. Peter Augst den Bundeswehr-Jugendoffizier Klaus Peter Witt bei einer Podiumsdiskussion in einer Frankfurter Schule mit einer Abwandlung des Zitats konfrontierte und ihn als »potenziellen Mörder« bezeichnete. Augst hatte ursprünglich selbst eine Laufbahn als Sanitätsoffizier eingeschlagen, dann aber den Wehrdienst verweigert; nunmehr vertrat er die pazifistische Initiative »Ärzte gegen den Atomkrieg«. Augst wollte mit seiner Aussage deutlich machen, dass, auch wenn der Jugendoffizier sympathisch wirke, er eben doch Soldat bleibe und somit ein potenzieller Mörder. Witt fühlte sich in seiner Ehre verletzt und klagte gegen Augst, das Bundesverteidigungsministerium schloss sich der Klage an. Obwohl Augst 1986 erstinstanzlich verurteilt wurde, sprach ihn die zweite Instanz frei. Dagegen legten nun Staatsanwaltschaft und Bundesverteidigungsministerium erfolgreich Revision ein und am Landgericht Frankfurt kam Augst im Oktober 1989 wiederum zu einem Freispruch.

Die Urteile lösten eine breite Debatte in der Öffentlichkeit und in der Bundesregierung aus, unter anderen reagierten Bundeskanzler Helmut Kohl und Verteidigungsminister Gerhard Stoltenberg mit Empörung. Zahlreiche Offiziere kritisierten, unter Nennung von Namen und Dienstgrad, nach Bekanntwerden des Urteils den Freispruch des Landgerichts Frankfurt heftig, darunter auch der Generalinspekteur der Bundeswehr Admiral Dieter Wellershoff. Ebenfalls unter Nennung ihres Namens und Dienstgrads (vom Flieger bis zum Oberstleutnant) begrüßten 21 Soldaten in einer Presseerklärung der kritischen Soldatenvereinigung »Arbeitskreis Darmstädter Signal« das Urteil. Die Erklärung endete mit dem Satz: »Wir Staatsbürger in Uniform brauchen keinen besonderen Ehrenschutz!«

In der Folge wurden gegen zahlreiche Unterzeichner der Erklärung des Arbeitskreises Disziplinarmaßnahmen verhängt oder dienstrechtliche Verfahren vor Truppendienstgerichten eingeleitet. Diese Verfahren zogen sich bis 1992 hin und beschäftigten als Revisionsinstanz auch das Bundesverwaltungsgericht, das erhebliche Strafen wie Dienstgradherabsetzung oder mehrjährige Beförderungsverbote verhängte. Einige der Betroffenen riefen aufgrund dieser

Horst Haitzinger spitzte die vom Bundesverfassungsgericht postulierte und durch das Grundgesetz geschützte Meinungsfreiheit zu – auch weil ein spezieller Bezug zur Bundeswehr im Tucholsky-Zitat nicht vorhanden sei. Viele Soldaten fanden das unerträglich. Einen General der Bundeswehr verleitete das zu der Frage, ob das Karlsruher Gericht dann auch mit dem Volksgerichtshof des »Dritten Reiches« verglichen werden könne.

Urteile das Bundesverfassungsgericht an, wobei in zwei Fällen den Verfassungsbeschwerden der Betroffenen stattgegeben wurde. Die Zeitung *Die Welt* meldete hierzu am 22. Juli 1992: »In den am Dienstag in Karlsruhe veröffentlichten Beschlüssen hoben die Karlsruher Richter die Verurteilung der Soldaten jetzt mit der Begründung auf, das Bundesverwaltungsgericht habe die Äußerungen des Majors und des Fahnenjunkers überinterpretiert und damit gegen die Meinungsfreiheit verstoßen.«

Auch in weiteren Prozessen in den Folgejahren aus dem zivilen Bereich bestätigte das Bundesverfassungsgericht seine Auffassung, dass die pauschale Gleichsetzung aller Soldaten mit (potenziellen) Mördern durch die Meinungsfreiheit gedeckt sei und keine Beleidigung einzelner, geschweige denn eines Kollektivs darstellen könne. Natürlich müssen aber immer die Einzelfälle und ihre jeweiligen Umstände betrachtet werden. Dies thematisiert die von Horst Haitzinger angefertigte Karikatur, die zum einen die Emotionalität der Debatte deutlich macht und zum anderen, dass die Schmähung sich nicht unbedingt nur auf Soldatinnen und Soldaten beschränken muss – auch andere Berufsgruppen können hiervon betroffen sein, im vorliegenden Fall die Verfassungsrichter selbst.

Die Auseinandersetzung um das Tucholsky-Zitat, ob im Original oder in abgemilderter Form, beschäftigte weiterhin nicht nur Gerichte, sondern auch die Öffentlichkeit, die Presse und die Politik. Während konservative Kreise einen gesonderten Ehrenschutz für Bundeswehrsoldaten forderten, positionierten sich insbesondere SPD-Politiker gegen eine solche Forderung und beschäftigten auch den Deutschen Bundestag mehrfach mit dem Thema an sich wie auch mit den Verfahren gegen die Soldaten des Darmstädter Signals (z.B. im Rahmen einer Kleinen Anfrage der SPD-Fraktion an die Regierung 1990 oder eines Antrags der SPD-Fraktion 1992, die disziplinarrechtlichen Verfahren gegen die betroffenen Soldaten einzustellen).

Die Diskussion flammte im Deutschen Bundestag in den 1990er-Jahren immer wieder auf. Schließlich wurde am 30. September 1999 ein Gesetzentwurf der CDU/CSU-Fraktion von der Mehrheit der Abgeordneten abgelehnt, der zum Ziel hatte, generell eine öffentliche Verunglimpfung oder Herabwürdigung von Soldaten mit Freiheitsstrafe oder mit Geldstrafe zu ahnden: »Nach Ansicht der Mehrheit des Hauses ist ein besonderer strafrechtlicher Ehrenschutz für die Bundeswehr weder gerechtfertigt oder erforderlich, noch werde dieser von den Streitkräften selbst gewünscht.« Die Forderung nach einem gesonderten Ehrenschutz scheint damit beendet, allerdings wird die Diskussion um die Gleichsetzung von Soldaten und Soldatinnen mit Mördern regelmäßig wiederbelebt, wenn deutsche Soldaten an Kriegshandlungen beteiligt sind.

Zumindest die Rechtslage scheint aufgrund der zahlreichen Prozesse und der doch klaren Positionierung des Bundesverfassungsgerichts inzwischen geklärt. Die Verfahren gegen Augst zogen sich bis 1992 hin und wurden schließlich eingestellt. Der freigesprochene Fahnenjunker war Martin Elbe.

*Martin Elbe*

69

# ENTSPANNUNG DURCH RÜSTUNGSKONTROLLE

## Vertrauen ist gut, Kontrolle ist besser!

Querschnitt der 105-mm-Kanone des Kampfpanzers Leopard 1. Der »Leo« verfügte über eine leistungsfähige gezogene Kanone mit ihren charakteristischen Zügen und Feldern, die der Panzergranate beim Abschuss einen Drall verleihen und die Flugbahn stabilisieren. Im Zuge der Nichtbrauchbarmachung Mitte der 1990er-Jahre wurden die Panzerkanonen an der Mündung mit einem Schneidbrenner »geschnitten«.

Während eines Herbstmanövers der Bundeswehr Mitte der 1980er-Jahre hatte im Münsterland ein Panzerbataillon, ausgestattet mit dem Kampfpanzer Leopard 1, Stellung an einem Waldrand bezogen. Das Bataillon gehörte zur 7. Panzerdivision, die einen raschen Vorstoß des Warschauer Pakts auf Nordrhein-Westfalen und die strategisch wichtigen Rheinübergänge verhindern sollte. Bis Mitte der 1980er-Jahre bildete der Leopard 1 das Rückgrat der gepanzerten Verbände der Bundeswehr.

Mit der Auflösung des Warschauer Pakts begann eine Phase der militärischen Entspannung und massiven Abrüstung. Im Zwei-plus-Vier-Vertrag zur deutschen Einheit vom Herbst 1990 verpflichtete sich das wiedervereinigte Deutschland, seine Streitkräfte von ca. 580.000 auf 370.000 »Mann« zu reduzieren.

Die Nationale Volksarmee sollte aufgelöst und die »alte« Bundeswehr deutlich verkleinert werden. Die Unbrauchbarmachung der überzähligen Kampf- und Schützenpanzer erfolgte überwiegend in Rockensußra/Thüringen. Ein Kampfpanzer Leopard 1 aus dem Münsterland entging jedoch dem Hochofen und steht heute zu Lehrzwecken beim Zentrum für Verifikationsaufgaben der Bundeswehr (ZVBw). Zuvor wurde der Panzer gemäß den Reduzierungsverfahren des »Vertrags über konventionelle Streitkräfte in Europa« (KSE-Vertrag) von 1990 durch Schnitte an der Wanne, am Turm und an der Waffenanlage unbrauchbar gemacht.

Bis zur vertraglich vereinbarten Abrüstung war es jedoch ein langer Weg. Ihre Geschichte ist geprägt von Verhandlungserfolgen und Rückschlägen und sie war getragen von der Überzeugung, durch Abrüstung und Rüstungskontrolle eine sicherere Welt zu schaffen.

Deutschland hatte bereits während des Kalten Kriegs eine bedeutende Rolle bei internationalen Rüstungskontrollabkommen übernommen. In der heißen Phase des Kalten Kriegs wurde vor allem um die Begrenzung von Nuklearwaffen gerungen. Die Kontrolle und Begrenzung konventioneller Waffen der USA und der Sowjetunion war zunächst noch kein Diskussionsthema gewesen. Blockübergreifende Konferenzen gab es zwar bereits seit Mitte der 1970er-Jahre, etwa die Konferenz über Sicherheit und Zusammenarbeit in Europa (KSZE), Bewegung in die Thematik kam jedoch erst 1985 mit dem Amtsantritt Michail Gorbatschows.

Im März 1989 hatten in Wien Verhandlungen zwischen der NATO und dem Warschauer Pakt begonnen, die 1991 zum KSE-Vertrag führten. Er legte die Grundlagen für die konventionelle Abrüstung und für die Rüstungskontrolle in den kommenden Jahren. Das Ziel war ein stabiles Kräftegleichgewicht auf niedrigerem Niveau sowie die Beseitigung der Fähigkeit zum militärischen Überraschungsangriff und zur umfassenden Offensive. Bis Mitte der 1990er-Jahre wurden rund 60.000 schwere Waffensysteme zerstört.

Parallel dazu verhandelten die KSZE-Staaten bei ihren Folgetreffen über Vertrauens- und Sicherheitsbildende Maßnahmen, die 1994 mit dem »Wiener Dokument« abgeschlossen wurden. Deutschland, das aufgrund seiner zentralen Lage in Europa von den Vereinbarungen besonders betroffen war, wollte auch bei der Implementierung eine führende Rolle einnehmen. 1991 wurde dazu in kürzester Zeit das ZVBw mit etwa 400 Soldaten und zivilen Mitarbeitern eingerichtet, um nach den Vorgaben des Auswärtigen Amts und unter Führung des Bundesministeriums der Verteidigung die militärische Umsetzung der Rüstungskontrollverträge sicherzustellen.

Im Mittelpunkt standen zunächst der KSE-Vertrag und das Wiener Dokument sowie ein Luftinspektionsregime, das 1992 als »Vertrag über den offenen Himmel« (OH-Vertrag) vereinbart wurde und geografisch die gesamte Nordhalbkugel abdeckte. Diese drei Verträge, 1995 noch ergänzt durch einen Verhaltenskodex zu politisch-militärischen Aspekten der Sicherheit, gestalteten die konventionelle Rüstungskontrolle im euro-atlantischen Raum. In der Kombination aus Transparenz und der Verifikation militärischer Aktivitäten stellten sie einen Quantensprung dar. Vieles, was im Kalten Krieg von der Öffentlichkeit weitgehend abgeschottet oder unter Verschluss geblieben war, wurde jetzt durch Vor-Ort-Inspektionen zugänglich und durch einen jährlichen Informationsaustausch offengelegt: Zutritt zu militärischen Anlagen, Stationierungsdaten, Bestandszahlen an Waffen und Personal, Einblicke in die Verteidigungsplanung und militärische Fähigkeiten sowie Leistungsdaten von Waffensystemen.

In den Folgejahren erweiterte sich die europäische und globale Rüstungskontrollarchitektur. Heute hat das Zentrum für Verifikationsaufgaben ca. 180 Mitarbeiter und sein Auftragsportfolio umfasst 21 Verträge und Abkommen. Einige sind völkerrechtlich verpflichtend, andere politisch bindend. Darunter fallen die Verträge der konventionellen Rüstungskontrolle, die Bio- und Chemiewaffenübereinkommen, Resolutionen der Vereinten Nationen zu kleinen Waffen und konventioneller Munition, Streumunition sowie Minen oder auch zu Trägermitteln für Massenvernichtungswaffen. Manche Verträge erstrecken sich auf die Teilnehmerstaaten der Organisation für Sicherheit und Zusammenarbeit in Europa (OSZE, bis 1994 KSZE) andere umfassen einen Großteil der Nordhalbkugel oder haben gar globale Bedeutung. Regionen mit einer angespannten Sicherheitslage stehen bei den Inspektions-, Ausbildungs- und Beratungsteams im Fokus.

Die Nationale Sicherheitsstrategie für Deutschland von 2023 unterstreicht die Bedeutung von Abrüstung, Rüstungskontrolle und Nichtverbreitung. Das ZVBw leistet seit über 30 Jahren einen unverzichtbaren Beitrag mit ca. 2550 KSE-Inspektionen, über 730 Maßnahmen im Rahmen des Wiener Dokuments, mehr als 540 Beobachtungsflügen, Begleiteinsätzen bei Inspektionen von über 18.750 Chemiewaffen und der Ausbildung von über 1600 Inspektoren. Im Auftrag des Auswärtigen Amts und des Bundesministeriums der Verteidigung berät das ZVBw in allen Rüstungskontrollthemen die Ständigen Vertretungen Deutschlands bei der OSZE (Wien), der NATO (Brüssel), den Vereinten Nationen (New York, Genf) sowie der Organisation für das Verbot chemischer Waffen (Den Haag). Zudem leistet

Das Schaumodell des Leopard 1 in der Geilenkirchener Selfkant-Kaserne ist mit »Trennschnitten« versehen worden, die ihn als nicht mehr einsatzbereiten und nicht kriegsfähigen Panzer markieren.

es mit Rüstungskontrollberichten einen Beitrag zur sicherheitspolitischen Information der Bundesregierung.

In den erfolgreichen Jahrzehnten der Abrüstung und Rüstungskontrolle wurde durch eine umfassende Transparenz im militärischen Bereich und durch die enge Kooperation der Rüstungskontrollorganisationen eine tragfähige Vertrauensbildung unter den Staaten des euro-atlantischen Raums erreicht. Die Bundeswehr stellt mit dem ZVBw ein Schlüsselelement für die Strategie Deutschlands zur Förderung von Frieden und Sicherheit durch Rüstungskontrolle. Seit der Gründung 1991 hat es national wie international eine bedeutende Rolle gespielt und das Verständnis von Rüstungskontrolle maßgeblich mitgeprägt.

Seit 2014 führt Russlands neue Militärpolitik zu einer Erosion der euro-atlantischen Rüstungskontrollarchitektur. Die regelbasierte internationale Ordnung ist unter Druck. Militärische Aggression und gegenseitiges Misstrauen sind zurückgekehrt. Russland ist aus dem KSE- und OH-Vertrag ausgetreten und blockiert die Modernisierung des Wiener Dokuments.

Ob, wann und wie die aktuelle Krise endet, ist unklar. Angesichts zunehmender geopolitischer Spannungen, rasanter militärischer Veränderungen und technologischer Entwicklungen bleiben Abrüstung und Rüstungskontrolle ein zentrales Anliegen Deutschlands und das Zentrum für Verifikationsaufgaben die wichtigste Institution der Bundeswehr für die internationale Kooperation im Bereich der Rüstungskontrolle.

*Peter Braunstein*

# DIE ODERFLUT 1997

## Bewährung der Bundeswehr im Katastropheneinsatz

Massenware nicht nur der Bundeswehr für die Katastrophenhilfe, im Aussehen unterschiedlich, in der Funktion gleich: Sandsack, im Juli 2014 hergestellt, mit aufgedruckter Versorgungsnummer. Auch zivile Hilfsorganisationen nutzen solche Sandsäcke bei den Umweltkatastrophen und Überschwemmungen, die seit einigen Jahren gehäuft auftreten.

Ein einfacher Jute- oder Plastiksack, meist 40 mal 70 Zentimeter groß mit einem Fassungsvermögen (bei vorgeschriebener 2/3 Füllung) von 15 Kilogramm, steht heute symbolhaft für den Einsatz der Bundeswehr an der Oder im Sommer 1997. Bei dieser »Jahrhundertflut« wurden in den Monaten Juli und August von den dort eingesetzten Soldatinnen und Soldaten sowie von deren Kameradinnen und Kameraden des Bundesgrenzschutzes, des Technischen Hilfswerks, der Polizei, der Feuerwehr, der DLRG (Deutsche Lebens-Rettungs-Gesellschaft), der zivilen Hilfsorganisationen und nicht zuletzt von den freiwilligen Helferinnen und Helfern aus der Region und aus vielen anderen Bundesländern insgesamt rund acht Millionen solcher Säcke entlang der Oder befüllt und verbaut. Geschätzte 180.000 Tonnen Sand und Kies wurden dafür bewegt. Geübte Einsatzkräfte vermochten zu zweit rund 60 bis 100 Säcke in einer Stunde zu befüllen. Bei der Deichverteidigung gilt es, die Sandsäcke dicht nebeneinander und überlappend zu stapeln sowie keine Lücken entstehen zu lassen. Die Jutesäcke aus Bastfaser gelten im Gegensatz zu Plastiksäcken als rutschfester und ökologischer, da sie nach einem Jahr verrotten.

Im Sommer 1997 hatte ein Tiefdruckgebiet über dem Atlasgebirge (Marokko) zu sintflutartigen Regenfällen in Polen und Tschechien geführt. Die Wassermassen aus den Gebirgsflüssen überfluteten ganze Landstriche, mehr als 100 Menschen verloren dabei ihr Leben. Ursache war eine seltene Wetterlage. Warme Luftmassen, die über dem Mittelmeer viel Feuchtigkeit aufgenommen hatten, wurden über den Alpen stark abgekühlt. Extreme Niederschläge waren die Folge. Für die Grenzregion in Brandenburg gab es ab dem 8. Juli Hochwasserwarnungen, Tage später galt auch für die Landkreise Frankfurt (Oder) und Oder-Spree die höchste Alarmstufe. Am 17. Juli erreichte bei Ratzdorf eine erste Flutwelle das Land Brandenburg. Am Zusammenfluss von Oder und Lausitzer Neiße wurden Pegelstände gemessen, die rund dreieinhalb Meter über Normal lagen. Eine zweite Welle weichte erste Deiche auf und führte mit einem Wasserdruck von sechs Tonnen je Quadratmeter zu schweren Rissen. Trotz schneller Gegenmaßnahmen brachen die ersten Deiche, die Ziltendorfer Niederung bei Frankfurt an der Oder, eine Fläche von der Größe von 8000 Fußballfeldern, wurde vollständig überflutet.

Der »Deichgraf«, Prof. Dr. Matthias Freude vom Landesumweltamt, und die Landesregierung unter Ministerpräsident Manfred Stolpe, Innenminister Alwin Ziel sowie Umweltminister Matthias Platzeck entschieden rasch, auf die Fähigkeiten der im Land verfügbaren Bundeswehr zuzugreifen. Generalmajor Hans-Peter von Kirchbach, Kommandeur der 14. Panzergrenadierdivision und Befehlshaber des damaligen Wehrbereichskommandos VIII, war für die Oderregion zuständig. Er befehligte schließlich den bis dahin größten Hilfseinsatz in der Geschichte der Bundeswehr, wobei zwei Brigaden und später noch ein Flugabwehrregiment rund 165 Deichkilometer gegen das Wasser verteidigten. Zudem trugen Luftaufnahmen von Tornado-Kampfjets maßgeblich zur Lagefeststellung bei. Unter dem Kommando des späteren

Generalinspekteurs gelang ein koordinierter Hilfseinsatz aller Kräfte. In seinen Erinnerungen waren es vor allem die Führungsfähigkeit, die personellen Ressourcen und die Materialausstattung der Bundeswehr, die ein entscheidendes Moment bei der Bewältigung dieser Krisenlage darstellten. Besonders hob er den ersten, von seinem Chef des Stabes Oberst i. G. Werner Freers erstellten Operationsplan hervor, der in den Grundzügen bis zum Einsatzende Bestand haben sollte. Auch würdigte er die Leistungen des damaligen Verteidigungsbezirkskommandos 85 in Frankfurt (Oder), dessen Kommandeur mit allen Landkreisen über den Krisenstab in Bad Freienwalde (Oder) in engem Austausch stand. Dies garantierte einen tagesaktuellen Gesamtüberblick als wichtige Entscheidungsgrundlage.

Trotz aller Anstrengungen war Ende Juli der dicht bevölkerte Oderbruch stark bedroht, über 6500 Menschen mussten zeitweilig evakuiert werden. Der Deich bei Hohenwutzen war kaum mehr zu halten. Es drohte eine Überflutung, die flächenmäßig größer als der Bodensee gewesen wäre. Der rasche Entschluss von General von Kirchbach, des »Helden von der Oder«, den Schwerpunkt des Einsatzes an die schwächste Stelle der Deichlinie zu verlegen, brachte die Wende. Rund 10.000 Soldaten waren bereits im Einsatz, alle verfügbaren Hubschrauber brachten im Minutentakt ihre mit Sandsäcken gefüllten Netze. Herausragend war dabei das Engagement des Marineoffiziers Jan Uwe Kestner, der auf dem Deich bei Neuglietzen geistesgegenwärtig und unter Lebensgefahr Bundeswehrhubschrauber einwies, um in letzter Minute gewaltige Deichlöcher schließen zu können. Zehn Jahre später erhielt er für sein beispielgebendes Verhalten den Verdienstorden des Landes Brandenburg. So gelang tatsächlich, woran kaum einer mehr geglaubt hatte: Der Deich hielt den Wassermassen stand. Noch zwei weitere Krisensituationen in Reitwein und Zollbrücke mussten überstanden werden, ehe sich die Lage ab dem 3. August stabilisierte.

Insgesamt waren knapp 30.000 Bundeswehrsoldaten, über 3000 LKW und Hunderte Spezial- und Kettenfahrzeuge sowie 60 Hubschrauber im Einsatz. Die Bundeswehr bewies im Sommer 1997 ihre Fähigkeit, auch in nichtmilitärischen Krisenlagen in großen Räumen erfolgreich zu operieren und mit ihren Führungssystemen eine Gesamtlage zu beherrschen. Laut General von Kirchbach waren darüber hinaus die militärischen Grundsätze »Führen von vorne« und »Initiative ergreifen« wichtige Erfolgsgaranten.

Die Oderflut von 1997 erinnerte stark an die Hamburger Flutkatastrophe von 1962. Dieser frühe Hilfseinsatz der Bundeswehr innerhalb Deutschlands war damals allerdings noch nicht vorgesehen gewesen. Erst im Zuge der Notstandsgesetzgebung 1968 wurde der Einsatz deutscher Streitkräfte zur Bewältigung von Naturkatastrophen und Unglücksfällen gesetzlich geregelt. Seit dem ersten Hilfseinsatz nach den schweren Erdbeben in Marokko im Jahre 1960 unterstützte die Bundeswehr in über 150 Hilfseinsätzen im In- und Ausland. Während sich die junge Bundeswehr in Hamburg 1962 vor den Augen der westdeutschen Bevölkerung bewährte, präsentierte sich 1997 die Bundeswehr an der Oder als »Armee der Einheit«. Der Schriftsteller Günter de Bruyn sprach von einem »Gewinn in moralischer Hinsicht«.

Fünf Jahre später, im August 2002, sollte es zu einer noch größeren Katastrophe an der Elbe und in Bayern kommen. Im Erzgebirge schwollen die Bäche und Flüsse zu reißenden Fluten an und zerstörten ganze Ortschaften, allein in Sachsen kamen 21 Menschen ums Leben. Mit einem Pegel von 9,40 Meter wurde am 17. August in Dresden ein historischer Höchststand gemessen. Die Bilder vom überfluteten Theaterplatz vor der Semperoper oder vom Innenhof des Zwingers lassen noch heute erschauern. Eine drohende Umweltkatastrophe im Chemiepark Bitterfeld-Wolfen in Sachsen-Anhalt konnte nur um Haaresbreite und in letzter Minute verhindert werden. Die Bundeswehr unterstützte 2002 mit insgesamt rund 40.000 Soldaten bei der Deichsicherung, der Evakuierung und der Versorgung der Bevölkerung sowie nicht zuletzt bei der Sicherung von Verkehrswegen. Allerdings lief der Einsatz nicht so reibungslos wie fünf Jahre zuvor an der Oder. Offene Fragen zur Führungs- und Einsatzverantwortung konnten oft nicht zeitgerecht gelöst werden. Ähnliche Ergebnisse zeitigten die Flutkatastrophen in Bayern, Sachsen und Sachsen-Anhalt von 2013 und zuletzt im Ahrtal 2021. Daraus wurden Lehren gezogen. Neben Deichsanierungen und Deichneubauten ist vor allem das Gemeinsame Melde- und Lagezentrum von Bund und Ländern ein wichtiger Baustein, um solchen Katastrophen künftig besser begegnen zu können. In Dankbarkeit und Erinnerung an den Einsatz aller Helferinnen und Helfer stiftete das Land Brandenburg die Oderflut-Medaille, das Land Sachsen den Fluthelferorden und der Bund die Einsatzmedaille Fluthilfe 2002.

*Helmut R. Hammerich*

71

# FALL EINER MÄNNERBASTION

## Frauen in der Bundeswehr

Der »Winkel, anthrazit« für Trägerinnen der Heeresuniform, für die Luftwaffe in Dunkelblau und die Marine in Schwarz, ist der Krawattenersatz für Frauen und wird zum Dienstanzug getragen. Wird allerdings zum Beispiel für angetretene Formationen der »Dienstanzug Grundform« befohlen, so haben auch Frauen die Krawatte (auch »Langbinder« genannt) anzulegen.

Der abgebildete »Damenwinkel« ist ein ausschließlich von Frauen getragenes Uniformstück des Dienst- und Ausgehanzugs der Bundeswehr. In jeweils unterschiedlicher Farbgebung kann er in Heer, Luftwaffe und Marine alternativ zum Langbinder getragen werden. Die Einführung spezieller Uniformstücke für Frauen macht deutlich, dass Soldatinnen in den Streitkräften heute Normalität sind.

Obwohl oft anderes vermutet wird, sind Frauen schon seit vielen Jahren, um nicht zu sagen seit Jahrzehnten, in der Bundeswehr beschäftigt. Sie verrichten seit den Anfängen in den 1950er-Jahren ihren Dienst in der zivilen Wehrverwaltung, wo sie unter anderem Aufgaben übernehmen, die in anderen Streitkräften von Frauen in Uniform ausgeführt werden. Hierzulande sind sie jedoch als Zivilbeschäftigte tätig. Ihre Zahl beläuft sich im Jahr 2024 auf knapp 32.000, sodass sie fast 40 Prozent aller zivilen Beschäftigten der Bundeswehr stellen. Etwa ein Drittel von ihnen sind Beamtinnen, rund zwei Drittel Arbeitnehmerinnen.

In Uniform, das heißt als reguläre Soldatinnen, sind Frauen in der Bundeswehr allerdings erst seit Mitte der 1970er-Jahre sichtbar. Im Sanitätsdienst bestanden damals gravierende personelle Engpässe bei Ärzten, Zahnärzten und Apothekern. Vor diesem Hintergrund traten am 1. Oktober 1975 die ersten fünf Soldatinnen ihren Dienst im Sanitätsdienst der Bundeswehr an. Bis zum Ende der 1990er-Jahre blieben der Sanitätsdienst und das mit ihm organisatorisch verknüpfte Militärmusikwesen die einzigen Bereiche in der Bundeswehr, in denen Frauen als Soldatinnen tätig werden durften. Zum Ende des Jahrtausends dienten etwa 4500 Soldatinnen in der Bundeswehr, was einem Anteil von weniger als zwei Prozent der Zeit- und Berufssoldaten entsprach. Damit lag die Bundesrepublik Deutschland im Vergleich zu anderen westlichen Staaten und zu den anderen Mitgliedern der NATO im unteren Mittelfeld.

Dies änderte sich, als sich die gelernte Elektronikerin Tanja Kreil im Jahr 1996 für eine Tätigkeit in der Instandsetzung der Bundeswehr bewarb. Die Bundeswehr lehnte die Bewerberin unter Verweis auf das im Grundgesetz niedergelegte Verbot eines Dienstes an der Waffe für Frauen ab. Mit Unterstützung des Deutschen BundeswehrVerbandes reichte Tanja Kreil am Verwaltungsgericht Hannover Beschwerde gegen diese Entscheidung ein. Weil sie sich im Verlauf des Prozesses auf arbeitsrechtliche Gleichbehandlungsrichtlinien der Europäischen Union bezog, wurde ihre Klage an den Europäischen Gerichtshof in Luxemburg verwiesen. Am 11. Januar 2000 erging dort schließlich das mit Spannung erwartete Urteil, das Frauen den Dienst an der Waffe grundsätzlich gestattete. Das Gericht verpflichtete Deutschland zu einer weitergehenden Öffnung der Bundeswehr für Frauen, ohne jedoch den Umfang dieser Öffnung eindeutig zu definieren.

Den Schlüssel, der den Weg in die deutschen Streitkräfte öffnete, erhielten die Frauen somit aus den Händen von Justitia. Die Entscheidung zur weitgehenden Öffnung der Bundeswehr für Frauen über den Sanitätsdienst und die Militärmusik hinaus war demnach keine freiwillige, sondern wurde Deutschland und der Bundeswehr juristisch auferlegt; sie musste auf dem Rechtsweg erstritten werden. Im politischen Prozess wurde in der Folge nach intensiver Diskussion die vollständige Öffnung der Bundeswehr beschlossen; auf Ausschlussverwendungen, die ebenfalls im Gespräch waren, wurde verzichtet. Auch der rechtliche Rahmen wurde durch die Umformulierung von Artikel 12a Absatz 4 Satz 2 des Grundgesetzes, in dem zuvor das Verbot des Dienstes an der Waffe für Frauen niedergelegt worden war, und durch die Anpassung des Soldatengesetzes sowie des Soldatinnen- und Soldatengleichstellungsgesetzes dem Richterspruch aus Luxemburg angepasst. Schließlich war der Weg frei, und Frauen konnten ab Januar 2001 ausschließlich als Freiwillige unter den neuen Bedingungen in sämtlichen Bereichen der Bundeswehr als Soldatinnen tätig werden.

Die Integrationsstrategie der Bundeswehr zur Einbindung von weiblichen Soldaten folgte zwei Grundprinzipien: Zum einen grenzte sie sich ganz bewusst von Politiken der positiven Diskriminierung (*Affirmative Action*) ab und setzte auf die Richtschnur von Eignung, Befähigung und Leistung. Danach müssen Bewerber wie Bewerberinnen gleichermaßen jeweils den für einen Dienstposten festgelegten Kriterien für Eignung, Befähigung und Leistung entsprechen. Nur wenn ein Gleichstand zwischen dem männlichen Bewerber und der Bewerberin besteht, erhält die Soldatin den Vorzug für den Dienstposten.

Zum anderen folgte die Bundeswehr dem Prinzip: »So viel Differenz wie möglich und so viel Gleichheit wie nötig«.

Rückschauend betrachtet musste die Bundeswehr sozusagen zu ihrem Glück gezwungen werden. Denn ohne die Frauen als Rekrutierungsgruppe wäre der Personalbedarf der Bundeswehr noch weit schwieriger zu decken, als dies ohnehin der Fall ist. Von 2010 bis 2020 betrug der Anteil der Frauen an den Bewerbungen für eine Verwendung als Soldatin auf Zeit rund 17 Prozent. Im Jahr 2024 sind annähernd 24.500 Frauen als Soldatinnen in der Bundeswehr tätig, was einem Anteil von mehr als 13 Prozent der Zeit- und Berufssoldaten sowie der Freiwillig Wehrdienstleistenden entspricht. Generell wird erwartet, dass der Anteil der Frauen in Uniform in den deutschen Streitkräften in den nächsten Jahren auf rund 15 Prozent steigen wird.

Für die Offizierlaufbahn haben sich annähernd 7000 Soldatinnen entschieden. Über 8300 sind Unteroffiziere mit Portepee und fast 3500 Unteroffiziere ohne Portepee. Die Mannschaftslaufbahn haben beinahe 5600 Soldatinnen gewählt. Über 5000 Soldatinnen sind bereits Berufssoldatinnen. Die größte Statusgruppe bilden mit annähernd 17.500 die Zeitsoldatinnen. Fast 1800 sind schließlich Freiwillig Wehrdienstleistende. Der Sanitätsdienst ist nach wie vor die Teilstreitkraft bzw. der Organisationsbereich, in dem die meisten Frauen als Soldatinnen tätig sind: Die Zahl beläuft sich hier auf rund 8300. Es folgen das Bundesministerium der Verteidigung (und andere Bereiche, über 2900 Soldatinnen), die Streitkräftebasis (über 2600

Mit dem Eintritt von Soldatinnen in alle Laufbahnen änderte sich das Erscheinungsbild der Bundeswehr schrittweise, aber nachhaltig. Dass sie am Maschinengewehr eine andere Visiereinrichtung erhalten, wie der Karikaturist Jürgen Tomicek hier andeutet, war jedoch eher ein Gerücht.

Soldatinnen) und die Luftwaffe (knapp 2600 Soldatinnen). Das Schlusslicht bilden die Marine (fast 1450 Soldatinnen) und der Cyber- und Informationsraum (über 1700 Soldatinnen).

Der beeindruckende Zuwachs an weiblichen Soldaten in der Bundeswehr sollte jedoch nicht darüber hinwegtäuschen, dass Frauen in militärischen Spitzenpositionen noch immer sehr selten anzutreffen sind. Unter den etwa 200 Generalen finden sich lediglich drei Frauen, was aber mit Blick auf die langen Karrierewege nicht überraschen kann. Aber auch in den Besoldungsgruppen A15 aufwärts sind Frauen bislang noch deutlich unterrepräsentiert; jungen Soldatinnen fehlen damit oft noch positive Rollenvorbilder hinsichtlich ihrer Karrieremöglichkeiten in der Bundeswehr. Dem versucht das Bundesministerium der Verteidigung durch ein Mentoring-Programm entgegenzuwirken, dessen Ziel die Förderung von Frauen mit Führungspotenzial ist.

Die Jahresberichte der Wehrbeauftragten des Deutschen Bundestages weisen auf unverändert bestehende Schwierigkeiten im Integrationsprozess hin; in Einzelfällen wird sogar von eklatantem Fehlverhalten bis hin zur sexuellen Belästigung berichtet. Diesen Problemen versucht man institutionell unter anderem durch die Schaffung des Stabselements »Chancengerechtigkeit, Vielfalt und Inklusion« im Bundesministerium der Verteidigung zu begegnen. Die Männerbastion ist zwar gefallen, die Bundeswehr ist dennoch in mancher Hinsicht eine maskulin geprägte Organisation geblieben.

*Gerhard Kümmel*

72

# »OUT OF AREA«

## Einsätze im Ausland

Barett eines Richters am Bundesverfassungsgericht in Karlsruhe. Solche Barette wurden von 1962 bis 1997 von Richterinnen und Richtern des Bundesverfassungsgerichtes getragen. Die Amtskleidung gehört den Richtern nicht persönlich, sondern dem Verein der Richter des Bundesverfassungsgerichts. Scheidet ein Richter nach zwölf Jahren aus dem Gremium aus, überlässt er Robe und Barett seinem Nachfolger.

Die Jahre 1989 bis 1991 waren für Deutschland und für die Weltpolitik einschneidend: Sie brachten den Fall der Berliner Mauer und das Ende der deutschen Teilung sowie mit dem Vertrag vom 12. September 1990 über die abschließende Regelung in Bezug auf Deutschland (2+4-Vertrag) das förmliche Ende der Besatzungszeit in Deutschland. Der Kalte Krieg war beendet, Deutschland wieder vereint und bereits 1990 kamen Stimmen auf, die nun mit Blick auf das endlich souveräne Deutschland auch eine stärkere Beteiligung des Landes am internationalen Krisenmanagement forderten.

Doch da gab es ein Problem: Seit Gründung der Bundeswehr ging man davon aus, dass das Grundgesetz bewaffnete Einsätze der Bundeswehr nur zur Landes- und Bündnisverteidigung erlaube, eine Beteiligung an Auslandseinsätzen wie der Befreiung Kuwaits, das im August 1990 vom Irak besetzt und annektiert worden war, dagegen verfassungswidrig sei. Diese Gemengelage musste letztendlich vom Bundesverfassungsgericht in Karlsruhe gelöst werden, dessen Richterinnen und Richter scharlachrote Roben und Baretts, wie das abgebildete, tragen (das Bundesverfassungsgericht ist übrigens das einzige Gericht, das seine Amtstracht selbst festlegen darf, für alle anderen Bundesrichterinnen und Bundesrichter wird die Amtstracht per Anordnung des Bundespräsidenten geregelt, wie auch die Uniform für die Soldatinnen und Soldaten der Bundeswehr).

Aber der Reihe nach: Nach der Befreiung Kuwaits durch eine internationale Allianz im Frühjahr 1991 verlangte eine weitere Krise internationale Aufmerksamkeit. Der Zerfall Jugoslawiens führte im gleichen Jahr zu bewaffneten Auseinandersetzungen in Europa, und Deutschland konnte und wollte dieser Bedrohung von Stabilität und Sicherheit nicht tatenlos zusehen. Nachdem der Sicherheitsrat der Vereinten Nationen ein Waffenembargo verhängt hatte, vereinbarten die NATO und die Westeuropäische Union dieses Embargo auf See zu überwachen. Die Bundesregierung entschied daraufhin am 15. Juli 1992, dass die Bundeswehr sich daran beteiligen solle. In Reaktion auf die sich verschlechternde humanitäre Lage verhängte der Sicherheitsrat wenig später auch ein Flugverbot über Bosnien und Herzegowina, und die Bundesregierung entschied am 2. April 1993, die Bundeswehr solle mit den deutschen Besatzungen des Frühwarn- und Einsatzführungssystems (AWACS) der NATO auch die Durchsetzung dieses Flugverbots unterstützen. Aufgrund der unklaren Rechtslage und wegen der verfassungsrechtlichen Bedenken, ob ein Einsatz im Sinne des Artikels 87a Absatz 2 Grundgesetz vorliege, wurde Klage gegen die Beschlüsse der Bundesregierung beim Bundesverfassungsgericht in Karlsruhe erhoben.

Doch auch andernorts auf der Welt verlangte eine drastische Verschlechterung der Sicherheitslage ein Eingreifen der internationalen Gemeinschaft: In Somalia sollte die United Nations Operation in Somalia (UNOSOM) II unter anderem ein sicheres Umfeld für humanitäre Hilfsaktionen schaffen. Die Bundesregierung entschied am 21. April 1993, dass sich die

Bundeswehr an diesem Einsatz beteiligen werde (siehe Beitrag 75) und auch diese Entscheidung landete in Karlsruhe bei den Richterinnen und Richtern mit den scharlachroten Roben.

Deutsche Soldatinnen und Soldaten dokumentierten damit die seit 1992 wachsende Bereitschaft Deutschlands, außen- und sicherheitspolitisch mehr Verantwortung zu übernehmen. Im Inland stieg vor diesem Hintergrund der Streit über die verfassungsrechtlichen Grundlagen derartiger Einsätze. Das Bundesverfassungsgericht musste eine grundsätzliche Entscheidung treffen.

Die Entscheidung fiel am 12. Juli 1994 und darf für sich in Anspruch nehmen, ein historischer Meilenstein zu sein: Das Bundesverfassungsgericht stellte fest, dass die Ermächtigung in Artikel 24 Absatz 2 Grundgesetz, nach der sich der Bund zur Wahrung des Friedens einem System gegenseitiger kollektiver Sicherheit einordnen darf, auch den Einsatz der Bundeswehr im Rahmen und nach den Regeln eines solchen Systems kollektiver Sicherheit umfasst. Solche Systeme waren nach Auffassung der Karlsruher Richter nicht nur die Vereinten Nationen, sondern ebenso der Friedenswahrung verpflichtete Verteidigungsbündnisse wie die NATO oder heute – nach Auflösung der Westeuropäischen Union – die Europäische Union. Damit war klar, dass der von der Bundesregierung beschrittene Weg, mehr Verantwortung auf internationaler Ebene zu übernehmen, verfassungskonform war.

Doch die Entscheidung vom 12. Juli 1994 ging noch weiter: Die Richterinnen und Richter stellten fest, dass die deutsche Verfassungstradition von der Bundesregierung verlangt, für den Einsatz bewaffneter Streitkräfte im Ausland grundsätzlich die vorherige konstitutive Zustimmung des Bundestages einzuholen – damit war der Parlamentsvorbehalt für bewaffnete Auslandseinsätze der Bundeswehr geboren. Zugleich wurde die gesetzgebende Gewalt verpflichtet, Form und Ausmaß der parlamentarischen Mitwirkung nach den Vorgaben des Bundesverfassungsgerichts genauer auszugestalten; ein Auftrag, dem der Bundestag mit dem Parlamentsbeteiligungsgesetz vom 18. März 2005 nachkam. In dieses Gesetz flossen die Erfahrungen und Erkenntnisse aus über zehn Jahren Staats- und Verfassungspraxis ein; es gilt unverändert bis heute.

30 Jahre nach der historischen Entscheidung in Karlsruhe wird über vieles im Kontext der Auslandseinsätze der Bundeswehr diskutiert. Gesetzt sind und bleiben die wegweisenden Aussagen über Rechte und Befugnisse Deutschlands als Mitglied eines Systems kollektiver Sicherheit und der Parlamentsvorbehalt. Das Urteil des Bundesverfassungsgerichts hat weder der Verlässlichkeit Deutschlands als Bündnispartner geschadet, noch die Reaktionsfähigkeit der Bundesregierung geschmälert (dank einer robusten Regelung über Einsätze bei Gefahr in Verzug, die aber nachträglich dem Bundestag zur Billigung vorgelegt werden müssen). Auch wenn heute die Landes- und Bündnisverteidigung wieder in den Vordergrund rückt, so bleibt der Parlamentsvorbehalt, wie in der Entscheidung von 1994 angelegt, Maßstab der

Kostas Koufogiorgos stellt die unterschiedlichen Lebenswahrheiten eines Jungen in einem von Krieg und Aufständen zerrütteten Land sowie eines Bundeswehrsoldaten gegenüber – der Bundeswehrsoldat kann nach seinem Einsatz in seine friedliche Heimat zurückkehren. Für ihn ist Unruhe und Aufstand nur temporär.

parlamentarischen Mitwirkung. Würde zum Beispiel ein NATO-Partner angegriffen und es käme aufgrund der weitreichenden Auswirkungen nicht zur Feststellung des Spannungs- oder Verteidigungsfalls durch den Bundestag, bliebe dennoch eine Unterstützung der Verteidigungsbemühungen dieses Partners möglich: Wenn der Bundestag einem solchen Einsatz nach dem Parlamentsbeteiligungsgesetz zustimmt.

*Wolfgang Haager*

73

# RULES OF ENGAGEMENT

## Verhaltensanweisungen für das Chaos

### Taschenkarte

**Regeln/Verhaltensanweisungen für den Waffengebrauch**
**Deutscher Unterstützungsverband SOMALIA**
**(GECOMPFORSOM)**

**I. GRUNDSÄTZE**

1) Jeder Soldat des Deutschen Unterstützungsverbandes Somalia hat das Recht, sich selbst jederzeit und überall gegen einen Angriff zu verteidigen.

2) Er wehrt auch Angriffe ab, die sich gegen

- andere Soldaten, ziviles Personal, Material und Einrichtungen des Deutschen Unterstützungsverbandes Somalia,
- unter seinem Schutz stehende Personen (z. B. UN-Personal) und Einrichtungen richten.

An militärischen Zwangsmaßnahmen von UNOSOM II - Truppen darf er nicht teilnehmen.

3) In Auseinandersetzungen zwischen verfeindeten Banden oder rivalisierenden somalischen Volksgruppen darf er nicht eingreifen.

4) Der Gebrauch der Schußwaffe ist nur dann zur Abwehr eines Angriffes zulässig, wenn die Anwendung milderer Mittel (z. B. Zurückdrängen, Stock- oder Faustschlag, Kolbenhieb) wegen der Gefährlichkeit des Angriffes keinen Erfolg verspricht.

5) Die Durchsetzung eines Auftrages (z. B. eines Transportauftrages) unter Anwendung von Gewalt einschließlich Waffengewalt ist nicht zulässig.

6) Der Einsatz von Minen, Sprengfallen, Stolperschußanlagen und ähnlichen Vorrichtungen ist nicht zulässig, auch nicht zur Absicherung von Einrichtungen des Deutschen Unterstützungsverbandes Somalia.

7) Die Verteidigung darf nicht über das hinausgehen, was zur wirksamen Abwehr des Angriffes erforderlich ist. Notwehr ist keine Strafaktion! Vergeltungsmaßnahmen sind strafbar. Ebensowenig ist der Einsatz der Schußwaffe auf flüchtende Straftäter (z. B. Diebe) zulässig.

**II. Voraussetzungen des Schußwaffengebrauches**

1) Wenn es die Situation zuläßt, ist der Gebrauch der Schußwaffe durch Anruf und Abgabe von Warnschüssen anzudrohen.

2) Der Anruf erfolgt grundsätzlich in somalischer Sprache. Er lautet:

**„Aniga Unada, jogso! Ama wa toogan!"**

Reagiert die angerufene Person nicht, ist der Anruf zu wiederholen, gegebenenfalls in englischer Sprache:

**„United Nations, stop or I fire!"**

3) Ohne Androhung ist der Schußwaffengebrauch nur dann gerechtfertigt, wenn er das einzige Mittel ist, um eine unmittelbare Gefahr für Leib oder Leben des Soldaten oder eines Dritten abzuwehren (z. B. wenn der Angreifer unerwartet eine Schußwaffe in Anschlag bringt).

**III. Maßnahmen nach Beendigung des Angriffes**

1) Ist der Angriff endgültig abgewehrt, ist auch verletzten Angreifern sanitätsdienstliche Hilfe zu leisten.

2) Sind Angreifer gestellt worden, sind sie zu entwaffnen und unverzüglich an die örtlichen somalischen Polizeihilfskräfte der UN oder die UN-Militärpolizei zu übergeben.

Satz und Druck: FmBtl 950 – OpInfo –

BAAW 0016

Um es vorab klarzustellen: Rules of Engagement sind ein Führungselement und zumeist Bestandteil des Operationsplans der strategischen Ebene. Taschenkarten für die Anwendung militärischer Gewalt wie das abgebildete Exemplar aus dem Jahr 1993 setzen diese – meist als vertraulich eingestuften – Rules of Engagement national um und richten sich an die Soldatinnen und Soldaten eines deutschen Einsatzkontingents. Diese Taschenkarten, formal Bereichsvorschriften, werden (auch) in gedruckter Form im Format A6 herausgegeben, die von den Soldatinnen und Soldaten in der Brusttasche der Feldbluse oder den Beintaschen mitgeführt wird.

Ziel der Taschenkarte ist es, für die Soldatinnen und Soldaten in kompakter und prägnanter Form den Auftrag im Einsatzgebiet, die Grundsätze für die Anwendung militärischer Gewalt sowie die Regelungen zu Notwehr und Nothilfe zusammenzufassen. Je nach Einsatzgebiet und den bestehenden Befugnissen können weitere Inhalte, zum Beispiel zur Anwendung von Gewalt zur Durchsetzung des Auftrags, hinzukommen.

Die Taschenkarte allein macht einen Soldaten oder eine Soldatin natürlich noch nicht handlungssicher, weshalb grundsätzlich alle Angehörigen eines Einsatzkontingents vor Einsatzbeginn einen Rechtsunterricht zu den Inhalten der Taschenkarte erhalten und ihre praktische Anwendung in der einsatzvorbereitenden Ausbildung trainieren. Das kann zum Beispiel in Übungsszenarien geschehen, in denen die Auszubildenden die Regelungen der Taschenkarte anwenden müssen und dadurch Handlungssicherheit gewinnen.

Die Inhalte variieren und haben sich über die Jahre auch verändert: So fehlt bei der abgebildeten Taschenkarte »Regeln/Verhaltensanweisungen für den Waffengebrauch Deutscher Unterstützungsverband SOMALIA (GECOMPFORSOM)«, die 1993 für die deutsche Beteiligung an der Mission der Vereinten Nationen in Somalia (UNOSOM II) herausgegeben wurde, noch eine – heute übliche – ausdrückliche Aussage über den Auftrag. Lediglich indirekt findet er sich unter den Grundsätzen in Nr. 5, die die Anwendung militärischer Gewalt zur »Durchsetzung eines Auftrags (z. B. eines Transportauftrags)« ausdrücklich ausschließt. Obwohl die Resolution 814 des Sicherheitsrats der Vereinten Nationen vom 26. März 1992 ein »robustes Mandat« für UNOSOM II war, das heißt auf der Basis von Kapitel VII der Charta der Vereinten Nationen den eingesetzten Kräften zur Durchsetzung ihres Auftrages »alle erforderlichen Maßnahmen« gestattete, entschied sich Deutschland im Einvernehmen mit den Vereinten Nationen, auf diese Möglichkeit zu verzichten: »Die Angehörigen des deutschen

Juristische »rechte und linke Grenze« für den Einsatz bei UNOSOM II: Taschenkarte für Soldaten der Bundeswehr beim UN-Einsatz in Somalia 1993 mit den Einsatzregeln

Unterstützungsverbandes Somalia dürfen innerhalb der ihnen vorgegebenen Rahmenbedingungen (terms of reference) unmittelbaren Zwang – einschließlich des Gebrauchs der Waffe – nur anwenden, um sich selbst sowie unter ihrem Schutz stehendes anderes VN-Personal oder unter ihrem Schutz stehende Personen und Einrichtungen gegen feindliche Handlungen oder feindselige Absichten zu verteidigen.« Ein Recht auf Nothilfe zugunsten der Zivilbevölkerung oder die Anwendung militärischer Gewalt zur Durchsetzung des Auftrags war darin nicht enthalten.

Die Aufträge richten sich natürlich nach dem Charakter und der Rechtsgrundlage der jeweiligen Einsätze. So stand in Afghanistan bis 2014 die Anwendung militärischer Gewalt zur Durchsetzung des Auftrags, das Land bei der Aufrechterhaltung der Sicherheit zu unterstützen, deutlich im Vordergrund. Mit dieser Regelung griff die Taschenkarte die weitreichenden Befugnisse der Resolutionen des Sicherheitsrats der Vereinten Nationen für die Internationale Sicherheitspräsenz in Afghanistan (ISAF) auf, die – wie schon in Somalia – alle erforderlichen Maßnahmen zur Auftragserfüllung gestatteten (Resolution 1386 vom 20. Dezember 2001 und folgende). War man bei der deutschen Beteiligung an UNOSOM II – auch vor dem Hintergrund der laufenden verfassungsgerichtlichen Klärung der Zulässigkeit von Auslandseinsätzen (siehe Beitrag 72) – sehr zurückhaltend ausgerichtet, wandelte sich dies in Afghanistan zu einem offensiven Mandat mit Kampfauftrag.

Doch was sind die »erforderlichen Maßnahmen« konkret? Die juristisch immer korrekte Antwort »kommt darauf an« führt auf die richtige Spur: Es kommt auf die konkrete völkerrechtliche Einsatzsituation an. Handelt es sich um einen Einsatz im Frieden, beispielsweise um eine Stabilisierungsoperation zur Absicherung eines befriedeten Bürgerkriegs, dann richten sich die Befugnisse zur Erfüllung des Auftrags des Sicherheitsrats an den menschenrechtlichen Vorgaben und den internationalen Standards für Polizeioperationen (Law Enforcement) aus. Geht es aber um mehr als »nur« um innere Unruhen, wird also die Schwelle zum bewaffneten Konflikt (nichtinternational oder international) überschritten, tritt zu diesen Vorgaben das Konfliktvölkerrecht hinzu: Außer Gefecht befindliche Personen (z. B. Gefangene, Verwundete, Kranke) werden auch im bewaffneten Konflikt menschlich behandelt; soweit das Konfliktvölkerrecht keine spezielleren Regelungen bereithält, können ergänzend die Menschenrechte Anwendung finden. Nehmen Personen dagegen unmittelbar an Feindseligkeiten teil, egal ob spontan, als Angehörige einer organisierten bewaffneten Gruppe oder von Streitkräften, richten sich die Befugnisse nach den spezielleren Regeln des Konfliktvölkerrechts und es besteht das Schädigungsrecht des Gegners: Sie dürfen (müssen aber nicht) bekämpft werden. Die Worte »erforderliche Maßnahmen« im Mandat des Sicherheitsrats ermöglichen es damit den eingesetzten Streitkräften, auch auf Lageverschärfungen zu reagieren: Wandelt sich eine Stabilisierungsoperation, die bis dahin maximal mit inneren Unruhen konfrontiert wurde, zu einen Einsatz in einem bewaffneten Konflikt, treten die Regeln des Konfliktvölkerrechts automatisch hinzu. Gelingt es, den Konflikt zu befrieden, entfällt das Schädigungsrecht des Gegners wieder und es bleiben die polizeilichen Einsatzgrundsätze – mehr wird aber dann auch nicht benötigt.

Die Rules of Engagement und die Taschenkarten »Regeln für die Anwendung militärischer Gewalt« konkretisieren diese völkerrechtlichen Vorgaben als Binnenrecht für die Streitkräfte. Sie sind damit »nur« Durchführungsbestimmungen beziehungsweise Führungsinstrument: Ihre Grundlage haben sie in dem in der konkreten Situation anwendbaren Völkerrecht.

*Wolfgang Haager*

74

# AM SCHARFEN ENDE DES BERUFS

## Die erste Beteiligung der Bundeswehr an einem »Kampfeinsatz«

Seit Anfang Juli 1995 nahmen deutsche Kampfflugzeuge unter Führung der NATO an Operationen zum Schutz eines schnellen Einsatzverbands teil, der die United Nations Protection Force (UNPROFOR) unterstützte, eine in Bosnien und Herzegowina eingesetzte Mission der internationalen Gemeinschaft. Hierfür waren 14 Mehrzweckkampfflugzeuge des Typs Tornado im »Einsatzgeschwader 1« aus Deutschland nach Italien auf den Flugplatz San Damiano südlich von Piacenza in der Region Emilia-Romagna verlegt worden: sechs Aufklärungsflugzeuge aus dem schleswig-holsteinischen Jagel und acht ECR-Tornados – ECR steht für Electronic Combat and Reconnaissance – aus dem schwäbisch-bayerischen Lechfeld. Auch andere Bündnispartner standen der UNPROFOR mit ihren Luftwaffen zur Seite.

Trotz rechtlicher Klarstellung durch ein Urteil des Bundesverfassungsgerichts im Juli 1994 über die Verwendung deutscher Streitkräfte im Ausland war diese oftmals als »erster Kampfeinsatz der Bundeswehr« bezeichnete Operation der Luftwaffe höchst umstritten. Obwohl Bundeskanzler Helmut Kohl in seiner ersten Regierungserklärung vor dem gesamtdeutschen Bundestag am 4. Oktober 1990 erklärt hatte, dass das vereinte Deutschland zu seinen internationalen Verpflichtungen stehe und sie erfüllen werde, gab es bis 1999 für den Einsatz deutscher Soldaten außerhalb der Landes- und Bündnisverteidigung keinen parteiübergreifenden Konsens. Eher im Gegenteil hatten SPD und FDP 1992 und 1993 Klage vor dem Bundesverfassungsgericht gegen die Entsendung deutscher Militärs ins Ausland erhoben; die aus der Staatspartei der DDR, der SED, hervorgegangene PDS lehnte ohnehin jegliche Aktivitäten der Bundeswehr im Ausland ab. Der parteipolitische Dissens hatte die Bundesregierung Anfang der 1990er-Jahre jedoch nicht daran gehindert, deutsche Sanitätskräfte nach Kambodscha oder einen logistischen Unterstützungsverband nach Somalia zu entsenden. Nominell fanden beide Operationen unter dem blauen Barett der Vereinten Nationen statt, nicht aber als »Auslandseinsätze« der Bundeswehr, wie man es später verstand.

Für einen Einsatz über dem ehemaligen Jugoslawien gestaltete sich die deutsche Rahmenlage nach dem Urteil von Karlsruhe und dem im Sommer 1994 endgültig vollzogenen Abzug der letzten russischen Soldaten aus dem Gebiet der Bundesrepublik nun aber anders. Der südosteuropäische Vielvölkerstaat Jugoslawien war nach 1991 schrittweise zerfallen. Die unterschiedlichen Volksgruppen fanden sich teilweise in neuen Staaten wieder. In Bosnien und Herzegowina gab es dabei drei kulturell und religiös unterschiedliche Gruppen: musli-

Vieles musste die Bundeswehr in den frühen 1990er-Jahren improvisieren, gerade bei ihren ersten Einsätzen, zum Beispiel im ehemaligen Jugoslawien. So ließ sie auf Taschentüchern einen mehrsprachigen Aufruf drucken, mit dem sich abgeschossene deutsche Kampfflugzeugbesatzungen mit der örtlichen Bevölkerung hätten verständigen und diese um Hilfe bitten können. Zu einer solchen Situation kam es zum Glück nie.

mische Bosnier, christliche Kroaten und orthodoxe Serben, die ab 1992 gegeneinander Krieg führten. Die UNPROFOR war im Rahmen ihres begrenzten Mandats nicht imstande, ethnische Säuberungen und schwerste Menschenrechtsvergehen zu verhindern. Aufgrund dieser Verbrechen wie auch der angespannten Sicherheitslage fanden sich nur wenige europäische Staaten (Großbritannien, Frankreich und die Niederlande) bereit, neben den vor Ort agierenden Truppen der Vereinten Nationen eine zusätzliche schnelle Eingreiftruppe aufzustellen – und mit Luftstreitkräften für deren Sicherheit zu sorgen.

Sollten auch deutsche Soldaten im ehemaligen Jugoslawien eingesetzt werden? Der FDP-Politiker Otto Graf Lambsdorff lehnte das 1991 mit klaren Worten ab: »Deutsche Soldaten waren schon einmal auf dem Balkan. Das war nicht gut.« Obwohl auch Kohl diese Position ab 1991 vehement vertrat, konnte sich die Bundesregierung Ende 1994/Anfang 1995 angesichts einer sich verschärfenden Sicherheitslage, zunehmender Übergriffe bosnischer Serben auf die Truppen der Vereinten Nationen und des daraus resultierenden gesteigerten Engagements seiner engsten NATO-Partner kaum mehr einem eigenen Engagement verweigern. In der Mitte Europas gelegen, bevölkerungsreich, wirtschaftsstark, durfte Deutschland für sich nicht länger eine »Sonderrolle« wie zu Zeiten der deutschen Teilung beanspruchen. Wohlgemerkt, bis 1990 hatte die Bundesregierung ihr Militär aufgrund der Existenz zweier deutscher Staaten allein in der Katastrophen-, Wirtschafts- und Entwicklungshilfe zum Einsatz gebracht, im Ausland aber nie an militärischen Maßnahmen außerhalb der Landes- und Bündnisverteidigung teilgenommen. Bis dahin hatte international aber auch kaum jemand einen deutschen militärischen Beitrag eingefordert, den andere Nationen zu leisten bereit gewesen waren. Nach der Einigung erhielt Deutschland jedoch seine volle Souveränität und die Bundesregierung nahm für sich in Anspruch, alle Rechte und Pflichten als Mitglied der Vereinten Nationen zu erfüllen; auch wenn umstritten ist, ob es derzeit überhaupt eine Pflicht zur militärischen Unterstützung von Missionen der Vereinten Nationen gibt.

Wenn die deutsche Regierung nach der deutschen Einigung aber weiterhin in Europa Gewicht haben, die europäische Einigung nicht gefährden und künftig sogar mehr internationale Verantwortung übernehmen wollte, musste sie sich auch militärisch an internationalen Maßnahmen im Ausland beteiligen. Die Luftwaffe besaß diesbezüglich technische Fähigkeiten, über die andere NATO-Partner so nicht verfügten und die für die Einsätze über Bosnien und Herzegowina folglich hoch begehrt waren: Kampfflugzeuge zur abbildenden (bildgestützten) Aufklärung sowie zur Unterdrückung gegnerischer Luftverteidigung.

Für die Geschwader in Jagel und Lechfeld war angesichts ihrer technischen Fähigkeiten offenkundig, dass es für sie einen Einsatz auf dem Balkan geben wird. Fliegerisch waren sie hervorragend ausgebildet und einsatzbereit. Doch die mit einem solchen Einsatz verbundenen Gefahren, vor allem angesichts der dort begangenen Verbrechen, die nahezu in Echtzeit in die deutschen Wohnzimmer übertragen wurden, sorgten für Nervosität. Waren die deutschen Besatzungen auch gut ausgestattet für einen solchen Einsatz? Was hatte man zur Hand, wenn man, über dem Einsatzgebiet abgeschossen, aus den Flugzeugen aussteigen und sich am Boden allein durchschlagen musste? Alle Flugzeugbesatzungen bekamen deshalb ein Handheld Global Positioning System (GPS-Handheld), damit sie sich im Notfall im Gelände zurechtfinden konnten. Auch eine neue Pistole als persönliche Bewaffnung mit größerem Kaliber und mehr Munition wurde ausgegeben und die Fliegersonderbekleidung, insbesondere für die kältere Jahreszeit, ergänzt. Eine komplette Blauhelmausstattung, Barett, Halstuch, Armbinde, wurde ausgegeben, damit sich die deutschen Piloten als Mitglieder einer Mission im Auftrag der Vereinten Nationen identifizieren konnten. Zusätzlich gab es »Bordnotgeld« in beachtlicher Höhe – US-Dollar und Deutsche Mark, die Schattenwährungen in den Ländern des ehemaligen Jugoslawiens, in Plastikfolie laminiert. Notfalls sollten die Soldaten sich damit Hilfe erkaufen; so die ad hoc geborene Idee der beteiligten Soldaten. »Unter Mitwirkung von Dolmetschern hatten wir eine deutsch-englisch-serbokroatische Erklärung vorbereitet, die es der Besatzung im Falle einer Notlandung erleichtern sollte, den ersten Kontakt mit der Bevölkerung herzustellen«, berichtete der erste Kommodore des Einsatzgeschwaders 1, Oberst Johann Dora. Diese Erklärung war ebenfalls auf Karton gedruckt und laminiert, wurde jedoch wenige Wochen nach Beginn des Einsatzes gegen das abgebildete viersprachige Taschentuch getauscht.

Die genannten Vorsorgemaßnahmen kamen jedoch nie zum Tragen, kein deutsches Flugzeug stürzte ab oder wurde abgeschossen. Andere NATO-Partner hatten in den Missionen über dem ehemaligen Jugoslawien hingegen sehr wohl Verluste an Flugzeugen und Piloten zu beklagen, weswegen die Vorkehrungen keineswegs grundlos waren.

Als im Dezember 1995, nach der Unterzeichnung des Friedensvertrags von Dayton, die UNPROFOR durch die NATO-geführte Implementation Force (IFOR) abgelöst und der Friedensprozess durch eine robustere Militärmission unterstützt wurde, kam mit rund 4000 deutschen Soldaten auch das bis dahin größte Kontingent der Bundeswehr im Ausland zum Einsatz. Die Vorbehalte in der deutschen Politik hatten zwar noch nicht in Gänze zerstreut werden können, außer der oppositionellen PDS wollte aber keine Partei dem Friedensprozess im ehemaligen Jugoslawien geschlossen im Weg stehen. Dennoch gab es auch angesichts der sicheren Regierungsmehrheit im Bundestag über 100 Abgeordnete, insbesondere aus der SPD und dem Bündnis 90/Die Grünen, die gegen die Entsendung stimmten. Vier Jahre später sollte es eine rot-grüne Regierungskoalition sein, die die Bundeswehr in den Kosovo-Konflikt schickte, einen noch gefährlicheren Einsatz, bei dem deutsche Piloten selbst wiederholt Lenkflugkörper auf feindliche Stellungen schossen.

*Torsten Konopka und Heiner Möllers*

75

# DIENEN UNTERM BLAUEN HELM

## Deutsche Soldaten im Einsatz für die Vereinten Nationen

Der »Blauhelm« ist streng genommen nur ein farbiger Stoffüberzug für den olivfarbigen Gefechtshelm der Bundeswehr, der die Soldatinnen und Soldaten unserer Streitkräfte als Mitglieder von Missionen der Vereinten Nationen kenntlich macht.

Aufgabe moderner Militäruniformen ist es nicht nur, äußerlich Einheitlichkeit unter den Angehörigen einer nationalen Streitmacht herzustellen. Kleidung und Ausrüstung moderner Streitkräfte sollen ihren Trägern vielmehr durch ihre spezielle Farbgebung auch eine gute Tarnung im Feld verleihen. Bei den Truppen, die für die Vereinten Nationen (VN) zum Einsatz kommen, ist dies anders. Seit 1956 sind die Kopfbedeckungen der Weltorganisation leuchtend blau mit weißer Aufschrift: UN für United Nations. Bereits die auffälligen Kopfbedeckungen sollen zeigen, dass die Truppen der Vereinten Nationen keine Konfliktpartei, sondern unparteiisch sind und durch ihre schiere Präsenz zur Linderung von Konflikten beitragen.

Bis Angehörige der Bundeswehr die blauen Kopfbedeckungen der Vereinten Nationen erstmals trugen, war es ein langer Weg. Es dauerte bis 1973, ehe die Bundesrepublik Deutschland als ehemaliger »Feindstaat« in den Kreis der Weltorganisation aufgenommen wurde. Der Beitritt bedeutete nicht zwangsläufig auch eine deutsche Beteiligung an VN-Missionen. Zwar wurden in der Folge einige VN-Maßnahmen von der Bundesrepublik logistisch unterstützt, bis zur ersten Beteiligung mit uniformiertem Personal sollte es jedoch bis 1989/90 dauern. Bei der VN-Mission UNTAG in Namibia machte auch nicht die Bundeswehr den Auftakt, sondern der Bundesgrenzschutz. Im Sommer 1989 hatte das Bundeskabinett die Entsendung von 50 Beamten beschlossen.

Die erste Beteiligung der Bundeswehr an einer Mission der Vereinten Nationen erfolgte schließlich zwischen 1991 und 1993 in Kambodscha (die Entsendung einiger Abrüstungsinspekteure und von fliegenden Einheiten in die VN-Maßnahme UNSCOM in den Irak zwischen 1991 und 1996 zählen die Vereinten Nationen nicht als VN-Mission, da es sich um eine Zwangsmaßnahme des VN-Sicherheitsrats handelte). In Kambodscha kamen zunächst bis zu 15 Soldaten in der Vorausmission UNAMIC und ab Frühjahr 1992 rund 150 Soldatinnen und Soldaten des Sanitätsdienstes der Bundeswehr in der UNTAC zum Einsatz.

Unproblematisch waren diese ersten VN-Beteiligungen nicht. Die Rechtmäßigkeit der Entsendung der Bundeswehr in solche Maßnahmen war lange umstritten. Mit Ausnahme des Bundesministeriums der Justiz hatten alle beteiligten Ressorts aus politisch-rechtlichen Bedenken die Auffassung vertreten, das Grundgesetz lasse Auslandseinsätze der Bundeswehr nicht zu. 1982 war diese Position vom Bundessicherheitsrat einstimmig – auch mit Zustimmung des Justizministeriums – als bindende, aber widerrufliche Linie festgesetzt worden.

Ende der 1980er-Jahre begann dieser politische Konsens aufgrund einer sich wandelnden weltpolitischen Lage bereits wieder zu bröckeln. Während das Innen- und das Verteidigungsministerium nach einem Wechsel ihrer Minister eine Kurskorrektur vollziehen konnten, hielt das unter Führung von Hans-Dietrich Genscher (FDP) stehende Auswärtige Amt zur Wahrung seiner Glaubwürdigkeit an der ursprünglichen Rechtsauffassung fest. Nur weil das

Auswärtige Amt selbst nach größerem Einfluss im Rahmen der Weltorganisation strebte und die personelle Beteiligung an VN-Missionen hierzu als geeigneter Weg erschien, kam es ab 1989 zu den ersten Beteiligungen bundesdeutscher Sicherheitskräfte an VN-Missionen. Während die Entsendung von Beamten des BGS als rechtlich unbedenklich galt, vermieden es die Ministerien, die ersten Auslandsentsendungen der Bundeswehr als »Einsatz« zu bezeichnen. Das Engagement in Kambodscha wurde daher als Fortführung humanitärer Hilfe gewertet. Zudem blieben die deutschen Kräfte national unterstellt. Sie waren lediglich auf die Zusammenarbeit mit den Vereinten Nationen angewiesen.

Das bis heute umfangreichste Engagement der Bundeswehr im Rahmen einer VN-Mission erfolgte 1993/94 in Somalia. Hier waren die blauen Helme und die VN-Armbinden nicht nur wichtig, um erkannt zu werden. Die fragile Sicherheitslage machte das Tragen eines Helms in manchen Teilen des Landes zwingend notwendig. Als die Vereinten Nationen 1992 wegen eines gewalttätigen Konflikts und einer Hungerkatastrophe begannen, sich in Somalia zu engagieren, stand das Bundesministerium der Verteidigung einer Beteiligung in Somalia zunächst noch skeptisch gegenüber. Die Beteiligung mit Sanitätspersonal an der VN-Mission UNOSOM lehnte es im Herbst 1992 wegen Personal- und Materialengpässen sowie Vorbehalten vor weiteren Entsendungen der Bundeswehr ins Ausland ab. Bevor nicht das Bundesverfassungsgericht die im Sommer 1992 von der SPD eingereichte Verfassungsklage gegen die Entsendung der Marine in die Adria geklärt hatte, sollten keine weiteren Auslandsentsendungen der Bundeswehr erfolgen. Als sich im Dezember 1992 unter Führung der USA allerdings alle wichtigen NATO-Partner anschickten, mit eigenen Truppen in Somalia zu intervenieren, eine Beteiligung an der unter US-Führung erfolgten Zwangsmaßnahme UNITAF in Somalia für die deutschen Entscheidungsträger politisch jedoch ausgeschlossen schien, sprachen sich die betroffenen Bundesministerien für eine Beteiligung an der VN-Folgemission UNOSOM II aus. Um das deutsche Engagement von der unter Kapitel VII der VN-Charta mandatierten Mission UNITAF abzugrenzen, sollten die deutschen Kräfte aber lediglich »für humanitäre Aufgaben« und nur in einer »befriedeten Region« zum Einsatz kommen. Nur so konnte das Auswärtige Amt die Position aufrechthalten, es handle sich um keinen »militärischen Einsatz«, sondern um »humanitäre Hilfe«.

Problematisch für die deutschen Stellen wurde jedoch, dass die UNITAF nicht zur Befriedung Somalias führte. Auch die neue VN-Mission wurde in Teilen unter Kapitel VII der VN-Charta mandatiert und berechtigt, zur Durchsetzung ihres Auftrags militärischen Zwang anzuwenden. Für die deutschen Stellen war dies ein Dilemma. Überdies benötigten die Vereinten Nationen auch vorrangig keine humanitäre Hilfe, sondern eher logistische Unterstützung. Das Bundesministerium der Verteidigung stimmte deshalb im Frühjahr 1993 der Bitte der Vereinten Nationen zu, einen verstärkten Nachschub- und Transportverband im Zentrum Somalias zu stationieren und andere VN-Truppen, geplant wurde mit einer indischen Brigade, zu versorgen. Bundeskanzler Helmut Kohl hatte die Entsendung Mitte Dezember 1992 selbst öffentlich angekündigt. Die Zustimmung seitens des Verteidigungsministeriums war daher unumgänglich, wollte es nicht die Glaubwürdigkeit des Kanzlers beschädigen.

Auch wenn die Beteiligung der Bundeswehr in Somalia die Bereitschaft der Bundesrepublik Deutschland unterstrich, größere internationale Verantwortung zu übernehmen, blieb deren Handlungsspielraum durch nationale Restriktionen beschränkt. Die deutschen Soldaten durften keinen militärischen Zwang zur Durchsetzung ihres Auftrags anwenden und blieben dadurch vielfach auf die Unterstützung anderer Nationen angewiesen. Weil Mogadischu nicht als *secure environment* (befriedete Region) eingestuft worden war, diese aber Voraussetzung für das Agieren deutscher Kräfte war, durften diese zudem keine Verbrauchsgüter aus Mogadischu abholen und konnten so die logistisch überforderte VN-Mission nicht wirksam entlasten.

Weil die Bundeswehr bei ihren ersten Blauhelm-Einsätzen in Kambodscha und Somalia 1992/93 noch keine tropentauglichen Feldanzüge besaß, erhielt sie welche von den französischen Streitkräften. Zur Kenntlichmachung der deutschen Kräfte wurde diese Armbinde entworfen und an der linken Schulter »übergezogen«.

Vor Ort war der deutsche Logistikverband indes kaum gefragt. Während sich der somalische Konflikt in Mogadischu intensivierte und einige europäische Nationen abzogen, wurde die erwartete indische Brigade im Süden stationiert. Eine sinnvolle Verlegung des deutschen Logistikverbandes kam für die nationalen Entscheidungsträger jedoch nicht infrage, da dies mehr Risiko und einen neuen Kabinetts- und Bundestagsbeschluss erfordert hätte. Als mit den USA der wichtigste Partner seinen Abzug ankündigte, erwirkte das Verteidigungsministerium den Abzug des deutschen Kontingents bis März 1994.

Mit der Rückkehr der letzten deutschen UNOSOM-II-Soldaten endete das bis heute personell umfangreichste VN-Engagement der Bundeswehr. Nie wieder trugen so viele deutsche Soldatinnen und Soldaten gleichzeitig den blauen Helm. In der Folge lösten die NATO und die EU die Vereinten Nationen als die von der Bundesregierung bevorzugten Organisationen für ihr militärisches Handeln im Ausland ab – ohne blauen Helm.

*Torsten Konopka*

76

# EINSATZAUSBILDUNG

## Train as you serve

Hinweisschild auf einen Checkpoint, wie es in den 1990er-Jahren bei der Bundeswehr in der Ausbildung genutzt wurde

Checkpoint, Patrouille, IED (Improvised Explosive Device), Kampfmittelsuchformation, TIC (Troops in Contact), Konvoi, CRC (Crowd & Riot Control), Mine Awareness, Selbstmordattentäter – all das sind Begriffe und Verfahren, die in den ersten 40 Jahren der Bundeswehr kaum relevant waren. Im Auslandseinsatz stellte die Truppe vor Ort jedoch schnell fest, dass der Auftrag neue Verfahren und eine andere Ausrüstung verlangte. Auch die militärische Führung erkannte, dass es sowohl neuer Regeln als auch neuer Fähigkeiten bedurfte, um sich an die spezifischen Bedingungen eines Einsatzes anzupassen.

Nach der Wiedervereinigung 1990 führten die Debatte über eine gestiegene Verantwortung Deutschlands sowie der Wunsch nach einer ständigen Präsenz im Sicherheitsrat der Vereinten Nationen (VN) zu der Frage nach einer angemessenen Beteiligung der Bundeswehr an friedenserhaltenden und friedenserzwingenden Einsätzen. Dies mündete recht schnell in die ersten Einsätze deutscher Streitkräfte außerhalb Deutschlands. Ab 1992 zunächst als VN-Blauhelme, dann auch im Rahmen der NATO wurden weit über 100.000 deutsche Soldatinnen und Soldaten in Einsätze und Missionen im Kosovo, in Afghanistan und in Afrika entsandt. Politik und Truppe tasteten sich an immer robustere »Stabilisierungseinsätze« heran, in denen die eingesetzten Soldaten immer häufiger auch mit Beschuss oder Anschlägen konfrontiert wurden.

Ungeachtet aller Unterschiede blieb der Anspruch bestehen, die Truppe bestmöglich auf ihren jeweiligen Einsatz vorzubereiten. Aus den Ansätzen verbündeter und befreundeter Streitkräfte wie auch aus den Erfahrungen der ersten deutschen Kontingente entwickelte sich so eine mehrstufige Ausbildung für Auslandseinsätze.

Anfang der 1990er-Jahre wurde die Kontingentausbildung zunächst auf dem Truppenübungsplatz Münsingen (Baden-Württemberg) durchgeführt, später jedoch recht bald an die Infanterieschule nach Hammelburg verlegt. Dort entstanden bis 1994 zwei spezielle »VN-Inspektionen«: eine für die spezifische VN-Ausbildung; die andere, unterstützt durch einen Ausbildungsverband, für den auf den Einzelsoldaten zugeschnittenen Anteil der vorbereitenden Kontingentausbildung. Aus diesen Inspektionen entstand 1999 das VN-Ausbildungszentrum.

Abgeleitet aus den Erkenntnissen aus dem Somalia-Einsatz 1992/93 sowie den VN-Erfahrungen Verbündeter lag der Fokus zunächst auf den Ausbildungsinhalten »Patrouille« und »Checkpoint«, auf dem Eigenschutz der Soldaten, auf den Einsatzregeln (Rules of Engagement, RoE) sowie auf der Vermittlung grundlegender Kenntnisse über die Einsatzgebiete. Themen wie Mine Awareness (die Sensibilisierung für die von Minen ausgehende Gefahr), eine erweiterte Sanitätsausbildung, das Verhalten bei Gefangennahme sowie der Umgang und die Verhandlungsführung mit örtlichen Machthabern, den Warlords, und die Gesprächsführung mit der Bevölkerung bestimmten die Ausbildung.

Ein ganz neues Element stellte das RoE-Schießen dar, bei dem Schießausbildung und Handlungstraining zusammenflossen und für das folgerichtig Personenscheiben verwendet werden, die sowohl bewaffnete als auch unbewaffnete Zivilisten darstellen. Letztlich stand und steht für einen Schützen immer die Frage im Raum: »Wann muss ich schießen – wann darf ich nicht schießen?«

Im Verlauf der Einsätze im Kosovo (KFOR) und in Afghanistan (ISAF) verlagerte sich der Schwerpunkt von der Einzelausbildung, die mittlerweile durch die für den jeweiligen Einsatz vorgesehene Truppe selbst durchzuführen war, auf eine mehrstufige Verbandsausbildung bis zur abschließenden Übung im Gefechtsübungszentrum des Heeres. Die Inhaltspalette wurde beispielsweise erweitert um Crowd & Riot Control, also den Umgang mit gewalttätigen Menschenmengen, den Schutz vor IEDs und Selbstmordattentätern sowie das Verhalten in einem komplexen Hinterhalt.

Mit der Gestellung der Quick Reaction Force für das von Deutschen geführte ISAF Regional Command North in Afghanistan und der zunehmenden Verwicklung in Gefechte wurde die Ausbildung zwischen 2008 und 2012 deutlich gefechtsbezogener. Der Stabilisierungseinsatz in Afghanistan wandelte sich zur Unterstützungsmission für örtliche Streitkräfte – und für die deutschen Verbände zum Kampf gegen die Taliban. Neue Bedrohungen erforderten neue Verfahren und Taktiken: anders angelegte Checkpoints, einen besseren Schutz durch erhöhten Abstand sowie neue Formen der Aufstellung von Fahrzeugen und Kräften während der Rast. Konvoiverfahren, Stützpunkte, Kampfmittelsuchverfahren und -formationen wurden im Einsatz entwickelt und fanden ihren Weg in die Ausbildung. Immer bedeutender wurde zudem die geistige Vorbereitung auf die extremen physischen und psychischen Belastungen eines Einsatzes unter Gefechtsbedingungen.

Die Truppe musste auf die Gleichzeitigkeit von Kampf- und Sicherungsaufgaben, auf den Kampf gegen »Irreguläre«, auf die Unterstützung und Ausbildung von lokalen Sicherheitskräften sowie auf die Verbindung und mitunter auch Versorgung der Zivilbevölkerung vorbereitet werden. Parallel erhielten auch Unteroffiziere und Offiziere an den Truppenschulen und an der Führungsakademie der Bundeswehr eine einsatzspezifische Ausbildung, während multinationale Stäbe im NATO-Trainingszentrum in Bydgoszcz (Polen) ihre Zertifizierung erhielten.

Bezogen auf den Auslandseinsatz konkurrieren in der Bundeswehr zwei grundsätzlich unterschiedliche Sichtweisen: Sind Streitkräfte immer für den Kampf im Krieg auszubilden und können solche Streitkräfte dann auch für Stabilisierungseinsätze verwendet werden? Oder müssen Truppen, die in einen bestimmten Einsatz entsendet werden, dafür eine spezifische Ausbildung erfahren, mithin: Braucht es eine jeweils eigene Stabilisierungsausbildung? Die Antwort schien zu Beginn des neuen Jahrtausends zunächst mit der Einführung

Schießscheiben der Spezial- und Infanteriekräfte der Bundeswehr: Durch Überkleben der Hände mit einem Bildausschnitt wird ein Zivilist zum irregulären Kämpfer – den einen darf man nicht, den anderen muss man bekämpfen.

einer zusätzlichen Operationsart »Stabilisierung« gefunden. In die Offizierausbildung hielten komplexe und theoretische Abstufungen Einzug: ein Spektrum von stabilisierenden, friedenserhaltenden, robusten, friedenserzwingenden Einsätzen auf der einen Seite sowie auf der anderen Seite Einsätze zur Abschreckung im Rahmen der Landes- und Bündnisverteidigung bis hin zum Krieg (full spektrum warfare). Als diese Konzepte jedoch endgültig etabliert waren, standen deutsche Kräfte in Verbandsgröße bereits im Gefecht mit Aufständischen in Afghanistan – der Krieg ist eben ein Chamäleon.

In den drei Einsatzjahrzehnten seit 1992 durchlief die Bundeswehr eine Wellenbewegung von kriegstüchtigen Streitkräften hin zu spezifisch kleinteilig ausgebildeten Kontingenten und wieder zurück zu kriegstüchtig auszubildenden Verbänden. Die Zeit der großen Auslandseinsätze scheint auf absehbare Zeit wieder vorbei zu sein. Die Einsatzausbildung sowohl auf individueller Ebene, unterteilt in die einsatzlandunabhängige und die einsatzlandspezifische Ausbildung, als auch die Kontingentausbildung für Verbände und Stäbe sind dennoch längst Normalität in der Bundeswehr geworden.

*Hans-Christoph Grohmann*

77

# NEUE AUFGABEN, NEUE BEDROHUNGEN

## Asymmetrische Konflikte und »neue Kriege«

Dieser Außenbordmotor Yamaha Enduro 40 mit einem Zweitakt-40-PS-Antrieb wurde auf einem somalischen Piratenboot verwendet, bevor es von der Deutschen Marine aufgebracht und anschließend versenkt wurde.

Der abgebildete Außenbordmotor einer Piraten-Dau, die 2009 im Rahmen der Operation Atalanta von der Fregatte Karlsruhe vor der somalischen Küste aufgebracht wurde, steht paradigmatisch für das erweiterte Bedrohungsspektrum, den asymmetrische Konflikte nicht nur zu Lande und in der Luft, sondern auch auf See darstellen. Unter dem Eindruck dieser Erfahrungen erweiterte sich das Aufgabenspektrum der Bundeswehr von anfänglich humanitären und Friedenseinsätzen hin zu Stabilisierungs- und sogar robusten Friedenserzwingungs- und Kampfeinsätzen, in denen militärische Gewalt nicht mehr allein zur Notwehr, sondern auch zum Zwecke der Auftragserfüllung eingesetzt werden durfte.

Infolge der geänderten außen- und innenpolitischen Handlungsmöglichkeiten des wiedervereinigten Deutschlands sowie der Erweiterung des Sicherheitsbegriffs übernahm die Bundeswehr nach dem Ende des Ost-West-Konflikts zunehmend neue Aufgaben. Damit waren zugleich andere Herausforderungen und neue Bedrohungen verbunden. 1955 als Armee zur Landesverteidigung im NATO-Rahmen aufgestellt, wandelte sich die Bundeswehr in den 1990er-Jahren zu einer international agierenden Einsatzarmee und beteiligte sich seither mit mehr als einer halben Million Soldaten an über 40 multinationalen Einsätzen in Asien, Europa und Afrika. In diesen Jahrzehnten sah sich die Bundeswehr erstmals auch mit nichtstaatlichen Gewaltakteuren in asymmetrischen Konflikten konfrontiert. Diese Entwicklung erfolgte jedoch nicht linear, sondern schrittweise, teilweise infolge eines schmerzhaften Lernprozesses, der die rechtlichen, politischen, militärischen und kulturellen Rahmenbedingungen deutscher Sicherheits- und Verteidigungspolitik auf eine Belastungsprobe stellte.

Asymmetrische Konflikte prägen mindestens seit Anfang des 19. Jahrhunderts das internationale Konfliktgeschehen. Im westlichen Bewusstsein herrschten in Europa jedoch Staatenkriege vor, weswegen asymmetrische Konflikte als »neue Kriege« firmierten. In den ersten Friedensmissionen der Vereinten Nationen Anfang der 1990er-Jahre sollten die internationalen Streitkräfte zunächst vorrangig als neutrale Friedensgaranten auftreten; die militärische Gewaltanwendung war lediglich zur Notwehr vorgesehen. Diese passive Ausrichtung eignete sich jedoch nicht, um Gräueltaten und Menschenrechtsverletzungen zu verhindern, die in zahlreichen Ländern wie Angola, Somalia, Ruanda und schließlich auch im ehemaligen Jugoslawien trotz Präsenz internationaler Truppen mehr als eine Million Menschen das Leben kosteten. In Deutschland führte insbesondere das Massaker von Srebrenica dazu, das bis dahin praktizierte Prinzip der militärischen Zurückhaltung zu überdenken. In der Folge sollte der Einsatz militärischer Gewalt unter bestimmten Bedingungen nicht nur erlaubt, sondern sogar geboten sein. Die Luftoperation der NATO »Allied Force« (siehe Beitrag 74) von 1999 war der erste Kampfeinsatz der Bundeswehr seit 1945, sie wurde aufgrund des Vetos der Russländischen Föderation, die sich als serbische Schutzmacht verstand, im Sicherheitsrat der Vereinten Nationen aber ohne völkerrechtliche Mandatierung durchgeführt.

Mit den Anschlägen am 11. September 2001 in den USA rückte die asymmetrische Gewalt schließlich vollends in das öffentliche Bewusstsein. In den westlichen Interventionen in Afghanistan und Irak richtete sich die Gewalt nichtstaatlicher Akteure nunmehr nicht allein gegen die Zivilbevölkerung und die lokalen Sicherheitsorgane, sondern vermehrt auch gegen die internationalen Truppen selbst. Der ISAF-Einsatz am Hindukusch prägte dabei sowohl die Bundeswehr als auch die politisch-gesellschaftlichen Einstellungen in Deutschland zum Einsatz militärischer Gewalt grundsätzlich neu. Von den 37 deutschen Soldaten, die in Auslandseinsätzen der Bundeswehr durch Fremdeinwirkung – in Gefechten oder durch Anschläge – ums Leben kamen, fielen 35 in Afghanistan. Die behelfsmäßigen Spreng- und Brandvorrichtungen, die sogenannten IEDs (Improvised Explosive Devices), stellten die Hauptbedrohung für die Kräfte vor Ort dar. Nach langen und zähen innenpolitischen Aushandlungsprozessen wurden die Einsatzmöglichkeiten der Bundeswehrsoldaten sowie ihre militärische Ausrüstung und Ausstattung in rechtlicher Hinsicht und im Sinne einer größtmöglichen Effizienz den tatsächlichen Begebenheiten angepasst.

Im Schatten der medialen Aufmerksamkeit für den Afghanistan-Einsatz beteiligte sich Deutschland militärisch auch an weiteren internationalen Einsätzen, in denen Soldaten und Soldatinnen asymmetrischen Bedrohungen ausgesetzt waren. Beispielhaft hierfür steht die Anti-Piraterie-Operation »Atalanta« am Horn von Afrika, an der sich die Bundeswehr bis 2022 beteiligte. Diese multinationale Operation der Europäischen Union stellte – ebenso wie der Afghanistan-Einsatz – die Bundeswehr und das deutsche politische System erneut vor grundsätzliche Herausforderungen. Wiederum mussten auch verfassungsrechtliche Fragen hinsichtlich der Zulässigkeit solcher Bundeswehreinsätze, der militärischen Gewaltanwendung sowie des Kombattantenstatus der Piraten geklärt werden, die von kleinen Schnellbooten mit Außenbordmotor (»Dau«) angriffen.

Zusätzlich zu den asymmetrischen Bedrohungen zu Land und zu Wasser begann unter dem Eindruck der Anschläge des 11. Septembers zudem eine politische Debatte in Deutschland, wie auf eine asymmetrische Bedrohung aus der Luft, insbesondere im Inland, reagiert werden solle und dürfe. Das hieraus entstandene Luftsicherheitsgesetz legte erstmals 2005 rechtliche Rahmenbedingungen für den inländischen Schutz vor Flugzeugentführungen sowie Sabotageakten und Terroranschlägen gegen den zivilen Luftverkehr fest. Kontroversen rief dabei insbesondere die ursprüngliche Befugnis des Bundesministers der Verteidigung hervor, als Ultima Ratio ein entführtes Flugzeug von der Bundeswehr abschießen lassen zu können. In Folge einer Verfassungsklage durch die oppositionelle FDP entschied das Bundesverfassungsgericht im Februar 2006, dass eine solche Maßnahme verfassungswidrig sei. Erlaubt sind seitdem nur das Abdrängen eines entführten Flugzeugs, das Erzwingen der Landung, die Androhung von Waffengewalt sowie das Abgeben von Warnschüssen.

»Improvised Explosive Device« aus dem Afghanistan-Einsatz der Bundeswehr – das nach dem Auffinden vor Ort entschärft und später vernichtet wurde. Der einfache Sprengsatz enthält in schwarze Folie eingewickelt ca. 200 Gramm Sprengstoff sowie rechts eine 1,5-Volt-Batterie zur Stromversorgung, um ihn per Mobiltelefon zünden zu können.

Spätestens mit dem hastigen, teilweise chaotischen Abzug der westlichen Truppen aus Afghanistan im Sommer 2021 und insbesondere mit dem russischen Angriffskrieg gegen die Ukraine seit Februar 2022 scheint die Ära des westlichen bzw. liberalen Interventionismus mit seinen asymmetrischen Kriegen vorerst ein Ende gefunden zu haben. Die »Zeitenwende« hat in Deutschland zu einer Refokussierung der Bundeswehr auf die Erfordernisse der Landes- und Bündnisverteidigung geführt, die zum Zwecke der Abschreckung zu einer der stärksten konventionellen Streitkräfte auf dem europäischen Kontinent umstrukturiert werden soll. Gemeinsam mit den NATO-Alliierten sollen so weitere russische Expansionsbestrebungen verhindert werden. Die Herausforderungen, die sich in der Vergangenheit durch instabile Staaten und nichtstaatliche Akteure im europäischen Interessengebiet ergeben haben, werden jedoch bestehen bleiben. Obgleich noch unklar ist, wie der Spagat zwischen konventioneller Abschreckung in Europa einerseits und Stabilisierungsoperationen sowie Krisenmanagement in der europäischen Nachbarschaft andererseits zukünftig personell, finanziell und strukturell gelingen kann, ist bereits absehbar, dass asymmetrische Konflikte auch in Zukunft die Bundeswehr beschäftigen werden.

*Jeronimo L.S. Barbin*

78

# FELDPOST

## Von der innerdeutschen Manöverpost zur Feldpostorganisation für den Auslandseinsatz

Die Feldpostsäcke der Bundeswehr dienen seit jeher dem Transport der Brief- und Warensendungen der Soldatinnen und Soldaten. Organisiert wird dieser Warenverkehr über das Feldpostzentrum der Bundeswehr in Pfungstadt bei Darmstadt.

Der handgeschriebene Brief hat im Zeitalter der schnellen elektronischen Kommunikation per E-Mail, SMS oder Messenger-Dienst an Bedeutung verloren. Im Einsatz erfreut sich die Feldpost bei Soldatinnen und Soldaten dennoch großer Beliebtheit, weil sie eine persönliche Verbindung zu Heimat und Familie ermöglicht und elektronische Medien in den Einsatzgebieten nicht immer in ausreichendem Umfang für die private Nutzung zur Verfügung stehen. Der abgebildete Feldpostsack steht stellvertretend für die anspruchsvolle Aufgabe, den Feldpostverkehr über teilweise große Distanzen für eine immer globaler agierende Bundeswehr zu gewährleisten.

So bedeutsam die Feldpost in beiden Weltkriegen gewesen war, in der frühen Bundeswehr schenkte man dem Thema zunächst wenig Beachtung. Erst zu Beginn der 1970er-Jahre entstanden zwei Dienstvorschriften zur Feldpostorganisation und zum Feldpostbetrieb. Feldpost wurde als ein Zweig des Postwesens betrachtet, »der nur im Verteidigungsfall eingerichtet wird und dazu dient, die Postversorgung innerhalb der Streitkräfte sowie im Verkehr mit der Heimat und den verbündeten Streitkräften sicherzustellen« (Handbuch des Postwesens, 1971). Damit waren zwar die theoretischen Grundlagen für eine Feldpostversorgung in der Bundeswehr gelegt, eine Notwendigkeit für den tatsächlichen Aufbau einer Feldpostorganisation sahen die Verantwortlichen jedoch zunächst nicht.

Diese Sichtweise änderte sich erst 1980. Der Hilfseinsatz von Pionieren im Zuge der Erdbebenhilfe der Bundeswehr in Neapel machte deutlich: Eine Postversorgung der Truppe im Ernstfall war notwendig, existierte aber nicht. In einem improvisierten Verfahren mussten die Briefe der Soldaten daher per militärischer Luftfracht in die Heimat transportiert und dann mittels Übergabepostämter durch die Deutsche Bundespost zugestellt werden – zunächst entgeltfrei. Im Dezember 1980 wurden die Einheiten auf dem Versorgungsweg dann durch die Truppenverwaltung mit Briefmarken zum Verkauf versorgt. Damit endete die Versendung von Feldpostsendungen ohne »Postwertzeichen«. Seither unterscheidet sich die Feldpost der Bundeswehr in diesem wesentlichen Punkt von den Feldpostbelegen aus der Zeit der Weltkriege. Während letztere unfrankiert versandt wurden, ist dies bei der Feldpost der Bundeswehr nicht der Fall, denn nur im Kriegsfall, nicht aber im Auslandseinsatz ist eine unentgeltliche Beförderung von Feldpostsendungen für die Soldatinnen und Soldaten und ihre Angehörigen vorgesehen. Berechnet werden jedoch lediglich die üblichen Inlandsgebühren.

Schon zwei Jahre nach dem Hilfseinsatz in Italien wurde 1982 in der Divisionsgefechtsübung »Leuchtendes Morgenrot« der 1. Gebirgsdivision erstmals im Heer die feldmäßige Privatpostversorgung für die Übungsteilnehmer erprobt. Briefumschläge mit dem Aufdruck »Schreib mal wieder« gab es kostenlos von der Post. Eine »Verkehrsmengenübersicht« nach Abschluss der Übung zeigte, dass insgesamt 7525 Briefe an die übende Truppe und umgekehrt

16.675 Briefe von den Übungsteilnehmern nach Hause geschickt worden waren. Dieser Erfolg belegte, dass die Truppe einer Feldpostregelung bedurfte.

1984 erfolgte daher im Rahmen der Heeresübung »Flinker Igel« des II. Korps die zweite Erprobung, dieses Mal zur Massenversorgung. Es wurden drei Feldpostleitstellen eingerichtet, denen elf Feldpostämter zugeteilt wurden. 85 Postbeamte waren einberufen worden. Der Kommandierende General, Generalleutnant Werner Lange, richtete sich an die Truppe: »Ich fordere Sie alle auf, sich aktiv an der Erprobung zu beteiligen, indem Sie von Übungsbeginn an möglichst häufig an Ihre Familie und Ihnen persönlich nahestehenden Personen schreiben.« 135.000 Sendungen wurden gezählt. Die dritte Erprobung war die Heeresübung 1986 »Fränkischer Schild«. 161.000 Sendungen registrierte man und der Bundespostminister Christian Schwarz-Schilling sorgte bei seinem Besuch in der Feldpostleitstelle Hardheim für ein Politikum, als er betonte, dass 80 Pfennig Portokosten auch für Wehrpflichtige zumutbar seien. Man würde sonst die Philatelie um die aufgeklebten Briefmarken bringen. Und der Minister betonte: »Für diese achtzig Pfennig kann man manchmal mehr Freude machen als man an drei oder vier Bier am Abend haben kann.«

Ihre wirkliche Bewährungsprobe hatte die Feldpostorganisation der Bundeswehr erst mit dem Beginn der Auslandseinsätze. In den Einsätzen auf dem Balkan ab 1992 und später in Afghanistan gewann sie zusehends an Bedeutung, wurde leistungsfähiger und routinierter. Anfängliche Improvisation und Ad-hoc-Lösungen wichen effizienten Verfahren. So nutzte die Feldpost etwa bis 2004 noch ein willkürliches Adressnummernsystem. Seit dem 1. Januar 2005 wurde auf ein geordnetes System umgestellt und den Einsatzorten wurden innerdeutsche Feldpostadressen zugeordnet.

Eine Feldpostversorgung wird grundsätzlich für alle Einsatzgebiete eingerichtet und gesichert. Sie stützt sich auf bundeswehreigene Transportkapazitäten. Für eine zuverlässige Postversorgung von den Einsatzgebieten in die Heimat und umgekehrt ist die Bundeswehr auf eine enge Zusammenarbeit mit der Deutschen Post AG angewiesen. Diese nimmt die Feldpostsendungen entgegen und befördert sie ins Einsatzland. Außerdem stellt sie dort Personal und postspezifisches Material zur Verfügung. Die Feldpostdienststellen im In- und Ausland werden ausschließlich durch Mitarbeitende der Post betrieben, die als Reservisten zum Einsatzkontingent gehören. Durch die Post werden seit 1992 alle Sendungen zur zentralen Feldpostleitstelle in Darmstadt zugestellt bzw. von dort versandt. Eine Ausnahme bildet die Marine. Hier sammeln die Flottillen die Feld- bzw. Schiffspostsendungen und leiten sie an die Einheiten im Operationsgebiet weiter. Von der Feldpostleitstelle in Darmstadt erreichen alle Sendungen das jeweilige Einsatzgebiet in maximal zehn Tagen.

Die Transportzahlen sind abhängig von der Zahl der im Ausland eingesetzten Soldatinnen und Soldaten und schwanken daher stark. Die Soldatinnen und Soldaten verfügen heute

In der Heeresübung »Flinker Igel« wurde 1984 erstmals in größerem Umfang die Versorgung der Soldaten mit der Feldpost geübt. Sonderstempel wie abgebildet und extra gedruckte Postkarten fanden dabei Verwendung.

über alternative Möglichkeiten, ein Lebenszeichen an Angehörige und Freunde in der Heimat zu senden, dennoch verschicken und empfangen sie im Einsatz pro Kopf deutlich häufiger Briefe als der innerdeutsche Durchschnitt. Besonders in der Weihnachtszeit hat die Feldpost alle Hände voll zu tun. Erfahrungsgemäß verdoppelt sich in dieser Zeit das Briefaufkommen.

Die ersten Erprobungen zur Feldpostversorgung der Bundeswehr belegten ein besonderes Interesse der Philatelisten an diesem neuen Sammelgebiet. Das traf sich mit den Wünschen der Soldaten nach schön gestalteten Briefumschlägen, Postkarten, farbigen Aufdrucken von Übungen und Einsätzen sowie Stempeln. Um Sammlerwünschen nachzukommen und natürlich auch zur Eigenwerbung beteiligt sich die Bundeswehr bei vielen Veranstaltungen im Inland mit einem Sonderfeldpostamt. Auf diesen mobilen Anlaufstellen können Brief- und Postkartensendungen abgegeben werden, die mit eigenen Feldpoststempeln gekennzeichnet werden.

*Heiner Bröckermann und Sven Lange*

79

# DIE »PARLAMENTSARMEE«

## Leitbild parlamentarischer Verteidigungspolitik

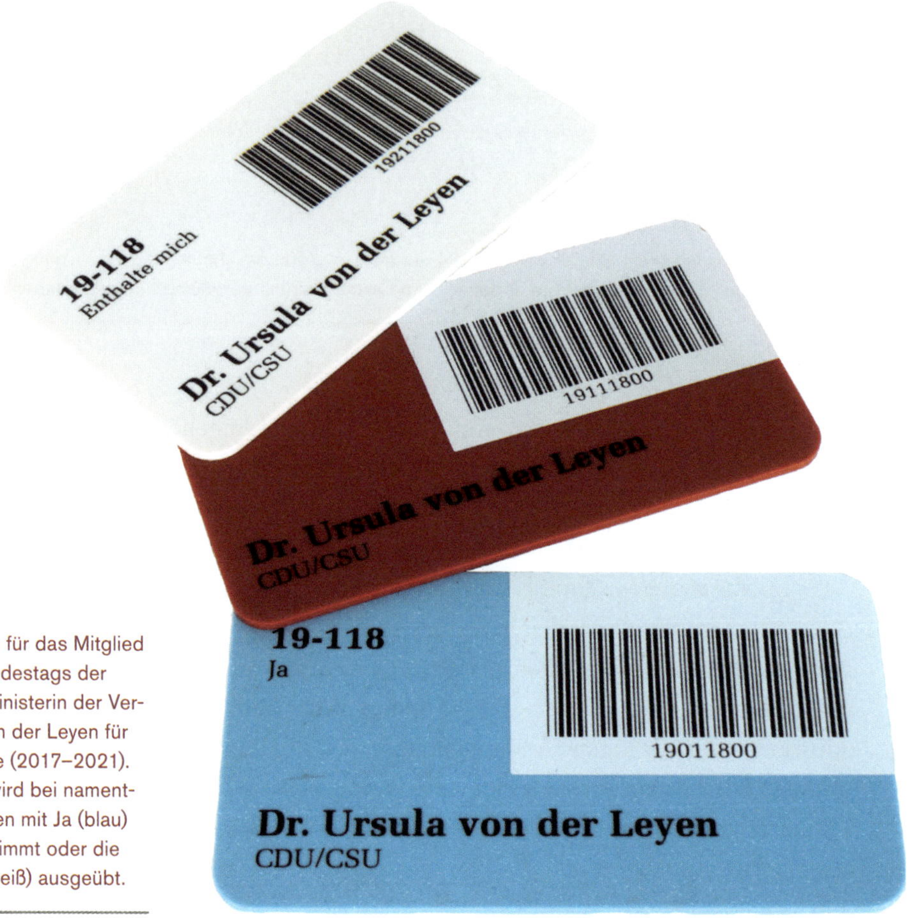


Abstimmungskarten für das Mitglied des Deutschen Bundestags der CDU und Bundesministerin der Verteidigung Ursula von der Leyen für die 19. Wahlperiode (2017–2021). Mit diesen Karten wird bei namentlichen Abstimmungen mit Ja (blau) oder Nein (rot) gestimmt oder die Stimmenthaltung (weiß) ausgeübt.

Am 23. Juni 2023 stimmte der Deutsche Bundestag dem Antrag der Bundesregierung auf »Fortsetzung der Beteiligung bewaffneter deutscher Streitkräfte an der EU-geführten Sicherheitsoperation in Bosnien und Herzegowina« (EUFOR Althea) auf der Grundlage der Beschlussempfehlung des Auswärtigen Ausschusses zu. In namentlicher Abstimmung votierten 487 Abgeordnete für eine Verlängerung bis zum 30. Juni 2024, 80 Abgeordnete stimmten dagegen, zwei enthielten sich. Die Abgeordneten nutzen dazu Abstimmungskarten, ähnlich den hier abgebildeten.

Dass das Parlament über die Beteiligung an bewaffneten Einsätzen und deren Verlängerung entscheidet, ist international gesehen ein ungewöhnlicher Vorgang. In den USA bestimmt darüber der Präsident, in Großbritannien allein die Regierung (Crown Prerogative). In der Bundesrepublik Deutschland wird die Bundeswehr als militärisches Machtinstrument nicht allein der Exekutive überlassen, sie ist als »Parlamentsheer« vielmehr in die demokratisch rechtsstaatliche Verfassungsordnung eingefügt. Dem Parlament kommt dadurch ein »rechtserheblicher Einfluss auf Aufbau und Verwendung der Streitkräfte zu«. Der Einsatz bewaffneter Streitkräfte bedarf der konstitutiven, grundsätzlich *vorherigen* Zustimmung des Deutschen Bundestags, so das Grundsatzurteil des Bundesverfassungsgerichts von 1994, das forderte, Form und Ausmaß der parlamentarischen Mitwirkung an Auslandseinsätzen der Bundeswehr näher auszugestalten. 2005 führte dies zum Parlamentsbeteiligungsgesetz.

Die Bezeichnung der Bundeswehr als »Parlamentsheer« in der Urteilsbegründung des Verfassungsgerichts verwendete der Staatsrechtler Ernst-Wolfgang Böckenförde in Abgrenzung zum »Königsheer« oder zum »autonomen Präsidialheer«. Die starke Stellung des Bundestags leitete das Gericht aus der deutschen Verfassungstradition seit 1918 ab, die dem Reichstag das Recht übertrug, über Kriegserklärungen zu entscheiden. Die zweite Rechtsquelle war das Grundgesetz von 1949, einschließlich der Ergänzungen aus dem Jahr 1956. Zu den Kompetenzen des Bundestags zählt die Feststellung des »Verteidigungsfalls« (Artikel 115a GG) sowie der Beschluss zum Einsatz bewaffneter Streitkräfte, auch in Systemen gegenseitiger kollektiver Sicherheit im Sinne von Artikel 24 Absatz 2 GG (dazu werden beispielsweise die Vereinten Nationen, die NATO, die EU oder die OSZE gezählt).

Die Beschlussfassung über den Bundeshaushalt und den darin enthaltenen Etat des Verteidigungsministeriums gehört zu den grundlegenden Rechten des Bundestags. Aus dem Wehrhaushalt müssen sich (Artikel 87a Absatz 1 Satz 2 GG) die zahlenmäßige Stärke der Streitkräfte und die Grundzüge ihrer Organisation ablesen lassen. Die parlamentarische Kontrolle im militärischen Bereich wird ergänzt durch Instrumente wie den Verteidigungsausschuss (siehe Beitrag 11), ein mit den Rechten eines Untersuchungsausschusses ausgestattetes ständiges Kontrollorgan, oder den Wehrbeauftragten als Hilfsorgan des Bundestages zum Schutz der Grundrechte des Soldaten (siehe Beitrag 10).

# 79 DIE »PARLAMENTSARMEE«

Sowohl der Verteidigungsminister, der die Kommando- und Befehlsgewalt über Streitkräfte im Frieden innehat, als auch der Bundeskanzler, auf den die Funktion im Verteidigungsfall übergeht, sind dem Bundestag gegenüber verantwortlich. Der Begriff »Parlamentsheer« bedeutet aber in keinem Fall, dass der Bundestag Kommandobefugnisse oder Initiativrechte hat. Die militärisch-operative Führung liegt in den Händen der Exekutive, sie entscheidet über Einsatzauftrag und -gebiet, rechtlichen Rahmen, Höchstzahl der Soldaten, benötigte Fähigkeiten sowie Dauer, Kosten und Finanzierung. Auch die nationale Sicherheitsstrategie liegt in den Händen der Bundesregierung. Die weitgehenden Beteiligungsrechte des Parlaments werden gelegentlich als Hemmnisse betrachtet, die die Verlässlichkeit der Bundesrepublik insbesondere als NATO-Bündnispartner beeinträchtigen und auch einer europäischen Integration oder Europäisierung der Streitkräfte entgegenstehen können.

Sprachgeschichtlich stammt der Begriff »Parlamentsarmee« aus der Zeit des englischen Bürgerkriegs 1642 bis 1648; im deutschen Kulturraum erinnert er vor allem an die gescheiterte Paulskirchenverfassung von 1849, die dem Parlament das Budgetrecht übertragen hätte; ferner an den Streit um die geplante Heeresreform 1862/63 in Preußen, der auch mit den Schlagworten »Königsheer« versus »Parlamentsheer« ausgetragen wurde. In der Aufbauphase der Bundeswehr stand der Begriff »Parlamentsheer« für die Mitsprache des Bundestags bei Aufbau und Verwendung der Streitkräfte und richtete sich gegen eine »Regierungs-« oder »Kanzler-Armee«. Die Debatten über deutsche Kampfeinsätze im Ausland in den 1990er-Jahren machten die »Parlamentsarmee« endgültig populär. Der Begriff stand von da an sinnbildlich für die Verantwortungsübernahme des Parlaments und für die demokratische Rückbindung der Truppe. Das höchste politische Repräsentationsorgan in der Bundesrepublik trägt Verantwortung, wenn durch den Einsatz bewaffneter Gewalt Leben und Gesundheit deutscher Soldaten und Soldatinnen gefährdet sind und sich das politische Eskalationsrisiko zwischen Staaten und Gruppierungen erhöht.

Der politisch gewollten Verbundenheit der Parlamentsarmee Bundeswehr mit den Abgeordneten entspricht, dass immer wieder feierliche Gelöbnisse vor dem Reichstagsgebäude stattfinden. Die Praktika und Wehrübungen von Bundestagsabgeordneten und Ministern als Zivilisten oder Reserveoffiziere wirken in die gleiche Richtung. Die Erkenntnisse aus der soldatischen Praxis sollen den Abgeordneten helfen, über »Einsätze von Soldaten unserer Parlamentsarmee« mitzuentscheiden, so Landwirtschaftsminister Cem Özdemir.

Politiker, Journalisten und Bundeswehrangehörige, die mehr Geld, bessere Ausrüstung, eine neue Erinnerungskultur oder eine stärkere Verankerung der Bundeswehr in der Gesellschaft fordern, begründen und bekräftigen ihre Forderungen häufig mit Verweis auf den Charakter der Bundeswehr als Parlamentsarmee. So auch Verteidigungsminister Boris Pistorius, der sagte: »Unsere Parlamentsarmee gehört in die Mitte der Gesellschaft. Früher saßen eben

Der Karikaturist Heiko Sakurai kommentierte am 8. Mai 2008 die Inkraftsetzung des Parlamentsbeteiligungsgesetzes. Der »Inhaber der Befehls- und Kommandogewalt« ist künftig auf die Mitwirkung und Zustimmung des Bundestags angewiesen.

an jedem zweiten Küchentisch Wehrpflichtige. Auch dadurch gab es immer eine Verbindung zur Zivilgesellschaft.« Mit der Berufung auf die Parlamentsarmee wurde auch mehr Transparenz und parlamentarische Kontrolle der Operationen des Kommandos Spezialkräfte eingefordert, die im Rahmen von Auslandseinsätzen stattfinden und großer Geheimhaltung unterliegen. Ein weiteres Beispiel für die Begriffsverwendung ist das Streitthema »Bundeswehr an Schulen«. Während Befürworter argumentieren, dass Soldaten Staatsbürger in Uniform seien und damit in die Mitte der Gesellschaft und mithin auch an die Schulen gehören, fürchten Teile der Gewerkschaften und zivilgesellschaftliche Bündnisse, dass mit dem Auftreten von Jugendoffizieren an Schulen unterschwellig Werbung für den Soldatenberuf gemacht werde.

Deutlich wird, dass die Bezeichnung Parlamentsarmee kein juristischer Begriff mit einer feststehenden Definition ist. Vielmehr wird sie als Schlagwort in der politischen Debatte verwendet. Der positiv besetzte Wertbegriff kann je nach Auslegung, politischer Einstellung und Intention des Redners durchaus unterschiedliche Botschaften transportieren.

*Dorothee Hochstetter*

80

# POLITIK MIT ANDEREN MITTELN

## Die Bundeswehr als Instrument deutscher Sicherheitspolitik

Präsentation der Videobox zum Weißbuch 2016: Ein Besucher der Informationsveranstaltung im Bundesministerium der Verteidigung nutzt die Interaktionsbox, 15. April 2016.

Im Jahr 2016 erschien ein neues sogenanntes Weißbuch der Bundesregierung. Unter dem Slogan »Sag uns deine Meinung!« ließ das Bundesverteidigungsministerium im Vorfeld deutschlandweit Interaktionsboxen aufstellen, die an Fotoautomaten erinnerten. Ziel war es, den Bürgerinnen und Bürgern Gelegenheit zu geben, sich zu äußern und zu beteiligen. Man konnte bei öffentlichen Veranstaltungen wie dem Tag der Bundeswehr oder der Internationalen Luft- und Raumfahrtausstellung in Berlin in diesen Boxen Platz nehmen, kurze Filme aufnehmen und die eigenen Erwartungen an die deutsche Sicherheitspolitik und Vorstellungen zur Bundeswehr, ihrer Ausstattung und ihren Aufgaben äußern. Als Erinnerung erhielten die Teilnehmerinnen und Teilnehmer Fotos wie an einem normalen Fotoautomaten. In welchem Maße die Meinungsäußerungen aus der Bevölkerung in das Weißbuch 2016 eingegangen sind, ist nicht dokumentiert.

Die Interaktionsbox steht symbolisch für einen umfassenden partizipativen Prozess, der erstmals beim Weißbuch 2016 angewendet wurde. In einer Vielzahl von Veranstaltungen wurden nicht nur die Bundesministerien und deren nachgeordneter Bereich eingebunden, sondern auch Expertisen aus Politik, Wissenschaft, Wirtschaft, Medien, Interessenverbänden, Öffentlichkeit und den Partnerländern Deutschlands eingeholt. Durch die Berücksichtigung verschiedener Gruppen sowie der breiten Bevölkerung sollte das Interesse für Sicherheitspolitik geweckt und deutlich gemacht werden, dass es sich beim Weißbuch nicht allein um ein Dokument der deutschen Politik-, Militär- und Verwaltungseliten handelt.

Das Weißbuch war seit seinem erstmaligen Erscheinen 1969 bis zur Veröffentlichung der Nationalen Sicherheitsstrategie 2023 das wichtigste sicherheits- und verteidigungspolitische Dokument der Bundesregierung. Bis einschließlich 2016 wurden insgesamt elf Weißbücher veröffentlicht, davon fünf in den 1970er-Jahren. Ab 1985 publizierte die Regierung etwa alle zehn Jahre ein neues Weißbuch. Die Federführung innerhalb der Bundesregierung bei der Erstellung der Weißbücher hatte stets das Verteidigungsministerium. Die Bezeichnung »Weißbuch« geht auf die Farbgebung der Umschläge diplomatischer Akten zurück, die in Deutschland traditionell weiß sind. Auch in anderen Ländern gibt es solche sogenannten Bunt- oder Farbenbücher zur Außen- und Sicherheitspolitik.

Die ausführlichen Titel der Weißbücher beziehen in der Regel die Begriffe »Sicherheit« oder »Sicherheitspolitik« und »Bundeswehr« ein. Die letzte Ausgabe 2016 heißt »Zur Sicherheitspolitik und zur Zukunft der Bundeswehr«. In jedem der Weißbücher sind dies die beiden inhaltlichen Hauptbereiche. Im ersten Teil werden das sicherheitspolitische Selbstverständnis sowie die Werte und Interessen Deutschlands beschrieben, das internationale Umfeld analysiert und die sicherheitspolitischen Prioritäten und Gestaltungsfelder für das Land formuliert. Im zweiten Teil werden der Auftrag und die Aufgaben der Bundeswehr definiert, Leitprinzipien und Vorgaben für die Fähigkeiten der Bundeswehr aufgestellt und daraus Maßnahmen in verschiedenen Gestaltungsbereichen wie den rechtlichen Rahmenbedingungen, der Personalpolitik, der Ausbildung oder dem Rüstungsmanagement abgeleitet.

Inhaltlich sind die Weißbücher ein Spiegelbild der politischen und geschichtlichen Veränderungen in Deutschland, Europa und der Welt. Bis zum Ende der 1980er-Jahre stellten die Weißbücher den Ost-West-Konflikt und die Bedrohungslage des Kalten Kriegs in den Mittelpunkt. Die vorrangige Aufgabe der Bundeswehr war die gemeinsame Landes- und Bündnisverteidigung mit den Verbündeten.

Nach dem Ende des Kalten Kriegs zeigte sich einerseits eine Erweiterung des Sicherheitsbegriffs mit regionalen wie globalen Bezügen und der Einbeziehung wirtschaftlicher, ökologischer, sozialer, gesellschaftlicher und militärischer Aspekte und ihrer Wechselwirkungen (Weißbuch 1994). Andererseits vergrößerte und verschob sich das Aufgabenspektrum der Bundeswehr von der Landes- und Bündnisverteidigung hin zum internationalen Krisenmanagement und zu Einsätzen außerhalb von EU- und NATO-Gebiet. Bei gleichzeitiger Verkleinerung der Personalstärke und mehreren Strukturreformen wuchs damit die Bedeutung der Bundeswehr als Instrument deutscher Sicherheitspolitik. Den Höhepunkt dieser Entwicklung stellte das Weißbuch 2006 dar, in dem Stabilisierungeinsätze und Krisenmanagement als Hauptaufgaben der Bundeswehr beschrieben wurden.

Das Weißbuch 2016 definiert Sicherheit sehr breit und sieht Sicherheitsvorsorge als gesamtstaatliche und gesellschaftliche Aufgabe. Erstmals enthält das Weißbuch umfassende Ausführungen zu Bedrohungen aus dem Cyber- und Informationsraum. Bei den Aufgaben der Bundeswehr schwang das Pendel wieder zurück zur Landes- und Bündnisverteidigung als eindeutig wichtigste Aufgabe der Bundeswehr.

Insgesamt wechseln Inhalt und Charakter der Weißbücher zwischen allgemeinen und vagen Formulierungen einerseits und konkreten, ausformulierten Maßnahmen andererseits. Geschuldet ist Ersteres vor allem der seit den 1980er-Jahren angestrebten verhältnismäßig langen Geltungsdauer von etwa zehn Jahren, aber auch dem ausgeprägten Kompromisscharakter der Weißbücher als Folge des politischen Aushandlungsprozesses verschiedener Ministerien, Parteien und anderer Akteure. Da zwischen Ministerien und Koalitionspartnern häufig nur eine Einigung auf den kleinsten gemeinsamen Nenner möglich ist, sind insbesondere die verteidigungspolitischen Grundlagendokumente der 2010er- und 2020er-Jahre sehr allgemein und abstrakt gehalten. Das war bei den Weißbüchern von 1969 bis zum Ende der 1970er-Jahre noch anders. Sie enthielten konkrete Zahlen, Maßnahmen und Planungen zu Beschaffungen von Ausrüstung und Gerät, Personalentwicklung, Ausbildung, Finanzierung und Struktur der Bundeswehr. So wurde hohe Transparenz über politisches Handeln hergestellt. Gleichzeitig drücken die Weißbücher dieser Jahre den Zeitgeist aus, der von Ideen zur Globalsteuerung von Gesellschaft und Staat sowie allgemeiner Planungseuphorie geprägt war.

Hinsichtlich der Relevanz der Weißbücher sind innerstaatliche und externe Wirkungen zu unterscheiden. Weißbücher sind wichtige Werkzeuge der strategischen Kommunikation gegenüber Nachbarn und Partnern. Zudem sind sie Teil einer nationalen Dokumentenhierarchie. Spezifischere Dokumente wie die Verteidigungspolitischen Richtlinien oder die Konzeption der Bundeswehr werden aus dem Weißbuch abgeleitet. Die Verantwortung für deren Ausarbeitung liegt allein in der Hand des Verteidigungsministeriums. Jenseits der nationalen Politik gibt es auch strategische Konzepte und Dokumente. Besondere inhaltliche und konzeptionelle Bedeutung für das deutsche Weißbuch hat das strategische Konzept der NATO.

2023 wurde die erste Nationale Sicherheitsstrategie der Bundesregierung veröffentlicht. Bei ihrer Diskussion und Erstellung wurden in einem langen partizipativen Prozess noch mehr Institutionen und Akteure eingebunden als beim Weißbuch 2016. Außenministerin Annalena Baerbock beteiligte sich selbst an mehreren Bürgerdialogen und diskutierte über Außen- und Sicherheitspolitik. Anders als in den Weißbüchern gibt es in der Nationalen Sicherheitsstrategie nicht die Zweiteilung in einen sicherheitspolitischen Teil und einen Teil zur Bundeswehr. Konkrete Maßnahmen mit Bezug zur Bundeswehr fehlen nahezu vollständig. Diese wurden durch die im November 2023 veröffentlichten Verteidigungspolitischen Richtlinien formuliert. Ob es in den kommenden Jahren ein weiteres Weißbuch geben wird, bleibt daher eine offene Frage. Ohne die Meinung der Bürgerinnen und Bürger zu berücksichtigen, wird ein neues sicherheitspolitisches Grundlagendokument jedoch wohl nicht mehr verfasst werden.

*Markus Steinbrecher*

81

# »KRIEGSÄHNLICHE ZUSTÄNDE«

## Wie sich die Bundeswehr in Afghanistan im Gefecht bewährte

»Da das universell einsetzbare Einsatzfahrzeug Spezialisierte Kräfte (ESK) ›Mungo‹ oben offen ist, können Soldaten aus ihm heraus mit ihren Handwaffen wirken«, heißt es auf der Website des Heeres. Der abgebildete Mungo wurde am 20. Oktober 2008 in Afghanistan durch einen Selbstmordattentäter gesprengt. Er brannte völlig aus. Zwei Soldaten wurden getötet, zwei weitere schwer verwundet und fünf afghanische Kinder kamen in der Nähe des »Mungos« ums Leben.

Der Deutsche Bundestag beschloss im Dezember 2001, die Bundeswehr nach Afghanistan zu schicken. Aus einem anfänglichen Stabilisierungs- wurde bald schon ein Kampfeinsatz, bei dem deutsche Soldaten das Feuergefecht führen mussten und den Bundeswehrangehörige wie auch weite Teile der deutschen Gesellschaft schließlich als »Krieg« bezeichneten.

Anfänglich waren die Soldaten in der afghanischen Hauptstadt Kabul eingesetzt. Die Lage erschien friedlich. Patrouillen erfolgten in ungepanzerten Fahrzeugen und ohne besondere persönliche Schutzausrüstung. Der Anschlag eines Selbstmordattentäters auf einen Bus mit Bundeswehrsoldaten am 7. Juni 2003 verdeutlichte zwar, dass dort eine reale Bedrohung bestand, das Bild vom weitgehend friedlichen Afghanistan-Einsatz blieb jedoch lange bestehen. Die ersten deutschen Toten in Nordafghanistan – die Bezeichnung Gefallene wurde damals noch nicht verwendet – galten zunächst als Opfer eines Unfalls, der sich beim Abtransport von alter Munition am 25. Juni 2005 ereignete. Erst später stellte sich heraus: Der Unfall war ein Sprengstoffanschlag gewesen.

Im Frühjahr 2006 nahmen die Angriffe auf deutsche Patrouillen im Raum Kunduz zu. Das Feldlager durfte fortan nur noch mit geschützten Fahrzeugen verlassen werden. Die Sicherheitslage hatte sich in ganz Afghanistan erheblich verschlechtert. Selbstmordattentate verfünffachten sich gegenüber 2005 und die Aufständischen weiteten ihre Angriffe auch auf den bisher überwiegend friedlichen Norden aus. Der deutsche Stabilisierungseinsatz verwandelte sich sukzessive in einen robusten und zunehmend gefährlichen Einsatz. In den folgenden Jahren griffen Aufständische immer häufiger an, vorrangig mit Raketen, durch Selbstmordattentäter oder Sprengstoffanschläge.

Einer dieser Angriffe geschah am 20. Oktober 2008 südlich von Kunduz: Während einer Patrouille deutscher Fallschirmjäger sprengte sich ein Selbstmordattentäter auf einem Fahrrad vor einem Gefechtsfahrzeug in die Luft. Zwei Soldaten und fünf afghanische Kinder wurden dabei getötet. Der zerstörte und hier abgebildete »Mungo« wurde später Teil einer Ausstellung im Militärhistorischen Museum der Bundeswehr in Dresden.

Was unterschied diesen Anschlag von anderen, etwa jenen vom 6. oder 27. August 2008, bei dem ebenfalls deutsche Soldaten ums Leben kamen? Er führte zu einer bewussten Mentalitätswende in Teilen der Politik. Erstmals sprach der damalige Verteidigungsminister Franz-Josef Jung von Gefallenen. Ferner gehörten die Soldaten, die nach dem Anschlag auf den »Mungo« zu Hilfe eilten, zu den ersten Trägern des »Ehrenkreuzes der Bundeswehr für Tapferkeit«, das 2008 gestiftet und 2009 erstmals verliehen wurde. »Gefallene«, »Tapferkeit«: Das veränderte Einsatzbild in Afghanistan hatte auch einen sprachlichen Wandel bewirkt.

2009 verschlechterte sich die Sicherheitslage weiter. Die Liste sicherheitsrelevanter Ereignisse war jetzt so lang wie nie zuvor. Am 29. April fiel bei Kunduz erstmals seit dem Zweiten

Weltkrieg ein deutscher Soldat in einem Feuergefecht. Immer häufiger geriet die Bundeswehr regelmäßig in Gefechte mit Aufständischen und setzte dabei auch Mörser und Schützenpanzer ein. Viele der deutschen Soldaten in Afghanistan erlebten ihren Einsatz zunehmend als Krieg. Für Verteidigungsminister Jung war dies jedoch ein Tabuwort. Allerdings räumte er im Sommer 2009 ein, dass sich der Afghanistan-Einsatz zu einem Kampfeinsatz gewandelt habe. Deutsche Soldaten waren nicht mehr nur »Wiederaufbauhelfer«, sondern auch »Kämpfer«, die verwundet wurden, töteten und starben.

Die deutsche Öffentlichkeit nahm die dramatisch veränderte Situation vor allem durch den von einem deutschen Offizier angeordneten Luftschlag auf zwei Tanklaster bei Kunduz am 4. September 2009 wahr. Der Luftangriff führte wegen der hohen Anzahl ziviler Opfer zu heftigen Debatten. Der neue Verteidigungsminister Karl-Theodor zu Guttenberg rückte wenig später eine unbequeme Wahrheit ins Bewusstsein der deutschen Öffentlichkeit, die wie ein Tabubruch wirkte: Er verstehe die Soldaten, die ihren Einsatz als »Krieg« bezeichnen würden, und sprach selbst von »kriegsähnlichen Zuständen« in Teilen Afghanistans.

Die gewandelte Einsatzrealität spiegelte sich auch in einer veränderten Strategie wider. Seit 2009 und verstärkt ab 2010 nahm die Bundeswehr an offensiven Operationen teil, um den Einfluss von Aufständischen zu verringern und die Bewegungsfreiheit der internationalen Truppen zu erhöhen. Die Ausweitung des deutschen Einflusses im Distrikt Chahar Darreh – einem Feindgebiet, das von den Soldaten als »Kill Zone« bezeichnet wurde – führte zu häufigen Feuerkämpfen und schließlich auch zu einem schweren Gefecht, das die deutschen Streitkräfte nachhaltig prägte: Am 2. April 2010, einem Karfreitag, gerieten Teile einer Infanteriekompanie unweit des Feldlagers Kunduz bei der Ortschaft Isa Khel in einen komplexen Hinterhalt. Es entbrannte ein stundenlanges Feuergefecht. Drei deutsche Soldaten fielen, mehrere wurden teils schwer verwundet. Es waren die bislang höchsten Verluste der Bundeswehr in einem einzigen Gefecht. Das »Karfreitagsgefecht« war eine Zäsur, nicht allein für die Bundeswehr, sondern vor allem für die deutsche Gesellschaft. Selbst wenn deutsche Soldaten in Afghanistan schon vorher im Feuer gestanden hatten, führten die Ereignisse bei Isa Khel endgültig jedem die Realität in dem Land vor Augen: Deutsche Soldaten mussten kämpfen, um ihren Auftrag zu erfüllen – und um zu überleben.

Dass das »Karfreitagsgefecht« etwas veränderte hatte, zeigte sich erneut in der Sprache. Nur zwei Tage später erklärte Verteidigungsminister Guttenberg, man könne angesichts dessen, was sich in Teilen Afghanistans abspiele, »umgangssprachlich von Krieg reden«. Die Verlegung von Panzerhaubitzen nach Kunduz und der erste Artillerieeinsatz in einem Gefecht im Juli 2010 markierten ebenfalls die neue Qualität des deutschen Einsatzes in Afghanistan. Auch wenn nur ein Teil der in Afghanistan eingesetzten Bundeswehrsolda-

ten Gefechte erlebte, so war doch gerade Kunduz zu einem Gewaltraum geworden, in dem für alle die Gefahr bestand, in einen Feuerkampf zu geraten.

Mit der »Einsatzmedaille Gefecht« wird ausgezeichnet, wer mindestens einmal aktiv an einem Gefecht teilgenommen oder unter hoher persönlicher Gefährdung terroristische oder militärische Gewalt erlitten hat, zum Beispiel durch Sprengfallen oder Selbstmordattentäter. Bislang wurden 6008 Einsatzmedaillen der Stufe »Gefecht« verliehen.

Das »Karfreitagsgefecht« war wegen der Toten und Verwundeten der traurige Höhepunkt der Kampfhandlungen mit deutscher Beteiligung. Doch auch danach kam es zu weiteren bewaffneten Auseinandersetzungen – und auch zu Verlusten. Die Bundeswehrführung hielt dennoch an ihrer offensiven Operationsplanung fest. Ende Oktober 2010 erfolgte die Operation »Halmazag«, um die Aufständischen aus dem südlichen Chahar Darreh zu verdrängen. Es war die erste größere Bodenoffensive deutscher Soldaten seit dem Zweiten Weltkrieg. Vier Tage lang kam es zu schweren Gefechten. Im Zuge der Operation konnte die Bundeswehr ihre Präsenz im einstigen Unruhedistrikt erheblich ausweiten. Dass sie seit 2009 immer stärker in Gefechte verwickelt war und deutsche Soldaten tatsächlich kämpfen mussten, drückte sich in der im November 2010 gestifteten »Einsatzmedaille Gefecht« aus. Erstmals wurde damit explizit die aktive Teilnahme an einem Gefecht gewürdigt.

Afghanistan hat die Bundeswehr verändert – in vielerlei Hinsicht. Manch einer behauptet, sie sei am Hindukusch »erwachsen« geworden. Vieles bleibt zu diskutieren und zu hinterfragen. Fernab jeder Sinnfrage steht fest: In Afghanistan mussten deutsche Soldaten erstmals wieder kämpfen und sich in Gefechten bewähren. Doch das waren nur die Vorboten eines sich verändernden Einsatzbildes innerhalb der Bundeswehr. Die Bedrohung der NATO-Ostflanke seit 2014 und insbesondere der Angriffskrieg Russlands gegen die Ukraine seit 2022 führten in der Bundeswehr zu einer Neuausrichtung der Landes- und Bündnisverteidigung, bei der eine stärkere Hinwendung zum Kampf als Hauptaufgabe deutscher Streitkräfte zu beobachten ist.

*Chris Helmecke*

82

# ERINNERUNGSKULTUR

## Von Trauer, Gedenken und Hoffnung

Das Buch des Gedenkens im Ehrenmal der Bundeswehr am Bendlerblock in Berlin listet alle im Dienst für Frieden in Freiheit ums Leben gekommenen Angehörigen der Bundeswehr auf.

Das Buch des Gedenkens wurde am 8. Mai 2014 im Rahmen eines Festakts an die Bundeswehr übergeben. Auf bronzenen Platten sind nach Todesjahr geordnet die Namen der mehr als 3000 militärischen und zivilen Bundeswehrangehörigen eingetragen, die seit der Aufstellung der Bundeswehr im Jahr 1955, also über einen Zeitraum von 70 Jahren, in Ausübung ihrer Dienstpflichten ihr Leben verloren haben. Angehörige, Hinterbliebene, Freunde und interessierte Besucher haben die Möglichkeit, die Namen der Verstorbenen aufzuschlagen. Das Buch des Gedenkens ergänzt das Ehrenmal der Bundeswehr, in dessen ebenfalls bronzene Hülle das Buch eingelassen ist. Totengedenken und Ehrenmal sind integrale Bestandteile der Tradition und Erinnerungskultur der Bundeswehr.

Das ehrende Gedenken an die Gefallenen und Verstorbenen ist in allen Streitkräften dieser Welt fester Teil des soldatischen Selbstverständnisses, aber auch Teil der kulturellen Identität des jeweiligen Landes. Um wenige Beispiele zu nennen: In unserem Nachbarland Frankreich ist der Dôme des Invalides in Paris der zentrale Gedenkort. In den Vereinigten Staaten von Amerika erinnert man am sogenannten Memorial Day aller im Krieg gefallenen Soldaten. Und am Grabmal des unbekannten Soldaten unmittelbar vor dem griechischen Parlament in Athen findet jede Stunde eine aufwendig gestaltete Wachablösung statt, die das Interesse von Touristen aus aller Welt auf sich zieht.

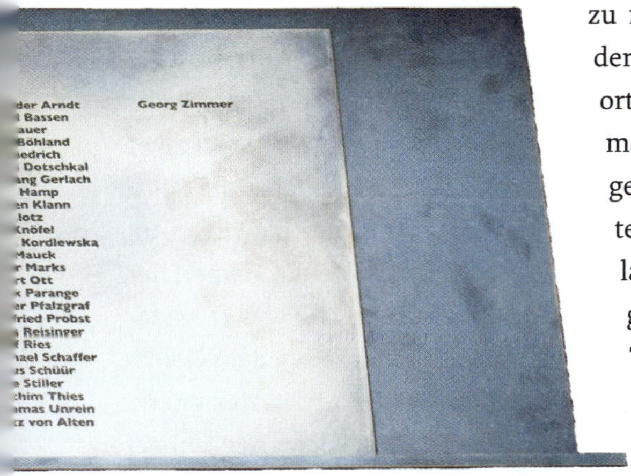


In der Bundeswehr waren es über viele Jahrzehnte ausschließlich die Teilstreitkräfte, die jeweils eigene Ehrenmale unterhielten. Bis heute gedenkt am Ehrenmal des Deutschen Heeres auf der Festung Ehrenbreitstein bei Koblenz das Heer seiner Toten, am Ehrenmal der Luftwaffe und der Luftfahrt in Fürstenfeldbruck bei München die Luftwaffe und am Marineehrenmal in Laboe am Ostufer der Kieler Förde in Schleswig-Holstein die Marine. Doch der Bundeswehr als Ganzes fehlte ein zentraler Gedenk- und Erinnerungsort. Erst mit der deutschen Wiedervereinigung 1990 und dem beginnenden deutschen Engagement in internationalen Auslandsmissionen ab den frühen 1990er-Jahren begann sich der Umgang mit den eigenen toten Soldaten zu ändern. Einen entscheidenden Wendepunkt bildete dabei der Auslandseinsatz der Bundeswehr in Afghanistan.

Im Dezember 2005 wurde Verteidigungsminister Franz Josef Jung bei seinem ersten Truppenbesuch in Afghanistan Zeuge, wie Kameraden der Bundeswehr an einer selbst gestalteten Gedenkstätte in Kabul der Toten der Internationalen Schutztruppe gedachten. Diese persönlich bewegende Erfahrung motivierte Minister Jung, über eine zentrale Erinnerungsstätte der Bundeswehr nachzudenken. Sie bildete zugleich den Ausgangspunkt einer breiten Debatte, wie und auf welche Weise den Angehörigen der Bundeswehr ein ehrendes Gedenken zuteil werden könnte, die in Ausübung ihrer Dienstpflichten ihr Leben verloren hatten. In den folgenden Überlegungen galt es einen angemessenen Raum für *alle* zu schaffen, also militärische wie zivile Angehörigen der Bundeswehr gleichermaßen, eine Integration der Bundeswehr in die deutsche Gesellschaft zu gewährleisten und gleichzeitig eine moderne wie würdige architektonische Umsetzung zu finden. Nach einem intensiven Ausschreibungs- und Auswahlverfahren konnte schließlich am 8. September 2009 im Beisein des Bundespräsidenten Horst Köhler, der zugleich die Festansprache hielt, auf dem Gelände des Berliner Dienstsitzes des Bundesministeriums der Verteidigung unter breiter Beteiligung aus dem parlamentarischen Raum wie auch des öffentlichen Lebens das neue Ehrenmal für die gesamte Bundeswehr eingeweiht werden.

In goldenen Buchstaben auf einer ebenfalls goldschimmernden Wand steht die Widmung: »Den Toten unserer Bundeswehr – Für Frieden, Recht und Freiheit«. Die goldene Farbe symbolisiert in allen Kulturen das Übernatürliche und das Ewige und damit bei aller Trauer auch Hoffnung. Der zentrale Ort des Ehrenmals ist der Raum der Stille, die sogenannte Cella; ein dunkler, fensterloser Raum, der zum Innehalten und Nachdenken förmlich zwingt. Am Ausgang der Cella werden mit einer Lichtinstallation in wechselnder Folge die Namen der zu ehrenden Toten aufgeführt. Das gesamte Ehrenmal ist ein rechteckiger Bau von 32 Meter Länge, 8 Meter Breite und 10 Meter Höhe. Es folgt damit in seinen Proportionen dem Goldenen Schnitt. Ein von halbovalen Formen, die an die Erkennungsmarken der Soldaten erinnern, fein durchbrochenes Bronzekleid umhüllt den gesamten Baukörper. Die halben Marken geben in ihrer Anordnung die Eides- und Gelöbnisformen der Soldaten und der Bundesbeamten wieder, angelehnt an die Codierung des Morsealphabets. Insgesamt wird in einem würdigen Rahmen Trauern, Gedenken und Erinnern ermöglicht.

Eine wesentliche Ergänzung folgte mit dem Raum der Information am Ehrenmal der Bundeswehr, der am 11. Juni 2018 durch Verteidigungsministerin Ursula von der Leyen seiner Bestimmung übergeben wurde. In unmittelbarer Nähe zum Ehrenmal werden hier Architektur, Symbolik und Bedeutung des Ehrenmals erläutert. Eine kleine Ausstellung zeigt zudem, wie sich die Gedenk- und Erinnerungskultur der Bundeswehr entwickelt hat. Mark- und Wendepunkte auf diesem Weg waren die Aufstellung der Bundeswehr 1955, das Iller-Unglück vom 3. Juni 1957, das Schießunglück von Bergen-Hohne am 9. April 1964, der Untergang des U-Bootes Hai vom 14. September 1966, die Starfighter-Krise, die Ausbildung eines einheitlichen Trauerzeremoniells, die ersten Toten im Auslandseinsatz, die Ehrenhaine im Auslandseinsatz und schließlich der »Wald der Erinnerung«.

Soldaten der Bundeswehr haben am ISAF-Ehrenmal im »Wald der Erinnerung« in Schwielowsee aus Verbundenheit zu gefallenen Kameraden aus »ihren« Verbänden die Verbandsabzeichen im Mauerwerk der Stele abgelegt.

Der »Wald der Erinnerung« in der Henning-von-Tresckow-Kaserne in der Gemeinde Schwielowsee bei Potsdam wurde an einem Samstag vor dem Volkstrauertag, genauer am 15. November 2014, eingeweiht. Verbunden wurde der Festakt mit einer Gedenkfeier für Hinterbliebene. In Schwielowsee wurde ein würdiger Ort geschaffen, der die Ehrenhaine aus den verschiedenen Einsatzgebieten der Bundeswehr vereint. In den Auslandseinsätzen der Bundeswehr waren bis zu diesem Zeitpunkt bereits mehr als 100 Soldaten gefallen bzw. ums Leben gekommen. In Eigeninitiative hatten die Kameraden vor Ort teils mit sehr einfachen Mitteln Ehrenhaine errichtet, vor allem auf dem Balkan und in Afghanistan. So entstand eine eigenständige Form der Gedenk- und Erinnerungskultur in der Bundeswehr. Nach Abschluss eines Einsatzes wurden und werden diese Ehrenhaine in den »Wald der Erinnerung« überführt. Der zentrale Platz im Einsatzführungskommando ermöglicht das individuelle Trauern und Gedenken durch Angehörige wie auch Kameraden und ergänzt die Ehrenmale der Teilstreitkräfte und insbesondere das Ehrenmal der Bundeswehr.

Die Erinnerungskultur der Bundeswehr ist eng mit der Tradition der Bundeswehr verbunden. Laut dem Traditionserlass von 2018 ist die Tradition der Bundeswehr »der Kern ihrer Erinnerungskultur«. Die Angehörigen der Streitkräfte und die Hinterbliebenen gedenken an den Ehrenhainen und Ehrenmalen damit nicht ausschließlich ihrer Toten, sondern sie erinnern auch an die Geschichte der Organisation.

*Martin W. Hofbauer*

83

# DER DRAHT NACH HAUSE

## Betreuung und Fürsorge im Auslandseinsatz

Bis 2007 genutzte Studioleuchte über der Tür zum Aufnahmeraum von Radio Andernach

On Air« – und das seit 1974! Soldatensender haben eine lange Tradition. Sie dienen dem besonderen Informationsbedürfnis der Truppe, haben in einigen Fällen propagandistischen Hintergrund, sie sollen die Moral der Soldaten stärken und sie bisweilen mit einem kurzweiligen Programm von den Belastungen des Dienstalltags ablenken. Der Vorläufer des deutschen Betreuungsradios Radio Andernach – das seinen Namen von seinem ursprünglichen Standort in Rheinland-Pfalz hat, seit 2001 aber aus Mayen sendet – war die Truppe zur Psychologischen Verteidigung. Deren Auftrag lag darin, auf den potenziellen Gegner im Warschauer Pakt mit Hilfe mobiler Sendeanlangen einzuwirken. Hierfür wurde eigens ein »Sendebataillon« eingerichtet.

Vor 50 Jahren kam dann der Auftrag hinzu, die im Ausland eingesetzten Angehörigen der Bundeswehr zu betreuen, zunächst für die Luftwaffe in Texas und Alabama in den USA, dann auf Sardinien. Wöchentlich wurden die Soldaten über lokale Sender vor Ort mit Informationen aus der Heimat versorgt, die seinerzeit von aus Deutschland eingeflogenen Audiokassetten abgespielt wurden.

Sein erstes Live-Programm sendete Radio Andernach 1993 aus Belet Huen in Somalia. So wie viele Soldatinnen und Soldaten es auch noch heute aus den Einsatzgebieten kennen, entstand im ersten Auslandseinsatz der Bundeswehr ein Radioprogramm mit einer Mischung aus den bewährten Kassetten mit Informationen aus der Heimat, aktuellen Sendungen der Deutschen Welle und den bei den Soldaten beliebten Grüßen von Angehörigen. Als sich die Bundeswehr Ende der 1990er-Jahre immer mehr zu einer Einsatzarmee wandelte, wurde auch Radio Andernach zum Einsatzradio: Es kamen Standorte auf dem Balkan dazu, unter anderem in Sarajevo und Prizren, aus denen der Sender nun regelmäßig über UKW live informierte und unterhielt.

Mit der Jahrtausendwende wurden Kosovo und Afghanistan Schwerpunkt der Betreuung durch Radio Andernach, später kam Mali hinzu. Radio Andernach blieb dort viele Jahre: Bis 2017 sendete eine Einsatzredaktion live aus Prizren, bis 2020 aus Mazar-e Sharif. Die persönlichen Grüße von Angehörigen, Freunden und Kameraden – in Hochphasen der Einsätze in der Sendung »Meet & Greet« bis zu 10.000 im Jahr – waren für viele Bundeswehrangehörige fern der Heimat das Herzstück der Sendung. Nicht selten sorgte die eine oder andere Aufmerksamkeit für einen Schmunzler bei den Kameraden, wenn etwa der hartgesottene Fallschirmjäger im Gruß von seiner Freundin zum »süßen Kuscheltiger« mutierte.

Zur Tradition entwickelte sich der Abschluss der Live-Sendungen im Einsatz: Täglich pünktlich um 22:56 Uhr Ortszeit erklang Lale Andersens »Lili Marleen« durch die Feldlager von Kunduz, Bamako, Pristina und an allen anderen Standorten der Bundeswehr im Auslandseinsatz. Das war in der öffentlichen Wahrnehmung nicht immer unumstritten. So machte sich die *taz* 1996 darüber unter der Schlagzeile »Am Arsch mit Lilli M.« lustig.

Dem Erfolg des Senders tat dies jedoch keinen Abbruch. Seit 2012 sendet Radio Andernach rund um die Uhr im Livestream über das Internet – auch in Deutschland. Da es sich bei Radio Andernach aus rechtlichen Gründen jedoch nicht um ein normales Rundfunkprogramm handelt, kann es nur passwortgeschützt ausschließlich von Angehörigen der Bundeswehr empfangen werden. Neben einem Livestream gibt es Kanäle mit verschiedensten Musikrichtungen und seit 2022 eine Handy-App. Mit Bundeswehr TV werden seit 2014 auch deutschsprachige Fernsehinhalte in die Einsätze übertragen. Neben Filmen und Serien stehen zudem digitale Zeitungen und Zeitschriften zur Verfügung.

Mit der Aufstellung einer dauerhaft in Litauen stationierten Kampfbrigade muss Radio Andernach erneut neue Wege beschreiten und sich auch wieder stärker an seinem Kerngeschäft orientieren: ein Betreuungsradio vor Ort aufzubauen, das Soldatinnen und Soldaten im Ausland informiert und unterhält – und damit eine Brücke in die Heimat schlägt.

Ein weiterer Aspekt der Betreuung im Ausland ist das Weihnachtspäckchen. Nützlich soll es sein, wie das abgebildete Handtuch, und auch noch gut aussehen. Und das alles für unter 20 Euro! Was wie eine kaum zu lösende Aufgabe klingt, ist seit Ende der 1990er-Jahre eine bewährte Weihnachtstradition in den Einsatzkontingenten. Die »Aufmerksamkeit für Beschäftigte, die an Heiligabend nach 1800 Uhr Dienst leisten«, wie es im Beamtendeutsch heißt, oder einfach »das Weihnachtspäckchen«, wie es die Soldatinnen und Soldaten nennen, soll die Wertschätzung des Bundesministers der Verteidigung und des Generalinspekteurs der Bundeswehr für die Leistungen im Auslandseinsatz ausdrücken.

Es lässt sich nicht mehr genau nachvollziehen, wann der erste Weihnachtsgruß die Soldatinnen und Soldaten erreichte. Wahrscheinlich Ende der 1990er-Jahre wurden erstmals Päckchen in die Einsätze geschickt, in der Regel war es eine Souvenirgabe mit Aufdruck des Emblems des jeweiligen Einsatzes. Ab 2003 wurde dieser Inhalt um einen Weihnachtsmann aus Schokolade ergänzt. Dass diese gutgemeinte Aufmerksamkeit nicht immer »einsatztauglich« war, beweisen Fotos, die der Bundeskanzlerin im Dezember 2008 während eines Empfangs für Angehörige von Soldatinnen und Soldaten übergeben wurden: Die für Afghanistan vorgesehenen Päckchen, die den besagten Weihnachtsmann zum Inhalt hatten, waren mit Schokoladenmasse überzogen, da die Weihnachtsmänner geschmolzen waren.

2008 wurde erstmals der Gedanke aufgegriffen, eine Erinnerungsmedaille zu verteilen. Allerdings war das Timing der Umsetzung denkbar schlecht: Der Verteidigungsminister entließ seinen Generalinspekteur Wolfgang Schneiderhahn, dessen Signatur bereits auf die zu verschenkenden Medaillen gedruckt war. Zudem geriet der chinesische Produzent in Lieferschwierigkeiten. Nach diesem in der *Frankfurter Allgemeinen Zeitung* unter dem Titel »Kollateralschaden zu Weihnachten« aufgegriffenen Problem sowie zahlreichen Klagen über die schlechte Qualität der Geschenke, eine lieblose Verpackung und die unter der Sonne

Saunatuch für die Soldatinnen und Soldaten im Auslandseinsatz aus dem Jahr 2021

Afghanistans dahingeschmolzenen Weihnachtsmänner wurde das Konzept grundlegend überarbeitet.

Ab 2012 wurde die Erinnerungsmedaille, umgangssprachlich Coin genannt, als Standardgabe dem Päckchen beigelegt. Eine gemeinsame Weihnachtskarte des Ministers und seines Generalinspekteurs mit einem jährlich wechselnden Grußwort dient darüber hinaus als sichtbares Zeichen der persönlichen Wertschätzung. Von 2012 bis 2015 gab es unterschiedliche Medaillen für verschiedene Einsätze, in den Folgejahren wurde zunächst die Rückseite, seit 2016 auch die Gestaltung der Vorderseite vereinheitlicht; sie unterscheidet sich seitdem nur in der Jahreszahl.

Die Päckchen beinhalteten bis heute unter anderem: einen Kugelschreiber und ein Multitool mit Taschenleuchte (2008), einen USB-Stick mit Schriftzug (2013), bedruckte OnEar-Kopfhörer (2016), das abgebildete Handtuch (2021) und einen Multifunktionsstecker (2023). Bis zu 7900 Weihnachtspäckchen wurden in Hochphasen durch das Einsatzführungskommando der Bundeswehr jährlich in die Einsatzkontingente geliefert, immerhin 3300 waren es 2023. Bei einer Aktivierung der NATO Response Force ist zudem ein kurzfristiger Abruf von Päckchen möglich. Mittlerweile hat das Weihnachtspäckchen »Konkurrenz« bekommen: Der Deutsche BundeswehrVerband, der Reservistenverband, lokale Vereine und private Spender schicken ebenfalls regelmäßig Geschenkpäckchen als Anerkennung und Wertschätzung in die Einsätze.

Seit 2012 wird das Weihnachtspäckchen ergänzt durch einen vorweihnachtlichen Adventsgruß bestehend aus Christstollen und alkoholischem sowie alkoholfreiem Glühwein. Und wo immer möglich, lassen es sich Bundesminister und Generalinspekteur nicht nehmen, Päckchen persönlich zu übergeben, wofür eine gesonderte Reserve im Ministerium vorgehalten wird.

*Oliver Krückel*

84

# LEBEN IM FELDLAGER

## Ein Stück Zuhause in der Fremde

»Hescobaskets« sind zusammenlegbare Drahtgeflechtbehälter mit einer strapazierfähigen Gewebeauskleidung, die mit Erde, Sand oder Kies gefüllt und als Barriere gegen Explosionen oder leichte Waffen genutzt werden können. Die Schutzkörbe fanden in den Feldlagern der Bundeswehr Verwendung.

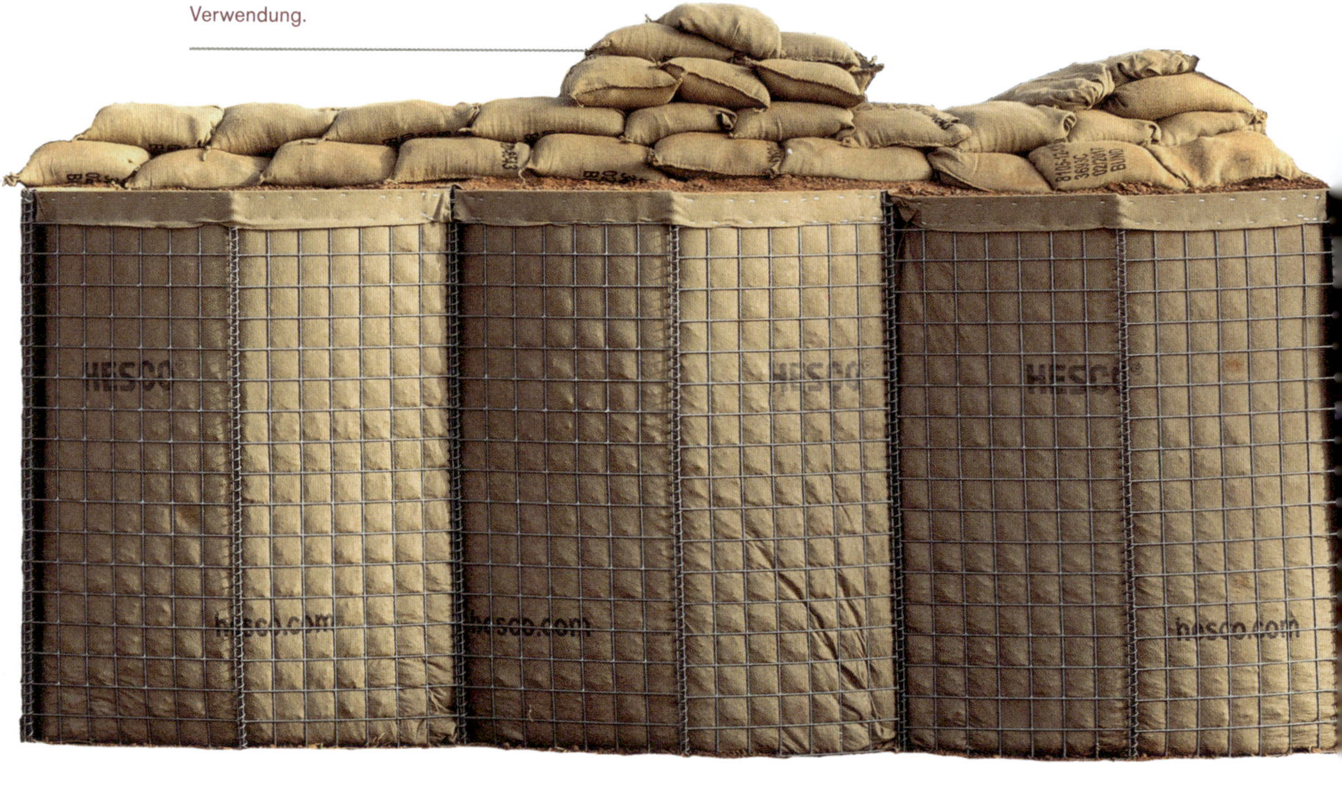

Als das »Ende der Welt«, zumindest für die Dauer ihres Einsatzes, sind die abgebildeten Schanzkörbe wohl vielen Soldaten im Auslandseinsatz vorgekommen. Die meist brusthohen, mit grobem Stoff verkleideten und mit Sand und Kies gefüllten Drahtkäfige, nach dem Markenamen des Herstellers Hesco-Barriere oder Hesco-Bastion genannt, bildeten die Schutzmauern der deutschen Feldlager im Ausland. Aus Hescos entstanden Laufgänge und Türme, von denen aus der Blick ins Einsatzland schweifen konnte. Diese gezielte Fortifikation, der Aufbau moderner Burgen und das Abgrenzen in Außen- und Innenwelt charakterisierten die Ära der Auslandseinsätze.

Lager entfalten eine definierende und prägende Wirkung. Die Trennung in »Drinnis« und »Draußis«, also zwischen jenen, die aufgrund ihres Auftrags im Lager blieben, und denen, die das Feldlager regelmäßig etwa für Patrouillen verließen, diente als manchmal spöttische, manchmal ernstgemeinte interne Unterscheidung und einsatzinterne Rangordnung. Je nach dienstlicher Funktion im Einsatz änderte sich auch die Wahrnehmung des Feldlagers. Für die einen war das Feldlager ein Ort der verhältnismäßigen Sicherheit und der Entspannung nach Abschluss einer militärischen Operation mit sauberem fließendem Wasser, vernünftiger Verpflegung und einem richtigen Bett. Im Lager konnte man mit der Heimat (video-)telefonieren, Wäsche waschen und die Ausrüstung wieder auf Vordermann bringen. Für die anderen war das Feldlager der sprichwörtliche goldene Käfig, den man für die Einsatzdauer nicht verlassen durfte und in dem latent der Lagerkoller drohte. Intern sprach man von »Gefechtsfeldtourismus«, wenn Kameraden, die ihren Dienst sonst nur »drinnen« verrichteten, fadenscheinige Gründe vorbrachten, um »endlich mal raus« zu kommen.

Was genau ist aber ein Feldlager? Ein Feldlager ist eine eigene kleine, streng bewachte Stadt, mitsamt Unterkunftsblöcken, Bürotrakten, Wäscherei, Sportzelten, Instandsetzungsbereichen, Funkstationen, Trinkwasseraufbereitung, Munitionslagern, meist auch einer Kapelle sowie Freizeit- und Betreuungseinrichtungen. Auch im Einsatz gibt es nach Dienst die »Zeit zur freien Verfügung«, die je nach Gusto für Sport, Nichtstun oder geselliges Beisammensein genutzt wird. Mit fortschreitender Einsatzdauer weiteten sich in den Feldlagern die Sportangebote aus. Während die ersten Einsatz-Kontingente noch mit selbstgebauten Hanteln unter freiem Himmel auskommen mussten, entstanden bald klimatisierte und gut ausgerüstete Sportzelte, manchmal sogar inklusive Kursangebot – Yoga oder Boxen unter dem Himmel der südlichen Hemisphäre.

Die Bundeswehr etablierte feste Betreuungsbüros mit Ausleihmöglichkeiten für Bücher, Filme, Brettspiele und ähnliches. Wenn es die Auftragslage zuließ, wurde der Sonntag zum »Base Day« erklärt, an dem nur das dienstliche Minimum stattfand und die Soldaten ansonsten zusätzliche freie Zeit hatten, um beispielsweise am Gottesdienst teilzunehmen. Da Auslandseinsätze immer im internationalen Rahmen durchgeführt wurden, waren auch in den Feldlagern stets andere Uniformierte zu sehen. Das Miteinander der Nationen schlug sich im Lagerleben nieder. Die ausländischen Kameraden standen vor derselben Herausforderung wie die deutschen Soldaten, nämlich den Lageralltag kurzweiliger und erträglicher zu machen. Die Angebote der anderen Nationen waren deshalb eine willkommene Abwechslung, sei es beispielsweise ein Zigarrenabend bei den Belgiern, Saunieren bei den Finnen oder eine 80er-Party bei den Schweden.

Interne Bezeichnungen wie »Mallorca-I-Sharif« für das deutsche Feldlager in Mazar-e Sharif deuten bereits an, dass auch Alkohol eine Rolle im Auslandseinsatz spielte. Je nach Einsatzland wurden die Bestimmungen unterschiedlich gehandhabt. Während bei MINUSMA in Mali ein striktes Alkoholverbot galt, gab es bei ISAF und Resolute Support in Afghanistan die sogenannte Zwei-Dosen-Regelung, die besagte, dass jeder Soldat pro Tag nur die Menge von zwei Dosen Bier o. ä. konsumieren durfte. Die Kontrolle oblag den Vorgesetzten.

Bei den Kontingenten, die über den Jahreswechsel im Einsatz blieben, spielte auch die Organisation des Weihnachtsfestes eine wichtige Rolle. Ein eingeflogener, geschmückter Tannenbaum vermittelte selbst in der Sahara oder am Hindukusch einen Hauch von Weihnachten, aber auch von Wehmut. Gerade um den Jahreswechsel herum wurden auch viele »Schreibmuffel« zu emsigen Briefeschreibern. Die Feldpost war besonders für Einsatzkontingente vor der Zeit der flächendeckenden Verbreitung des Internets der wichtigste Faden in die Heimat (siehe Beitrag 78). Der Kontakt zur lokalen Bevölkerung beschränkte sich durch die Abgrenzung der Lagermauer meist nur auf im Lager tätige Bauarbeiter, Reinigungs- oder Küchenkräfte, in seltenen Fällen auch auf Sprachmittler.

Da die Mehrheit der Einsatzländer in heißen Klimazonen lagen, trafen die deutschen Soldaten in Feldlagern auch auf ungebetene »Mitbewohner«, die sie aus der Heimat nicht kannten, etwa Malaria übertragende Mücken, Geckos, Hundertfüßer, Skorpione und Kamelspinnen. Die Erwähnung der tierischen Mitbewohner und die oben genannten Annehmlichkeiten des Lagerlebens sollen nicht darüber hinwegtäuschen, dass das Leben im Feldlager tatsächlich gefährlich sein konnte. Die mit Sandsäcken abgedeckten Schutzräume waren bei den häufigen Raketen- und Mörserangriffe auf deutsche Feldlager bittere Notwendigkeit. Im Unterschied zum Dienst in Deutschland waren alle Soldaten stets und ständig bewaffnet. Die latente Gefahr der »Innentäter«, als einheimische Arbeits- oder Sicherheitskräfte getarnte Personen, führte mehr als einmal zu Kampfhandlungen im Lager und zu deutschen Gefallenen. Die Entstehung von Gedenkorten für gefallene Kameraden im Feldlager, etwa der Ehrenhain in Kunduz, stellte auch für die Erinnerungskultur der Bundeswehr eine Neuerung dar (siehe Beitrag 82).

Neben dem ungewohnten Klima, der latenten Gefahr durch Beschuss oder der beengten Unterbringung sorgte im Einsatz die allgegenwärtige Bürokratie für Ärger und Frustra-

Einblick in ein Diorama des Feldlagers der Bundeswehr im afghanischen Mazar-e Sharif. Modellbauer des Objektschutzregiments der Luftwaffe »Friesland« aus Jever haben neben den großen Flugzeughangars auch den Lagerbereich mit den Unterkunfts- und Materialcontainern maßstabsgerecht modelliert. Die unterschiedlichen Farben für die einzelnen Container weisen auf Funktionsgebäude hin.

tion (siehe Beitrag 52). So riefen Geschwindigkeitsmessungen und Fahrzeugkontrollen durch die Feldjäger genauso Unverständnis hervor wie die penible Trennung des Mülls gemäß den deutschen Abfallversorgungsvorschriften – zumal der lokale Abfallentsorgungs-Dienstleister später doch alles wieder auf einen großen Haufen zusammengekippte. Der Bürokratie begegnete die Truppe mit Gleichmut und Kreativität, wenn etwa der nicht genehmigte, selbstgebaute Pool zum »Abkühlbecken für Diensthunde« deklariert wurde, um ihn nachträglich zu legalisieren.

Die Zeit der großen Auslandseinsätze der Bundeswehr im Rahmen des internationalen Krisenmanagements scheint vorerst vorbei. Die Landes- und Bündnisverteidigung steht wieder im Vordergrund, deutlich symbolisiert durch den Aufbau einer permanent in Litauen stationierten Heeresbrigade. Diese soll jedoch nicht mehr in einem provisorischen Feldlager, sondern in einer festen, neugebauten Kaserne untergebracht werden. Die Feldlager in Afghanistan und Mali sind indes bereits durch die Taliban beziehungsweise die malische Junta anderen Zwecken zugeführt worden. Was durch die Bundeswehr nicht ausgeflogen werden konnte, wurde verbrannt oder den ehemaligen Gegnern überlassen. Nun sind sie es, die über die Hesco-Mauern schauen und den Blick ins Land schweifen lassen können.

*Tobias Pech*

85

# ORIENTIERUNG IM DIENST

## Ethische Bildung in den Streitkräften

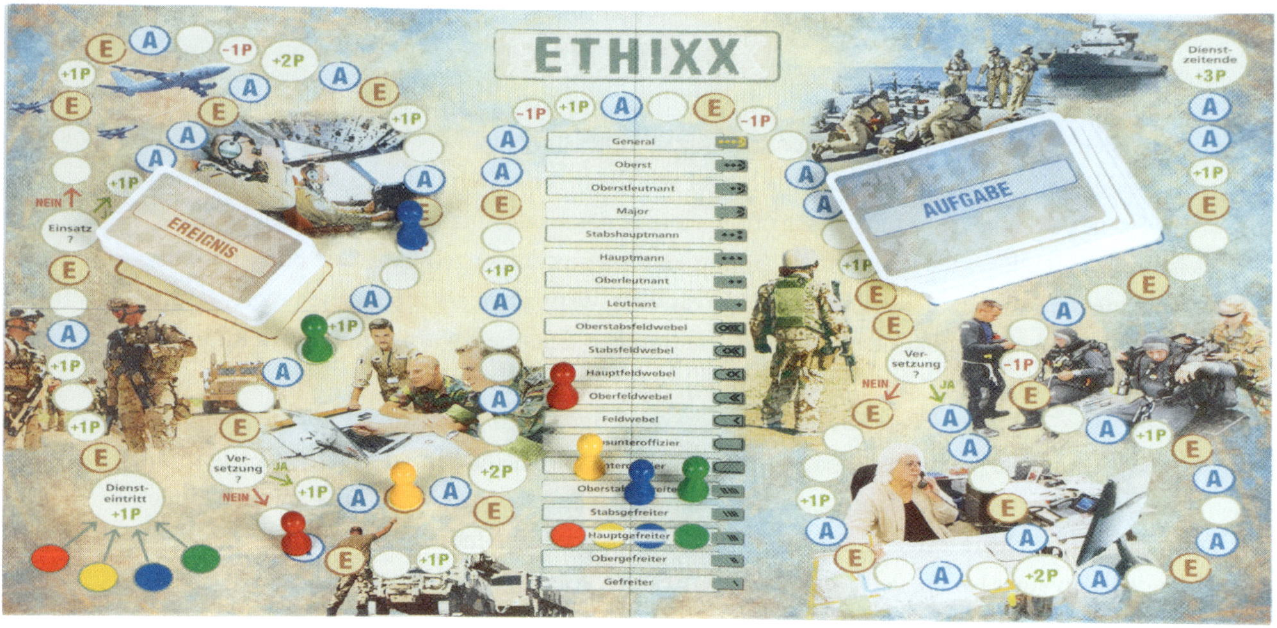


Spielend lernen, mit ethischen Herausforderungen umzugehen: Das Brettspiel »Ethixx« ermöglicht dies seit 2016.

»Du bist als Patrouillenführer im Einsatz und zu einem verletzten Kameraden unterwegs. Auf der Fahrt dorthin entdeckst du ein verletztes Kind am Straßenrand. – Hältst du an, um dem Kind zu helfen?« So der Sachverhalt und die sich anschließende Frage auf einer der Aufgabenkarten in dem abgebildeten und vom Zentrum Innere Führung seit 2016 herausgegebenen Lernspiel »Ethixx – Stell Dich der Herausforderung«. Das erlebnisorientiert gestaltete Gesellschaftsspiel will Interesse für ethische Themen des soldatischen Dienens wecken. Wenn Aus- und Weiterbildungen mit ethischem oder lebenskundlichem Bezug angesetzt sind und das Interesse bei den jungen Soldatinnen und Soldaten gefördert werden soll, ergänzt das Spiel methodisch geschickt die Ausbildung. Ganz ohne moraltheoretische Belehrung macht es neugierig auf ethische Themen. Bis 2023 wurde das Spiel 4000 Mal an die Truppe ausgegeben. Es ist damit fester Bestandteil des Methodeninventars der ethischen Bildung in der Bundeswehr.

Ethische Bildung ist Teil der Persönlichkeitsbildung und des Lebenskundlichen Unterrichts in den Streitkräften und ein Bestandteil der Inneren Führung, die den gesamten Dienst in der Bundeswehr prägt. Schon vor dem Aufbau der Bundeswehr waren sich die Verantwortlichen der Bedeutung einer solchen Bildung bewusst. Bereits die Himmeroder Denkschrift hatte darauf hingewiesen, dass »Charakterbildung und Erziehung« des Soldaten ebenso wichtig seien wie seine Ausbildung (siehe Beitrag 2). Die erste Dienstvorschrift für den seit 1956 erfolgenden Lebenskundlichen Unterricht hielt 1959 fest, dass die »sittlichen, geistigen und seelischen Kräfte [...] mehr noch als fachliches Können den Wert des Soldaten bestimmen«. Bei allem Wandel, den ethische Bildungsmaßnahmen seit Ende der 1950er-Jahre erfahren haben, blieb der Anspruch, in Fragen der Lebensführung, Existenz und Berufsethik zu bilden, stets gleich. So spielt ethische Bildung auch heute eine entscheidende Rolle in der Erziehung, da Soldatinnen und Soldaten in Situationen geraten können, in denen moralische Entscheidungen gefordert sind. Ethische Bildung soll zur Reflexion und Klärung von Werten und Wertekollisionen befähigen und damit Orientierung im dienstlichen Alltag wie auch in komplexen Entscheidungssituationen bieten. Sie dient der Schärfung des Gewissens und der moralischen Urteilsfähigkeit, wodurch ein verantwortungsbewusstes und sicheres Handeln ermöglicht werden soll. Solche Bildungsangebote können dazu beitragen, ein Verständnis für ethische Tugenden und Prinzipien zu entwickeln, die in militärischen Konflikten als Grundlage für Handlungsziele und Handlungsmethoden dienen.

Im Unterschied zu früheren deutschen Armeen sind in der Bundeswehr, als Armee in der Demokratie, Fragen moralischen Verhaltens von zentraler Bedeutung. Die Zeiten, in denen Soldaten verpflichtet waren, den Befehlen ihrer Vorgesetzten »unbedingt zu gehorchen« und im Zweifel auch gegen das eigene Gewissen zu handeln, sollten sich in der Bundesrepublik nicht wiederholen. Die moralischen Abgründe der Wehrmacht, die in die Verbrechen des nationalsozialistischen Unrechtsregimes schuldhaft verstrickt und Teil dessen rasseideologischer Kriegführung war, sollten durch ein Reformprogramm vermieden werden, das sich nicht an einen »Kämpfer« mit kriegerischem Wertekodex, sondern an einen »Staatsbürger in Uniform« richtet, der den Werten und Normen des für alle Bürgerinnen und Bürger geltenden Grundgesetzes verpflichtet bleibt. Die ethische Bildung in der Bundeswehr grenzt sich daher von einer Sonderethik für Soldaten ab, obgleich sie die besonderen Anforderungen des militärischen Dienstes und die damit verbundenen spezifischen berufsethischen Fragen und Aufgaben fest im Blick hat. Fundamentales Ziel der Ethikausbildung ist es, die Angehörigen der Bundeswehr zur Wahrnehmung ethisch relevanter Fragen und Problembereiche, zur gewissensgeleiteten und moralisch fundierten Urteilsbildung sowie zum ethisch reflektierten Handeln – auch in komplexen Lagen – zu befähigen.

Wer im staatlichen Auftrag militärische Gewalt einsetzen soll und mit seinen Entscheidungen über Leben und Gesundheit anderer bestimmt, kann sich Unsicherheit in diesen grundlegenden Fragen nicht erlauben. Insbesondere in schwierigen und komplexen Situationen kann es zu Konflikten kommen, in denen mehrere gleichwertige Güter im Widerspruch zueinander stehen oder nicht gleichzeitig verwirklicht werden können. Hierzu braucht es die Fähigkeit zu kluger Güterabwägung und die Klärung, ob und wie man für gefordertes Handeln bzw. Nichthandeln zuständig ist. Das haben die Auslandseinsätze der Bundeswehr nachdrücklich bestätigt. Denn die komplexen Herausforderungen, mit denen sich Soldaten und Soldatinnen bisher auf den Auslandsmissionen konfrontiert sahen, hatten immer auch moralische Implikationen – etwa nicht helfen zu können oder auf Grundlage des Mandats nicht in dem Ausmaß eingreifen zu dürfen, wie man es subjektiv vielleicht als richtig erachtet hätte. Ethische Bildung muss Herausforderungen wie beispielsweise moralische Dilemmata aufnehmen und die manchmal schwierigen Fragen nach dem richtigen Handeln thematisieren. Hierbei unterstützt auch das 2010 in Hamburg gegründete Zentrum für ethische Bildung in den Streitkräften (zebis) durch eine Vielzahl an Bildungsangeboten, wie die abgebildete Methodensammlung.

Ethische Bildung ist aber nicht allein das Ergebnis eines rationalen Lern- und Erkenntnisprozesses, sondern beinhaltet zugleich emotionale, seelische sowie spirituelle oder religiöse Erfahrungen und Einsichten. Denn Moralität steht mit dem in Verbindung, was den Menschen in seinem Innersten ausmacht. Auch die eigenen Schwächen gehören dazu und beeinflussen moralische Entscheidungen und Verhaltensweisen. Dies bedeutet, dass ethische Fragen und moralisches Handeln in engem Zusammenhang mit der eigenen Identität und dem beruflichen Ethos stehen. Ethische Themen sind seit Jahrzehnten fest im Unterricht beispielsweise zu Werten und Normen des Grundgesetzes sowie zu Befehl und Gehorsam etabliert. Ethischer Bildung kommt auch die Aufgabe zu, das Gewissen der Soldatinnen und Soldaten zu stärken, damit sie ihre Entscheidungen als gewissensgeleitet erfahren können. Insbesondere der seit 2010 für alle Soldaten verpflichtende Lebenskundliche Unterricht erfüllt diese Aufgabe. Lebenskundlicher Unterricht und ethische Bildungsangebote dienen auf subjektiver Seite der Selbsterfahrung und Selbstvergewisserung, aber ebenso objektiver Sinn- und Wertevermittlung sowie der kritischen Auseinandersetzung mit den eigenen und fremden Wertvorstellungen. Dies kann sich positiv auf die Urteilskraft, Entscheidungsfähigkeit und Handlungskompetenz auswirken – vorausgesetzt, die Bildungsangebote finden einen didaktischen und methodischen Rahmen, der moralische Wertebildung befördert und für Empathie, Perspektivenwechsel und Verbundenheit sensibilisiert.

Teil eines vielfältigen Bildungsangebots: die Methodensammlung des Zentrums für ethische Bildung in den Streitkräften (zebis)

Dass ethische Bildung und Lebenskundlicher Unterricht verpflichtend sind, hat gute Gründe. Die sogenannte Totenkopf-Affäre von 2006 lieferte für die Bundeswehr den äußeren Anlass, Soldatinnen und Soldaten intensiver auf die Auslandseinsätze vorzubereiten und ihr ethisches Urteilsvermögen zu stärken. Auch die Geschichte der Bundeswehr in der Zeit des Kalten Kriegs belegt, dass bei polarisierenden Themen, wie beispielsweise in der Frage der Atombewaffnung, Orientierung und Legitimation im gemeinsamen Dienst sowie im Hinblick auf das eigene berufliche Selbstverständnis notwendig sind. Die in der westdeutschen Öffentlichkeit nach dem NATO-Doppelbeschluss von 1979 höchst kontrovers geführten Debatten (siehe Beitrag 43) stellten auch für die Soldaten eine Herausforderung dar, die nicht durch Verbote oder Befehle, sondern durch eine Stärkung der Meinungsbildung und durch Vertrauen in die Urteilskraft der Soldaten gemeistert wurde. Ethische Bildung, die mehr sein muss als ethische Ausbildung, soll dazu beitragen, Orientierung zu bieten. Sie will Soldatinnen und Soldaten helfen zu erkennen, wofür sie stehen und wie sie ihre Aufgabe bewältigen können.

*Markus Thurau und Roland Wöhrle-Chon*

86

# VERWUNDUNGEN DER SEELE

## Posttraumatische Belastungsstörungen

Von einem PTBS-geschädigten Soldaten der Bundeswehr während seiner Therapie erstelltes Modell, das kontrastreich den »dienstlichen« Stress, Bedrohungen und Tod auf der einen Schädelhälfte thematisiert und ihm auf der anderen Hälfte die friedlichen »Rückzugsorte« Familie, Heimat, Deutschland als heile Welt gegenüberstellt

Manch eine Verwundung sieht und erkennt man nicht, jedenfalls nicht auf Anhieb, und man muss, wie bei dem Schädel (links), unter die Oberfläche schauen, oder vielmehr: unter die Schädeldecke, ins Hirn, in die Seele. Die künstlerische Verarbeitung des Erlebten ist bei Posttraumatischen Belastungsstörungen (PTBS) durchaus Teil der Therapie, denn sie erlaubt den Betroffenen die Auseinandersetzung mit dem erlittenen Trauma. Während eine blutende Wunde oder der Verlust von Gliedmaßen, also klassische Verwundungen, infolge des Einsatzes von militärischen Kampfmitteln augenfällig sind, erkennt man eine psychische Verletzung nach der traumatischen Erfahrung eines Kampfes oftmals erst auf den zweiten, dritten oder gar vierten Blick. Das wird der Schwere der psychischen Verwundung oft nicht gerecht, ist diese doch bisweilen folgenreicher, gravierender, langwieriger und behandlungsintensiver als eine physische Verletzung.

Lange Zeit fanden seelische Verletzungen aufgrund traumatischer Ereignisse und Erlebnisse, die Kriege wie auch das zivile Leben bereithalten, wenig Beachtung. Die Disziplin der Psychiatrie widmete sich erst im ausgehenden 19. Jahrhundert einem Phänomen, das im Kontext von Unfällen mit Eisenbahnen vermehrt zu beobachten war, der sogenannten Schreckneurose. Im Ersten Weltkrieg trat dann vor allem im Stellungskrieg an der Westfront die Erscheinung dessen, was man später Posttraumatische Belastungsstörung nennen sollte, zahlreich auf, wobei sich die Psychiatrie mit teilweise drastischen, schmerzhaften und zweifelhaften Behandlungsmethoden darum bemühte, die Soldaten möglichst schnell wieder für den Kriegseinsatz »fit« zu machen und an die Front zurückzuschicken. Nach dem Ersten Weltkrieg war das Phänomen des »Kriegszitterers« nicht nur in der Weimarer Republik weithin bekannt: Die Soldaten zitterten im Wortsinn, sie hatten durch die psychische Überbelastung, die aus den Erlebnissen und Erfahrungen an der Front resultierte, die Kontrolle über ihren Körper verloren. Auch in Großbritannien und in den USA waren die Leidtragenden des »Shell Shocks« gesellschaftlich bekannte soziale Figuren. Die in der Literatur beschrieben Symptome deuten darauf hin, dass es sich bei diesen Kriegsveteranen um Soldaten handelte, die an einer PTBS infolge traumatischer Kriegserlebnisse erkrankt waren. Gleiches gilt für zahlreiche Heimkehrer aus alliierter Gefangenschaft nach dem Zweiten Weltkrieg, die teilweise große Schwierigkeiten hatten, sich in ihre Familien und in ihr soziales und berufliches Umfeld zu reintegrieren.

Vor allem während des Vietnamkriegs der USA wurde das Phänomen der PTBS in den 1970er-Jahren in der Psychologie intensiv untersucht und das Krankheitsbild dieser psychischen Erkrankung präziser herausgearbeitet. Bahnbrechend war die Studie von Jonathan Shay über »Achill in Vietnam«; der Titel bezieht sich auf Homers »Ilias« und die dort beschriebene Persönlichkeitsveränderung bei Achill sowie dessen Transformation in einen »Berserker« nach dem Verlust seines geliebten Freundes Patroklos. Dieser Forschung ist es zuzuschreiben, dass das Krankheitsbild offiziell anerkannt und die PTBS im Jahr 1980 in das amerikanische Klassifikationssystem für psychiatrische Erkrankungen aufgenommen wurde. Im weiteren Verlauf fand PTBS auch Eingang in die ICD-10 (International Statistical Classification of Diseases and Related Health Problems), die Diagnosenklassifikation der Weltgesundheitsorganisation (WHO).

In der Bundeswehr wurde das Phänomen der Posttraumatischen Belastungsstörung vor allem infolge des Afghanistan-Einsatzes bekannt und virulent. So kehrten manche deutsche Militärangehörige mit psychischen Verletzungen aus dem Einsatz zurück oder sie entwickelten eine entsprechende Symptomatik nach ihrer Rückkehr. Die Figur des PTBS-erkrankten Soldaten blieb auch der deutschen Gesellschaft nicht unbekannt, sondern fand breiten Eingang in deutsche Medien sowie Film- und Fernsehproduktionen, da die Zahl der Erkrankungen nicht unbedeutend war. So wird in der Forschungsliteratur davon ausgegangen, dass etwa drei Prozent der Soldatinnen und Soldaten im Verlauf eines militärischen Einsatzes an einer PTBS erkranken, die aber nur bei etwa der Häfte der Betroffenen auch diagnostiziert wird.

Die Entwicklung einer PTBS im Anschluss an traumatische Erlebnisse während des Einsatzes in Afghanistan stellte die Militärmedizin und den Psychologischen Dienst der Bundeswehr vor große Herausforderungen. Die Diagnose, die klinische Versorgung, die Behandlung und die Betreuung von PTBS-erkrankten Soldatinnen und Soldaten sind heute von hoher Qualität. Dazu hat auch die Gründung des Psychotraumazentrums am Bundeswehrkrankenhaus in Berlin im Jahr 2010 beigetragen.

Die Soldatinnen und Soldaten, die nach ihrem Einsatz an einer Posttraumatischen Belastungsstörung litten, trafen in den Anfangsjahren auf einen bürokratischen Apparat, der mit dem Phänomen der PTBS zunächst nicht sachgerecht umzugehen verstand. Dies wurde von den betroffenen Soldatinnen und Soldaten als eine Verweigerung der Fürsorgepflichten der Bundeswehr und damit als ein Versäumnis des Dienstherren verstanden und bildete ein wichtiges Motiv für die Gründung von Veteranen- und Interessenverbänden. So benötigte es geraume Zeit, bis Posttraumatische Belastungsstörungen als eine Wehrdienstbeschädigung nach dem Soldatenversorgungsgesetz anerkannt wurden. Sehr illustrativ sind hier die Schilderungen von Andreas Timmermann-Levanas, der schon im Untertitel seines Buches die deutschen Soldaten als »Opfer der deutschen Politik« beschreibt. Dieses Buch stieß auf so breite Resonanz in der Gesellschaft, dass es in die Schriftenreihe der Bundeszentrale für politische Bildung aufgenommen wurde.

Inzwischen ist man rechtlich und administrativ weit besser aufgestellt. So bearbeitet das Bundesamt für das Personalmanagement der Bundeswehr die entsprechenden Ansprüche seit dem Jahr 2015 nach dem Sozialen Entschädigungsrecht. Beabsichtigt ist zudem, zum

1. Januar 2025 ein Soldatenentschädigungsgesetz in Kraft zu setzen, das weitere Verbesserungen für PTBS-Geschädigte vorsieht. Schon länger, genauer seit dem 12. Dezember 2007, gibt es das Gesetz zur Regelung der Weiterverwendung nach Einsatzunfällen, kurz: Einsatz-Weiterverwendungsgesetz, das betroffenen Soldatinnen und Soldaten darüber hinaus ein Anrecht auf ihre Weiterbeschäftigung sichert. PTBS-Geschädigten droht damit nicht mehr automatisch das Ausscheiden aus der Truppe und eine ungewisse berufliche Zukunft. Mit der Einrichtung der Zentralen Ansprech-, Leit- und Koordinierungsstelle für Menschen, die unter Einsatzfolgen leiden, schuf man 2017 zudem eine eigene Stelle für die Bearbeitung der Anliegen und Anträge von aktiven wie auch ehemaligen Soldatinnen und Soldaten der Bundeswehr nach dem Einsatz-Weiterverwendungsgesetz. Auch in der Vor- und Nachbereitung der Einsätze der Bundeswehr ist man für das Thema heute stärker als früher sensibilisiert und hat entsprechende Verbesserungen vorgenommen. Dies scheint mit Blick auf die Zukunft auch notwendig, denn das Risiko, dass Soldatinnen und Soldaten der Bundeswehr an einer Posttraumatischen Belastungsstörung erkranken, ist auch unter dem Eindruck der Refokussierung auf die Landes- und Bündnisverteidigung nicht kleiner geworden.

*Gerhard Kümmel*

87

# »WANDERER ZWISCHEN BEIDEN WELTEN«

## Die Vereinbarkeit von Familie und (Soldaten-)Beruf

Außenfassade der Kita »Lazarettzwerge« am Bundeswehrzentralkrankenhaus in Koblenz-Bubenheim

Hinweisschilder für Kindertagesstätten und Kindergärten wie das abgebildete gibt es in dieser oder in ähnlicher Form zu Hunderten. Dieses Schild ist dennoch etwas Besonderes, denn bei den »Lazarettzwergen« handelt es sich um einen Kindergarten der Bundeswehr. Es steht beispielhaft für die Anstrengungen der Bundeswehr, die Vereinbarkeit von Familie und Beruf/Dienst zu fördern. Dienstliche und private Erfordernisse und Pflichten miteinander in Einklang zu bringen, ist nicht nur im militärischen Alltag bisweilen eine Herausforderung. Umgangssprachlich wird oft das Bild des Spagats bemüht, also einer physisch anspruchsvollen und anstrengenden Turnübung, um deutlich zu machen, wie schwer es fallen kann, die beiden Pole – Berufsleben auf der einen und Privatleben/Familie auf der anderen Seite – miteinander zu verbinden und idealerweise im Sinne einer Work-Life-Balance auch in Einklang zu bringen. Bisweilen und dann weitaus düsterer wird die Metapher der mittelalterlichen Vierteilung eines Delinquenten verwendet, der im vorliegenden Fall jedoch nicht von vier, sondern lediglich von zwei Pferden in unterschiedliche Richtungen gezogen und zerrissen wird.

Dass diese plakativen Bilder bemüht werden, illustriert die Bedeutungsschwere des Themas und die Intensität, mit der die beiden Pole, Work (Dienst) auf der einen Seite und Life (Privates, Partner/Partnerin, Familie) auf der anderen Seite, auch an den Soldaten und Soldatinnen zerren. Beide werden in der soziologischen Forschungsliteratur als »gierige Institutionen« (greedy institutions) beschrieben, die jeweils sehr hohe und teilweise durchaus widersprüchliche Ansprüche und Anforderungen an das soldatische Subjekt stellen und die auch Fragen der Prioritätensetzung zugunsten der einen oder der anderen Seite aufwerfen können.

Den Soldatinnen und Soldaten der Bundeswehr werden eine hohe Mobilität und Einsatzbereitschaft abverlangt. Mit dem soldatischen Dienst sind oft kürzere wie auch längere Abwesenheitszeiten verbunden. Soldaten und Soldatinnen werden regelmäßig aus-, weiter- und fortgebildet; sie werden auf Lehrgänge, auf Truppenübungsplätze und auf Übungen im nationalen wie im internationalen Kontext geschickt; bisweilen sind sie auch im Einsatz in militärischen Operationen, und ja, manchmal sind sie auch im Krieg. Dies alles muss austariert werden mit den emotionalen Bedürfnissen und beruflichen Anforderungen, die vonseiten des Partners bzw. der Partnerin gestellt werden, und vor allen Dingen mit den Erwartungen und Betreuungsbedürfnissen der Kinder, denn auch Soldatinnen werden Mütter und Soldaten werden Väter – oder Soldatinnen und Soldaten finden Partner und Partnerinnen mit eigenen Kindern und bilden dann Patchwork-Familien. In die Gleichung muss schließlich unter dem Eindruck des demografischen Wandels in unserer Gesellschaft auch immer häufiger noch die Aufgabe der Pflege von Familienangehörigen mitaufgenommen werden. In den ersten Jahrzehnten fand das Thema wenig Beachtung in der Bundeswehr. Lange Dienst- und Arbeitszeiten, auch samstags, sowie das Leben in der Kaserne (siehe Beitrag 42) waren die Regel, und solange in der Bundesrepublik das Modell des männlichen Alleinverdieners und der Hausfrau dominierte, wurde räumliche Mobilität vorausgesetzt.

Der Soldat wurde versetzt, und seine Familie zog mit ihm an den neuen Dienstort um. Diese Zeiten sind vorbei. Im Soldaten- und Soldatinnengleichstellungsgesetz vom 27. Dezember 2004 hat sich die Bundeswehr in § 1 dazu verpflichtet, »die Vereinbarkeit von Familie und Dienst für Soldatinnen und Soldaten zu verbessern«. In der aktuellen Fassung des Gesetzes vom 22. Januar 2024 wurde diese Verpflichtung dahingehend erweitert, »die Vereinbarkeit von Familie, Pflege und Dienst für das militärische Personal zu verbessern«. Die Verbesserung der Work-Life-Balance ist zudem Bestandteil der modernen Unternehmensphilosophie der Bundeswehr, das heißt, sie ist ein Gestaltungsfeld der Inneren Führung. So heißt es in der Zentralen Dienstvorschrift A-2600/1 »Innere Führung. Selbstverständnis und Führungskultur der Bundeswehr«: »Die Verbesserung der Vereinbarkeit von Familie und Dienst ist eine wesentliche Führungsaufgabe. Angemessene Rücksichtnahme auf familiäre und partnerschaftliche Belange der Soldatinnen und Soldaten bei der Umsetzung dienstlicher Erfordernisse ist eine dienstliche Pflicht aller Vorgesetzten und der Personalführung.«

Die Bundeswehr bemüht sich folglich, hinsichtlich der Vereinbarkeit von dienstlichen Erwartungen und privaten Ansprüchen unterstützend tätig zu werden, um die Einsatzbereitschaft und Motivation der Angehörigen der deutschen Streitkräfte zu verbessern, ihren Fürsorgeverpflichtungen gerecht zu werden, die Personalbindung an den Dienstherren zu stärken, die Attraktivität der Bundeswehr als Arbeitgeber zu steigern und letztlich die Einsatzfähigkeit der Streitkräfte zu erhöhen.

Dazu wurde im Bundesministerium der Verteidigung im Januar 2013 die Stelle einer Beauftragten für die Vereinbarkeit von Familie und Beruf/Dienst in der Bundeswehr geschaffen. Ihre Aufgabe ist es seither, nach Möglichkeiten und Wegen zur Verminderung der Vereinbarkeitsbelastung zu suchen. Dies betrifft sämtliche Themen- und Handlungsfelder, die unmittelbar oder mittelbar für die Vereinbarkeitsthematik relevant sind. Im regulären Dienstbetrieb versucht die Bundeswehr, Vereinbarkeitsnöte beispielsweise durch die Einrichtung von Bundeswehr-eigenen Kindergärten in Liegenschaften oder durch die enge Kooperation mit Kindergärten am Standort zu mildern. Bei anderen Kindergärten beteiligt sich die Bundeswehr an deren Alimentierung, um ausgedehntere Öffnungszeiten zu erreichen. Weitere Mittel sind die Bereitstellung von Eltern-Kind-Arbeitszimmern, von denen es mittlerweile mehr als 340 in der Bundeswehr gibt; das Bemühen, heimatnahe Verwendungen und heimatnahe Versetzungen zu gewährleisten; Möglichkeiten, Telearbeit oder Homeoffice wahrzunehmen; oder die Einrichtung von Lebensarbeitszeitkonten. Mit dem Familienservice wurden darüber hinaus auch kurzfristig abrufbare Angebote geschaffen, um Vereinbarkeitslasten zu entschärfen. Der Familienservice vermittelt im Bedarfsfall binnen eines Tages eine Notfallbetreuung

»Ein Befehl ist eine Anweisung in schriftlicher, mündlicher oder anderer Form und dient einem dienstlichen Zweck.« Das weiß jede Soldatin und jeder Soldat und auch die familiäre Umgebung gehört zum Dienst dazu, irgendwie immer. Im Jahr 2016 wies die Bundeswehr in ihrer Postkartenserie auch darauf hin, dass die Vereinbarkeit von Familie und Beruf die Leistungsfähigkeit der Bundeswehrangehörigen steigern kann.

für Kinder und pflegebedürftige Familienangehörige. Auch bei der Ferienbetreuung von Kindern unterstützt der Familienservice. Zudem hat die Bundeswehr seit dem 7. September 1993 mittlerweile 32 Familienbetreuungszentren mit rund 250 haupt- und nebenamtlich tätigen Mitarbeiterinnen und Mitarbeitern eingerichtet, um rund um die Uhr die einsatzbedingten Belastungen für Familien aufzufangen. Sie versorgen die Zuhausegebliebenen beispielsweise mit Informationen aus den Einsatzgebieten, und sie helfen ihnen im Notfall.

Mit der Refokussierung auf die Landes- und Bündnisverteidigung kommen hinsichtlich der Work-Life-Balance neue Veränderungen und Herausforderungen hinzu. So hat sich die Bundeswehr Ende 2023 zur Stationierung von etwa 4800 Soldatinnen und Soldaten und rund 200 Zivilbeschäftigten der Bundeswehr an der Ostflanke der NATO und damit außerhalb der Landesgrenzen verpflichtet. Die Brigade Litauen, die als schwere Kampfbrigade angelegt ist, soll 2025 in Dienst gestellt werden, bis Ende 2027 voll einsatzfähig sein und dann dauerhaft in der Nähe der litauischen Großstädte Vilnius und Kaunas stationiert bleiben. Beabsichtigt ist, Anreize zu schaffen, damit die Partner, Partnerinnen und Familien der Bundeswehrangehörigen der Brigade Litauen folgen, sodass auch intensiv über Kinderbetreuungsmöglichkeiten und deutsche Schulen in Kaunas und Vilnius nachgedacht wird. Nicht unerwähnt bleiben darf am Ende, dass die Bundeswehr bei der Herstellung der Work-Life-Balance auch von der Militärseelsorge unterstützt wird, so etwa durch Seelsorgeangebote und durch Einladungen zur Teilnahme an Familienrüstzeiten oder Partnerseminaren.

Gänzlich werden sich die Vereinbarkeitsbelastungen wohl niemals auflösen lassen, denn: »The job needs to be done«.

*Gerhard Kümmel*

88

# JUNGE KRIEGER

## Die Veteranen der Bundeswehr

Mit diesem improvisierten 100 x 60 Zentimeter großen Schild demonstrierten Einsatzveteranen der Bundeswehr seit 2013 wiederholt vor dem Deutschen Bundestag und dem Bundeskanzleramt in Berlin. Sie wollten eine größere Wahrnehmung der Veteranen der Bundeswehr erreichen.

Das abgebildete Protestschild illustriert, dass der Veteran sehr lange Zeit für die Bundeswehr als Thema nicht relevant war. Wurde in der Nachkriegszeit von Veteranen gesprochen, dann waren damit die Kriegsteilnehmer der Wehrmacht und die aus der Kriegsgefangenschaft bei den Alliierten zurückkehrenden Männer gemeint. Für die Bundeswehr war der Veteran in der Zeit des Ost-West-Konflikts ein Anathema, was auch darauf zurückzuführen ist, dass Krieg angesichts der funktionierenden Abschreckung als ausgeschlossen galt. Es wurde zwar geübt, ausgebildet und vorbereitet, doch stand dies unter der zeitgenössischen Losung des »Kämpfen können, um nicht kämpfen zu müssen«. Man vertraute auf die abschreckende Wirkung der eigenen Fähigkeiten. In der Tat funktionierte die Abschreckung, und die Bundeswehr und ihre Soldaten mussten nicht kämpfen.

Mit dem Ende des Systemkonflikts infolge der Auflösung der Sowjetunion und ihres Herrschaftsbereichs sowie aufgrund des damit verbundenen sicherheitspolitischen Wandels in der internationalen Politik änderte sich dies. Der Golfkrieg, die Kriege auf dem Balkan – das alles brachte den Krieg in vielfältiger Form auch nach Deutschland. Die Bundeswehr wurde zu einer Einsatzarmee bzw. musste zu einer solchen werden. Sie wurde zu einem *miles protector* im Sinne von Gustav Däniker, das heißt, neben die klassischen Funktionen der Streitkräfte (Abschreckung, Verteidigung, Angriff) traten im Sinne der Erweiterung des Einsatzspektrums die sogenannten militärischen Operationen jenseits von Krieg, wie Peacekeeping, Peacebuilding, Statebuilding und andere mehr, die eine Kooperationsfähigkeit sowohl mit Streitkräften der Partnerländer als auch mit zivilen Konfliktbearbeitungsakteuren wie etwa NGOs oder auch der Polizei erfordern. Die Streitkräfte nahmen somit den Charakter des Hybriden an.

Unter diesen Bedingungen engagierte sich die Bundeswehr im Koalitionsverbund auch in Afghanistan. Dort wurde sie im Laufe der Zeit zusehends in den Krieg verwickelt, wobei man sich lange scheute, diese Realität auch als solche zu benennen. Dabei gerieten die deutschen Streitkräfte immer häufiger in Hinterhalte der Taliban. Am 7. Juni 2003 fielen vier Soldaten am Ende ihres Einsatzes einem Selbstmordanschlag zum Opfer, als sie sich in einem Bus auf dem Weg zum Flughafen in Kabul befanden, um von dort aus nach Deutschland zurückzufliegen. Weitere 30 Soldaten erlitten bei diesem Selbstmordattentat teilweise schwere Verwundungen. Die Bundeswehr sah sich in ihren militärischen Operationen darüber hinaus mit Gefechtssituationen konfrontiert, in denen ebenfalls Todesopfer und Verwundete zu verzeichnen waren und die zumindest als kriegsähnlich zu beschreiben waren. Im Karfreitagsgefecht vom 2. April 2010, einem Feuergefecht zwischen 34 Soldaten des Fallschirmjägerbataillons 373 aus Seedorf und radikal-islamischen Taliban, war die Bundeswehr erstmals seit dem Zweiten Weltkrieg in länger anhaltende Kampfhandlungen involviert. Das Gefecht dauerte neun Stunden, die deutschen Soldaten verschossen dabei etwa 25.000 Schuss Munition und mussten am Ende drei Gefallene beklagen.

Ein Teil der mehr als 500.000 deutschen Soldatinnen und Soldaten, die – teilweise mehrfach – an Auslandseinsätzen der Bundeswehr teilgenommen haben, kehrte zwar lebend in die Heimat zurück, war jedoch an Körper oder Geist verwundet (siehe Kapitel 86). Das warf die Frage auf, wie diese Soldatinnen und Soldaten privat, beruflich, sozial, politisch und kulturell den Weg zurück in die Heimatgesellschaft finden und wie man sie dabei unterstützen könnte.

In diesem Kontext erlebte der Veteran als soziale Figur und politischer Begriff in Deutschland eine Wiederkehr. Die Afghanistan-Rückkehrer, die Angehörigen der Generation Einsatz, begannen sich zu organisieren und gründeten politische Interessenverbände, um an die Soldatinnen und Soldaten des Afghanistan-Einsatzes und an die in diesem Einsatz gefallenen Soldaten zu erinnern, damit sie, so das Protestschild, »nicht vergessen« werden. Als relativ kurzlebig erwies sich dabei die Aktivität des Deutschen Veteranenverbandes, der nur zwischen 2010 und 2012 tätig war. Der Bund Deutscher Veteranen e.V. hingegen, der sich am 21. August 2010 gegründet und sich 2016 in Bund Deutscher EinsatzVeteranen e.V. umbenannt hat, tritt bis heute für die Belange der Veteranen ein. Er hat jedoch am 16. März 2017 mit der Gründung des Vereins Combat Veteran e.V. Konkurrenz erhalten. Diese Interessenverbände sind – teilweise in Kooperation mit dem Deutschen BundeswehrVerband e.V. – bestrebt, die Bundeswehr, die Politik und die Gesellschaft in Verantwortung und Pflicht für die deutschen Soldatinnen und Soldaten zu nehmen. Sie rücken die Frage des individuellen und des kollektiven Umgangs mit den Erlebnissen und Erfahrungen, die von den Soldatinnen und Soldaten im Kontext von militärischen Operationen und Einsätzen gemacht wurden, in den Vordergrund. Sie werfen Fragen nach dem Sinn, der Legitimation und der Anerkennung, aber auch Fürsorge- und Entschädigungsfragen auf.

Die deutsche Gesellschaft zeigte sich in der Folge durchaus aufgeschlossen für die Anliegen der Veteranen, und die Politik ging, wenn auch zögerlich, auf die Anliegen der Veteranen ein, wobei zunächst zu bestimmen war, wer denn überhaupt als Veteran der Bundeswehr gelten solle. Hier schuf die Bundesministerin für Verteidigung Ursula von der Leyen in ihrem Tagesbefehl zum Volkstrauertag im November 2018 Klarheit. Offiziell gilt danach als »Veteranin oder Veteran der Bundeswehr [...], wer als Soldatin oder Soldat der Bundeswehr im aktiven Dienst steht oder aus dem Dienstverhältnis ehrenhaft ausgestiegen ist, also den Dienstgrad nicht verloren hat.« Die offizielle Definition des Begriffs Veteran vermied somit eine Engführung auf die Einsatzveteranen und favorisierte ein umfassend-integratives Verständnis. In der Folge machten sich das Bundesministerium der Verteidigung und die Bundeswehr daran, in Deutschland für eine Veteranenkultur zu werben. Institutionell wurde dazu ein Referat für Reservisten- und Veteranenangelegenheiten im Bundesministerium der Verteidigung geschaffen. Weitere wichtige Wegmarken bei der Etablierung einer Veteranenkultur waren und

Veteranenabzeichen der Bundeswehr, wie es seit 2019 an ehrenhaft aus der Bundeswehr ausgeschiedene Soldatinnen und Soldaten, mit und ohne Auslandseinsatz, auf deren Antrag hin ausgegeben wird

sind die Einführung eines Veteranenabzeichens im Jahr 2019, die Eröffnung eines Veteranenbüros im Januar 2024 in Berlin und die Entscheidung des Bundestags vom 25. April 2024, den 15. Juni in Analogie zum Veterans' Day in den USA zum nationalen Veteranentag zu erklären. Von kaum zu unterschätzender Bedeutung für dieses Vorhaben waren die *Invictus Games*, die 2023 in Düsseldorf und damit erstmals in Deutschland stattfanden. Dieses internationale Sportereignis für Soldatinnen und Soldaten, die im Einsatz oder im Dienst an Körper oder Seele erkrankt sind und bleibende Beeinträchtigungen erlitten haben, wurde 2014 von Prinz Harry, Herzog von Sussex, ins Leben gerufen. Es wirkt zugunsten der Anliegen der Veteranen weit in die jeweiligen Gesellschaften hinein.

Mittlerweile hat sich das Aufgabenspektrum der Bundeswehr erneut in Richtung Landesverteidigung und Bündnisverteidigung verschoben, ohne dass sich dadurch an dem hybriden Charakter des militärischen Aufgabenspektrums etwas grundsätzlich ändert. Es ist also, auch vor dem Hintergrund des weiten Verständnisses des Veteranenbegriffs, davon auszugehen, dass die Zahl der Veteranen und Veteraninnen der Bundeswehr weiter steigen wird. Somit wird diese soziale Figur die Bundeswehr auch in Zukunft begleiten und die politische Semantik, die mit dem Veteranenbegriff verbunden ist, Teil der politischen und gesellschaftlichen Debatte über militärische, sicherheits- und verteidigungspolitische Themen bleiben.

*Gerhard Kümmel*

89

# UNTER EINSATZ DES LEBENS

## Verwundung und Tod

Erkennungsmarke (»Hundemarke«) eines Soldaten der Bundeswehr. Die Personenkennziffer als eindeutiges und einmaliges Identifikationsmerkmal, das »GE« für Germany zur Identifikation der Herkunft des Soldaten sowie die Religionszugehörigkeit und, auf der Rückseite, die Blutgruppe sind eingestanzt.

Die abgebildete Erkennungsmarke gehört schon seit über 100 Jahren zur persönlichen Ausstattung aller Soldatinnen und Soldaten. Hierzulande wird sie auch als »Hundemarke« verballhornt. Die Marke ist aus Metall gefertigt und besteht aus zwei Teilen, die entlang einer Sollbruchstelle miteinander verbunden sind. Beide Teile enthalten die gleichen Daten, nämlich mindestens die Personenkennziffer und ein Landeskennzeichen, in aller Regel auch die Blutgruppe sowie die Konfession.

Sie wird um den Hals getragen und erfüllt ihre eigentliche Funktion erst nach dem Ableben ihres Besitzers oder ihrer Besitzerin. Der gefallene Soldat bzw. die gefallene Soldatin soll nämlich anhand der Erkennungsmarke identifiziert werden können. Dazu verbleibt ein Teil der Marke immer am Körper.

Die Erkennungsmarke erinnert daran, dass Soldatinnen und Soldaten während ihres Dienstes verwundet, versehrt und getötet werden können. Teilweise benötigen sie anschließend hochkomplizierte Apparaturen, wie die Beinprothese auf der nächsten Seite eindrücklich illustriert. Wo und auch wie Soldatinnen und Soldaten der Bundeswehr verletzt wurden, wo und wie sie starben, hat sich im Laufe der Geschichte der Bundeswehr markant verändert.

Zu Zeiten des Ost-West-Konflikts verletzten sich deutsche Soldaten etwa bei der Ausübung ihrer dienstlichen Pflichten in der Heimat, bei Übungen oder auf NATO-Übungsplätzen und bei Unfällen im Umgang mit Schusswaffen (vgl. die Beiträge 61 und 82). Im Zuge der Transformation der Bundeswehr hin zu einer Einsatzarmee kam es dann aber auch zu Verwundungen, Verletzungen und Todesfällen in »scharfen« militärischen Operationen der deutschen Streitkräfte. Zwar gilt dies für alle Auslandseinsätze der Bundeswehr, also beispielsweise für die deutsche Beteiligung an UNTAC (United Nations Transitional Authority in Cambodia), in deren Rahmen 1993 ein deutscher Sanitätssoldat in Phnom Penh erschossen wurde, oder für den Einsatz von Bundeswehrsoldaten im Rahmen von UNOMIG (United Nations Observer Mission in Georgia), bei der im Jahr 2001 ein Bundeswehrarzt beim Abschuss eines Sanitätshubschraubers verstarb. Besonders aber trifft das auf den teuersten und intensivsten Einsatz der deutschen Streitkräfte nach dem Zweiten Weltkrieg zu: den Einsatz in Afghanistan. Während der 20 Jahre in diesem Land mussten die deutschen Streitkräfte im Rahmen von OEF (Operation Enduring Freedom), ISAF (International Security Assistance Force) und Resolute Support den bislang höchsten Blutzoll zahlen. Insgesamt verloren 59 deutsche Soldaten in Afghanistan ihr Leben, wobei 35 in Gefechten, bei Selbstmordattentaten oder bei Anschlägen durch Sprengfallen zu Tode kamen.

Die deutsche Politik, die deutsche Gesellschaft und die Bundeswehr blendeten den Soldatentod lange Zeit aus. Das hatte zur Folge, dass sich mit Blick auf den Soldatentod keine öffentliche Trauer- und Gedenkkultur entwickeln konnte (vgl. Beitrag 82). Der Einsatz der Bundeswehr in Afghanistan änderte dies dramatisch, und die Bundeswehr und ihre Soldatinnen und Soldaten sahen sich aufgefordert, den »Umgang mit Verwundung und Tod im Einsatz«, so der Titel eines Arbeitspapiers und einer Ausbildungshilfe des Zentrums Innere Führung in Koblenz, praktisch neu zu lernen. Nicht nur die deutschen Soldatinnen und Soldaten, sondern auch Politik und Gesellschaft wurden mit großer Vehemenz an das mit militärischen Einsätzen verbundene Risiko für Leib und Leben der dort involvierten Soldatinnen und Soldaten erinnert.

Es galt in der Folge, vor allem Rituale und Handlungssicherheit im Umgang mit dem Soldatentod zu entwickeln. Tritt dieser ein, muss den Angehörigen der Toten authentisch das Beileid und die Anteilnahme der Bundeswehr, ihrer politischen und militärischen Führung und ihrer Angehörigen ausgesprochen werden. Es gilt zudem, die Soldatinnen und Soldaten der Aufmerksamkeit der Organisation für jedes einzelne soldatische Individuum zu versichern. Vor allem aber geht es bei den Trauerfeiern und Begräbniszeremonien nicht nur nach innen, sondern auch nach außen, das heißt in die Gesellschaft hinein, um Sinngebung für den Soldatentod. Diese ist im Sinne eines *Kalos Thanatos* zu verstehen, d.h. eines guten, altruistischen Todes und eines sinnvollen Sterbens für eine gute Sache, was zugleich Verpflichtung für die Überlebenden ist, das Werk der Verstorbenen und der Gefallenen fortzusetzen und zu vollenden. Damit sollen Schock und Desorganisation möglichst schnell überwunden werden, um in die Phase der Reorganisation einzutreten. Bei dieser Prozessualisierung des Todes kommen im Übrigen auch der Militärseelsorge ebenso wie dem Ehrenmal der Bundeswehr und dem »Wald der Erinnerung« (vgl. Beitrag 82) wichtige Funktionen zu.

Seit einigen Jahren sind die Auslandseinsätze der Bundeswehr in den Hintergrund getreten, und die Landes- und Bündnisverteidigung ist wieder stärker in den Vordergrund des militärischen Aufgabenspektrums gerückt. Mit den sich daraus ergebenden Einsatzszenarien verlassen wir jedoch den Bereich der kleinen Zahl. Im Fall der Fälle, sprich: beim Eintreten eines Szenarios der Landes- und/oder Bündnisverteidigung, kann es nach Schätzungen

bis zu 1000 tote Soldaten und Soldatinnen der Bundeswehr und mehrere Tausend verletzte Bundeswehrangehörige pro Tag geben. Entsprechend überlegen der Sanitätsdienst der Bundeswehr, aber auch die Militärseelsorge, wie sie sich auf solche Situationen vorbereiten und welche Kapazitäten sie dafür aufbauen können. Das alles ist unerfreulich, doch hilft es nicht, die Augen vor den Folgen eines nicht gänzlich abwegigen Szenarios zu verschließen. Tod und Verwundung werden somit die Bundeswehr auch weiterhin auf ihren Wegen begleiten.

*Gerhard Kümmel*

Beinprothese von Tony Ewerts, der 23-jährig bei einem Selbstmordanschlag auf einen Bundeswehrbus in Kabul am 7. Juni 2003 sein rechtes Bein verlor

# MULTINATIONALITÄT

## Die internationale Einbindung deutscher Streitkräfte

Barettemblem des in Szczecin (Stettin) stationierten Multinationalen Korps Nordost der NATO, dem vor allem deutsche, dänische und polnische Soldaten und Truppen angehören oder zugeordnet sind

Wie kaum ein anderer Verband steht das 1999 im polnischen Szczecin (Stettin) in Dienst gestellte Multinationale Korps Nordost für die Verflechtung europäischer Streitkräfte. Das zeigt sich bereits in seinem hier abgebildeten Verbandsabzeichen: Die drei Wellen stehen für die Ostsee und zugleich für Dänemark, Polen und Deutschland, jene drei Anrainerstaaten, die das Korps als Rahmennationen führen. Die dänischen, polnischen und deutschen Streitkräfte werden durch die drei gekreuzten Schwerter symbolisiert, Sinnbild für die geteilte Verantwortung, die die drei Nationen für die Sicherheit der nord-östlichen Flanke des NATO-Bündnisses und die dort lebenden Bürgerinnen und Bürger übernehmen. Der Greif schließlich, das Stettiner Wappentier, drückt die Verbundenheit des Korps mit dem Ort aus, in dem es beheimatet ist.

Das Multinationale Korps Nordost ist weder der einzige noch der erste multinationale Verband, an dem die Bundeswehr beteiligt ist. Im Gegenteil: Bereits seit ihrer Gründung ist die Bundeswehr in einem hohen Maße multinational verflochten. Während des Ost-West-Konflikts fand die nationale Verteidigungs- und Fähigkeitsplanung der Bundeswehr zu einem großen Teil im Rahmen des NATO-Bündnisses statt. Bis heute ist die Bundeswehr in die NATO-Kommandostruktur integriert und Bundeswehrangehörige verrichten ihren Dienst in den Hauptquartieren der Allianz, die über das Bündnisgebiet verteilt sind. Die Bundeswehr ist zudem in die Planungs- und Führungsstrukturen der Europäischen Union eingebunden, die seit den 1990er-Jahren aufgebaut wurden.

Multinationale Verflechtung in Europa findet auch auf der Ebene der Streitkräftestrukturen statt. Insgesamt existierten in Europa im Jahr 2023 zehn multinationale Korps, vier Divisionen, sieben Brigaden und zwölf Bataillone. In zahlreiche dieser Verbände entsendet Deutschland Soldatinnen und Soldaten oder es ist sogar als Rahmennation an der Führung der Verbände beteiligt. Neben dem Multinationalen Korps Nordost sind das etwa die Deutsch-Französische Brigade mit Sitz des Stabes in Müllheim und die eFP-Battlegroup (eFP = enhanced Forward Presence) im litauischen Rukla (siehe Beitrag 94). Auch die verbliebenen deutschen Streitkräftestrukturen erhalten zunehmend multinationale Komponenten. So wurde beispielsweise 2016 die niederländische 43. Mechanisierte Brigade in die 1. Panzerdivision der Bundeswehr eingegliedert und zugleich das deutsche Panzerbataillon 414 dieser niederländischen Brigade unterstellt. Ähnliche Unterstellungsverhältnisse bestehen seit den 2010er-Jahren auch mit den polnischen, tschechischen und britischen Streitkräften.

Die vielfältigen Kooperationen der Bundeswehr beschränken sich jedoch nicht allein auf die multinationalen Planungs-, Führungs- und Kommandostrukturen, die gemeinsamen Verbände oder gegenseitigen Unterstellungen. Neben solch strukturellen Verflechtungen findet die multinationale Einbindung der Bundeswehr auch in den unzähligen Prozessen statt, die für die Bundeswehr essentiell sind, um handlungsfähig zu bleiben. Schon zu Zeiten des

Ost-West-Konflikts fand beispielsweise die Ausbildung deutscher Jetpiloten in den USA statt. Der deutsche Generalstabslehrgang ist ebenso offen für ausländische Teilnehmende wie deutsche Streitkräfteangehörige die Möglichkeit haben, Ausbildungsanteile in ausländischen oder gar multinationalen Ausbildungseinrichtungen wie dem Baltic Defence College in Tartu (Estland), dem European Security and Defence College oder dem NATO Defense College in Rom zu absolvieren. Die gemeinsame Entwicklung, Produktion oder Beschaffung von Rüstungsgütern wie dem Kampfflugzeug Eurofighter oder dem Transportflugzeug A400M und die zahlreichen multinationalen Übungen auf dem europäischen Kontinent sind weitere Beispiele für die militärische Zusammenarbeit der Bundeswehr.

Letztlich kooperiert die Bundeswehr mit ihren europäischen und transatlantischen Partnern auch bei der Aufgabenerfüllung, insbesondere in den Bereichen Verteidigung und internationale Einsätze. Bereits die bloße Existenz der NATO-Kommando- und Streitkräftestruktur weist ein hohes Verteidigungspotenzial auf. Darüber hinaus kooperiert die Bundeswehr im Rahmen der NATO-Luftverteidigung; mittels des NATO Baltic Air Policing hilft sie, den Luftraum der baltischen Staaten zu schützen. Auch die Einsätze der Bundeswehr prägen ihren multinationalen Charakter, denn mit Ausnahme einiger weniger Evakuierungsmissionen finden die bewaffneten Einsätze der Bundeswehr immer im Rahmen und nach den Regeln eines Systems gegenseitiger kollektiver Sicherheit statt, also etwa der Vereinten Nationen, der NATO oder der Europäischen Union.

Multinationalität ist ein weitgefächertes Phänomen und die Bundeswehr ist in unzählige multinationale Strukturen, Prozesse und Aktivitäten eingebunden. Aus diesem Grund vermag das hier abgebildete Barettemblem des Multinationalen Korps Nordost zunächst nur einen Teilaspekt von Multinationalität auszudrücken, nämlich die Beteiligung der Bundeswehr an einem multinationalen Verband.

Und doch steht das Multinationale Korps Nordost auch für das Gesamtphänomen Multinationalität. Denn seine Geschichte veranschaulicht die unterschiedlichen Beweggründe für die militärische Verflechtung in Europa. Bei seiner Gründung wurden dem Korps fast ausschließlich symbolpolitische und organisationspolitische Funktionen zugeschrieben. Es war eine symbolträchtige Entscheidung, den multinationalen Korpsstab in einem Staat des ehemaligen Warschauer Pakts aufzustellen, nur wenige Monate nach dem Beitritt Polens zur NATO. Polnische Militärangehörige sollten durch die Arbeit im Korps in NATO-Verfahren beübt werden. Dieser vorrangig politisch-organisatorischen Ausrichtung entsprechend wies das auch als »Integrationskorps« bezeichnete Multinationale Korps Nordost anfangs nur einen geringen militärischen Bereitschaftsgrad auf.

Hinzu tritt ein weiterer organisationspolitischer Aspekt: das Überleben von Organisationsstrukturen. Multinationalität hat sich in nicht wenigen Fällen als ein probates Vehikel herausgestellt, durch das militärische Strukturen erhalten bleiben konnten, die andernfalls aufgelöst worden wären. Kern des Multinational Corps Northeast war das Headquarters Allied Land Forces Schleswig-Holstein and Jutland, das bereits 1962 von den NATO-Partnern Deutschland und Dänemark aufgestellt worden war und einen klaren Verteidigungsauftrag im Ost-West-Konflikt hatte. Das Hauptquartier war im schleswig-holsteinischen Rendsburg in der Nähe der deutsch-dänischen Grenze beheimatet. In den 1990er-Jahren erschien der territoriale Verteidigungsauftrag des Korps-Hauptquartiers jedoch mehr und mehr obsolet, und es drohte die Auflösung. Mit Polen als dritter Rahmennationen, unter neuem Namen, mit verändertem Auftrag und Sitz in Stettin konnte es aber weiterbestehen. Für Dänemark bot das Multinationale Korps Nordost zudem die Möglichkeit, sein militärisches Führungspersonal weiterhin in speziellen Verwendungshöhen einzusetzen.

In Bosnien-Herzegowina wurde 1998/99 im Rahmen der Stabilization Force (SFOR) auch die Deutsch-französische Gruppe/ Groupement Franco-Allemand eingesetzt. Ihre Erinnerungsmedaille zeigt, auf NATO-blauem Fond, ein Schwert, das mit dem Verbandsabzeichen der Deutsch-Französischen Brigade – den Flaggenfarben der beiden Staaten – versehen ist. In der Mitte steht das Stadtwappen von Sarajevo, unten der Salamander als Wahrzeichen der vorgesetzten Division Salamandre in Mostar und oben die Kompassrose als Symbol für die NATO, die die Leitung der UN-Friedenstruppe SFOR innehatte.

In Reaktion auf den russischen Angriff auf die Ostukraine 2014 und als Folge der Neuorientierung der Allianz auf die Aufgabe Bündnisverteidigung änderte sich die Rolle des Korps entscheidend. Das Multinationale Korps Nordost wurde zum wichtigsten militärischen Knotenpunkt bei der Verteidigung des östlichen Bündnisgebiets. Es ist nun ständig aktiviert, um im Krisen- oder Konfliktfall NATO-Operationen im nordöstlichen Bündnisgebiet zu führen. Zudem unterstehen ihm dauerhaft die in der nordöstlichen Bündnisregion stationierten NATO-Bodentruppen. Fiel der Blick in den 2000er-Jahren eher auf die drei Wellen des Verbandsabzeichens, die die Zusammenarbeit der drei Rahmennationen symbolisieren, so geht er seit 2014 und noch einmal stärker seit 2022 auf die drei gekreuzten Schwerter: als Symbol für die multinationale Sicherung der NATO-Ostflanke.

*Ina Kraft*

91

# »FREIWILLIGE VOR!«

## Das Ende der Wehrpflicht

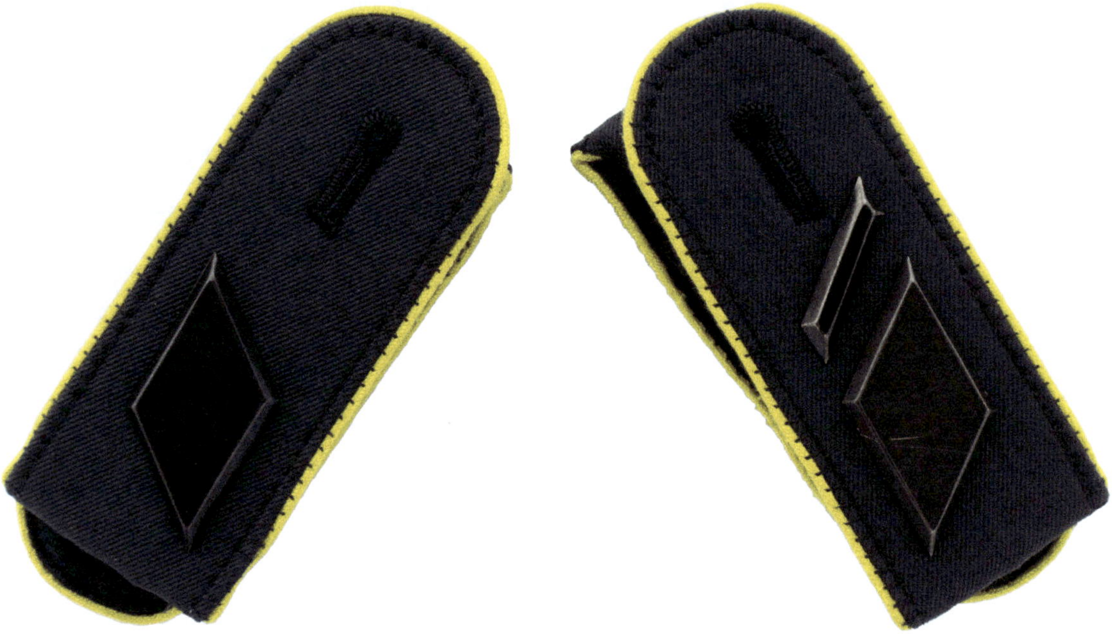

Aufschiebeschlaufen für das hellblaue Oberhemd zum Dienstanzug für einen Korporal (links) und einen Stabskorporal der Fernmeldetruppe des Heeres, 2021

Die abgebildeten Schulterstücke gehören zu einem Korporal sowie zu einem Stabskorporal der Bundeswehr. Beide Dienstgrade wurden am 30. September 2021 als neue Spitzendienstgrade der Mannschaftslaufbahn eingeführt. Bereits am 1. Dezember erhielten die ersten Soldaten ihre Beförderungsurkunden.

Die Einführung der neuen Dienstgrade war eine konsequente Folge der Aussetzung der Wehrpflicht und der Umstellung der Bundeswehr auf eine Berufs- und Freiwilligenarmee. In Letzterer dienen insbesondere Soldatinnen und Soldaten im Mannschaftsdienstgrad durchschnittlich erheblich länger, als dies in Streitkräften üblich ist, die sich vorrangig auf Wehrpflichtige abstützen. Wies 2015 das Gros der Mannschaften noch eine Verpflichtungszeit von maximal acht Jahren auf, waren nun Zeiträume von 15 Jahren oder mehr möglich und keine Seltenheit. Die neu geschaffenen Dienstgrade trugen dem Rechnung sowie dem Umstand, dass langdienende und erfahrene Mannschaften zunehmend vielfältigere und komplexere Aufgaben bewältigen müssen. Leistungsstarke Mannschaftssoldaten sollten deshalb zusätzliche Anreize und eine leistungsgerechte Besoldung erhalten.

Zehn Jahre zuvor, am 1. Juli 2011, war die Bundeswehr mit der Aussetzung der allgemeinen Wehrpflicht zu einer auf 170.000 Berufs- und Zeitsoldaten verkleinerten Freiwilligenarmee geworden. Dieser personellen Zeitenwende war eine jahrelange Debatte über die Konsequenzen des veränderten Aufgabenspektrums der Bundeswehr nach dem Ende des Kalten Kriegs und über die daraus resultierende Restrukturierung der Streitkräfte vorausgegangen. Befürworter einer Freiwilligenarmee hatten angesichts der veränderten sicherheitspolitischen Lage und der neuen Aufgaben der Streitkräfte mit der höheren militärischen Professionalität von Zeit- und Berufssoldaten argumentiert und mit Blick auf den erfolgten sicherheitspolitischen Paradigmenwechsel auch zunehmend verfassungsrechtliche Bedenken gegen ein Festhalten an der Wehrpflicht erhoben. Nach Wegfall des Ost-West-Konflikts waren Grundrechtsbeschränkungen für wehrpflichtige Bürger immer schwieriger zu rechtfertigen. Kritiker der Wehrpflicht verwiesen zudem auf die vorgenommene Verkürzung des Grundwehrdienstes von neun auf sechs Monate. Diese Maßnahme hatte das bestehende Problem der Wehrgerechtigkeit, also den Umstand, dass die verkleinerte Bundeswehr nur noch einen Teil der Männer im wehrfähigen Alter zum Dienst einziehen konnte, zwar gemildert, aber nicht beseitigen können. Die noch zur Verfügung stehende Dienstzeit von einem halben Jahr reichte nicht mehr aus, um die wehrpflichtigen Soldaten vollwertig auszubilden. Damit stand der Sinn der Wehrpflicht infrage. Zudem versprachen Studien, dass eine Freiwilligenarmee vielfältige Vorteile gegenüber Wehrpflichtoptionen mit reduziertem Grundwehrdienst habe. Eine kleinere Berufsarmee sei personell wie materiell leistungsfähiger und dazu kostengünstiger. »Die Freiwilligenarmee ist die bessere Lösung« lautete der Titel einer Studie der Stiftung Wissenschaft und Politik aus dem Jahre 2003.

# 91 »FREIWILLIGE VOR!«

Der Übergang der Bundeswehr zu einer Freiwilligenarmee, den Deutschland im internationalen Vergleich verhältnismäßig spät vollzog, weckte nicht nur große Erwartungen, sondern auch so manche Befürchtung. Die größte Herausforderung sahen Kritiker darin, Personal in ausreichender Menge und auch mit entsprechenden Qualifikationen zu rekrutieren. Der Historiker Michael Wolffsohn prophezeite öffentlichkeitswirksam, die Bundeswehr werde zu einer »Unterschichtsarmee«, und sprach von einem Skandal. Sein Vorwurf spiegelt eine grundsätzliche Befürchtung: Die gesellschaftliche Integration der Bundeswehr, politisches Kernanliegen der Inneren Führung, schien durch den Umbau der Streitkräfte zu einer Berufsarmee zumindest langfristig gefährdet. Manche Beobachter warnten vor einer gesellschaftlichen Entfremdung und einer sich öffnenden Kluft zwischen Militär und Gesellschaft. In der politischen und gesellschaftlichen Debatte um die Aussetzung der Wehrpflicht wurde zudem stets die Fähigkeit einer Wehrpflichtarmee zum raschen Aufwuchs – wofür jedoch keine wirkliche Notwendigkeit mehr gesehen wurde – und die damit verbundene sicherheitspolitische Flexibilität betont. Zudem wurde darauf hingewiesen, dass die Streitkräfte bisher aus den Wehrpflichtigen einen nicht geringen Anteil ihrer längerdienenden Zeit- und Berufssoldaten rekrutiert hatten (zeitweise konnte die Bundeswehr 50 Prozent ihres Regenerationsbedarfs aus Wehrdienstleistenden gewinnen). Der 11. Generalinspekteur der Bundeswehr, Hartmut Bagger, hielt die Wehrpflichtarmee für die »intelligenteste Armee« und warnte 1996 neben anderen Problemen auch vor einem Verlust an »geistiger Vitalität« sowie vor einer Entfremdung von Streitkräften und Gesellschaft.

Schließlich wurden Warnungen laut, der Bundeswehr drohe das Schicksal einer Interventionsarmee, weil politische Vorbehalte, Streitkräfte in heikle Einsätze zu entsenden, bei Freiwilligenarmeen kleiner seien. Mit diesem Argument schloss man an den bereits erwähnten Vorwurf an, die Bundeswehr werde zu einer »Unterschichtsarmee« umgestaltet. Politische Entscheidungsträger würden einer militärischen Mission leichtfertiger zustimmen, wenn sich die Soldaten vorwiegend aus sozial schwächeren Schichten rekrutieren, zu denen die politische Elite kaum personelle Beziehungen aufweist.

Letztlich führten fiskalische Sparzwänge sowie die Notwendigkeit einer grundlegenden Reform der Bundeswehr angesichts der veränderten sicherheitspolitische Lage Deutschlands unvermittelt und politisch relativ einvernehmlich zu einer Neuausrichtung der Bundeswehr und damit verbunden zum Aussetzen der Wehrpflicht. Schon 2003 hatten die neu gefassten Verteidigungspolitischen Richtlinien den Kernauftrag der Bundeswehr nicht mehr auf die Abwehr konventioneller Bedrohungen und auf die Landes- und Bündnisverteidigung gelegt, sondern auf die Beteiligung der Streitkräfte an der internationalen Konfliktverhütung und Krisenbewältigung, einschließlich des Kampfes gegen den transnationalen Terrorismus. Eine Wehrpflichtarmee erschien vor diesem Hintergrund als überholt und ungeeignet. Das

Aussetzen der allgemeinen Wehrpflicht nach 55 Jahren wurde zwar durchaus als ein »historischer und gesellschaftlicher Bruch« (Harald Kujat) wahrgenommen, jedoch auch als eine logische Konsequenz des Umbaus der Bundeswehr in moderne Kriseninterventionsstreitkräfte.

Wer sich heute zum Dienst an der Waffe verpflichtet, tut dies vorrangig als eine Berufsentscheidung. Weniger Menschen als früher tauchen in die soldatische Welt ein, dafür tun sie dies intensiver als frühere Generationen. Nach dem Wegfall der Wehrpflicht kommen deutlich weniger Menschen persönlich mit der Bundeswehr in Berührung. Die Streitkräfte wiederum können für ihre personelle Regeneration nicht länger auf weite Teile der jungen Erwachsenen als Wehrpflichtige zurückgreifen und müssen in vollem Umfang mit zivilen Arbeitgebern um schrumpfende Jahrgangskohorten konkurrieren. Studien zeigen, dass die Zahlen der Bewerbungen zwischen 2010 und 2020 stabil blieben. Im Zuge der Corona-Pandemie und des Kriegs gegen die Ukraine waren dagegen deutliche Schwankungen festzustellen. Dennoch erwies sich die Bundeswehr in der Zielgruppe der 16- bis 29-Jährigen auch nach Aussetzen der Wehrpflicht durchaus als attraktiver Arbeitgeber. Die Befürchtung oder gar Erwartung, die Bundeswehr werde sich zu einer »Unterschichtsarmee« entwickeln, hat sich ebenfalls nicht bestätigt, im Gegenteil. Die jungen Soldatinnen und Soldaten weisen ein für ihre Generation typisches Bildungs- und Sozialprofil auf. Dennoch hat der Übergang zu einer Freiwilligenarmee die Bundeswehr nachhaltig verändert. Sie ist heute auf vielfältige Weise eine andere, als es die Wehrpflichtarmee im Kalten Krieg gewesen ist.

*Sven Lange*

92

# DIE FAMILIE DIENT MIT

## Die Familienbetreuungsorganisation der Bundeswehr

Die katholische Militärseelsorge hat gemeinsam mit dem Zentralinstitut für Ehe und Familie in der Gesellschaft der Katholischen Universität Eichstätt diese »Mutmachbücher« herausgegeben. In den fiktiven Geschichten erzählen Lena und Paul, wie sie den Einsatz ihrer Eltern erleben und meistern.

Im Jahr 1992 wurden erstmals deutsche Soldaten ins Ausland entsandt, um im fernen Kambodscha die Vereinten Nationen zu unterstützen und Menschen auch außerhalb des Bündnisgebiets der NATO Schutz zu bieten und vorrangig vormedizinische Hilfe zu leisten. Mit dieser neuen Aufgabe, die sich in den folgenden Jahren auf viele weitere Länder ausweitete und zum neuen Aufgabenschwerpunkt der Streitkräfte wurde, entstand in der Bundeswehr eine Organisation, die die Betreuung von Angehörigen und Bezugspersonen von Bundeswehrangehörigen gewährleisten sollte. 1993 wurde die Familienbetreuungsorganisation (FBO) gegründet. Damals wie heute hat sie den Kernauftrag zu beraten, zu betreuen, zu informieren und zu unterstützen. Das reicht weit über die beiden abgebildeten Bilderbücher hinaus, mit denen gerade den Kindern von Soldatinnen und Soldaten auf kindgerechte Weise erklärt werden soll, was Vati und Mutti im Ausland tun.

Durch die längeren Abwesenheiten bei Einsätzen, Missionen, einsatzgleichen Verpflichtungen sowie Übungen und Seefahrten werden die Soldatinnen und Soldaten sowie ihre Familien, Freunde und nahen Angehörigen in der Heimat vor besondere Herausforderungen gestellt. In dieser Form sind sie wohl mit keinem anderen Beruf vergleichbar.

Die FBO steht rund um die Uhr mit Rat und Tat zur Seite – 24 Stunden am Tag und sieben Tage die Woche. Sie ist jederzeit erreichbar. Diese Aufgabe wird derzeit mit 32 Familienbetreuungszentren und weiteren bis zu 50 befristet sowie unbefristet aufgestellten Familienbetreuungsstellen in ganz Deutschland bewerkstelligt. Die Familienbetreuungsorganisation kann derzeit auf insgesamt rund 220 zivile und militärische Mitarbeitende zurückgreifen. Maßgebliche Unterstützung erhalten sie von vielen Ehrenamtlichen, die etwa bei den Betreuungsveranstaltungen unterstützen.

Die Familienbetreuungsorganisation ist das Rückgrat der umfassenden Unterstützung für alle Bundeswehrangehörigen und für deren Familien und Bezugspersonen. Während eines Einsatzes, in Missionen oder anderweitigen Verpflichtungen schultern die Familienangehörigen die Last der Trennung. Sie müssen die Abwesenheit ihrer Lieben ertragen, was oft mit großen Sorgen und Ängsten verbunden ist. Schulprobleme, Krankheiten und andere Sorgen können sich dann mitunter zu existenziellen Problemen auftürmen, die ohne den gerade im Ausland befindlichen Elternteil nur schwer gelöst werden können. Und genau hier setzt die Arbeit der Familienbetreuungszentren und -stellen an: Sie bieten Unterstützung, ein offenes Ohr und konkrete Hilfen, um den nicht immer leichten Alltag gemeinsamen mit den Familien zu meistern. Möglicherweise gibt es vergleichbare Probleme bei anderen Familien, zu denen gegebenenfalls ein Kontakt hergestellt werden kann, um Erfahrungen auszutauschen. Für diese Arbeit kann die FBO unmittelbar auf das psychosoziale Netzwerk der Bundeswehr zurückgreifen, bestehend aus dem Psychologischen Dienst der Bundeswehr, dem Truppenarzt, der Militärseelsorge sowie dem Sozialdienst der Bundeswehr.

Aus der Arbeit der FBO ist über viele Jahre hinweg ein umfassendes Netzwerk der Hilfe entstanden, das aus Vereinen und Initiativen besteht, die sich mehrheitlich ehrenamtlich engagieren und den Familien soziale, menschliche und auch finanzielle Unterstützung anbieten. Dieses Netzwerk hat zum Ziel, mit ihren Möglichkeiten das Fürsorgeangebot innerhalb der Bundeswehr zu ergänzen und zu harmonisieren.

Derzeit durchläuft die Bundeswehr erneut einen Wandel. Wiederum verändern sich die Anforderungen an unsere Soldatinnen und Soldaten und damit auch die Belastungen für ihre Familien. Einsätze entstehen heute oft sehr kurzfristig, sind weniger planbar und werden intensiver. Dies zwingt die Familienbetreuungsorganisation zu Flexibilität und Anpassungsfähigkeit, um dem komplexen Auftrag der Betreuung und Fürsorge gerecht zu werden und den veränderten Bedürfnissen angemessen zu begegnen.

Die Stationierung einer Kampfbrigade in Litauen stellt aktuell eine besondere Herausforderung dar. Sie ist ein deutliches Signal der Bereitschaft zur kollektiven Verteidigung. Die dauerhafte Stationierung eines Verbandes dieser Größe im Ausland bedeutet für die Bundeswehr jedoch in vielfacher Hinsicht Neuland. Mit ihr sind lange Abwesenheiten und große Entfernungen zum gewohnten heimatlichen Umfeld für unsere Soldatinnen und Soldaten verbunden. Dies erhöht die Belastungen für die betroffenen Familien. Es muss deshalb sichergestellt werden, dass auf die Sorgen und Nöte der in Deutschland verbleibenden Familienangehörigen eingegangen wird, aber auch die nach Litauen mitziehenden Familien bestmöglich unterstützt werden. Die Bereitschaft, sich für die Sicherheit Deutschlands und Europas einzusetzen, erfordert starke und einsatzbereite Streitkräfte. Die kann es jedoch nur gemeinsam mit den Familien unserer Bundeswehrangehörigen geben.

Die Wichtigkeit der Arbeit der Familienbetreuungsorganisation zeigt sich besonders eindrucksvoll, wenn sich Außenstehende in die familiäre Situation von Bundeswehrangehörigen hineindenken. Was ist einem Familienvater, einer Mutter oder einem Geschwisterteil besonders wichtig, unabhängig davon, wo er oder sie sich auf der Welt aufhalten? Natürlich die Familie, die Angehörigen! Wie fatal wäre es, wenn die Menschen, die zu Hause bleiben und ihr Bestes im alltäglichen Leben geben, um es »normal« zu meistern, keine Informationen darüber erhalten, wie es ihrem oder ihrer Liebsten hunderte Kilometer entfernt ergeht? Die potenzielle Unkenntnis würde sie belasten und in ihrem Leben einschränken. Und dies wiederum würde dazu führen, dass auch der Bundeswehrangehörige fern von Zuhause nicht konzentriert seinem Auftrag nachkommen kann, da er mit den Gedanken bei seiner Familie und seinen Angehörigen ist und weiß, dass diese sich sorgen. Mit der Familienbetreuungsorganisation als Informationsdrehscheibe, verteilt auf das gesamte Gebiet der Bundesrepublik und jederzeit erreichbar, steht den Soldatinnen und Soldaten ein verlässlicher Partner zur Seite.

Möglicherweise lenken »Giveaways« wie diese Badeente gerade die jüngeren Soldatenkinder davon ab, dass jemand aus der Familie im Einsatz ist und zu Hause fehlt.

Haben die Familien das Bedürfnis betreut zu werden, besteht für sie ebenfalls die Möglichkeit an Betreuungsveranstaltungen teilzunehmen, die ungefähr einmal monatlich in jedem Familienbetreuungszentrum durchgeführt werden. Diese Veranstaltungen sind durch einen informativen Anteil sowie einen geselligen Teil mit Ausflugs- und Unternehmungscharakter gekennzeichnet. Hier haben die Familien die Möglichkeit, neben den professionellen Ansprechpartnern der Bundeswehr auch andere betroffene Familien kennenzulernen und sich mit ihnen auszutauschen.

Auch nach der Reorganisation der Bundeswehr und den anstehenden Herausforderungen rund um die Aufstellung der Panzerbrigade 45 in Litauen wird die Familienbetreuungsorganisation fester Bestandteil der Rubrik »Betreuung und Fürsorge« innerhalb der Streitkräfte bleiben und ein wichtiger Anker für die Angehörigen und Bezugspersonen aller Bundeswehrangehörigen sein, denn: Die Familie dient immer mit.

*Sven Mischke*

93

# »ZEITENWENDE«

## Der russische Angriffskrieg gegen die Ukraine

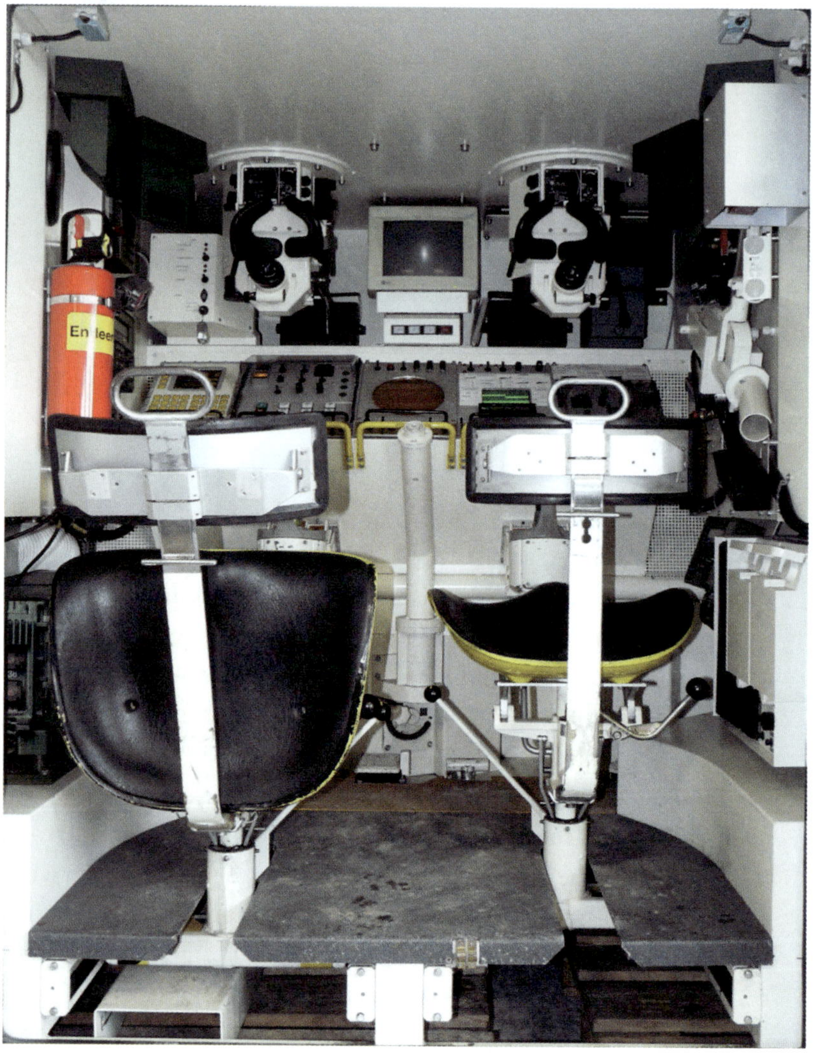


Einblick in den Simulator für den Flugabwehrkanonenpanzer Gepard. Der Kommandant sitzt links, der Richtschütze rechts. Beide können die Waffenanlage bedienen und das runde Zielfolgeradar in der Mitte einsehen. Wenngleich die Bundeswehr diesen seit 1976 genutzten »Flakpanzer« 2012 ausmusterte, haben ukrainische Soldaten seine Effektivität seit 2022 immer wieder bewiesen.

Der abgebildete Simulator diente zur Ausbildung von Besatzungen des Flugabwehrkanonenpanzers Gepard. Das in den 1970er-Jahren entwickelte Flugabwehrsystem nutzte das Heer bis 2012. In der Bundeswehr auch aus Geldmangel außer Dienst gestellt, bewährt sich der Gepard in der Ukraine, die sich seit 2022 gegen den russischen Überfall auf ihr Staatsgebiet wehrt. Bis Ende Oktober 2023 lieferte die Bundesrepublik 49 dieser Gefechtsfahrzeuge. Selbst der abgebildete »Turmtrainer« wurde aus dem Bestand des Militärhistorischen Museums reaktiviert und wird zur Ausbildung ukrainischer Soldatinnen und Soldaten an dem Flugabwehrkanonenpanzer eingesetzt.

Der Gepard steht symbolisch für den Wandel der deutschen Sicherheitspolitik nach dem russischen Überfall auf die Ukraine am 24. Februar 2022. Denn nach diesem Datum änderten sich etliche außen-, sicherheits- und verteidigungspolitische Normen, wie beispielsweise die restriktive deutsche Rüstungsexportpolitik. Eng verknüpft mit diesem Wandel ist der Begriff der »Zeitenwende«, der nach Beginn des Überfalls sicherheitspolitische Entscheiderinnen und Entscheider in Deutschland mobilisiert hat und über den Bereich Verteidigung hinaus diskursprägend ist. Bundeskanzler Olaf Scholz nutzte den Begriff erstmals in einer Rede am 27. Februar 2022 vor dem Deutschen Bundestag – drei Tage nach Beginn des Angriffskriegs. Der 24. Februar 2022, so Scholz, markiere eine »Zeitenwende in der Geschichte Europas«. Die Welt sei nicht mehr dieselbe wie die Welt vor diesem Datum. Mit dem Krieg habe der russische Präsident die europäische Sicherheitsordnung zertrümmert.

Mit der »Zeitenwende« beschrieb der Bundeskanzler den endgültigen Bruch des Verhältnisses zwischen den europäischen Staaten und Russland. Dieses Verhältnis war bereits seit der russischen Annexion der Krim und dem durch Russland unterstützten Krieg in der Ostukraine seit 2014 spannungsreich. Dennoch war die Zeit danach noch von der Hoffnung getragen, zu einer auf friedlicher Konfliktlösung basierenden europäischen Sicherheitsarchitektur zurückzukehren. Diese Hoffnung hat sich durch den Angriffskrieg jedoch zerschlagen. Das bisherige regel- und institutionenbasierte Ordnungsmodell war einer Politik des Stärkeren gewichen, in der die Anwendung von Gewalt zur Besetzung fremden Staatsgebiets möglich scheint und gewaltfreie Wege zur zügigen Einhegung eines bewaffneten Konflikts nicht mehr beschritten werden.

War Russland vor der Krimbesetzung 2014 lediglich als »Herausforderer« der Sicherheit Europas gesehen worden und hielten die europäischen Staaten – bereits mit einigen Einschränkungen – an der Kooperation mit Russland fest, so gilt die Russische Föderation seit Februar 2022 als die größte Bedrohung für Frieden und Sicherheit im euroatlantischen Raum. Der Zusammenbruch der europäischen Sicherheitsordnung war so weitreichend, dass der Zeitenwendebegriff in der Folge auch die enormen außen-, sicherheits- und verteidigungspolitischen Veränderungen in Deutschland beschrieb. Welche Veränderungen waren das?

Außenpolitisch wurden zunächst massive Sanktionen gegen Russland eingeleitet. Dazu zählten beispielsweise Reiseverbote, der Ausschluss russischer Banken vom SWIFT-System für den internationalen Zahlungsverkehr sowie Ein- und Ausfuhrbeschränkungen. Zugleich wurden außenwirtschaftliche Maßnahmen ergriffen, um die energiepolitische Abhängigkeit Deutschlands von russischem Gas und Öl zu verringern.

Die Bundesregierung hat die Ukraine zudem nach anfänglichem Zögern in großem Umfang mit militärischem Material versorgt, teilweise mit Rüstungsgütern aus Altbeständen der Bundeswehr und gar der Nationalen Volksarmee der DDR. Die Liste des Materials ist lang und umfasst gepanzerte Gefechtsfahrzeuge wie den Kampfpanzer Leopard und den Schützenpanzer Marder, Luftverteidigungsmittel wie das Patriot- und IRIS-T-System oder den Flugabwehrkanonenpanzer Gepard, Panzerhaubitzen und Artilleriemunition, Pionierfähigkeiten (Minenräumpanzer), Schutz- und Spezialausrüstung (Aufklärungsdrohnen) sowie Sanitätsmaterial und Logistikfähigkeiten.

Die Bundesregierung ist im Fall der Ukraine-Unterstützung erstmals deutlich von der traditionellen restriktiven Haltung Deutschlands zu Waffenexporten in Krisen- und Kriegsgebiete abgerückt. Insbesondere der Gepard veranschaulicht diesen Wandel: Bei ihm handelt es sich um ein in Deutschland produziertes Waffensystem aus der Zeit des Ost-West-Konflikts, das 2001 im Zentrum einer umstrittenen Exportentscheidung stand. In jenem Jahr wollte das Bundesverteidigungsministerium über 250 ausgemusterte Gepard-Panzer sowie anderes Altgerät wie den Leopard-Panzer und Kampfflugzeuge international zum Verkauf anbieten. Das Auswärtige Amt stoppte das Angebot jedoch mit der Begründung, es sei nicht nur an NATO- und EU-Staaten, sondern auch an andere Länder gerichtet worden, was den politischen Grundsätzen der Bundesregierung für den Export von Kriegswaffen und sonstigen Rüstungsgütern widersprach. Die 2022 als Reaktion auf den russischen Angriffskrieg gegen die Ukraine getroffene Entscheidung, nun erstmals in großem Umfang Waffen in ein Kriegsgebiet zu liefern, war daher auch eine Zeitenwende deutscher Außenpolitik.

Der Flugabwehrkanonenpanzer Gepard steht sinnbildlich für diese Neujustierung geltender außenpolitischer Leitlinien, auch wenn deutsche Waffenlieferungen an die Ukraine weiterhin regelmäßig Gegenstand kontroverser politischer wie medialer Debatten sind, wie etwa die Debatte um den Lenkflugkörper Taurus verdeutlicht.

Neben der deutschen Außenpolitik hat sich auch die Sicherheits- und Verteidigungspolitik seit 2022 geändert. Grundsatzdokumente wie die Nationale Sicherheitsstrategie oder die Verteidigungspolitischen Richtlinien zeigen den Richtungswechsel an. Mit »Kriegstüchtigkeit« und »Wehrhaftigkeit« drückt ein zuvor kaum genutztes Vokabular eine Dringlichkeit für das Thema Verteidigung aus, die in den vergangenen Jahrzehnten in Deutschland so nicht gegeben war. Zu dieser markanten Veränderung in der sicherheitspolitischen Rhetorik sind

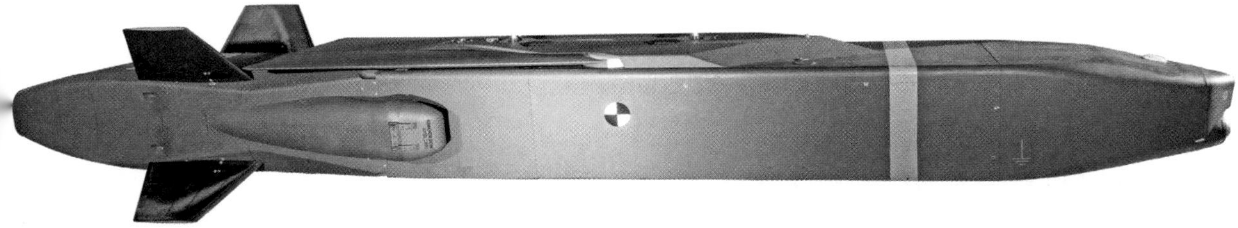

Marschflugkörper Taurus KEPD-350 (Kinetic Energy Penetrator and Destroyer). Dieser Flugkörper wiegt 1,3 Tonnen und muss von Flugzeugen in den Einsatzraum transportiert werden, bevor er abgesetzt wird und bis zu 500 weitere Kilometer selbstständig zu seinem Ziel fliegt und dort eindringt.

weitere bedeutende Entwicklungen hinzugekommen: Dazu gehörte 2022 etwa die Einrichtung des Territorialen Führungskommandos und 2024 die Gründung eines Operativen Führungskommandos. Letzteres löst das Einsatzführungskommando ab, das bislang die Auslandseinsätze der Bundeswehr koordiniert hat. Im Jahr 2025 werden beide Kommandos unter einem Dach und einer Führung vereint. Auch die Ausarbeitung eines »Operationsplans Deutschland«, der den Aufmarsch und die Versorgung von verbündeten und deutschen Streitkräften im Inland behandelt und Deutschland zur »Drehscheibe« für die Versorgung der NATO in Mittelosteuropa befähigen soll, signalisiert einen neuen Fokus in der Verteidigungspolitik. Ebenfalls von Bedeutung ist die Schaffung eines bislang einzigartigen »Sondervermögens Bundeswehr« im Umfang von 100 Milliarden Euro, das darauf abzielt, die Bündnis- und Verteidigungsfähigkeit Deutschlands zu stärken und vorhandene Fähigkeitslücken in der Bundeswehr zu schließen. Ob diese Veränderungen ausreichend und nachhaltig genug sind, um der veränderten sicherheitspolitischen Lage zu entsprechen, ist allerdings durchaus umstritten.

Im Februar 2022 hat auch für viele Menschen in Deutschland eine Zeitenwende stattgefunden. Zahlreiche Bürgerinnen und Bürger haben Hilfe für geflüchtete Menschen aus der Ukraine geleistet. Zugleich waren sie von steigenden Energie- und Lebensmittelpreisen betroffen, einer spürbaren Auswirkung des Krieges. Infolgedessen hatte sich die sicherheitspolitische Einstellung der Deutschen gewandelt. Die Bevölkerungsbefragung des Zentrums für Militärgeschichte und Sozialwissenschaften der Bundeswehr im Jahr 2022 ergab, dass sich das Sicherheitsgefühl in der deutschen Bevölkerung verschlechtert hat. Neben dem weltweiten Klimawandel wurden am häufigsten Bedrohungen genannt, die einen Bezug zum Ukraine-Krieg hatten: steigende Preise, Spannungen mit Russland, Krieg in Europa, Wettrüsten und Atomkrieg. Zugleich sprachen sich so viele Befragte wie nie zuvor für eine Vergrößerung der Bundeswehr aus.

*Ina Kraft*

94

# ENHANCED FORWARD PRESENCE

## Der Stolperdraht zur Sicherung der NATO-Ostflanke

Nur mit Sicherheitshandschuhen zu benutzen! Abrollgerät mit Bandstacheldraht, auch »NATO-Draht« genannt

Eine Drahtrolle. Dieses unscheinbare Stück Metall, das allenfalls noch bei taktischen Übungen im Feld zum Einsatz kommt, wirft ein Schlaglicht auf einen strategischen Ansatz, den die NATO zwischen 2014 und 2022 verfolgt hat. Als »Stolperdraht-Logik« wird eine Spielart der Abschreckung bezeichnet, bei der die taktische Funktion des Stolperdrahts als Metapher für eine strategische Platzierung von kleinen Verbänden verwendet wird.

Um die strategische Stolperdraht-Logik zu verstehen, stellt sich also die Frage: Wie funktioniert eigentlich ein Stolperdraht? Es handelt sich dabei um einen diskreten und taktischen Alarmmechanismus. Er besteht aus einem fast unsichtbaren Draht in Knöchel- oder Kniehöhe, der über einen Weg gespannt wird, den es zu sichern gilt. Wenn eine Person oder ein Fahrzeug den Stolperdraht berührt, löst diese Berührung ein angeschlossenes Alarmsystem aus und warnt vor potenziellen Eindringlingen oder unbefugten Bewegungen. Somit dient ein Stolperdraht als taktisches Frühwarnsystem.

Wie der gespannte Draht im taktischen Szenario wurden seit 2015 NATO-Einheiten entlang der östlichen Bündnisgrenze positioniert. Sie bildeten somit einen politisch-strategischen Stolperdraht. Hintergrund für die Einrichtung dieser NATO-Einheiten waren die aggressiven Handlungen Russlands auf ukrainischem Staatsgebiet: 2014 annektierte das Land die Krim und mit bewaffneten Truppen unternahm es eine militärische Intervention in der Donbas-Region. Für die NATO stellte Russlands Vorgehen gegen die Ukraine die Vision eines geeinten, freien und friedlichen Europas grundlegend in Frage. Die Ära der Auslandseinsätze, die das strategische Profil der NATO und der deutschen Verteidigungspolitik, einschließlich der Bundeswehr, seit den 1990er-Jahren für beinahe 30 Jahre prägten, ging damit zu Ende.

Ab 2014 rückte der Aufgabenschwerpunkt der Abschreckung gegenüber Russland wieder in das Zentrum der transatlantischen Verteidigungsanstrengungen. Das Bündnis reagierte auf die militärischen und politischen Aggressionen Russlands gegenüber der Ukraine mit einer Verstärkung seiner militärischen Präsenz an der sogenannten Ostflanke, also in den osteuropäischen Staaten, die die östliche Außengrenze des Bündnisses bilden und eine geografische Nähe zu Russland aufweisen.

Auf ihrem Gipfel in Warschau 2016 beschloss die NATO die Aufstellung von vier multinationalen Battlegroups in Estland, Lettland, Litauen und Polen. Bezeichnet wurde diese Stationierung als »enhanced Forward Presence« (eFP), was sich mit »verstärkter Vornepräsenz« übersetzen lässt.

Daher heißen die vier Verbände auch eFP-Battlegroups. Ein entsprechender Aufnäher ist im Bild wiedergegeben. Battlegroups sind eine Mischung aus verschiedenen Truppengattungen, mit dem Zweck, in unterschiedlichen Szenarien schnell einsatzbereit zu sein. Das Vereinigte Königreich, die USA, Deutschland und Kanada fungieren in je einer der eFP-Battlegroups als Rahmennation. Deutschland ist Rahmennation der Battlegroup im litauischen

Rukla. Dort stellt die Bundeswehr etwa die Hälfte der 1300 Soldatinnen und Soldaten. Belgien, Tschechien, zeitweise Island, Luxemburg, die Niederlande und Norwegen entsenden weitere Streitkräfteangehörige in den Verband.

Der Auftrag der vier Kampfverbände war zunächst die Demonstration von Präsenz der Allianz an den östlichen Außengrenzen des Bündnisgebiets. Das diente der Rückversicherung der östlichen NATO-Mitglieder, die sich von einer aggressiven und revisionistischen russischen Außenpolitik bedroht fühlten. Die Verbände wiesen eine organisationstrukturelle Besonderheit auf, indem die dort stationierten NATO-Truppen in regelmäßigen, vergleichsweise kurzen Intervallen ausgetauscht wurden. Durch die Rotation ihrer Truppen standen die eFP-Battlegroups in Einklang mit den vertraglichen Bedingungen der 1997 geschlossenen NATO-Russland-Grundakte, an die sich die NATO-Staaten gebunden fühlten: Durch die Rotation konnte auf eine dauerhafte Stationierung wesentlicher NATO-Kampftruppen in Osteuropa verzichtet werden, wozu sich die NATO in der Grundakte verpflichtet hatte.

Aus einem militärstrategischen Blickwinkel heraus sollten die Battlegroups durch die räumliche Zusammenziehung von Streitkräfteangehörigen an der Grenze zu Russland der Abschreckung eines russischen Angriffs auf das Bündnisgebiet dienen. Allerdings hatte Russland regelmäßig circa 100.000 Soldatinnen und Soldaten an seiner Grenze zum Baltikum stationiert, die NATO an der Grenze zu Russland jedoch lediglich wenige Tausend. Diese hätten einem russischen Angriff nur wenig entgegenhalten können und ihre Kampfkraft wurde daher auch als gering eingeschätzt. Dennoch entschied sich die NATO zwischen 2014 und 2022 zunächst nicht für eine robustere Vorwärts*verteidigung*, wohl um eine russische Eskalation zu vermeiden, sondern beließ es bei der Vorwärts*präsenz* im Rahmen der eFP.

Das Abschreckungspotenzial der eFP-Battlegroups sollte nicht in ihrer militärischen Kampfkraft liegen, sondern in ihrer multinationalen Zusammensetzung und der damit in Verbindung stehenden Symbolkraft. Denn ein Angriff auf eine dieser Battlegroups hätte auch einen Angriff auf die am Verband beteiligten NATO-Mitglieder bedeutet, was – gegenüber den baltischen Staaten und Polen, aber auch gegenüber Russland – die Beistandszusagen der NATO-Staaten verlässlicher erscheinen ließ. Die eFP-Kampfverbände waren daher auch nicht so diskret aufgestellt, wie ein wirklicher Stolperdraht verlegt worden wäre. Im Gegenteil: Sie dienten einer klaren strategischen Aussage gegenüber Russland, dass ein Angriff etwa auf einen der baltischen Staaten ein Angriff auf die gesamte NATO sei.

Nach Beginn des russischen Angriffskriegs gegen die Ukraine 2022 beschloss die NATO eine umfassende Umgestaltung der gesamten Streitkräftestruktur des Bündnisses. In diesem Zusammenhang wurden auch vier weitere Battlegroups in Bulgarien, Ungarn, Rumänien und der Slowakei aufgestellt. Zudem kündigte die NATO an, die eFP-Battlegroups zu Einheiten in Brigadegröße auszubauen.

Ärmelabzeichen (»Patch«) mit Kletthaftung für den Feldanzug der Angehörigen der enhanced Forward Presence Battlegroups der NATO im Baltikum. Die Truppen der »verstärkten Vornepräsenz« der NATO dienen in erster Linie der Sicherheit der baltischen Staaten, indem sie abschreckend auf den potenziellen Aggressor Russland wirken.

Deutschland hat zugesagt, künftig die deutsche Panzerbrigade 45 in Litauen zu stationieren. Sie besteht dann aus dem deutschen Panzerbataillon 203 (Augustdorf) und dem Panzergrenadierbataillon 122 (Oberviechtach) sowie aus einem multinationalen Bataillon, in dem die bereits bestehende eFP-Battlegroup aufgehen wird. Hinzu kommen weitere Kampf- und Einsatzunterstützungstruppen, ein Brigadestab und die dazugehörigen Stabs- und Fernmeldekompanien sowie weitere Unterstützungskräfte. Der Anteil der Bundeswehr in Litauen wird von den ursprünglich 600 Kräften auf 5000 Kräfte anwachsen. Seit April 2024 ist die Brigade mit einem Vorkommando für einen Aufstellungsstab in Litauen vertreten. Im Jahr 2025 soll sie in Dienst gestellt werden.

Mit der Entscheidung zur Stationierung robuster Kräfte weicht die Stolperdrahtlogik der verstärkten Vornepräsenz einer unmissverständlichen Betonung der territorialen Verteidigung.

*Ina Kraft*

# »FREUNDLICHES DESINTERESSE« UND GELBE SCHLEIFEN

## Die gesellschaftliche Wertschätzung der Bundeswehr

Ein Liebhaberstück für Nostalgiker und Philatelisten: die Erstausgabe einer Briefmarke, die 2013 die Leistungen der Bundeswehr thematisiert und sie so in die Mitte der Gesellschaft rückt
© Klein und Neumann (Sonderpostwertzeichen/Stempel), Iserlohn

Die von den Kommunikationsdesignern Stefan Klein und Olaf Neumann gestaltete Sonderbriefmarke »Bundeswehr: Im Einsatz für Deutschland« soll die gesellschaftliche Wertschätzung für die Angehörigen der Bundeswehr zum Ausdruck bringen. Das Postwertzeichen wurde im Juni 2013 vom Bundesministerium der Finanzen mit einer Auflage von zehn Millionen Exemplaren herausgegeben. Deutlich erkennbar sind die Aufschrift in weißer Farbe »Bundeswehr: Im Einsatz für Deutschland« und eine kleine Deutschlandflagge. Der Flecktarn-Farbdruck im Hintergrund entpuppt sich dagegen erst bei genauerer Betrachtung als eine Vielzahl von Silhouetten, die Menschen darstellen, darunter auch Kinder. Die grafische Gestaltung sollte zum einen auf die Familienmitglieder der Soldatinnen und Soldaten hinweisen, denn: »Mitbetroffen von ihrem Dienst für Deutschland sind auch die Familien, die diese beruflichen Belastungen und Härten teilen«, wie das Bundesministerium für Finanzen in seiner Ankündigung zur Briefmarke mitteilte. Zum anderen werden die »Staatsbürger in Uniform« als Teil der bundesdeutschen Gesellschaft dargestellt, denn die »Bundeswehr genießt hohes Ansehen und großes Vertrauen. Sie nimmt einen selbstverständlichen Platz in der Mitte unserer Gesellschaft ein«, wie der Herausgeber betonte.

Die gesellschaftliche Wertschätzung der Bundeswehr ist seit ihrer Gründung ein zentraler Aspekt des wissenschaftlichen, politischen und medialen Diskurses über den Zustand der zivil-militärischen Beziehungen in der Bundesrepublik Deutschland. Die Aufstellung der Bundeswehr 1955 und die Einführung der allgemeinen Wehrpflicht 1957 stießen zunächst auf wenig öffentlichen Zuspruch. Vor dem Hintergrund der militärischen Bedrohung durch die Sowjetunion wurde die Bundeswehr als exekutive Sicherheitsorganisation von der Mehrheit der bundesdeutschen Bevölkerung zwar toleriert, von einer affektiven Nähe zur Truppe konnte – insbesondere im internationalen Vergleich – aber keine Rede sein. Die gesellschaftliche Wertschätzung der Bundeswehr gründete somit vor allem auf der Akzeptanz der Landes- und Bündnisverteidigung als ihrem Hauptauftrag und auf ihren Hilfseinsätzen bei Naturkatastrophen und Unglücksfällen.

Mit dem Ende des Kalten Kriegs büßte die Bundeswehr als Institution zwar nicht an gesellschaftlicher Anerkennung ein, aber das Verständnis der Bürgerinnen und Bürger für den Auftrag der Streitkräfte schwand. Wie viele andere europäische Streitkräfte wandelte sich die Bundeswehr in den 1990er-Jahren von einer Verteidigungsarmee zu einem global einsetzbaren Instrument der nationalen Außen- und Sicherheitspolitik. Sie wurde fortan auch »out of area«, also außerhalb des NATO-Bündnisgebiets, eingesetzt (siehe Beitrag 72). Anders als der Auftrag der Landes- und Bündnisverteidigung zur Zeit des Kalten Kriegs waren diese neuen Auslandseinsätze im Zuge des internationalen Krisenmanagements jedoch legitimationsbedürftig und in Politik, Bevölkerung und Medien umstritten.

Zum Zeitpunkt der Ausgabe der Sonderbriefmarke war die Bundeswehr bereits über ein Jahrzehnt in Afghanistan im Einsatz und hatte bereits mehrere gefallene und verwundete Soldaten zu beklagen. Die öffentliche Meinung zu diesem größten und verlustreichsten Auslandseinsatz in der Geschichte der Bundeswehr war seit 2009 überwiegend kritisch, was viele Einsatzsoldaten und -veteranen als mangelnde gesellschaftliche Wertschätzung der von ihnen erbrachten Leistungen und Opfer empfanden. Die Kritik an den Auslandseinsätzen beschädigte das hohe gesellschaftliche Ansehen der Bundeswehr als Institution jedoch nicht, wie eine Vielzahl von repräsentativen Bevölkerungsbefragungen belegt. In der militärsoziologischen Forschung wird diese Einstellungsdiskrepanz als »Wertschätzungs-Paradox« bezeichnet. Bundespräsident Horst Köhler nannte es 2005 schlicht »freundliches Desinteresse« und bot damit ein wirkmächtiges Narrativ, welches nicht nur die öffentliche Debatte über die Auslandseinsätze der Bundeswehr, sondern auch den Tenor in der politischen und medialen Diskussion über den Zustand der zivil-militärischen Beziehungen in Deutschland nachhaltig prägte.

Zwei Jahre vor der Ausgabe der Sonderbriefmarke war zudem die allgemeine Wehrpflicht ausgesetzt worden (siehe Beitrag 91). Diese politische Entscheidung wurde von einer lebhaften Debatte begleitet, in der etliche Stimmen die Sorge äußerten, dass die Wandlung der Bundeswehr von einer Wehrpflichtarmee zu einer Berufsarmee ihrer Einbindung in die Gesellschaft schaden könnte: Zum einen gäbe es hierdurch nicht nur weniger »Staatsbürger in Uniform«, sondern auch weniger Uniform in der Öffentlichkeit; der soziale Austausch zwischen der Gesellschaft und den Streitkräften käme weitgehend zum Erliegen. Dabei ging es im Kern aber nicht um die in den Anfangsjahren der Bundeswehr oftmals geäußerte Befürchtung, die Bundeswehr könnte sich zu einem »Staat im Staate« entwickeln, sondern eher um die Sorge, dass sich weite Bevölkerungsteile für eine Berufsarmee und deren Einsätze fernab der Heimat schlicht nicht mehr interessieren würden, was dem Narrativ des freundlichen Desinteresses weiteren Vorschub leisten würde.

Der Umbau der Bundeswehr von der Verteidigungs- zur Einsatzarmee und von der Wehrpflicht- zur Berufsarmee führte dazu, dass eine auf persönlichen Erfahrungen gegründete Beziehung zu den Streitkräften zurückging, während die Bedeutung der medial vermittelten Wahrnehmung der Streitkräfte zunahm. Entgegen den Befürchtungen hat sich die gewachsene »soziale Distanz« zwischen Bevölkerung und Truppe nachweislich jedoch nicht negativ auf die gesellschaftliche Wertschätzung der Bundeswehr ausgewirkt. Seit Mitte der Neunzigerjahre hat eine große und stabile Mehrheit der Bürgerinnen und Bürger eine positive Grundhaltung zur Bundeswehr und sieht sie als ganz normalen Bestandteil der Gesellschaft. Eine große Bevölkerungsmehrheit plädiert zudem für eine Reihe von Maßnahmen, um den Veteranen der Bundeswehr mehr gesellschaftliche Wertschätzung zukommen zu lassen, wie zum Beispiel spezielle Fürsorge- und Betreuungsangebote oder einen eigenen bundesweiten Feiertag. Im April 2024 beschloss der Deutsche Bundestag die Einführung eines nationalen Veteranentags, um den Einsatz und den Dienst aktiver und ehemaliger Soldaten der Bundeswehr zu würdigen (siehe Beitrag 88).

Danke per Patch. Die gelbe Schleife wurde als Symbol für den Dank an die Soldatinnen und Soldaten der Bundeswehr auch auf Stoffaufnähern verbreitet, damit auch Nichtsoldaten ihren Dank ausdrücken können.

Seit 2022 ist die Ära der großen Auslandseinsätze vorerst beendet. Als Folge von Russlands Angriffskrieg gegen die Ukraine kehrt die Bundeswehr zur Landes- und Bündnisverteidigung als ihrem Hauptauftrag zurück. Das positive öffentliche Meinungsbild über die Bundeswehr als Institution hat sich hierdurch nicht verändert. Die sicherheitspolitische Lage verändert die zivil-militärischen Beziehungen in Deutschland dafür in einem anderen entscheidenden Aspekt: Weil Russland als eine direkte militärische Bedrohung für die Sicherheit Deutschlands wahrgenommen wird, erfährt der Auftrag der Landes- und Bündnisverteidigung von den Bürgerinnen und Bürgern einen viel größeren Zuspruch als die »klassischen« Auslandseinsätze. In diesem Zusammenhang werden auch die finanzielle und personelle Ertüchtigung der Bundeswehr sowie die Wiedereinführung eines Wehrdienstes von einer absoluten Mehrheit befürwortet. Somit schrumpft die seit dem Ende des Kalten Kriegs bestehende Diskrepanz zwischen der gesellschaftlichen Wertschätzung für die Bundeswehr und der Akzeptanz ihres Auftrags.

*Timo Graf*

96

# IM KAMPF GEGEN EIN VIRUS

## Corona und die Bundeswehr

Während Millionen Bundesbürger selbst Masken gegen das Corona-Virus per Handarbeit herstellten, weil es noch keine Schutzmasken gab, erhielten sie die Angehörigen der Bundeswehr im Bundeswehr-Einheitslook, auch mit Wüstentarndruck. Später war das Tragen von OP- oder FFP2-Masken auch für die Soldatinnen und Soldaten der Normalfall.

Mit dem Betrieb ihrer Impfzentren und durch viele andere Unterstützungsleistungen erreichte die Bundeswehr während der Corona-Pandemie eine gesellschaftliche Präsenz, die in der Geschichte der bundesdeutschen Streitkräfte nahezu einzigartig ist. Doch der Reihe nach:

Seit Winter 2019/20 erschütterte eine Krankheit, die von China ihren Ausgang genommen hatte, Deutschland und die Welt: COVID-19 oder landläufig Corona – eine extrem ansteckende Infektionskrankheit, die vorwiegend den Atmungsapparat betraf und durch das Corona-Virus SARS-CoV-2 (severe acute respiratory syndrome coronavirus type 2) ausgelöst wurde. Seit der Spanischen Grippe, die gegen Ende des Ersten Weltkriegs und in den ersten Nachkriegsjahren weltweit schätzungsweise rund 50 Millionen Todesopfer kostete, hatte keine andere Seuche die Menschheit derart heimgesucht wie Corona.

Die Pandemie erreichte Deutschland spätestens am 27. Januar 2020 – der erste Nachweis einer Infektion in Deutschland wurde im Institut für Mikrobiologie an der Sanitätsakademie der Bundeswehr in München geführt. Ab diesem Zeitpunkt überschlugen sich die Ereignisse. Weltweit häuften sich die Infektionsfälle, auch in Deutschland und den umliegenden Ländern. Besonders hart traf die Pandemie zunächst Italien. Nicht zuletzt die leidvollen Erfahrungen sowie die schrecklichen Bilder von dort in den Medien führten dazu, dass in Deutschland der Ernst der Lage erkannt und rasch erste Schutzmaßnahmen ergriffen wurden.

Die Bundeswehr war dabei von zentaler Bedeutung: Die ersten Hilfsleistungen bestanden darin, am 31. Januar/1. Februar 2020 mit der Luftwaffe deutsche Staatsbürger aus der chinesischen Stadt Wuhan, in der die Corona-Pandemie ihren Ursprung hatte, auszufliegen und anschließend in der Südpfalz-Kaserne in Germersheim die notwendige Quarantäne durchzuführen.

Trotz aller Vorsichts- und Vorsorgemaßnahmen, die seitens des Bundesministeriums für Gesundheit unter Minister Jens Spahn umgehend eingeleitet wurden, ließ sich die Ausbreitung des Virus nicht verhindern. Am 22. März 2020 begann schließlich ein erster sogenannter Lockdown, der das öffentliche Leben zum Erliegen brachte, um dem Virus den Boden für eine Weiterverbreitung zu entziehen.

Bereits wenige Tage zuvor hatte der größte und längste Hilfseinsatz der Bundeswehr begonnen. Er fand im Rahmen der Amtshilfe gemäß § 35 Absatz 1 des Grundgesetzes (»Alle Behörden des Bundes und der Länder leisten sich gegenseitig Rechts- und Amtshilfe«) statt und sollte über zwei Jahre bis zum 31. März 2022 andauern. In diesem Zeitraum folgte die Bundeswehr ungefähr 9900 Amtshilfeersuchen der Länder und Kommunen. Etwa 111.000 Bundeswehrangehörige – davon bis zu rund 20.000 gleichzeitig – leisteten im Rahmen der Corona-Amtshilfe etwa 20 Millionen Arbeitsstunden.

Zur Durchführung der Hilfsmaßnahmen wurde ein 15.000 Soldatinnen und Soldaten umfassendes Einsatzkontingent »Hilfeleistung Corona« aus den unterschiedlichsten Bereichen der Bundeswehr gebildet, hinzu kamen 17.000 Angehörige des Zentralen Sanitätsdienstes. Eine nicht zu unterschätzende Rolle spielten die Reservistinnen und Reservisten, die zur Freiwilligenmeldung aufgerufen wurden und mit ihrem Dienst sowohl die Corona-Hilfe als auch den Weiterbetrieb der Einrichtungen des Sanitätsdienstes unterstützten.

Das Spektrum der Unterstützungsleistungen und Hilfsmaßnahmen durch die Bundeswehr war außerordentlich breit: Angehörige der Bundeswehr unterstützten die Gesundheitsämter bei der Nachverfolgung der Kontaktpersonen und der Ermittlung der Infektionsketten. Die »Helfenden Hände« wirkten in Senioren- und Pflegeeinrichtungen, halfen in Teststationen. Die Bundeswehr unterstützte Impfeinrichtungen personell und beteiligte sich auch mit eigenen Impfzentren und Mobilen Impfteams maßgeblich an der breit angelegten Impfkampagne in Deutschland. Nicht zu unterschätzen waren Maßnahmen, die auf den ersten Blick kurios erscheinen mögen – Musiker der Bundeswehr spielten beispielsweise vor Senioren- und Pflegeheimen und wirkten damit der Vereinsamung besonders vulnerabler Bevölkerungsgruppen entgegen.

Auf materieller Ebene unterstützte der Sanitätsdienst beispielsweise durch die Produktion von Desinfektionsmitteln und Schutzmasken. Die sichere zentrale Lagerung und die logistisch überaus anspruchsvolle Verteilung der Impfstoffe in Deutschland erfolgte durch das Versorgungs- und Instandsetzungszentrum für Sanitätsmaterial der Bundeswehr in Quakenbrück.

Auch auf wissenschaftlichem Gebiet konnte der Sanitätsdienst der Bundeswehr sein Potenzial für das gesamtgesellschaftliche Wohl einsetzen. In den Bundeswehrkrankenhäusern wurden Corona-Patienten auf höchstem Niveau versorgt. Das Institut für Mikrobiologie der Bundeswehr in München war nicht nur auf dem Gebiet der PCR-Testungen tätig, sondern wirkte auch durch seine Forschungen maßgeblich an der Bewältigung der Pandemie mit. Im Herbst 2020 war der Sanitätsdienst der Bundeswehr mit weiteren Partnern an der Entwicklung des ersten Systems in Deutschland zur Untersuchung von Abwasser aus Kläranlagen auf den SARS-CoV-2-Erreger beteiligt – ein wichtiges Frühwarnsystem, das auch die Grundlage für ein inzwischen deutschlandweites Netzwerk zur infektiologischen Abwasseruntersuchung bildet.

Am 2. März 2020 trat der damalige Generalarzt Dr. Hans-Ulrich Holtherm als Leiter der neu aufgestellten Abteilung »Gesundheitsschutz, Gesundheitssicherheit und Nachhaltigkeit« im Bundesministerium für Gesundheit seinen Dienst an. Er war auf EU-Ebene Chief Medical Officer der Bundesrepublik Deutschland und Leiter des Corona-Krisenstabs und des Lagezentrums im Gesundheitsministerium, dem weitere Offiziere und Sanitätsoffiziere angehörten. Im Dezember 2021 wurde zur Beschleunigung der Impfkampagne im Bundeskanzleramt ein

Hinweisschild eines Impfzentrums, das die Bundeswehr gemeinsam mit dem Landesministerium für Gesundheit des Saarlands betrieben hat

neuer Bund-Länder-Krisenstab unter der Leitung des damaligen Generalmajors und späteren Generalinspekteurs der Bundeswehr Carsten Breuer, wiederum unter Mitwirkung weiterer Angehöriger der Bundeswehr, eingerichtet.

Die Hilfs- und Unterstützungsleistungen beschränkten sich aber nicht nur auf das Inland: So flog die Luftwaffe Corona-Kranke aus Italien, Frankreich und Rumänien zur Behandlung nach Deutschland. Im Frühjahr 2021 betrieb der Sanitätsdienst der Bundeswehr zur Unterstützung des überlasteten portugiesischen Gesundheitssystems für mehr als sieben Wochen eine Covid-19-Intensivstation in Lissabon.

Mit einem Tagesbefehl des Inspekteurs der Streitkräftebasis vom 17. März 2022 endete das Hilfeleistungskontingent Corona der Bundeswehr. Welche Erkenntnisse bleiben für die Zukunft? Die Bundeswehr und insbesondere der Sanitätsdienst waren mit ihrer tatkräftigen Unterstützung und ihrem Knowhow von einem hohen gesamtgesellschaftlichen Nutzen. Während in vielen anderen öffentlichen Bereichen in den vergangenen Jahrzehnten der Katastrophen- und Gesundheitsschutz abgebaut und vernachlässigt wurde, besitzt die Bundeswehr weiterhin sowohl organisatorisch als auch wissenschaftlich eine hohe Expertise. Gleichwohl darf sich die Gesellschaft nicht allein auf die Bundeswehr verlassen. Dies betonte auch die Wehrbeauftragte des Deutschen Bundestags Eva Högl, die auf den eigentlichen Auftrag der Soldatinnen und Soldaten hinwies und feststellte, die Bundeswehr sei keine Hilfsorganisation.

*Ralf Vollmuth*

97

# »OHNE MAMPF KEIN KAMPF!«

## Essen in der Bundeswehr

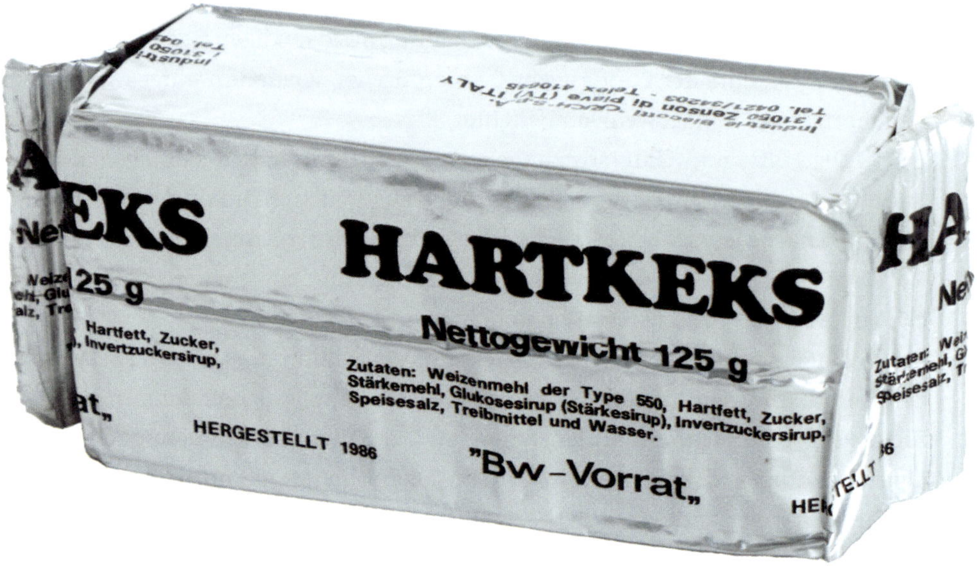


Produziert 1986, haltbar über Jahre: Hartkekse der Bundeswehr, im Soldatenjargon auch »Panzerplatten« genannt, wurden in der Einmannpackung ausgegeben, der berühmten EPa.

Mit diesen Hartkeksen, die keinen Geschmack hatten, verletzte man sich durch ihre Splitter beim Kauen den Gaumen. Wenn man sie langsam aß und im Mund weich werden ließ, war dies kein Problem. Aber welcher Soldat isst schon langsam?« So beschreibt Erich Hinkel, Buchautor und Soldat in den Aufbaujahren der Bundeswehr, das Essgefühl beim Verzehr der bekannten Dauerkekse. Hartkekse, auch Panzerplatten genannt, stehen bis heute im Ruf, nur gut gelutscht essbar zu sein. Positiver bewerten sie Trecking-Fans und Survival-Profis, die sie zum Teil in zweckentfremdeter Form einsetzen, beispielsweise zum Feueranzünden oder um Dachse anzulocken. Hartkekse sind fester Bestandteil der transportablen Verpflegungspakete, der sogenannten Einmannpackungen (EPa), die Soldatinnen und Soldaten einen Tag im Gelände satt machen sollen und zu einem Markenzeichen der Bundeswehr avancierten. EPas enthalten besonders haltbare (mindestens drei Jahre), temperaturbeständige, sofort verzehrbare Lebensmittel sowie mal mehr, mal weniger schmackhafte Gericht. Neben den Hauptgerichten liegen Snacks, Getränkepulver, Streichhölzer und Wasserentkeimungstabletten bei.

Die Verpflegung besitzt einen großen Wert für Motivation und Kampfkraft der Soldaten, oder wie es im Militärjargon heißt: »Ohne Mampf kein Kampf!« Vor allem im Kriegsfall stellt sie eine der größten Herausforderungen für Streitkräfte dar. Alexander der Große führte auf seinen Heereszügen Karren mit Grundnahrungsmitteln mit, um seine Soldaten mit Getreidebrei versorgen zu können. Nachdem Napoleon Bonaparte 1812 mit seiner *Grande Armée* in Russland einmarschiert war, wurde schnell offensichtlich, dass unzureichende Versorgung und Verpflegung die französische Niederlage beschleunigte – und dies obwohl Napoleon das Zitat zugeschrieben wird: »Eine Armee marschiert mit ihrem Magen«.

Die Marsch- und Notverpflegung deutscher Armeen trug seit den 1860er-Jahren den Namen Eiserne Ration. Die Haltbarmachung und der Transport von Lebensmitteln wurden durch die Erfindung der Konservendose sehr erleichtert. Die Bundeswehr griff auf Erfahrungen aus den beiden Weltkriegen und auf neue Erkenntnisse der Ernährungslehre zurück, als es darum ging, kalorien- und vitaminreichere Lebensmittelpäckchen zusammenzustellen. Ernährungswissenschaftler und Lebensmittelchemiker suchten den perfekten Mix aus hochwertigen haltbaren Speisen und geschmacklichen Vorlieben. Dabei kamen und kommen auch länderspezifische Essgewohnheiten zum Tragen. Dies zeigt ein Blick auf die Zusammenstellung der »Combat rations« europäischer NATO-Partner. Zur spanischen Essensration gehört Tintenfisch in Pflanzenöl, die Italiener packen ein: Minestrone, Pulvercappuccino und Mandelgebäck, die Franzosen bieten Hirschterrine und Hühnerleberpastete an. Die Deutschen machen zwar Anleihen an ausländischen Nationalgerichten wie Chili con Carne oder Cevapcici, halten aber auch typische deutsche Fertiggerichte wie Linseneintopf mit Mettwurst bereit. Außerdem gibt es aufgrund unterschiedlicher Glaubensrichtungen und Ernährungspräferenzen mehrere EPa-Typen: Pakete für Vegetarier, Pakete ohne Schweinfleisch usw.

Die westdeutsche Verteidigungsplanung im Kalten Krieg ging davon aus, dass einer »Ernährung aus dem Lande« enge Grenzen gesetzt sein würden. Die Bevorratung der Bundeswehr mit haltbaren, rationierten und verpackten Lebensmitteln schien für den Verteidigungsfall erforderlich. Als in den 1990er-Jahren die Auslandseinsätze begannen, gewann die Verpflegung mit den EPa-Tagesrationen neue Bedeutung. Nun wurden Lebensmittel unter Einsatzbedingungen und unterschiedlichsten klimatischen Verhältnissen einem Praxistest unterzogen. Weitreichende Bedeutung erlangen EPas auch im Rahmen der Verstärkung der Landes- und Bündnisverteidigung. So wurde 2023 beschlossen, einen Lagerbestand von fünf Millionen EPas bis 2031 aufzubauen.

In der alltäglichen Verpflegung der Bundeswehr sind EPas die Ausnahme. Das Essen kommt im Feld vor allem aus den Feldküchen. Der Klassiker ist seit den 1980er-Jahren die Taktische Feldküche 250 (TFK). Sie ist in weniger als 30 Minuten einsatzbereit und für die Zubereitung von Gerichten für ca. 250 Personen geeignet. Seit 2023 wird sie von der »Zwei-Container-Küche« abgelöst, besser bekannt als Mobile Feldküche, die neben Kochen und Brotbacken auch eine Geschirrspülfunktion hat. Sind die Soldaten nicht im Gelände, bei einer Übung oder im Einsatz, so erfolgt die Verpflegung normalerweise über eine Truppenküche.

Nach § 18 Soldatengesetz und dienstlicher Anordnung sind Berufssoldaten und Soldaten auf Zeit verpflichtet, an der Gemeinschaftsverpflegung teilzunehmen und einen Beitrag für die Verpflegung zu zahlen. 1984 gab es 650 stationäre Truppenküchen. Dazu kamen Küchen auf den Schiffen der Marine, in den Bundeswehrkrankenhäusern und sogenannte Austeil- und Pilotenküchen. Im Jahr 2023 unterhielt die Bundeswehr insgesamt noch 260 Verpflegungseinrichtungen im In- und Ausland. Die Verpflegungswirtschaft ist Teil der zivilen Bundeswehrverwaltung. Ein wichtiges Prinzip ist die Wirtschaftlichkeit. Stolz verkündete ein hoher Beamter 1962, dass die Bundeswehr »trotz allgemeiner Preissteigerungen und ohne in geringere Qualitäten auszuweichen seit ca. drei Jahren ihre Soldaten mit dem gleichen Verpflegungssatz von DM 2,75 [insgesamt pro Tag] ausreichend und zweckmäßig ernährt. Keine Hausfrau wird seit drei Jahren mit dem gleichen Wirtschaftsgeld ausgekommen sein.« Die Freude am Sparen stellte sich bei den Verpflegungsempfängern nicht in gleicher Weise ein. Soldaten kritisierten oft eintöniges Essen, kartoffellastige Kost und zu kleine Portionen.

Klagen über das Essen gehörten vor allem in der Aufbauphase zum Bundeswehr-Grundrauschen. Der Ersatzkaffee aus Getreide, genannt Muckefuck, wurde in der Bundeswehr als Standardgetränk erst 1972 gegen Bohnenkaffee getauscht. Wenn auch das Speisen- und Getränke-Angebot in den 1960er-Jahren noch zu wünschen übrig ließ, galt das nicht für den bürokratischen Regelungseifer in diesem Bereich. Auf Beschwerden aus der Truppe, die

Die TFK 250 – die Taktische Feldküche 250 – ist mehr als eine »Gulaschkanone«. Mit ihr können bis zu 250 Soldaten verpflegt werden oder 600 bei »einfachen Gerichten« wie Suppen oder Eintopf. Sie ist seit 1989 in der Bundeswehr in Betrieb.

Marmelade werde in Suppentellern gereicht, reagierte das Verteidigungsministerium mit einem »Marmeladen-Erlass«, der geeignete Behältnisse vorschrieb. Gelegentlich kritisierten die Berichte der Wehrbeauftragten die Qualität von Mahlzeiten und unzureichende hygienische Zustände an Standorten, doch entwickelte sich mit der Zeit ein größeres Angebot an vollwertigen Speisen und abwechslungsreicher Kost, die den Ruf der Truppenküchen deutlich verbesserten. Verantwortlich für die Beschaffung und die Lagerung der Verpflegungsmittel sowie die Speisepläne, die im Übrigen von jeder Truppenküche innerhalb der Bundesrepublik befolgt werden müssen, ist das Verpflegungsamt für die Bundeswehr. Im Bundeshaushaltsplan 2023 waren im Wehretat für die Gemeinschaftsverpflegung 40 Millionen Euro eingestellt. Dies stellt einen bemerkenswerten Wirtschaftsfaktor dar.

Nicht nur die Bundeswehr selbst, sondern auch deren Verpflegung unterliegt fortwährenden Veränderungen. 2023 wurde die Einmannpackung im Zeichen der Geschlechtergerechtigkeit in Einpersonenpackung umbenannt. Aufgrund der von der Europäischen Union erlassenen restriktiven Bedingungen für den Import von Palmfett ist auch das Ende des Hartkekses besiegelt. In den Kantinen wächst die Nachfrage nach veganen und vegetarischen, laktose- und glutenfreien Gerichten. Das Verpflegungsmanagement orientiert sich an Maßnahmen zum Klimaschutz und zur Nachhaltigkeit. Damit spiegelt die Entwicklung der Truppenversorgung auch den sozialen, wirtschaftlichen und ökologischen Wandel innerhalb der Bundeswehr und der bundesdeutschen Gesellschaft wider.

*Dorothee Hochstetter*

98

# ROLLENWANDEL

## Die Bundeswehr und ihre Aufgaben im »Host Nation Support«

Wetterfeste Warnjacke für einen Oberstabsfeldwebel der Movement Control des Logistikkommandos der Bundeswehr, derjenigen Stelle, die Militärtransporte per Bahn, Schiff und auf der Straße organisiert

Früher waren sie ein gewohntes Bild und sie werden auch wieder häufiger: Konvois und Eisenbahnwagen mit Militärfahrzeugen der Bundeswehr und unserer Alliierten. Heute allerdings sieht man die Organisatoren solcher Bahntransporte nicht mehr im Blaumann, sondern mit gut sichtbaren und wetterfesten Warnjacken; diese hier stammt von einem Oberstabsfeldwebel der Logistik und kennzeichnet ihren Träger als Angehörigen der Movement Control. Der Transport und die Unterstützung alliierter Truppen in Gastländern ist ein wesentlicher Bestandteil der NATO-Kollektivverteidigung und seit 1951 Teil der NATO-Statuten. In Deutschland wurde dafür in den 1980er-Jahren eine eigene Organisationsstruktur geschaffen und rechtlich fixiert. Das war auf veränderte strategische Rahmenbedingungen zurückzuführen.

Ein wichtiger Anker der glaubhaften Abschreckung im Rahmen der NATO-Strategie der Flexible Response war die schnelle Zuführung von Reserven und Streitkräften während eines Spannungsfalles aus Nordamerika nach Europa. Das wurde im Rahmen der REFORGER-Serie (Return of Forces to Germany) regelmäßig geübt – zur Selbstvergewisserung und zur strategischen Kommunikation Richtung Osten. Das Rapid Reinforcement Concept der NATO sah vor, dass die US-Truppen innerhalb von 30 Tagen einsatzbereit in Europa sein sollten. Tempo war dabei entscheidend. Material wurde deshalb in Deutschland eingelagert, damit lediglich das Personal über den Atlantik transportiert werden musste. Sechs zusätzliche Divisionen und 1000 Flugzeuge sollten innerhalb von zehn Tagen einsatzbereit in der Bundesrepublik stationiert sein. Geregelt wurde das zwischen den USA und der Bundesrepublik Deutschland im »Abkommen über Unterstützung durch den Aufnahmestaat in Krise oder Krieg«, das am 15. April 1982 geschlossen wurde. Im Englischen war es schlicht der Wartime Host Nation Support (WHNS); die Kurzform Host Nation Support (HNS) wird auch heute noch genutzt. Das setzte einerseits große Kapazitäten strategischer Verlegefähigkeit voraus, über die die Europäer bis heute nicht verfügen, aber auf der anderen Seite auch unverzichtbare Unterstützungsleistungen durch die Bundesrepublik als Aufnahmeland.

Vor allem dem Heer kamen dabei Aufgaben zu. Folglich wurde schon am 11. Januar 1982 in Köln ein Planungsstab WHNS aufgestellt. Sein Auftrag war es, planerische Grundlagen für die Aufbau- und Ablauforganisation des WHNS für den Führungsstab des Heeres im Verteidigungsministerium zu erstellen.

Am 1. Oktober 1983 wurde der Planungsstab in Unterstützungskommando umbenannt und sein Auftrag bis Jahresende 1985 erfüllt. Für die sechs in der Bundesrepublik stationierten US-Divisionen wurden 1986 fünf weitere Unterstützungskommandos in Diez, Ludwigsburg, Mönchengladbach, Zweibrücken und Philippsburg aufgestellt. Art und Umfang der Leistung wurden im Juni 1986 im »Folgevertrag Militärische Leistungen« geregelt. Dieser umfasste auch Ausstattung, Ausbildung und Organisation der Unterstützungskräfte. 780 Soldaten und

620 zivile Mitarbeiter der Bundeswehr waren in den Unterstützungskommandos des Territorialheeres tätig. In Spannungsfall und Krieg sollten sie durch die Einberufung von Reservisten auf bis zu 85.000 Personen ansteigen.

Die Aufgaben der Unterstützungskommandos waren zum Beispiel die logistische Organisation der Transporte von Menschen und Material. Dafür sollten eigene Versorgungspunkte aufgestellt werden. Das bedeutete den täglichen Transport von 6800 Tonnen Material, von 7000 Kubikmetern Betriebsstoffen und den Umschlag von fast 73.000 Tonnen weiterem Material. Damit der Transport auch unter Belastung und Kriegseinwirkung weiterlaufen konnte, gehörte dazu des Weiteren der Bau von Kriegsbrücken. Außerdem mussten noch 26 Flughäfen ausgebaut oder instand gesetzt werden. Alliierte Truppen sowie 57 Einrichtungen und Objekte mussten gesichert werden. Die Sicherung umfasste auch den Einsatz von künstlichem Nebel als Sichtschutz. Bis zu 1700 Verwundete sollten versorgt und transportiert werden. Beschädigte Waffen und Gerät waren durch die Bundesrepublik Deutschland instand zu setzen. Die Unterbringung von täglich bis zu 200 Kriegsgefangenen zählte gleichfalls zum Aufgabenportfolio. All das musste mit den US-Streitkräften koordiniert und vorbereitet werden.

Deshalb gehörte zu den Friedensaufgaben das Aufstellen von Mobilmachungstruppenteilen und -stützpunkten sowie das Erstellen der entsprechenden Alarmierungs- und Mobilmachungspläne. Mit den US-Truppen wurden gemeinsame Verfahren entwickelt und festgelegt. Im Rahmen der Großmanöver REFORGER erfolgte deren Beübung mit Großgerät und Personal, und auf kleineren Ebenen wurden die Verfahren praktisch getestet. Im Frieden waren die Unterstützungskommandos in erster Linie Stäbe, denen erst im Spannungs- oder Kriegsfall die notwendigen Truppen unterstellt worden wären.

Im Zweiten Golfkrieg stellte das deutsche WHNS im Rahmen der Operationen Desert Shield 1990 und Desert Storm 1991 erstmals Teile seiner Leistungsfähigkeit praktisch unter Beweis. Nach dem Ende des Kalten Kriegs und infolge der neuen NATO-Strategie von 1991 führten die USA immer mehr Truppen aus Europa nach Nordamerika zurück und stellten sie für das strategisch-operative Konzept der mobilen Gegenkonzentration neu auf. Sukzessive betraf das auch die Unterstützungskommandos, die zwischen September 1992 und März 1997 aufgelöst wurden. Bereits am 25. April 1995 hatten die USA das WHNS-Abkommen aufgekündigt. Eine Ära ging zu Ende.

Im Rahmen der Auslandseinsätze der Bundeswehr erfuhren deutsche Soldaten nun erstmals selbst Host Nation Support, um in ihre Einsatzländer zu gelangen, oder im Einsatz bei der Kooperation mit Verbündeten. Nach den Anschlägen vom 11. September 2001 gewann der HNS wieder an Bedeutung. Erneut erbrachte die Bundeswehr umfangreiche Unterstützungsleistungen. Dazu zählte zum Beispiel das Bewachen von US-Kasernen durch deutsche Soldaten. Eine wahre Renaissance erlebt der HNS aber mit dem russischen Angriffskrieg gegen

Die 3. Brigade der 4. US-Infanteriedivision verlegt über Bremerhaven nach Polen. Im Rahmen des sogenannten Host Nation Support organisiert die Streitkräftebasis der Bundeswehr große Teile der logistischen Unterstützung. Schwere Fahrzeuge wie Panzer werden auf der Bahn transportiert.

die Ukraine im Jahr 2022. Mit dem Beitritt neuer Staaten zur NATO ab 1999 hatte sich die Rolle Deutschlands grundlegend gewandelt. Das Land war nun nicht länger Frontstaat, sondern wurde immer stärker zum logistischen Knotenpunkt der Allianz für die Truppenverlegung an die Ostflanke der NATO. Die Bundeswehr setzte 2024 den Operationsplan Deutschland in Kraft, der einen großen Anteil des HNS regelt. Sein Konzept, die »Drehscheibe Deutschland«, sieht den Transport von Gütern und Truppen auf dem See-, Land- und Luftweg vor. Großmanöver wie die Defender-Serie setzen diese Konzepte in die Realität um. Die alliierten Konvois sind wieder nach Deutschland zurückgekehrt.

Mit der geplanten permanenten Stationierung der Panzerbrigade 45 in Litauen wird im Gegenzug die Bundeswehr selbst den Host Nation Support nutzen und wie nie zuvor auf die dauerhafte Unterstützung eines Gastlandes angewiesen sein.

*Christian Jentzsch*

99

# HILFE ZUR SELBSTHILFE

## Ausbildungsunterstützung für andere Nationen

Selbst gebastelte Automodelle als »Ausbildungshilfsmittel« von Oberstabsfeldwebel Mario Frobarth von der Panzerlehrbrigade 9 »Niedersachsen« in Munster, mit denen er in Afghanistan und im Irak Einheimische taktisch ausgebildet hat

In der nordirakischen Stadt Erbil tragen viele Kinder den Namen Milan, so wie die deutsch-französische Panzerabwehrrakete in der Kurzform bezeichnet wird (Missile d'Infanterie léger antichar). Aber warum? Im Jahr 2015 begann Deutschland, die kurdischen Peschmerga-Milizen mit diesen Waffen zu beliefern, die Bundeswehr bildete sie daran aus. Vor Stadttoren konnten die Ausgebildeten nunmehr die gepanzerten Fahrzeuge der Terrorbewegung Islamischer Staat stoppen. Um die Region dauerhaft zu stabilisieren, engagieren sich deutsche Soldatinnen und Soldaten im internationalen Einsatz »Counter Daesh/Capacity Building Iraq«, auch didaktisch kreativ, wie mit den abgebildeten Holzfahrzeugen, um das taktische Vorgehen bei Kolonnenfahren oder Patrouillen zu lehren.

Weniger bekannt als die Auslandseinsätze sind die frühen internationalen Ausbildungsmissionen der Bundeswehr. Nach dem Ende des Zweiten Weltkriegs begann in Afrika eine Epoche der Dekolonisierung mit zahlreichen Unabhängigkeitsbewegungen. Mit bilateralen Abkommen vereinbarte die Bundesrepublik ab den 1960er-Jahren Hilfeleistungen durch Bereitstellung von Material und Ausbildung für die neuen Staaten. So entsandte die Bundeswehr 1961 einen Fluglehrer in den jungen unabhängigen Sudan, den eine Militärregierung lenkte. Parallel durchliefen bis 1966 über 300 Sudanesen einen Sprachkurs und eine Ausbildung in Westdeutschland. Im Jahr 1963 brachte die Bundesregierung eine Beratergruppe nach Nigeria zur umfangreichen Ausrüstungs- und Ausbildungshilfe, um den Aufbau der neuen Streitkräfte zu unterstützen. Von 1963 bis 1967 baute eine Beratergruppe die Nigerian Air Force auf und brachte Transportflugzeuge, Düsenjäger und Schulflugzeuge mit. Eine weitere Beratergruppe unterstützte von August 1964 bis Februar 1965 die junge Luftwaffe und Marine des heutigen Tansania, also der ehemaligen Kolonie Deutsch-Ostafrika. Eine Übersicht der »Ausbildungshilfe im Rahmen der Ausrüstungshilfe des BMVg an fremde Staaten im Ausland« aus dem Jahr 1967 zeigt eine umfangreiche Unterstützung auf dem afrikanischen Kontinent, aber auch in anderen Teilen der Welt. Neben einer weiteren Beratergruppe in Äthiopien gab es einen Pionier-Lehrtrupp in Guinea, eine Marine-Beratergruppe in Madagaskar und KFZ-Spezialisten in Somalia. Selbst im Nahen und Mittleren Osten bildeten Soldaten der Bundeswehr aus, im Iran an Handwaffen, in Jordanien in der Sanität.

Die Ausbildung von Sicherheitskräften in instabilen Regionen forderte die Ausbilder mannigfaltig heraus: Sicherheitsrisiken, kulturelle Unterschiede und sprachliche Barrieren – dabei war die Bundeswehr der 1960er-Jahre selbst noch eine Armee im Aufbau. Brisant waren die Ausbildungsaktivitäten angesichts der Blockkonfrontation im Kalten Krieg und aufgrund der zwischen- wie innerstaatlichen Spannungen in den Partnerländern. So zogen die militärischen Berater bis 1967 aus Nigeria ab, um nicht in Kampfhandlungen hineingezogen zu werden, denn zwei Militärputsche führten zu einem Bürgerkrieg. In Tansania sorgten die Annahme sowjetischer und chinesischer Militärhilfe für Spannungen, ebenso wie die Koexistenz von westdeutschen Militärberatern und DDR-Arbeitern. Die Bundesrepublik beendete ihre Hilfe, als die Regierung Tansanias ein DDR-Konsulat in Daressalam zuließ. Andererseits brachen islamische Staaten wie der Sudan den diplomatischen Kontakt zur Bundesrepublik 1965 nach deren diplomatischer Anerkennung des Staates Israel ab. Das Ringen zwischen Religionen und Ideologien war in der »dritten Welt« unübersehbar.

Auf die Bundeswehr warteten nach dem Ende des Kalten Kriegs neue Herausforderungen, als sie ihren Fokus von der Landes- und Bündnisverteidigung auf Auslandseinsätze verschob. Mit ihrem Engagement in Kambodscha und Somalia Anfang der 1990er-Jahre wurden die gesamtdeutschen Streitkräfte zu einer »Armee im Einsatz«. Besonders der Afghanistan-Einsatz ab 2001 prägte die Bundeswehr; er war mit zeitweise circa 5300 Soldatinnen und Soldaten der größte Einsatz in ihrer Geschichte – und der verlustreichste. 55 Bundeswehrsoldaten verloren ihr Leben, 35 davon fielen in Gefechten, wie dem »Karfreitagsgefecht« von 2010 (siehe Beitrag 81). Ein prägender Grundpfeiler der International Security Assistance Force (ISAF) war dabei nicht der Kampf gegen die Taliban, sondern die Ausbildung der afghanischen Armee und Polizei. In Operational Mentoring and Liaison Teams (OMLT) waren Ausbilder und Militärberater im Einsatz, um die afghanische Armee aufzubauen. Dazu leisteten Offiziere der Bundeswehr im Rahmen der United Nations Assistance Mission in Afghanistan (UNAMA) von 2002 bis 2017 politische Beratung in Kabul. Nach dem Ende von ISAF wurde das Engagement der Bundeswehr am Hindukusch ab 2015 in einer reinen Ausbildungs- und Beratungsmission Resolute Support fortgeführt. Die Bundeswehr übernahm mit 21 Bündnispartnern die Gesamtverantwortung im Norden des Landes, ausgehend vom Camp Marmal in Mazar-e Sharif und Stützpunkten in Kunduz und Meymaneh bis zum Einsatzende 2021. Letztlich siegten die Taliban über die afghanischen Streitkräfte, die Bundeswehr sollte nur kurz für Evakuierungsflüge zurückkehren.

Bereits 2016 hatte sich Deutschland bereit erklärt, international mehr Verantwortung in der Sicherheits- und Verteidigungspolitik zu übernehmen. Die Bundesregierung unterstützte von Konflikten und Kriegen bedrohte Staaten durch die gemeinsame »Ertüchtigungsinitiative« des Auswärtigen Amtes und des Verteidigungsministeriums. In diesem Rahmen sollte die Bundeswehr wie in den 1960er-Jahren »Hilfe zur Selbsthilfe« leisten. Die Initiative umfasste erneut Materiallieferungen und Ausbildung in der Ferne wie in der Heimat. Die über 50 Partnerländer forderten Beratung, Ausbildung und Ausstattungshilfe selbst an, die in über 1200 Projekte in den Schwerpunkteregionen Osteuropa, Westbalkan, Naher und Mittlerer Osten, Westafrika und Indo-Pazifik umgesetzt wurden.

Angesichts einer Vielzahl politischer Umstürze und Militärputsche in Afrika kamen aber viele Ausbildungsinitiativen unvorhergesehen zum Erliegen, beispielsweise in Mali. Als tragisch stellte sich heraus, dass die Bundeswehr teilweise Putschisten selbst ausgebildet hatte.

Von 2013 bis 2023 beteiligte sich die Bundeswehr an der European Union Training Mission in Mali. Hauptauftrag war, die malische Regierung darin zu unterstützen, durch die Ausbildung eigener Streitkräfte die Sicherheit selbst zu gewährleisten. Bis 2022 wurden rund 16.000 malische Soldaten durch rund 4100 Soldatinnen und Soldaten der Bundeswehr ausgebildet. Im Training Center der Stadt Koulikoro übernahmen das fest stationierte, aber auch mobile Trainingsteams. Nicht zu vergessen ist ein Kommando der Spezialkräfte der Deutschen Marine, die im Nachbarland Niger dessen Spezialkräfte ausbildete.

Das Ende der deutschen Ausbildungsleistung 2023 bedeutete aber nicht das Ende der deutschen Ausbildungsunterstützung. Im Gegenteil: Im Jahr des Mali-Putsches, 2022, griff Russland die Ukraine erneut an. Darauf beschloss die EU die »anerkannte« Ausbildungsmission European Union Military Assistance Mission Ukraine (EUMAM UA). Sie findet im In- und Ausland statt und in enger Zusammenarbeit von EU und NATO. Gemeinsam mit 24 europäischen Staaten bildet die Bundeswehr ukrainische Soldatinnen und Soldaten zur Verteidigung ihres Landes aus.

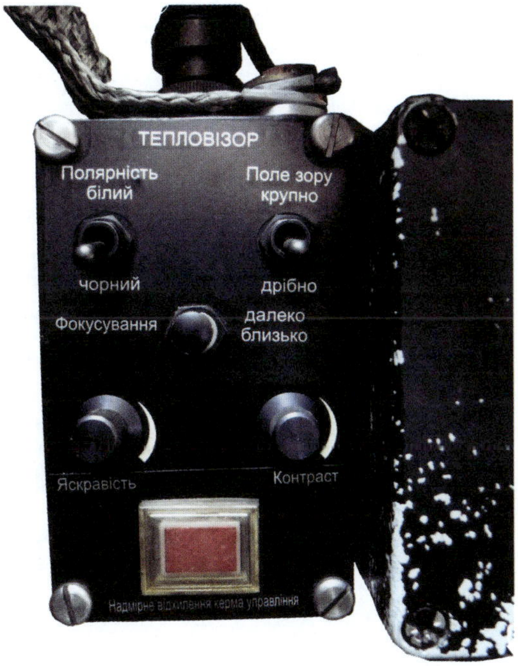


Bedienbeschriftung eines Wärmebildgeräts eines Kampfpanzers Leopard 1A5 der dänischen Streitkräfte, an dem seit 2023 ukrainische Soldaten in Deutschland ausgebildet werden

Neben Unterstützungsbereichen wie IT oder Kraftfahrwesen bildet die Bundeswehr Kampffähigkeiten wie Infanterieeinsatz aus. Im Jahr 2023 wurden etwa 10.000 ukrainische Soldatinnen und Soldaten ausgebildet. Bei aller Vielfalt ist auch die Schulung am Großgerät wichtig, wie Patriot-Raketenabwehrsysteme, Panzerhaubitze 2000, Schützenpanzer Marder oder Panzer Leopard 1 und 2. Bei allen sprachlichen Barrieren gilt es, neben dem gesprochenen Wort auch das geschriebene anzupassen, wie auf dem Wärmebildgerät eines Kampfpanzers Leopard 1A5 aus dänischen Beständen – mit neuer ukrainischer Beschriftung. Eine Hilfe zur Selbsthilfe.

*Michael Gutzeit*

100

# WIR.DIENEN. DEUTSCHLAND.

## Rollen- und Selbstverständnis der Bundeswehr

Mit diesem Schild, oder besser gesagt der Kombination aus von hinten beleuchteten blauen Worten sowie dem Eisernen Kreuz, machte die Bundeswehr 2015 in ihrem Showroom in Berlin am Bahnhof Friedrichstraße auf sich aufmerksam. Der Slogan »Wir.Dienen.Deutschland.« war dabei die zentrale Botschaft.

Sie sind heute in Medien und Alltagsleben allgegenwärtig: Sprüche und Slogans, die sich durch häufige Wiederholung im Gedächtnis verankern sollen. Sie dienen dazu, Produkte oder Dienstleistungen zu bewerben. Auch Staatsunternehmen haben den Wert von Werbebotschaften längst für sich entdeckt. Die dabei genutzte Sprache ist oft modern und ungewohnt, weil sie Aufmerksamkeit erregen möchte.

Auch die Bundeswehr hat in den Jahrzehnten ihres Bestehens ganz unterschiedliche Slogans für ihre Eigendarstellung und die Freiwilligenwerbung verwendet. »Wir produzieren Sicherheit« aus den 1970er-Jahren oder »Bundeswehr – eine starke Truppe« aus dem folgenden Jahrzehnt gehören zu den bekanntesten. Aktuell wirbt die Bundeswehr um Freiwillige mit dem Slogan »Mach, was wirklich zählt«.

Langfristiger und stärker auf Anspruch und Firmenphilosophie einer Marke ausgerichtet ist dagegen der sogenannte Claim. Auch die Bundeswehr verfügt über eine solche Kernbotschaft, mit der sie ihr Selbstverständnis ausdrücken will: »Wir.Dienen.Deutschland.« Seit 2011, also weit über ein Jahrzehnt, nutzt die Bundeswehr diese Kernbotschaft. Mittlerweile wird sie sogar durch eine eigene Erkennungsmelodie unter dem gleichen Namen begleitet. Eine repräsentative Bevölkerungsbefragung des damaligen Sozialwissenschaftlichen Instituts der Bundeswehr zur Wahrnehmung und Bewertung der Botschaft »Wir.Dienen.Deutschland.« im Jahr 2012 ergab, dass drei von vier Bundesbürgern den Claim gut fanden (76 Prozent), bei jungen Männern im Alter von 16 bis 29 Jahren lag die Zustimmung sogar noch höher (81 Prozent).

Dabei waren manche Marketingfachleute zunächst skeptisch gewesen. Vor allem der Begriff »Dienen« erschien manchem als unpassend, sogar als zweckwidrig. Welcher junge Mensch möchte schon gerne Diener oder gar Dienstbote sein? Übersehen wurde dabei jedoch, dass die Begriffe »Dienen« und »Dienst« in der Bundeswehr – und auch anderswo – sehr positiv besetzt sind und einen hohen Stellenwert haben. »Dienen ist der Kern unseres Selbstverständnisses«, betonte Bundesminister der Verteidigung Thomas de Maizière 2011 in einer Broschüre seines Hauses anlässlich der Einführung des Claims. Tatsächlich darf der Eigenanspruch, »in Freiheit zu dienen«, sich also bewusst und absichtsvoll in den Dienst der Sicherheit des Landes zu stellen und dabei eigene Belange zurückzustellen, als eine Konstante angesehen werden, die unterschiedliche Generationen von Bundeswehrangehörigen verbindet.

Ein einzelnes Objekt vermag dieses komplexe Selbstverständnis ebenso wenig darzustellen, wie sich die Geschichte der Bundeswehr umfassend allein mit Hilfe von Objekten erzählen lässt. Letztlich sind es die Menschen, die in der Bundeswehr dienten und dienen sowie umgekehrt durch ihren Dienst geprägt wurden, die diese Geschichte gestaltet haben. Ihnen ist dieses Buch gewidmet.

*Sven Lange und Heiner Möllers*

# BILDNACHWEIS

**Bundesarchiv:** 19 (BW 9/3119), 108 (Plak 006-001-135) ▪ **BMVg:** 107 ▪ **Bundeswehr:** 16 (Franziska Hunold/ZInFü), 28 (Cynthia Flohr/ZMSBw), 36 (Sebastian Niendorf), 59, 72 (Heiner Möllers/ZMSBw), 103, 112 (Andrea Bienert), 115 (Marineschule Mürwik), 119 (HubSchrGschw 64), 128 (Stefan Müller/Zentrum Militärmusik Bw), 148 (ZOpKomBw), 152 (Michael Hellriegel/Kdo ABC-Abwehr), 159 (Heiner Möllers/ZMSBw), 199 (Enno Heidmann/LKdo Hamburg), 203 (TaktLwGschw 73 »Steinhoff«), 207 (LTG 6), 208 (Heiner Möllers/ZMSBw), 219 (FJgReg 1), 240 (UniBw München, Bildstelle), 244 (SanAkBw, Bildstelle), 251 (TaktLwGschw 73 »Steinhoff«), 252 (AZU, Lehrsammlung), 256 (Nico Pestel/Lw), 260 (Jan Kristke/1. KorvGschw), 264 (ZInfoABw Strausberg), 287 (ZVBw), 319, 328 (Jane Schmidt), 336 (Uwe Steinert), 344 (Marc Tessensohn), 347 (Kevin Ullrich/ObjSRgtLw »Friesland«), 351 (Heiner Möllers/ZMSBw), 356 (BwZKrhs Koblenz), 364 (Andrea Nimpsch/ZMSBw), 371 (Heiner Möllers/ZMSBw), 380 (Heiner Möllers/ZMSBw), 383, 392 (Mario Leinen/LKdo Saarland), 399 (LogSBw/Montage Carola Klinke), 403 (Alyssa Bier), 407 (Heiner Möllers/ZMSBw) ▪ **Deutsches Historisches Museum:** 68 ▪ **Deutsches Marinemuseum** : 211, 268, 316 ▪ **Horst Haitzinger:** 263, 282 ▪ **IMAGO:** 235 (Sven Simon) ▪ **Katholisches Militärbischofsamt:** 104 (Doreen Bierdel) ▪ **Kostas Koufogiorgos:** 219 (2019) ▪ **Landesbausparkasse Nord-West:** 83 ▪ **Militärhistorisches Museum der Bundeswehr:** 67, 164 (Ingrid Meier); Ralf Heldenmaier: 26, 40, 75, 80, 92, 96, 123, 132, 136, 139, 168, 171, 179, 184, 187, 204, 216, 220, 231, 232, 248, 276, 280, 304, 312, 324, 366, 372, 376, 388, 391; Andrea Ulke: 24, 39, 44, 48, 52, 55, 56, 60, 84, 88, 100, 116, 120, 124, 127, 131, 135, 140, 143, 144, 151, 155, 156, 160, 163, 167, 172, 175, 176, 180, 192, 196, 200, 224, 227, 228, 236, 239, 267, 272, 279, 284, 288, 292, 300, 308, 311, 315, 320, 323, 332, 335, 340, 343, 348, 352, 359, 360, 363, 368, 379, 384, 387, 395, 396, 400, 404 ▪ **picture alliance:** 79 (dpa | Klaus Heirler), 147 (dpa | Klaus Heirler), 255 (dpa | dpa), 271 (ZB | Peer Grimm), 339 (dpa | Soeren Stache) ▪ **Heiko Sakurai:** 327 ▪ **Axel Springer Syndication GmbH:** 188 ▪ **Soldatenhilfswerk der Bundeswehr e. V.:** 76 ▪ **Stiftung Haus der Geschichte:** 12, 15, 20, 31 (Wolfgang Hicks, Künstler), 43, 63, 71, 183 (Deutsche Kommunistische Partei, DKP-Parteivorstand, Essen), 275 (Jupp Wolter, Künstler); Axel Thünker (Foto): 32, 35, 47, 64, 191, 212, 259, 296, 408 ▪ **Süddeutsche Zeitung Photo:** 223 (Hannes Betzler) ▪ **Jürgen Tomicek:** 295

Wir arbeiten sehr sorgfältig daran, für alle verwendeten Abbildungen die Rechteinhaber zu ermitteln. Sollte uns dies im Einzelfall nicht vollständig gelungen sein, werden berechtigte Ansprüche selbstverständlich im Rahmen der üblichen Vereinbarungen abgegolten.

# DIE HERAUSGEBER

**Dr. phil. Sven Lange**, geb. 1967, ist Brigadegeneral und war bis März 2025 Kommandeur des Zentrums für Militärgeschichte und Sozialwissenschaften der Bundeswehr in Potsdam. Sein wissenschaftliches Interesse gilt Theorien der Militärgeschichte.

**Dr. phil. Heiner Möllers**, geb. 1965, ist Oberstleutnant und Projektleiter Bundeswehrgeschichte im Zentrum für Militärgeschichte und Sozialwissenschaften der Bundeswehr in Potsdam. Seine Forschungsschwerpunkte sind die Geschichte der Bundeswehr und die Verteidigungsplanungen der Bundesrepublik im Kalten Krieg.

# DIE AUTORINNEN UND AUTOREN

**Jéronimo Louis Barbin**, Zentrum für Militärgeschichte und Sozialwissenschaften der Bundeswehr, Potsdam

**Peter Braunstein**, geb. 1957, Brigadegeneral a. D., zuletzt Kommandeur des Zentrums für Verifikationsaufgaben der Bundeswehr, Euskirchen

**Dr. phil. Heiner Bröckermann**, geb. 1966, Oberstleutnant, Zentrum für Militärgeschichte und Sozialwissenschaften der Bundeswehr, Potsdam

**Prof. Dr. rer. pol. Martin Elbe**, geb. 1965, Zentrum für Militärgeschichte und Sozialwissenschaften der Bundeswehr, Potsdam

**Markus Evers M.A., M.Ed.**, geb. 1975, Militärhistorisches Museum der Bundeswehr – Flugplatz Berlin-Gatow

**Dr. Timo Graf**, geb. 1985, Zentrum für Militärgeschichte und Sozialwissenschaften der Bundeswehr, Potsdam

**Dipl.-Päd. Hans-Christoph Grohmann**, geb. 1965, Oberst, Taktikzentrum des Heeres, Dresden

**Dr. phil. Cornelia Juliane Grosse**, geb. 1985, Zentrum für Militärgeschichte und Sozialwissenschaften der Bundeswehr, Potsdam

**Michael Gutzeit M.A.**, geb. 1986, Major, Zentrum für Militärgeschichte und Sozialwissenschaften der Bundeswehr, Potsdam

**Wolfgang Haager**, geb. 1972, Regierungsdirektor, Zentrum Innere Führung, Koblenz

**Dr. phil. Helmut R. Hammerich**, geb. 1965, Oberstleutnant, Zentrum für Militärgeschichte und Sozialwissenschaften der Bundeswehr, Potsdam

**Dr. phil. Christian Hartmann**, geb. 1959, Historiker, Tübingen

**Dr. phil. Winfried Heinemann**, geb. 1956, Oberst a. D., Berlin; Honorarprofessor an der Brandenburgisch Technischen Universität Cottbus-Senftenberg

**Chris Helmecke M.A.**, geb. 1984, Oberstleutnant, Zentrum für Militärgeschichte und Sozialwissenschaften der Bundeswehr, Potsdam

**Dr. phil. Leonie Hieck**, geb. 1983, Fregattenkapitän, Bundesministerium der Verteidigung, Berlin

**Dr. phil. Dorothee Hochstetter**, geb. 1970, Zentrum für Militärgeschichte und Sozialwissenschaften der Bundeswehr, Potsdam

**Dr. phil. Martin W. Hofbauer**, geb. 1969, Oberst, Zentrum für Militärgeschichte und Sozialwissenschaften der Bundeswehr, Potsdam

**Stephan Horn M.A.**, geb. 1982, Militärhistorisches Museum der Bundeswehr – Flugplatz Berlin-Gatow

**Dr. phil. Christian Jentzsch**, geb. 1977, Fregattenkapitän, Zentrum für Militärgeschichte und Sozialwissenschaften der Bundeswehr, Potsdam

**Rahel Köhler B.A.**, geb. 1995, Leutnant d. R., Masterstudentin an der Universität Potsdam

**Dr. phil. Dieter H. Kollmer**, geb. 1963, Oberstleutnant, Internationaler Militärstab der NATO, Brüssel

**Dr. phil. Torsten Konopka**, geb. 1987, Hauptmann, Operatives Führungskommando der Bundeswehr, Schwielowsee

**Stefan Kontra M.A.**, geb. 1978, Militärhistorisches Museum der Bundeswehr – Flugplatz Gatow

**Dr. Ina Kraft**, Zentrum für Militärgeschichte und Sozialwissenschaften der Bundeswehr, Potsdam

**Oliver Krückel M.A.**, Diplompsychologe, geb. 1978, Bundesministerium der Verteidigung, Berlin

**Dr. phil. Gerhard Kümmel**, geb. 1964, Zentrum für Militärgeschichte und Sozialwissenschaften der Bundeswehr, Potsdam

**PD Dr. phil. Thorsten Loch**, geb. 1975, Oberstleutnant, Zentrum für Militärgeschichte und Sozialwissenschaften der Bundeswehr, Potsdam; Fakultät für Geistes- und Sozialwissenschaften, Helmut-Schmidt-Universität/Universität der Bundeswehr, Hamburg

**Dr. phil. Karl-Heinz Lutz**, geb. 1959, Oberstleutnant a. D., Potsdam

**Sven Mischke**, geb. 1984, Diplom-Sportwissenschaftler, Major d. R., Leiter des Familienbetreuungszentrums, Schwielowsee; unabhängiger Finanzdienstleister

**Dr. phil. Christoph Nübel**, geb. 1982, Zentrum für Militärgeschichte und Sozialwissenschaften der Bundeswehr, Potsdam

**Dr. phil. Magnus Pahl**, geb. 1975, Zentrum für Militärgeschichte und Sozialwissenschaften der Bundeswehr, Potsdam

**Tobias Pech**, geb. 1992, Hauptmann, Zentrum für Militärgeschichte und Sozialwissenschaften der Bundeswehr, Potsdam

**Prof. Dr. phil. Reiner Pommerin**, 1943–2024, Oberst d. R., Dresden

**Dr. phil. Frank Reichherzer**, geb. 1977, Zentrum für Militärgeschichte und Sozialwissenschaften der Bundeswehr, Potsdam

**PD Dr. phil. Robert Riemer**, geb. 1975, Oberstleutnant, Zentrum für Militärgeschichte und Sozialwissenschaften der Bundeswehr, Potsdam

**Dr. phil. Martin Rink**, geb. 1966, Zentrum für Militärgeschichte und Sozialwissenschaften der Bundeswehr, Potsdam

**Jennifer Lara Schiestel**, geb. 1987, Bundesamt für den Militärischen Abschirmdienst, Köln

**Dr. habil. Dr. phil. Rudolf J. Schlaffer**, geb. 1970, Oberst, Direktor des Militärhistorischen Museums der Bundeswehr, Dresden

**Dr. phil. Klaus Schroeder**, geb. 1984, freier Historiker

**Dr. rer. pol. Markus Steinbrecher**, geb. 1978, Zentrum für Militärgeschichte und Sozialwissenschaften der Bundeswehr, Potsdam

**Dr. phil. Klaus Storkmann**, geb. 1976, Oberstleutnant, Zentrum für Militärgeschichte und Sozialwissenschaften der Bundeswehr, Potsdam

**Dr. phil. Peter Tauber**, geb. 1974, Parlamentarischer Staatssekretär a. D.

**Dr. phil. Lic. theol. Markus Thurau**, geb. 1976, Zentrum für Militärgeschichte und Sozialwissenschaften der Bundeswehr, Potsdam

**Prof. Dr. med. dent. Ralf Vollmuth**, geb. 1965, Oberstarzt, Zentrum für Militärgeschichte und Sozialwissenschaften der Bundeswehr, Potsdam; außerplanmäßiger Professor für Medizingeschichte der Julius-Echter-Universität zu Würzburg

**Dr. phil. Roland Wöhrle-Chon**, geb. 1960, Zentrum für Militärgeschichte und Sozialwissenschaften der Bundeswehr, Potsdam

**Burkard Zenglein**, geb. 1974, Oberstleutnant, Kapellmeister und Musikoffizier, Zentrum Militärmusik der Bundeswehr, Bonn

Herausgegeben im Auftrag des Zentrums für Militärgeschichte
und Sozialwissenschaften der Bundeswehr

Redaktion: ZMSBw, Fachbereich Publikationen (0981-01)
Koordination: Michael Thomae
Bildrechte: Esther Geiger
Bildbearbeitung: Carola Klinke

Bibliografische Information der Deutschen Nationalbibliothek
Die Deutsche Nationalbibliothek verzeichnet diese Publikation
in der Deutschen Nationalbibliografie; detaillierte bibliografische Daten
sind im Internet über http://dnb.d-nb.de abrufbar.



Zu Fragen der Produktsicherheit wenden Sie sich bitte an herstellung@bebraverlag.de


Asternplatz 3, 12203 Berlin
post@bebraverlag.de
Lektorat: Matthias Schütt, Schürensöhlen
Umschlaggestaltung und Satz: typegerecht berlin
Schriften: Elena Basic, Akzidenz Grotesk BQ
Druck und Bindung: FINIDR, Český Těšín
ISBN 978-3-89809-261-6

www.bebraverlag.de

MIX
Papier | Fördert gute Waldnutzung
FSC® C014138
FSC www.fsc.org